ÉTUDES

DE

LA NATURE.

PARIS, DE L'IMP. DE LEBEL,
Imprimeur du Roi, rue d'Erfurth, n° 1.

ÉTUDES

DE

LA NATURE,

PAR JACQUES-HENRI
BERNARDIN DE SAINT-PIERRE.

NOUVELLE ÉDITION,

REVUE, CORRIGÉE, ET CONFORME A CELLE PUBLIÉE

PAR M. AIMÉ-MARTIN.

On y a joint l'Étude littéraire sur la partie historique du roman de Paul et Virginie, et les Pièces officielles relatives au naufrage du vaisseau LE SAINT-GÉRAN,

PAR P. L. LEMONTEY, de l'Académie française.

. . . . . Miseris succurrere disco.
ÆN., lib. 1.

TOME SECOND.

PARIS,
AIMÉ ANDRÉ, LIBRAIRE-ÉDITEUR,
QUAI DES AUGUSTINS, N° 59.
1825.

ÉTUDES
DE
LA NATURE.

ÉTUDE NEUVIÈME.

OBJECTIONS CONTRE LES MÉTHODES DE NOTRE RAISON ET LES PRINCIPES DE NOS SCIENCES.

J'ai exposé, dès le commencement de cet ouvrage, l'immensité de l'étude de la nature. J'y ai proposé de nouveaux plans pour nous former une idée de l'ordre qu'elle a établi dans tous les règnes; mais, arrêté par mon insuffisance même, je n'ai pu me promettre que de tracer une esquisse légère de celui qui existe dans l'ordre végétal. Cependant, avant d'établir à cet égard de nouveaux principes, je me suis cru obligé de détruire les préjugés que le monde et nos sciences mêmes pouvaient avoir répandus sur la nature, dans l'esprit de mes lecteurs. J'ai donc exposé les bienfaits de la Providence envers notre siècle, et les objections qu'on y a élevées contre elle. J'ai répondu à ces objections dans le même ordre que je les avais rapportées, en laissant entrevoir, chemin faisant, qu'il règne une grande harmonie dans la distribution du globe, que nous croyons abandonné aux simples lois du mouvement et du hasard. J'ai présenté de nouvelles causes du cours des marées, du mouvement de la terre dans l'écliptique, et du déluge universel. Maintenant, je vais attaquer, à mon tour, les méthodes de notre raison et les éléments de nos sciences, avant de poser quelques principes qui puissent nous indiquer une route invariable vers la vérité.

Au reste, si j'ai combattu nos sciences naturelles, dans le cours de cet ouvrage, et particulièrement dans cet article, ce n'est que du côté systématique; je leur rends justice du côté de l'observation. D'ailleurs, je respecte ceux qui les cultivent. Je ne connais rien de plus estimable dans le monde, après l'homme vertueux, que l'homme savant, si toutefois on peut séparer les sciences de la vertu. Que de sacrifices et de privations n'exigent pas leurs études! Tandis que la foule des hommes s'enrichit et s'illustre par l'agriculture, le commerce, la navigation et les arts, bien souvent ceux qui ont frayé les routes ont vécu dans l'indigence et dans l'oubli de leurs contemporains. Semblable au flambeau, le savant éclaire ce qui l'environne, et reste lui-même dans l'obscurité.

Je n'ai donc attaqué ni les savants, que je respecte, ni les sciences, qui ont fait la consolation de ma vie; mais si le temps me l'eût permis, j'eusse combattu pied à pied nos méthodes et nos systèmes. Ils nous ont jetés, en tout genre, dans un si grand nombre d'opinions absurdes, que je ne balance pas à dire que nos bibliothèques renferment aujourd'hui plus d'erreurs que de lumières. Je suis même prêt à parier que, si l'on met un Quinze-Vingt dans la bibliothèque du Roi, et qu'on lui laisse prendre un livre au hasard, la première page de ce livre où il mettra la main, contiendra une erreur. Combien de probabilités n'aurais-je pas en ma faveur, dans les romanciers, les poëtes, les mythologistes, les historiens, les panégyristes, les moralistes, les physiciens des siècles passés, et les métaphysiciens de tous les âges et de tous les pays! Il y a, à la vérité, un moyen bien simple d'arrêter le mal que leurs opinions peuvent produire, c'est de mettre tous les livres qui se contredisent à côté les uns des autres: comme ils sont, dans chaque genre, en nombre presque infini; le résultat des connaissances humaines s'y réduira à-peu-près à zéro.

Ce sont nos méthodes qui nous égarent. D'abord, pour chercher la vérité, il faut être libre de toutes passions; et l'on nous en inspire, dès l'enfance, qui donnent la première entorse à notre raison. On y pose pour base fondamentale de nos actions et de nos opinions, cette maxime : FAITES FORTUNE. Il arrive de là, que nous ne voyons plus rien que ce qui a quelque relation avec ce désir. Les vérités naturelles même disparaissent pour nous, parce que nous ne voyons plus la nature que dans des machines ou dans des livres. Pour croire en Dieu, il faut que quelqu'un de considérable nous assure qu'il y en a un. Si Fénélon nous le dit, nous y croyons, parce que Fénélon était précepteur du duc de Bourgogne, archevêque, homme de qualité, et qu'on l'appelait Monseigneur. Nous sommes bien convaincus de l'existence de Dieu par les arguments de Fénélon, parce que son crédit nous en donne à nous-mêmes. Je ne dis pas cependant que sa vertu n'ajoute quelque degré d'autorité à ses preuves, mais c'est en tant qu'elle est liée avec sa réputation et sa fortune; car, si nous rencontrons cette même vertu dans un porteur d'eau, elle devient nulle pour nous. Il aura beau nous fournir des preuves de l'existence de Dieu, plus fortes que toutes les spéculations de la philosophie, dans une vie méprisée, dure, pauvre, remplie de probité et de constance, et dans une résignation parfaite à la volonté suprême; ces témoignages si positifs sont de nulle considération pour nous; nous ne leur trouvons d'importance que quand ils acquièrent de la célébrité. Que quelque empereur s'avise d'embrasser la philosophie de cet homme obscur, ses maximes vont être louées dans tous les livres, et citées dans toutes les thèses; leur auteur sera gravé en estampes, et mis en petits bustes de plâtre sur toutes les cheminées; ce sera Épictète, Socrate, ou J.-J. Rousseau. Mais il arrive un siècle où s'élèvent des hommes avec autant de réputation que ceux-là, honorés par des princes puissants à qui il importe qu'il n'y ait pas de Dieu, et qui, pour faire la cour à ces princes, nient son existence; par le même effet de notre éducation qui nous faisait croire en Dieu, sur la foi de Fénélon, d'Épictète, de Socrate et de J.-J. Rousseau, nous n'y croyons plus sur celle d'hommes aussi considérés, et qui sont encore plus près de nous. Ainsi nous mène notre éducation; elle nous dispose également à prêcher l'Évangile ou l'Alcoran, suivant l'intérêt que nous y trouvons.

C'est de là qu'est née cette maxime si universelle et si pernicieuse : *Primò vivere, deindè philosophari.* « Premièrement vivre, chercher ensuite » la sagesse. » Tout homme qui n'est pas prêt à donner sa vie pour la trouver, n'est pas digne de la connaître. C'est avec bien plus de raison que Juvénal a dit :

Summum crede nefas vitam præferre pudori,
Et propter vitam, vivendi perdere causas.

« Croyez que le plus grand des crimes est de préférer la vie à l'honnête, » et de perdre, pour l'amour de la vie, la seule raison que nous ayons » de vivre. »

Je ne parle pas des autres préjugés qui s'opposent à la recherche de la vérité, tels que ceux de l'ambition qui portent chacun de nous à se distinguer ; ce qui ne peut guère se faire que de deux façons, ou en renversant les maximes les plus vraies et les mieux établies, pour y substituer les nôtres, ou en cherchant à plaire à tous les partis, en réunissant les opinions les plus contradictoires ; ce qui, dans les deux cas, multiplie les branches de l'erreur à l'infini. La vérité éprouve encore une multitude d'autres obstacles de la part des hommes puissants à qui l'erreur est profitable. Je ne m'arrêterai qu'à ceux qui tiennent à la faiblesse de notre raison, et j'examinerai leur influence sur nos connaissances naturelles.

Il est aisé d'apercevoir que la plupart des lois que nous avons données à la nature, ont été tirées, tantôt de notre faiblesse, et tantôt de notre orgueil. J'en prendrai quelques-unes, au hasard, parmi celles que nous regardons comme les plus certaines. Par exemple, nous avons jugé que le soleil devait être au centre des planètes pour en diriger le mouvement, parce que nous sommes obligés de nous mettre au centre de nos affaires pour y avoir l'œil. Mais si, dans les sphères célestes, le centre appartient naturellement aux corps les plus considérables, comment se fait-il que Saturne et Jupiter, qui sont beaucoup plus gros que notre globe, soient à l'extrémité de notre tourbillon?

Comme la route la plus courte est celle qui nous fatigue le moins, nous avons conclu de même que ce devait être celle de la nature. En conséquence, pour épargner au soleil environ cent quatre-vingt-dix millions de lieues qu'il devrait parcourir, chaque jour, pour nous éclairer, nous faisons tourner la terre sur son axe. Cela peut être ainsi; mais si la terre tourne sur elle-même, il doit y avoir une grande différence dans l'espace que parcourent deux boulets de canon tirés en même temps, l'un vers l'orient, et l'autre vers l'occident; car le premier va avec le mouvement de la terre, et le second va en sens contraire. Pendant qu'ils sont tous deux en l'air, et qu'ils s'éloignent l'un de l'autre, en parcourant chacun six mille toises par minute, la terre, pendant la même minute, devance le premier, et s'éloigne du second, avec une vitesse qui lui fait parcourir seize mille toises; ce qui doit mettre le point de leur départ à vingt-deux mille toises en arrière du boulet qui va à l'occident, et à dix mille toises en avant de celui qui va vers l'orient.

J'ai proposé cette objection à un habile astronome qui en fut presque scandalisé. Il me répondit, suivant la coutume de nos docteurs, qu'elle avait déjà été faite, et qu'on y avait répondu. Enfin, comme je le priai d'avoir pitié de mon igno-

rance, et de me donner quelque solution, il me cita l'expérience prétendue d'une balle qu'on laisse tomber du haut du mât d'un vaisseau à la voile, et qui retombe précisément au pied du mât, malgré la course du vaisseau. «La terre, me dit-il, em-
» porte de même dans son mouvement de rotation
» les deux boulets. Si on les tirait perpendiculai-
» rement, ils retomberaient précisément au point
» d'où ils sont partis. » Comme les axiomes ne coûtent rien, et qu'ils servent à trancher toutes sortes de difficultés, il ajouta celui-ci : «Le mouvement
» d'un grand corps absorbe celui d'un petit.» Si cet axiome est véritable, lui répondis-je, la balle tombée du haut du mât d'un vaisseau à la voile, ne doit pas retomber au pied du mât; son mouvement doit être absorbé, non par celui du vaisseau, mais par celui de la terre, qui est un bien plus grand corps : elle doit obéir uniquement à la direction de la pesanteur; et par la même raison, la terre doit absorber le mouvement du boulet qui va avec elle vers l'orient, et le faire rentrer dans le canon d'où il est sorti.

Je ne voulus pas pousser plus loin cette difficulté; mais je restai, comme il m'est souvent arrivé après les solutions les plus lumineuses de nos écoles, encore plus *perplexe* que je ne l'étais auparavant. Je doutais non-seulement d'un système et d'une expérience, mais qui pis est, d'un axiome. Ce n'est pas que je n'adopte notre système planétaire tel qu'on nous le donne; mais c'est par la raison qui l'a peut-être fait imaginer : c'est parce qu'il est le plus convenable à la faiblesse de mon corps et de mon esprit. Je trouve, en effet, que la rotation de la terre épargne, chaque jour, bien du chemin au soleil : d'ailleurs je ne crois pas du tout que ce système soit celui de la nature, et qu'elle ait révélé les causes du mouvement des astres à des hommes qui ne savent pas comment se remuent leurs doigts.

Voici encore quelques probabilités en faveur du mouvement du soleil autour de la terre. « Les » astronomes de Greenwich, ayant découvert » qu'une étoile de Taurus a une déclinaison de » deux minutes chaque vingt-quatre heures; que » cette étoile n'étant point nébuleuse, et n'ayant » point de chevelure, ne peut être regardée comme » comète, ont communiqué leurs observations aux » astronomes de Paris, qui les ont trouvées exac- » tes. M. Messier doit en faire le rapport à l'Aca- » démie des sciences, à la première assemblée *. »

Si les étoiles sont des soleils, voilà donc un soleil qui se meut, et son mouvement doit être une présomption pour le mouvement du nôtre.

On peut, d'un autre côté, présumer la stabilité de la terre, en ce que la distance entre les étoiles ne change point par rapport à nous, ce qui devrait arriver d'une manière sensible, si nous par-

* *Courrier de l'Europe*, vendredi 4 mai 1781.

courions dans un an, comme on le dit, un cercle de soixante-quatre millions de lieues de diamètre dans le ciel; car, dans un si long espace, nous nous approcherions des unes, et nous nous éloignerions des autres.

Soixante-quatre millions de lieues ne sont, dit-on, qu'un point dans le ciel, par rapport à la distance qui est entre les étoiles. J'en doute. Le soleil, qui est un million de fois plus gros que la terre, n'a plus qu'un demi-pied de diamètre apparent, à trente-deux millions de lieues de nous. Si cette distance réduit à un si petit diamètre un si grand corps, il ne faut pas douter que celle de soixante-quatre millions de lieues ne le diminuât bien davantage, et ne le réduisît peut-être à la grandeur d'une étoile; et il y a grande apparence que si, lorsqu'il serait réduit à cette petitesse, nous nous en éloignions encore de soixante-quatre millions de lieues, il disparaîtrait tout-à-fait. Comment se fait-il donc que lorsque la terre s'approche ou s'éloigne, de cette distance, des étoiles du firmament, en parcourant son cercle annuel, aucune de ces étoiles n'augmente ou ne diminue de grandeur par rapport à nous?

Voici, de plus, quelques observations qui prouveront au moins que les étoiles ont des mouvements qui leur sont propres. Les anciens astronomes ont observé, dans le cou de la Baleine, une étoile qui avait beaucoup de variété dans ses apparitions : tantôt elle paraissait pendant trois mois, tantôt pendant un plus long intervalle, et on la voyait tantôt plus petite, et tantôt plus grande. Le temps de ses apparitions n'était point réglé. Les mêmes astronomes rapportent qu'ils ont vu une nouvelle étoile dans le cœur du Cygne, qui disparaissait de temps en temps. En 1600, elle était égale à une étoile de la première grandeur; elle diminua peu-à-peu, et enfin elle disparut. M. Cassini l'a aperçue en 1655. Elle augmenta successivement pendant cinq ans; ensuite elle diminua, et on ne la revit plus. En 1670, une nouvelle étoile se montra proche de la tête du Cygne. Elle fut observée par le P. Anselme, chartreux, et par plusieurs astronomes. Elle disparut, et on la revit en 1672. Depuis ce temps-là, on ne l'a plus vue qu'en 1709; et en 1713 elle a tout-à-fait disparu. Ces exemples prouvent que non-seulement les étoiles ont des mouvements, mais qu'elles décrivent des courbes bien différentes des cercles et des ellipses que nous avons assignés aux corps célestes. Je suis persuadé qu'il y a entre ces mouvements la même variété qu'entre ceux de plusieurs corps sur la terre; et qu'il y a des étoiles qui décrivent des cycloïdes, des spirales, et plusieurs autres courbes dont nous n'avons pas même d'idée *.

* On peut consulter, sur ce sujet, le VIIe chapitre de l'ouvrage de Maupertuis, sur la figure des astres. (*Note de l'Editeur.*)

Je n'en dirai pas davantage, de peur de paraître plus instruit des affaires du ciel que des nôtres. Je n'ai voulu exposer ici que mes doutes et mon ignorance. Si les étoiles sont des soleils, il y a donc des soleils qui sont en mouvement, et le nôtre pourrait fort bien se mouvoir comme eux [1].

C'est ainsi que nos maximes générales deviennent des sources d'erreurs; car nous ne manquons pas d'assigner le désordre, là où nous n'apercevons plus notre ordre prétendu. Celle que j'ai citée précédemment, qui est que la nature prend dans ses opérations la voie la plus courte, a rempli notre physique d'une multitude de vues fausses. Il n'y en a pas cependant de plus contredite par l'expérience. La nature fait serpenter, sur la terre, l'eau des rivières, au lieu de la faire couler en ligne droite; elle fait faire aux veines de grands détours dans le corps humain, et elle a percé même exprès des os, afin que quelques-unes des veines principales passassent dans l'épaisseur des membres, et qu'elles ne fussent pas exposées à être blessées par des chocs extérieurs. Enfin elle développe un champignon dans une nuit, et elle ne perfectionne un chêne que dans un siècle. La nature prend rarement la voie la plus courte, mais elle prend toujours la plus convenable.

Cette fureur de généraliser nous a fait produire, dans tous les genres, un nombre infini de maximes, de sentences et d'adages qui se contredisent sans cesse. Selon nous, un homme de génie voit tout d'un coup-d'œil, et exécute tout avec une seule loi. Pour moi, je pense que cette sublime manière de voir et d'exécuter, est encore une des plus grandes preuves de la faiblesse de l'esprit humain. Il ne peut marcher à son aise que par une seule route. Dès qu'il en voit plusieurs, il se trouble et se fourvoie; il ne sait quelle est celle qu'il doit choisir : pour ne pas s'égarer, il n'en admet qu'une; et quand une fois il y est engagé, l'orgueil le mène loin. L'Auteur de la nature, au contraire, embrassant dans son intelligence infinie toutes les sphères des êtres, procède à leur production par des lois aussi variées que ses vues inépuisables, pour arriver à un seul but, qui est leur bien général. Quelque mépris que les philosophes aient pour les causes finales, ce sont les seules qu'il nous donne à connaître : il nous a caché tout le reste. Il est bien digne de remarque, que le seul but qu'il découvre à notre intelligence soit encore le même que celui qu'il propose à nos vertus.

Une de nos méthodes les plus ordinaires, lorsque nous saisissons quelque effet dans la nature, c'est de nous y arrêter d'abord par faiblesse, et d'en tirer ensuite, par vanité, un principe universel. Si, après cela, on trouve le moyen, qui n'est pas difficile, de lui appliquer un théorème de géométrie, un triangle, une équation, seulement un $a+b$, en voilà assez pour le rendre à jamais vénérable. C'est ainsi que, le siècle passé, on expliquait tout par la philosophie corpusculaire, parce qu'on s'était aperçu que quelques corps se formaient par intus-susception ou par agrégation de parties. Un peu d'algèbre qu'on y avait joint lui avait donné d'autant plus de dignité, que la plupart des raisonneurs de ce temps-là n'y entendaient rien du tout. Mais comme elle était mal rentée, elle n'a pas subsisté. On ne parle seulement pas aujourd'hui d'une foule de savants et d'illustres, que l'Europe comblait alors d'éloges.

D'autres, ayant trouvé que l'air pesait, se sont mis à prouver, avec toutes sortes de machines, que l'air avait du poids. Nos livres ont rapporté tout à la pesanteur de l'air, végétation, tempérament de l'homme, digestion, circulation du sang, phénomènes, ascension des fluides. Il est vrai qu'on s'est trouvé un peu embarrassé par les tuyaux capillaires, où l'eau monte indépendamment de l'action de l'air. Mais tout cela s'explique aussi : et malheur, comme disent quelques écrivains, à ceux qui ne les entendent pas! D'autres se sont occupés de son élasticité, et ont expliqué également bien, par son ressort, toutes les opérations de la nature. Chacun s'est écrié que son voile était levé, que nous l'avions prise sur le fait. Mais un Sauvage qui marchait contre le vent, ne savait-il pas que l'air avait du poids et du ressort? N'employait-il pas ces deux qualités, lorsqu'il voguait à la voile dans sa pirogue? A la bonne heure si nous appliquions les effets naturels, bien calculés et bien vérifiés, aux besoins de notre vie; mais pour l'ordinaire, c'est à régler les opérations de la nature, et non les nôtres.

D'autres trouvent encore plus commode d'exposer le système du monde, sans en tirer aucune conséquence. Ils lui supposent des lois qui ont tant de justesse et de précision, qu'ils ne laissent plus rien à faire à la Providence divine. Ils représentent Dieu comme un géomètre ou un machiniste, qui s'amuse à faire des sphères pour le plaisir de les faire tourner. Ils n'ont aucun égard aux convenances et aux autres causes intelligentes. Quoique l'exactitude de leurs observations leur fasse honneur, leurs résultats ne satisfont point du tout. Leur manière de raisonner sur la nature, ressemble à celle d'un Sauvage qui, considérant dans une de nos villes le mouvement de l'aiguille d'une horloge publique, et voyant, à certains points qu'elle marque sur le cadran, des cloches s'ébranler, des hommes sortir de leurs maisons, et une partie de la société se mettre en mouvement, supposerait qu'une horloge est le principe de toutes les occupations européennes. C'est le défaut qu'on peut reprocher à la plupart des sciences, qui, sans consulter la fin des opérations de la nature, n'en étudient que les moyens. L'astronomie ne considère plus que le cours des astres, sans faire attention aux rapports qu'ils ont avec les saisons. La chimie ayant trouvé dans l'agrégation des corps, des parties, comme les sels, qui s'assimilaient, ne voit plus que des sels pour principe et pour fin *. L'algèbre ayant été inventée pour faciliter les calculs, est devenue une science qui ne calcule que des grandeurs imaginaires, et qui ne se propose que des théorèmes inapplicables aux besoins de la vie.

Il est résulté de là une infinité de désordres plus grands qu'on ne le peut dire. La vue de la nature, qui rappelle aux peuples les plus sauvages, non-seulement l'idée d'un Dieu, mais celle d'une infinité de dieux, nous présente à nous autres des idées de fourneaux, de sphères, d'alambics et de cristallisations. Au moins les Naïades, les Sylvains, Apollon, Neptune, Jupiter, donnaient aux anciens

* Peu de temps après la publication des *Études*, les expériences de Lavoisier changèrent, comme nous l'avons dit, la face de la chimie. L'eau et l'air furent décomposés; les gaz prirent la place des sels, et leur théorie servit à tout expliquer. Ainsi, dans les sciences, ce qui est vérité la veille est erreur le lendemain : mais ces variations, loin de nuire aux raisonnements de l'auteur, doivent servir à les appuyer. La chimie changera encore; les *Études de la Nature* resteront : et si jamais un autre éditeur se croit obligé d'ajouter une note à celle-ci pour marquer les progrès de la physique, il ne fera que donner une nouvelle preuve de l'incertitude des sciences. (*Note de l'Editeur.*)

Pl. II. HEMISPHÈRE ATLANTIQUE.
Avec son Canal, ses Glaces, ses Courans et ses Marées, dans les Mois de Janvier et Février.

Tom. I. pag. 162. Voyez aussi la page 40 du même volume.

du respect pour les ouvrages de la création, et les attachaient encore à la patrie par un sentiment religieux. Mais nos machines détruisent les harmonies de la nature et de la société. La première n'est plus pour nous qu'un triste théâtre composé de leviers, de poulies, de poids et de ressorts; et la seconde, qu'une école de disputes. Ces systèmes, dit-on, exercent les esprits. Cela pourrait être, s'ils ne les égaraient pas; mais ils n'en dépravent pas moins le cœur. Pendant que l'esprit pose des principes, le cœur tire des conséquences. Si tout est l'ouvrage de puissances aveugles, d'attractions, de fermentations, de jeux de fibres, de masses, il faut donc céder à leurs lois, comme tous les autres corps. Des femmes et des enfants en tirent ces conclusions. Que devient alors la vertu? Il faut obéir, dit-on, aux lois de la nature. Il faut donc obéir à la pesanteur; s'asseoir et ne pas marcher. La nature nous parle par cent mille voix. Quelle est celle qui s'adresse à nous? Prendrons-nous pour régler notre vie, l'exemple des poissons, des quadrupèdes, des plantes, ou même des corps célestes?

Il y a des métaphysiciens, au contraire, qui, sans avoir égard à aucune loi physique, vous expliquent tout le système du monde avec des idées abstraites. Mais une preuve que leur système n'est pas celui de la nature, c'est qu'avec leurs matériaux et leur méthode, il est fort aisé de renverser leur ordre, et d'en former un tout différent, pour peu qu'on s'en veuille donner la peine. Il en naît même une réflexion bien propre à humilier notre intelligence; c'est que tous ces efforts du génie des hommes, loin de pouvoir bâtir un monde, n'y feraient pas seulement mouvoir un grain de sable.

Il y en a d'autres qui regardent l'état où nous vivons comme un état de ruine et de punition. Ils supposent, d'après des autorités sacrées, que cette terre a existé avec d'autres harmonies. J'admets ce que l'Ecriture sainte nous dit à ce sujet, excepté les explications des commentateurs. Telle est la faiblesse de notre raison, que nous ne pouvons rien concevoir ni imaginer au delà de ce que la nature nous montre actuellement. Ainsi ils se trompent beaucoup, par exemple, lorsqu'ils nous disent que, lorsque la terre était dans un état de perfection, le soleil était constamment à l'équateur; qu'il y avait égalité de jours et de nuits, un printemps perpétuel, des campagnes unies comme des plaines, etc. Si le soleil était constamment à l'équateur, je doute qu'il y eût un seul point sur la terre qui fût habitable. D'abord, la zone torride serait brûlée de ses feux, comme nous l'avons démontré; les deux zones glaciales s'étendraient bien plus loin qu'elles ne le font; les zones tempérées seraient au moins aussi froides vers leur milieu, qu'elles le sont à l'équinoxe de mars, et cette température ne permettrait pas à la plupart des fruits d'y venir en maturité. Je ne sais pas où serait le printemps; mais, s'il était perpétuel quelque part, il n'y aurait jamais là d'automne. Ce serait encore pis, s'il n'y avait ni rochers ni montagnes à la surface du globe; car aucun fleuve ni ruisseau ne coulerait sur la terre. Il n'y aurait ni abri, ni reflet au nord, pour échauffer la germination des plantes; et il n'y aurait point d'ombres ni d'humidité au midi, pour les préserver de la chaleur. Ces dispositions admirables existent actuellement en Finlande, en Suède, au Spitzberg, et sur toutes les terres septentrionales, qui sont d'autant plus chargées de rochers, qu'elles s'avancent vers le nord; et elles se retrouvent encore aux îles Antilles, à l'Ile-de-France, et aux autres îles et terres comprises entre les tropiques, dont les campagnes sont parsemées de rochers, sur-tout vers la ligne, dans l'Éthiopie, dont la nature a couvert le territoire de grands et hauts rochers presque perpendiculaires, qui forment autour d'eux des vallées profondes pleines d'ombre et de fraîcheur. Ainsi, comme nous l'avons dit, pour réfuter nos prétendus plans de perfection, il suffit de les admettre.

Il y a d'autres savants, au contraire, qui ne sortent jamais de leur routine, et qui s'abstiennent de rien voir au delà, quoiqu'ils soient très-riches en faits : tels sont les botanistes. Ils ont observé des parties sexuelles dans les plantes, et ils sont uniquement occupés à recueillir les fleurs, et à les ranger suivant le nombre de ces parties, sans se soucier d'y connaître autre chose. Quand ils les ont classées dans leur tête et dans leurs herbiers, en ombelles, en roses ou en tubulées, avec le nombre de leurs étamines, si avec cela ils peuvent y joindre quelques noms grecs, ils possèdent, à ce qu'ils pensent, tout le système de la végétation.

D'autres, à la vérité, parmi eux, vont plus loin. Ils en étudient les principes; et, pour en venir à bout, ils les pilent dans des mortiers, ou les décomposent dans leurs alambics. Quand leur opération est achevée, ils vous montrent des sels, des huiles, des terres, et vous disent : Voilà les principes de telle et telle plante. Pour moi, je ne crois pas plus qu'on puisse montrer les principes d'une plante dans une fiole, que ceux d'un loup ou d'un mouton dans une marmite. Je respecte les procédés mystérieux de la chimie; mais, lorsqu'elle agit sur les végétaux, elle les détruit. Voici le jugement qu'un habile médecin a porté de ses expériences. C'est le docteur J.-B. Chomel, dans le discours préliminaire de son utile Abrégé de l'Histoire des Plantes usuelles [*]. «Près de deux mille analyses de
» plantes différentes, dit-il, faites par les chimistes
» de l'Académie royale des sciences, ne nous ont
» appris autre chose, sinon qu'on tire de tous les

[*] Tome I, page 37.

» végétaux une certaine quantité de liqueurs aci-
» des, plus ou moins d'huile essentielle ou fétide,
» de sel fixe, volatil ou concret, de flegme insipide
» et de terre, et souvent presque les mêmes prin-
» cipes et en même quantité, de plantes dont les
» vertus sont très-différentes. Ainsi, ce travail
» très-long et très-pénible, a été une tentative
» inutile pour la découverte des effets des plantes,
» et n'a servi qu'à nous détromper des préjugés
» qu'on pourrait avoir sur les avantages de ces
» analyses. » Il ajoute que le fameux chimiste Homberg, ayant semé les mêmes plantes dans deux caisses remplies de terre dessalée par une forte lessive, dont l'une ensuite fut arrosée avec de l'eau commune, et l'autre avec de l'eau où l'on avait dissous du nitre, ces plantes rendirent à-peu-près les mêmes principes. Ainsi, voilà notre science systématique tout-à-fait déroutée ; car elle ne peut découvrir les qualités essentielles des plantes, ni par leur composition, ni par leur décomposition.

Il y a bien d'autres erreurs sur les lois de leur développement et de leur fécondation. Les anciens avaient reconnu dans plusieurs plantes des mâles et des femelles, et une fécondation par des émanations de poussières séminales, telle que dans les palmiers dattiers. Nous avons appliqué cette loi à tout le règne végétal. Elle est, en effet, très-répandue ; mais combien de végétaux se propagent encore par des rejetons, par des tronçons, par des traînasses, par les extrémités de leurs branches! Voilà, dans le même règne, bien des manières de se reproduire. Cependant, quand nous n'apercevons plus dans la nature la loi que nous avons une fois adoptée dans nos livres, nous croyons qu'elle s'égare. Nous n'avons qu'un fil, et quand il se rompt, nous imaginons que c'en est fait du système du monde. L'intelligence suprême disparaît pour nous, dès que la nôtre vient à se troubler. Je ne doute pas cependant que l'Auteur de la nature n'ait établi, au sujet des plantes que tant de gens étudient, des lois qui nous sont encore inconnues. Voici à ce sujet une observation que je livre à l'expérience de mes lecteurs.

Ayant transplanté, au mois de février de l'année 1783, des plantes de violette simple, qui commençaient à pousser de petits boutons de fleurs, cette transplantation a arrêté leur développement d'une manière assez extraordinaire. Ces petits boutons n'ont point fleuri; mais leur ovaire s'étant gonflé, est parvenu à sa grosseur ordinaire, et s'est changé en capsule remplie de graine, sans laisser apercevoir au dehors ou au dedans, ni pétale, ni anthère, ni stigmate, ni aucune partie quelconque de la floraison. Tous ces boutons ont présenté successivement le même phénomène dans les mois de mai, de juin et de juillet, sans qu'aucune de ces plantes de violettes ait produit la moindre fleur. J'ai aperçu seulement dans les boutons naissants que j'ai ouverts, les parties de la floraison flétries sous les calices. J'ai ressemé leur graine qui n'avait point été fécondée; et jusqu'à présent elle n'a point levé. Cette expérience est favorable au système de Linnæus; mais elle s'en écarte, en ce qu'elle fait voir qu'une plante peut donner son fruit sans fleurir.

On peut remarquer ici, dès à présent, que les lois physiques sont subordonnées à des lois de convenance, c'est-à-dire, par exemple, les lois de la végétation, à la conservation des êtres sensibles pour lesquels elles ont été faites. Ainsi, quoique la floraison de ma violette ait été interrompue, cela ne l'a pas empêchée de donner sa graine pour la subsistance de quelque animal qui s'en nourrit. C'est pour cette raison que les plantes les plus utiles, comme les graminées, sont celles qui ont le plus de différents moyens de se reproduire. Si la nature, à leur égard, ne s'était réduite qu'à la loi de la floraison, elles ne se multiplieraient point, lorsqu'elles sont pâturées par les animaux, qui broutent sans cesse leurs sommités. Il en est de même de celles qui croissent le long des rivages, telles que les roseaux, et les arbres aquatiques, comme les saules, les aunes, les peupliers, les osiers, les mangliers, lorsque les eaux se débordent, et qu'elles les ensablent ou les renversent, ce qui arrive fréquemment. Les rivages resteraient dépouillés de verdure, si les végétaux qui y croissent n'avaient la faculté de se reproduire de leurs propres tronçons. Il n'en est pas de même des arbres de montagne, comme les palmiers, sapins, cèdres, mélèzes, pins, qui ne sont pas exposés aux mêmes événements, et qu'on ne peut faire reprendre de bouture. Si l'on coupe même le sommet d'un palmier, il périt.

Nous retrouvons ces mêmes lois de convenance dans les générations des animaux, auxquelles nous attribuons de l'incertitude, dès que nous y découvrons des variétés, ou que nous rapprochons du règne végétal par des relations imaginaires, lorsque nous apercevons des effets qui leur sont communs. Ainsi, par exemple, si les pucerons sont vivipares l'été, c'est que leurs petits trouvent dans cette saison la température et la nourriture qui leur convient, dès qu'ils viennent au monde; et s'ils sont ovipares en automne, c'est que la postérité de ces insectes délicats n'aurait pu passer l'hiver, si elle n'avait été renfermée dans des œufs. C'est par ces mêmes raisons que, si l'on arrache une patte à un crabe ou à une écrevisse, il lui en repousse une autre, qui sort de son corps, comme une branche sort d'un végétal. Ce n'est pas que cette reproduction animale soit l'effet de quelque analogie mécanique entre les deux règnes; mais ces animaux étant destinés à vivre sur les rivages, parmi les rochers, où ils sont exposés aux mouvements des flots, la nature leur donne de reproduire les membres exposés à être retranchés, ou rompus par le roulement des cailloux, comme elle a donné aux végétaux qui croissent sur leurs rivages, de se reproduire de leurs tronçons, parce qu'ils sont exposés à être renversés par le débordement des eaux.

La médecine a tiré de ces analogies apparentes des règnes une multitude d'erreurs. Il suffit d'examiner la marche de ses études, pour les regarder comme fort suspectes. Elle cherche les opérations de l'ame dans des cadavres, et les fonctions de la vie dans la léthargie de la mort. Aperçoit-elle quelque propriété dans un végétal ? elle en fait un remède universel. Écoutez ses adages. Les plantes sont utiles à la vie ; elle en conclut qu'en se nourrissant de végétaux, on doit vivre des siècles. Dieu sait que de livres, de discours et d'éloges ont été faits sur les vertus des plantes ! Cependant une multitude de malades meurent, l'estomac plein de ces merveilleux simples. Ce n'est pas que je nie leurs qualités appliquées bien à propos, mais je rejette absolument les raisonnements qui attachent à l'usage du régime végétal la durée de la vie humaine. La vie de l'homme est le résultat de toutes les convenances morales, et tient plus à la sobriété, à la tempérance et aux autres vertus, qu'à la nature des aliments. Les animaux qui ne vivent que de plantes, parviennent-ils seulement à l'âge des hommes ? Les daims et les chamois qui paissent les admirables vulnéraires de la Suisse, ne devraient jamais mourir; cependant leur vie est courte. Les mouches qui sucent le nectar de leurs fleurs, meurent aussi, et plusieurs de leurs espèces, dans l'espace d'un an. La vie a un terme fixé pour chaque genre d'animal, et un régime qui lui est propre; celle de l'homme seul s'étend à tout. Le Tartare vit de chair crue de cheval, le Hollandais de poissons, un autre peuple de racines, un autre de laitage, et par tout pays on trouve des vieillards. Le vice seul et le chagrin abrégent la vie; et je suis persuadé que les affections morales s'étendent si loin pour les hommes, que je ne crois pas qu'il y ait une seule maladie qui ne leur doive son origine.

Voici ce que pensait Socrate de la philosophie systématique de son siècle; car elle s'est livrée, dans tous les âges, aux mêmes égaremens. « Il » ne s'amusait point, dit Xénophon, à traiter des » secrets de la nature, ni à rechercher comment a » été fait ce que les sophistes ont appelé le monde, » ni quel puissant ressort gouverne toutes les cho- » ses célestes : au contraire, il montrait la folie » de ceux qui s'adonnent à ces contemplations, » et il demandait si c'était après avoir acquis une » parfaite connaissance des choses humaines, qu'ils » entreprenaient la recherche des divines, ou s'ils » croyaient être fort sages de négliger ce qui les » touche, pour s'occuper à ce qui est au-dessus

» d'eux. Il s'étonnait encore comment ils ne voient
» pas qu'il est impossible aux hommes de rien
» comprendre à toutes ces merveilles, puisque
» ceux qui ont la réputation d'y être les plus sa-
» vants, ont des opinions toutes contraires, et ne
» peuvent s'accorder non plus que des insensés;
» car, comme entre les insensés, les uns n'ont
» point de peur des accidents les plus épouvan-
» tables, et les autres craignent ce qui n'est pas à
» craindre; de même entre ces philosophes, les
» uns ont cru qu'il n'y a point d'action qui ne
» se puisse faire en public, ni de parole qu'on ne
» puisse dire librement devant tout le monde; les
» autres, au contraire, ont pensé qu'il fallait fuir
» la conversation des hommes, et se tenir dans
» une perpétuelle solitude : les uns ont méprisé
» les temples et les autels, et ont enseigné de ne
» point honorer les dieux; les autres ont été si
» superstitieux que d'adorer le bois, les pierres et
» les animaux irraisonnables. Et quant à la science
» des choses naturelles, les uns n'ont reconnu
» qu'un seul être, les autres en ont admis un
» nombre infini : les uns ont voulu que toutes
» choses fussent dans un mouvement perpé-
» tuel; les autres ont cru que rien ne se meut :
» les uns ont dit que le monde était plein de con-
» tinuelles générations et corruptions, et les au-
» tres assurent que rien ne s'engendre ni ne se
» détruit. Il disait encore qu'il eût bien voulu sa-

» voir de ces gens-là, s'ils avaient espérance de
» mettre quelque jour en pratique ce qu'ils ap-
» prennent; comme ceux qui savent un art peu-
» vent l'exercer quand il leur plaît, soit pour leur
» utilité particulière, soit pour le service de leurs
» amis; et s'ils s'imaginaient aussi, après avoir
» trouvé les causes de tout ce qui se fait, pouvoir
» donner les vents et les pluies, et disposer les
» temps et les saisons selon leurs besoins, ou s'ils
» se contentaient de leur simple connaissance, sans
» en attendre jamais d'autre utilité. * »

Ce n'est pas que Socrate n'eût très-bien étudié la nature; mais il n'avait cessé d'en rechercher les causes que pour en admirer les résultats. Personne n'avait plus recueilli d'observations à ce sujet que lui. Il les employait fréquemment dans ses conversations sur la Providence divine.

La nature ne nous présente de toutes parts que des harmonies et des convenances avec nos besoins, et nous nous obstinons à remonter aux causes qu'elle emploie, comme si nous voulions lui enlever le secret de sa puissance. Nous ne connaissons pas seulement les principes les plus communs qu'elle a mis dans nos mains et sous nos pieds. La terre, l'eau, l'air et le feu sont des éléments, disons-nous. Mais sous quelle forme doit paraître la terre pour être un élément? Cette couche, appelée *humus*, qui la couvre presque partout,

* Xénophon, *des Choses mémorables de Socrate*, liv. I.

et qui sert de base au règne végétal, est un débris de toutes sortes de matières, de marne, de sable, d'argile, de végétaux. Est-ce le sable qui est sa partie élémentaire? mais le sable paraît être un débris de rocher. Est-ce le rocher qui est un élément? mais il paraît à son tour une agrégation de sable, comme nous le voyons dans les masses de grès. Lequel des deux, du sable ou du rocher, a été le principe de l'autre, et l'a précédé dans la formation du globe? Quand nous serions instruits de cette époque, nous ne tiendrions rien. Il y a des rochers formés de toutes sortes d'agrégations: le granit est composé de grains; les marbres et les pierres calcaires, de pâte de coquilles et de madrépores. Il y a aussi des bancs de sable composés des débris de toutes ces pierres : j'ai vu du sable de cristal. Les poissons à coquilles, qui semblent nous donner des lumières sur la nature de la pierre calcaire, ne nous indiquent point l'origine primitive de cette matière; car ils forment eux-mêmes leurs coquilles de ses débris qui nagent dans la mer. Les difficultés augmentent quand on veut expliquer la formation de tant de corps qui sortent et se nourrissent de la terre. On a beau appeler à son secours les analogies, les assimilations, les homogénéités et les hétérogénéités. N'est-il pas étrange que des milliers d'espèces de végétaux résineux, huileux, élastiques, mous et combustibles, diffèrent en tout du sol dur et pierreux qui les produit? Les philosophes siamois ne sont point embarrassés à ce sujet; car ils admettent dans la nature un cinquième élément, qui est le bois. Mais ce supplément ne peut pas les mener bien loin; car il est encore plus étonnant que la matière animale se forme de la matière végétale, que celle-ci de la fossile. Comment devient-elle sensible, vivante et passionnée? On y fait intervenir, à la vérité, l'action du soleil. Mais comment le soleil pourrait-il être, dans les animaux, la cause de quelque affection morale, ou si l'on aime mieux, de quelque passion, lorsqu'on ne voit pas qu'il agisse comme ordonnateur sur les parties mêmes des plantes? Par exemple, son effet général est de dessécher ce qui est humide. Comment arrive-t-il donc que dans une pêche exposée à son action, la pulpe soit fondante au dehors, et le noyau qui est caché au dedans soit très-dur, tandis que le contraire arrive dans le fruit du cocotier, qui est plein de lait au dedans, et revêtu en dehors d'une écale dure comme une pierre? Le soleil n'a pas plus d'influence sur la construction mécanique des animaux: leurs parties intérieures les plus abreuvées d'humeurs, de sang et de moelle, sont souvent les plus dures, comme les dents et les os; et les parties les plus exposées à l'action de sa chaleur sont souvent très-molles, comme les poils, les plumes, les chairs et les yeux. Comment se fait-il encore qu'il y ait si peu d'analogie entre les plantes tendres, ligneuses, sujettes à pourrir, et la terre qui les produit; et entre les coraux et les madrépores de pierre, qui forment des bancs si étendus entre les tropiques, et l'eau de la mer où ils sont formés? Il semble que le contraire eût dû arriver; l'eau eût dû produire des plantes molles, et la terre des plantes solides. Si les choses existent ainsi, il y en a sans doute plus d'une raison; mais j'en entrevois une qui me paraît fort bonne : c'est que, si ces analogies avaient lieu, les deux éléments seraient inhabitables en peu de temps; ils seraient bientôt comblés par leur propre végétation. La mer ne pourrait briser des madrépores ligneux, ni l'air dissoudre des forêts pierreuses.

On peut établir les mêmes doutes sur la nature de l'eau. L'eau, disons-nous, est formée de petits globules qui roulent les uns sur les autres : c'est à la forme sphérique de ses éléments qu'il faut attribuer sa fluidité. Mais si ce sont des globules, il doit y avoir entre eux des intervalles, et des vides sans lesquels ils ne seraient pas susceptibles de mouvement. Pourquoi donc l'eau est-elle incompressible? Si vous la comprimez fortement dans un tuyau, elle passera au travers de ses pores, s'il est d'or; et elle le fera crever, s'il est de fer. Quelque effort que vous y employiez, vous ne pourrez jamais la réduire à un plus petit volume. Mais loin de connaître la forme de ses parties intégrantes, nous ignorons quelle est celle de leur ensemble. Est-ce d'être répandue en vapeurs invisibles dans l'air, comme la rosée; ou rassemblée en brouillards dans les nuages, ou consolidée en masse dans glaces, ou fluide enfin comme dans les rivières ? La fluidité, disons-nous, est un des principaux caractères de l'eau. Oui, parce que nous la buvons dans cet état, et que c'est sous ce rapport-là qu'elle nous intéresse le plus. Nous déterminons son caractère principal, comme celui de tous les objets de la nature, par la raison que j'ai déjà dite, par notre principal besoin ; mais ce caractère même lui paraît étranger : elle ne doit sa fluidité qu'à l'action de la chaleur; si vous l'en privez, elle se change en glace. Il serait bien singulier que, malgré nos définitions fondamentales, l'état naturel de l'eau fût d'être solide, et que l'état naturel de la terre fût d'être fluide; et c'est ce qui doit être, si l'eau ne doit sa fluidité qu'à la chaleur, et si la terre n'est qu'une agrégation de sables réunis par différents glutens, et rapprochés d'un centre commun par l'action générale de la pesanteur.

Les qualités élémentaires de l'air ne sont pas plus faciles à déterminer. L'air est, disons-nous, un corps élastique : lorsqu'il est renfermé dans les grains de la poudre à canon, l'action du feu le dilate au point de lui donner la puissance de chasser un boulet de fer à une distance prodigieuse.

Mais comment, avec tant de ressort, pouvait-il être comprimé dans des grains d'une poudre friable? Si vous mettez même quelque matière liquide en fermentation dans un bocal, il en sortira mille fois plus d'air que vous ne pourriez y en renfermer sans le rompre. Comment cet air pouvait-il être contenu dans une matière molle et fluide, sans se dégager de lui-même? L'air chargé de vapeurs est réfrangible, disons-nous encore. Plus on avance dans le nord, plus on y voit le soleil élevé sur l'horizon, au-dessus du lieu qu'il occupe dans le ciel. Les Hollandais qui passèrent, en 1597, l'hiver dans la Nouvelle-Zemble, après une nuit de plusieurs mois, virent reparaître le soleil quinze jours plus tôt qu'ils ne s'y attendaient. Voilà qui va bien. Mais si les vapeurs rendent l'air réfrangible, pourquoi n'y a-t-il ni aurore, ni crépuscule, ni aucune réfraction durable de la lumière, entre les tropiques, sur la mer même, où tant de vapeurs sont élevées par l'action constante du soleil, que l'horizon en est quelquefois tout embrumé?

Ce ne sont pas les vapeurs qui réfractent la lumière, dit un autre philosophe, c'est le froid; car la réfraction de l'atmosphère n'est pas si grande à la fin de l'été qu'à la fin de l'hiver, à l'équinoxe d'automne qu'à celui du printemps.

Je tombe d'accord de cette observation; cependant, après des jours d'été très-chauds, il y a réfraction dans le nord ainsi que dans nos climats tempérés, et il n'y en a point entre les tropiques : ainsi, le froid ne me paraît point être la cause mécanique de la réfraction, mais il en est la cause finale. Cette admirable multiplication de la lumière, qui augmente dans l'atmosphère, à proportion de l'intensité du froid, me paraît une suite de cette même loi, qui fait passer la lune dans les signes septentrionaux à mesure que le soleil les abandonne, et qui lui fait éclairer les longues nuits de notre pôle, pendant que le soleil est sous l'horizon ; car la lumière, de quelque espèce qu'elle soit, est chaude. Ces harmonies merveilleuses ne sont point dans la nature des éléments, mais dans la volonté de celui qui les a ordonnés pour les besoins des êtres sensibles.

Le feu nous offre encore de plus incompréhensibles phénomènes. Le feu d'abord est-il matière ? La matière, suivant les définitions de la philosophie, est ce qui se divise en longueur, largeur et profondeur. Le feu ne se divise que suivant sa longueur perpendiculaire. Vous ne partagerez jamais une flamme ou un rayon de soleil dans sa largeur horizontale. Voilà donc une matière qui n'est divisible que dans deux dimensions. De plus, elle n'a point de pesanteur, car elle s'élève toujours ; ni de légèreté, car elle descend et pénètre les corps les plus bas. Le feu est, dit-on, renfermé dans tous les corps. Mais puisqu'il est dévorant, comment ne les consume-t-il pas? Comment peut-il rester dans l'eau, sans s'éteindre? Ces difficultés et plusieurs autres ont porté Newton à croire que le feu n'était pas un élément, mais une certaine matière subtile mise en mouvement. A la vérité, les frottements et les chocs font paraître le feu dans plusieurs corps. Mais pourquoi l'air et l'eau, quelque agités qu'ils soient, ne s'enflamment-ils point? Pourquoi l'eau même se refroidit-elle par le mouvement, elle qui n'est fluide que parce qu'elle est imprégnée de feu? Pourquoi, contre la nature de tous les mouvements, celui du feu va-t-il en se propageant, au lieu de s'arrêter? Tous les corps perdent leur mouvement en le communiquant. Si vous frappez plusieurs billes avec une seule, le mouvement se communique entre elles, se partage et se perd. Mais une étincelle de feu dégage d'une pièce de bois les particules de feu, ou de matière subtile, si l'on veut, qui y sont renfermées, et toutes ensemble accroissent leur rapidité au point d'incendier une forêt. Nous ne connaissons pas mieux ses qualités négatives. Le froid, disons-nous, est produit par l'absence de la chaleur; mais, si le froid n'est qu'une qualité négative, pourquoi a-t-il des effets positifs? Si vous mettez dans l'eau une bouteille de vin glacé, comme je l'ai vu faire plus d'une fois en Russie, vous voyez en peu de temps la glace couvrir d'un pouce d'épaisseur les parois externes de la bouteille. Un bloc de glaces re-

3.

froidit l'atmosphère qui l'environne. Cependant les ténèbres, qui sont une négation de la lumière, n'obscurcissent point le jour qui les avoisine. Si vous ouvrez, dans un jour d'été, une grotte à-la-fois obscure et froide, la lumière environnante ne sera point du tout obscurcie par les ténèbres qui y étaient renfermées; mais la chaleur de l'air voisin sera sensiblement affaiblie par l'air froid qui y était contenu. Je sais bien qu'on peut dire que s'il n'y a point d'obscurcissement sensible dans le premier cas, c'est à cause de l'extrême rapidité de la lumière qui remplace les ténèbres; mais ce serait augmenter la difficulté, plutôt que la résoudre, et supposer que les ténèbres ont aussi des effets positifs que nous n'avons pas le temps d'observer.

C'est cependant sur ces prétendues connaissances fondamentales que nous avons élevé la plupart des systèmes de notre physique. Si nous sommes dans l'erreur ou dans l'ignorance au point du départ, nous ne tarderons pas à nous égarer dans le chemin; aussi il est incroyable avec quelle facilité, après avoir posé aussi légèrement nos principes, nous nous payons, dans les conséquences, de mots vagues et d'idées contradictoires.

J'ai vu, par exemple, la formation du tonnerre expliquée dans des livres de physique fort estimés. Les uns vous démontrent qu'il est produit par le choc de deux nuées, comme si des nuées ou des brouillards pouvaient jamais se choquer! D'autres vous disent que c'est l'effet de l'air dilaté par l'inflammation subite du soufre et du nitre qui nagent dans l'air. Mais, pour qu'il pût produire ces terribles détonnations, il faudrait supposer que l'air fût renfermé dans un corps qui fit quelque résistance. Si vous enflammez un grand volume de poudre à canon à l'air libre, elle ne détonne point. Je sais bien qu'on imite l'explosion du tonnerre dans l'expérience de la poudre fulminante; mais les matières qu'on y emploie ont une sorte de ténacité. Elles éprouvent de la part de la cuiller de fer qui les contient, une résistance contre laquelle elles réagissent quelquefois avec tant de force, qu'elles la percent. Après tout, imiter un phénomène n'est pas l'expliquer. Les raisons qu'on donne des autres effets du tonnerre, n'ont pas plus de vraisemblance. Comme l'air se trouve rafraîchi après un orage, c'est, dit-on, le nitre qui est répandu dans l'atmosphère qui en est la cause; mais ce nitre n'y était-il pas avant la détonnation, pendant qu'on étouffait de chaleur? Le nitre ne rafraîchit-il que quand il est enflammé? A ce compte, nos batteries de canon devraient devenir des glacières au milieu d'un combat, car il s'y brûle bien du nitre; cependant on est obligé de rafraîchir les canons avec du vinaigre; car quand ils ont tiré de suite une vingtaine de coups, on n'y peut supporter la main : la flamme du nitre, quoique instantanée, pénètre très-fortement le métal, malgré son épaisseur. Il est vrai que leur chaleur peut venir aussi de l'ébranlement intérieur de leurs parties. Quoi qu'il en soit, le refroidissement de l'air, après un orage, provient, à mon avis, de cette couche d'air glacial qui nous environne, à douze ou quinze cents toises d'élévation, et qui, étant divisée ou dilatée à sa base, par le feu des nuées orageuses, s'écoule subitement dans notre atmosphère. C'est son mouvement qui détermine le feu du tonnerre à se diriger, contre sa nature, vers la terre. Elle produit encore d'autres effets, que ni le temps ni le lieu ne me permettent pas de développer *.

Nous disions, le siècle dernier, que la terre était allongée sur ses pôles, et nous assurons aujourd'hui qu'elle y est aplatie. Je ne m'engagerai pas ici dans l'examen des principes d'où l'on a tiré

* La plupart de ces objections tombent sur les expériences d'une physique qui n'existe plus, et dont elles contribuèrent à renverser les idées systématiques. Il nous serait facile de placer ici le tableau des théories nouvelles; mais de combien d'objections elles pourraient, à leur tour, devenir le sujet! que de contradictions dans nos expériences, nos classifications, nos explications! Un pareil travail serait donc inutile, puisqu'il ne rappellerait que des systèmes qui doivent changer avec le temps. Ainsi, quoique les objections de Bernardin de Saint-Pierre ne s'adressent pas à la science du jour, elles ne perdent rien de leur intérêt pour les esprits habitués aux méditations profondes; car ils ont appris, par ces méditations mêmes, à ne voir dans les sciences que des opinions passagères, et non des vérités immuables. (*Note de l'Editeur.*)

cette dernière conséquence, et des observations dont on l'a appuyée. On fait dériver l'aplatissement de la terre aux pôles d'une force centrifuge, à laquelle on attribue son mouvement même dans les cieux, quoique cette prétendue force, qui a donné plus de diamètre à l'équateur de la terre, n'ait pas la force d'y élever une paille en l'air. On a vérifié, dit-on, l'aplatissement des pôles, par les mesures de deux degrés terrestres, prises à grands frais, l'une au Pérou près de l'équateur, et l'autre en Laponie dans le voisinage des cercles polaires *. Ces expériences ont sans doute été faites par des savants célèbres. Mais des savants aussi célèbres avaient prouvé, d'après d'autres principes et par d'autres expériences, que la terre était allongée sur ses pôles. Cassini évalue à cinquante lieues la longueur dont l'axe de la terre surpasse ses diamètres, ce qui donne à chacun des pôles vingt-cinq lieues d'élévation sur la circonférence du globe. Nous nous rangerons à l'opinion de ce fameux astronome, si nous nous en rapportons au témoignage de nos yeux, puisque l'ombre de la terre paraît ovale sur ses pôles dans les éclipses centrales de lune, comme l'ont observé Tycho-Brahé et Képler. Ces noms-là en valent bien d'autres.

* Il est évident qu'on doit conclure de ces mesures mêmes, que la terre est allongée aux pôles. Voyez l'explication des figures, à la fin des Études.

Mais, sans nous en rapporter, sur des vérités naturelles, à l'autorité d'aucun homme, nous pouvons conclure par de simples analogies, le prolongement de l'axe de la terre. Si nous considérons, ainsi que nous l'avons dit, les deux hémisphères comme deux montagnes, dont les bases sont à l'équateur, les sommets aux pôles; et l'Océan qui découle alternativement d'un de ces sommets, comme un grand fleuve qui descend d'une montagne, nous aurons sous ce point de vue, des objets de comparaison qui nous serviront à déterminer le point d'élévation d'où part l'Océan, par la distance du lieu où il termine son cours. Ainsi le sommet du Chimboraço, la plus élevée des Andes du Pérou, d'où sort l'Amazone, ayant près d'une lieue et un tiers d'élévation au-dessus de l'embouchure de ce fleuve *, qui en est éloigné en ligne droite de 26 degrés environ, ou de six cent cinquante lieues, on en peut conclure que le sommet du pôle doit être élevé sur la circonférence de la terre, de près de cinq lieues, pour avoir une hauteur proportionnée au cours de l'Océan, qui s'étend jusque sous la ligne à 90 degrés de là, c'est-à-dire, à deux mille deux cent cinquante lieues en ligne droite.

Si nous considérons maintenant que le cours de l'Océan ne se termine pas à la ligne, mais que lorsqu'il descend en été de notre pôle, il s'étend

* Voyez la note placée à la page 123 du tome Ier.

au delà du cap de Bonne-Espérance, jusqu'aux extrémités orientales de l'Asie; où il forme le courant qu'on y appelle mousson occidentale, qui entoure presque le globe sous l'équateur, nous serons obligés de supposer au pôle d'où il part une élévation proportionnée au chemin qu'il parcourt, et de la tripler au moins pour que ses eaux aient une pente suffisante. Je la suppose donc de quinze lieues; et si on ajoute à cette hauteur celle des glaces qui y sont accumulées, et dont les prodigieuses pyramides ont quelquefois, dans les montagnes à glace, le tiers de l'élévation des hauteurs qui les supportent, nous trouverons que le pôle n'a guère moins des vingt-cinq lieues de hauteur que Cassini lui a assignées.

Des flèches de glaces de dix lieues de hauteur ne sont pas disproportionnées au centre des coupoles de glace de deux mille lieues de diamètre, qui couvrent, en hiver, notre hémisphère septentrional, et qui ont encore dans l'hémisphère austral, au mois de février, c'est-à-dire, dans le plein été de cet hémisphère, des bords aussi élevés que des promontoires, et trois mille lieues au moins de circonférence, comme l'a reconnu le capitaine Cook, qui en a fait le tour en 1773 et 1774.

L'analogie que j'établis entre les deux hémisphères de la terre, les pôles, et l'Océan qui en découle, avec deux montagnes, leurs pics, et les fleuves qui en sortent, est dans l'ordre des consonnances du globe, qui en présente un grand nombre de semblables dans les continents, et dans la plupart des îles, qui sont de petits continents en abrégé.

Il semble que la philosophie ait affecté, de tout temps, de chercher des causes fort obscures pour expliquer les effets les plus communs, afin de se faire admirer du vulgaire, qui en effet n'admire guère que ce qu'il ne comprend pas. Elle n'a pas manqué, pour profiter de cette faiblesse des hommes, de s'envelopper du faste des mots, ou des mystères de la géométrie, pour leur en imposer davantage. Combien de siècles, n'a-t-elle pas fait retentir dans nos écoles l'horreur du vide qu'elle attribuait à la nature! Que de démonstrations prétendues savantes en ont été faites, qui devaient couvrir d'une gloire immortelle leurs auteurs, dont on ne parle plus! D'un autre côté, elle dédaigne de s'arrêter aux observations simples, qui mettent à la portée de tous les hommes les harmonies qui unissent tous les règnes de l'univers. Par exemple, la philosophie de nos jours refuse à la lune toute influence sur les végétaux et sur les animaux : cependant il est certain que le plus grand accroissement des plantes se fait pendant la nuit; qu'il y a plusieurs végétaux même qui ne fleurissent que pendant ce temps-là; que des classes nombreuses d'insectes, d'oiseaux, de quadrupèdes et de poissons, règlent leurs amours, leurs chasses et leurs voyages sur les différentes phases de l'astre des nuits*. Mais comment s'arrêter à l'expérience des jardiniers et des pêcheurs? comment se résoudre à penser et à parler comme eux? Si la philosophie nie l'influence de la lune sur les petits objets de la terre, elle lui en suppose une très-grande sur le globe même, sans s'embarrasser de se contredire : elle affirme que la lune, en passant sur l'Océan, le presse ou l'attire, et occasione ainsi le flux des marées sur ses rivages. Mais comment la lune peut-elle comprimer ou attirer notre atmosphère, qui ne s'étend, dit-on, qu'à une vingtaine de lieues de nous? Et quand on supposerait une matière subtile et capable d'un grand ressort, qui s'étendrait depuis la surface de nos mers jusqu'au globe de la lune, comment cette matière pourrait-elle éprouver cette influence, si on ne la suppose renfermée dans un canal? Ne doit-elle pas, dans l'état

---

* Ces observations ont été confirmées par plusieurs observations récentes, et sur-tout par celles de Spallanzani, sur les anguilles qui naissent dans les lagunes du lac de Comacchio, près de Venise. Ce n'est qu'au milieu des nuits sombres et orageuses que ces poissons sortent par troupes du sein des eaux, glissent dans les prairies, traversent les champs, et, sans autre guide que leur instinct, se dirigent vers la mer, où ils vont se précipiter. Tant que la troupe est dans l'obscurité, elle continue son voyage ; mais si le plus faible rayon de la lune vient à briller dans le ciel, toutes les anguilles restent immobiles : la nuit la plus sombre peut seule leur rendre le mouvement. (*Note de l'Editeur.*)

actuel, s'étendre à droite et à gauche, sans que l'action de la planète puisse se faire sentir sur aucun point déterminé de la circonférence de notre globe? D'ailleurs, pourquoi la lune n'agit-elle pas sur les lacs, et sur les mers de peu d'étendue, où il n'y a pas de marées? Leur petitesse ne doit pas plus les soustraire à sa gravitation qu'à sa lumière. Pourquoi sont-elles presque insensibles au fond de la Méditerranée? Pourquoi éprouvent-elles, en beaucoup de lieux, des mouvements d'intermittence, et des retards de deux ou trois jours? Pourquoi enfin, au nord, viennent-elles du nord, de l'est ou de l'ouest, et non du sud, comme l'ont observé avec surprise Martens, Barents, Linschoten et Ellis, qui s'attendaient à les voir venir de l'équateur, comme sur les côtes de l'Europe? A la vérité les principaux mouvements de la mer arrivent, dans notre hémisphère, dans les mêmes temps que les principales phases de la lune; mais on n'en doit pas conclure leur dépendance, et encore moins l'expliquer par des lois qui ne sont pas démontrées. Les courants et les marées de l'Océan viennent, comme je crois l'avoir prouvé, des effusions des glaces des pôles, qui dépendent, à leur tour, de la variété du cours du soleil, qui s'approche plus ou moins de l'un ou l'autre pôle; et comme les phases de la lune sont elles-mêmes ordonnées avec le cours de cet astre, voilà pourquoi les unes et les autres arrivent dans les mêmes temps. De plus, la lune dans son plein a une chaleur effective et évaporante, comme je l'ai déjà dit : elle doit donc agir sur les glaces des pôles, sur-tout lorsqu'elle est pleine *. L'Académie des sciences avait assuré autrefois que sa lumière n'échauffait pas, d'après des expériences faites sur ses rayons et la boule d'un thermomètre, avec un miroir ardent ; mais ce n'est pas la première erreur où nous ayons été induits par nos livres et par nos machines, comme nous le verrons lorsque nous parlerons de la décomposition du rayon solaire, par le prisme. Ce n'est pas non plus la première fois qu'une assemblée de savants a adopté sans examen une opinion, d'après l'autorité de ceux qui font des expériences avec beaucoup de faste et d'appareil. Voilà comme les erreurs s'accréditent. On a détruit celle-ci d'abord à Rome, ensuite à Paris, par une expérience fort simple. Quelqu'un s'est avisé d'exposer un vase plein d'eau à la lumière de la lune, et d'en mettre un semblable à l'ombre. L'eau du premier vase s'est évaporée bien plus promptement que celle du second.

Nous avons beau faire, nous ne pouvons saisir dans la nature, que des résultats et des harmonies ; par-tout les premiers principes nous échappent. Ce qu'il y a de pis dans tout ceci, c'est que les

---

* Voyez la note première, placée à la fin du premier volume des Études, où l'auteur rapporte un morceau de Pline relatif à ce sujet. (*Note de l'Editeur.*)

méthodes de nos sciences ont influé sur nos mœurs et sur la religion. Il est fort aisé de faire méconnaître aux hommes une intelligence qui gouverne toutes choses, lorsqu'on ne leur présente plus pour causes premières que des moyens mécaniques. Oh! ce n'est pas par eux que nous nous dirigerons vers ce ciel que nous prétendons connaître. Les plus grands hommes ont cherché vers lui leur dernier asile. Cicéron se flattait, après sa mort, d'habiter les étoiles, et César d'y veiller aux destins des Romains. Une infinité d'autres hommes ont borné leur bonheur futur à présider à des mausolées, à des bocages, à des fontaines; d'autres, à se réunir à l'objet de leurs amours. Et nous, qu'espérons-nous maintenant de la terre et du ciel, où nous ne voyons plus que les leviers de nos faibles machines? Quoi! pour prix de nos vertus, notre sort serait d'être confondus avec les éléments! Votre ame, ô sublime Fénélon! serait exhalée en air inflammable, et elle aurait eu, sur la terre, le sentiment d'un ordre qui n'était pas même dans les cieux! Comment, parmi ces astres si lumineux, il n'y aurait que des globes matériels; et dans leurs mouvements si constants et si variés, que d'aveugles attractions! Quoi! tout serait matière insensible autour de nous; et l'intelligence n'aurait été donnée à l'homme, qui ne s'est rien donné, que pour le rendre misérable! Quoi! nous serions trompés par le sentiment involontaire qui nous fait lever les yeux au ciel, dans l'excès de la douleur, pour y chercher du secours! L'animal, près de finir sa carrière, s'abandonne tout entier à ses instincts naturels : le cerf, aux abois, se réfugie aux lieux les plus écartés des forêts, content de rendre l'esprit forestier qui l'anime, sous leurs ombres hospitalières ; l'abeille mourante abandonne les fleurs, vient expirer à l'entrée de sa ruche, et léguer son instinct social à sa chère république ; et l'homme, en suivant sa raison, ne trouverait rien dans l'univers digne de recevoir ses derniers soupirs! Des amis inconstants, des parents avides, une patrie ingrate, une terre rebelle à ses travaux, des cieux indifférents au crime et à la vertu, ce serait là le but de sa dernière espérance!

Ah! ce n'est pas ainsi que la nature a fait ses répartitions. C'est nous qui nous égarons avec nos sciences vaines. En portant les recherches de notre esprit jusqu'aux principes de la nature et de la Divinité même, nous en avons détruit en nous le sentiment. Il nous est arrivé la même chose qu'à ce paysan qui vivait heureux dans une petite vallée des Alpes. Un ruisseau qui descendait de ces montagnes fertilisait son jardin. Il adora longtemps en paix la naïade bienfaisante qui lui distribuait ses eaux, et qui lui en augmentait l'abondance et la fraîcheur avec les chaleurs de l'été. Un jour il lui vint en fantaisie de découvrir le lieu où elle cachait son urne inépuisable. Pour ne pas s'égarer, il remonte d'abord le cours de son ruisseau. Peu-à-peu il s'élève dans la montagne. Chaque pas qu'il y fait lui découvre mille objets nouveaux, des campagnes, des forêts, des fleuves, des royaumes, de vastes mers. Plein de ravissement, il se flatte de parvenir bientôt au séjour où les dieux président aux destins de la terre. Mais après une pénible marche, il arrive au pied d'un effroyable glacier. Il ne voit plus autour de lui que des brouillards, des rochers, des torrents et des précipices. Douce et tranquille vallée, humble toit, bienfaisante Naïade, tout a disparu. Son patrimoine n'est plus qu'un nuage, et sa divinité qu'un affreux monceau de glace.

Ainsi la science nous a menés, par des routes séduisantes, à un terme aussi effrayant. Elle traîne à la suite de ses recherches ambitieuses, cette malédiction ancienne prononcée contre le premier homme qui osa manger du fruit de son arbre * : « Voilà l'homme devenu comme l'un de nous, sachant le bien et le mal; empêchons qu'il ne vive éternellement. » Que de troubles littéraires, politiques et religieux, notre prétendue science a excités parmi nous ! Que d'hommes elle a empêché de vivre même un seul jour !

Sans doute le génie sublime et l'ame pure de Newton ne s'arrêteraient pas au terme d'une ame

* Genèse, chap. III, ⅴ 22.

vulgaire. En voyant les nuages aborder de toutes parts aux montagnes qui divisent l'Italie de l'Europe, il eût reconnu l'attraction de leurs sommets, et la direction de leurs chaînes aux bassins des mers et au cours des vents; il en eût conclu des dispositions équivalentes pour les différents sommets du continent et des îles; il eût vu les vapeurs élevées du sein des mers de l'Amérique, apporter, à travers les airs, la fécondité au centre de l'Europe, se fixer en glaces solides sur les hauts pitons des rochers, afin de rafraîchir l'atmosphère des pays chauds, subir de nouvelles combinaisons pour produire de nouveaux effets, et retourner fluides à leurs anciens rivages, en répandant l'abondance sur leur route par mille et mille canaux. Il eût admiré l'impulsion constante donnée à tant de mouvements différents, par l'action d'un seul soleil placé à trente-deux millions de lieues de distance; et au lieu de méconnaître le séjour d'une Naïade à la cime des Alpes, il s'y fût prosterné devant le Dieu dont la prévoyance embrasse les besoins de tout l'univers.

Pour étudier la nature avec intelligence, il en faut lier toutes les parties ensemble. Pour moi, qui ne suis pas un Newton, je ne quitterai pas les bords de mon ruisseau. Je vais rester dans mon humble vallée, occupé à cueillir des herbes et des fleurs; heureux si j'en peux former quelques guirlandes pour parer le frontispice du temple rustique que mes faibles mains ont osé élever à la majesté de la Nature !

Le système des harmonies de la nature, dont je vais m'occuper, est, à mon avis, le seul qui soit à la portée des hommes. Il fut mis au jour par Pythagore de Samos, qui fut le père de la philosophie, et le chef des philosophes connus sous le nom de Pythagoriciens. Il n'y a point eu de savants qui aient été aussi éclairés qu'eux dans les sciences naturelles, et dont les découvertes aient fait plus d'honneur à l'esprit humain. Il y avait alors des philosophes qui soutenaient que l'eau, le feu, l'air, les atomes, étaient les principes des choses. Pythagore prétendit, au contraire, que les principes des choses étaient les convenances et les proportions dont se formaient les harmonies, et que la bonté et l'intelligence faisaient la nature de Dieu. Il fut le premier qui appela l'univers Monde, à cause de son ordre. Il soutint qu'il était gouverné par la Providence, sentiment tout-à-fait conforme à nos livres sacrés et à l'expérience. Il inventa les cinq zones et l'obliquité du zodiaque. Il assura que la zone torride était habitable. Il attribuait les tremblements de terre à l'eau. En effet, leur foyer, ainsi que celui des volcans, comme nous l'avons déjà indiqué, est toujours dans le voisinage de la mer ou de quelque grand lac. Il croyait que chacun des astres était un monde contenant une terre, un air et un ciel; et cette opinion était déjà bien ancienne, car elle se trouve dans les vers d'Orphée. Enfin, il découvrit le carré de l'hypothénuse, d'où sont sortis une infinité de théorèmes et de solutions géométriques. Philolaüs de Crotone, un de ses disciples, prétendait que le soleil recevait le feu répandu dans l'univers, et le réverbérait, ce qui explique mieux sa nature, que les émanations perpétuelles de chaleur et de lumière que nous lui supposons sans réparation et sans épuisement. Il tenait que les comètes étaient des astres qui se montrent après une certaine révolution. Oëcette, autre pythagoricien, soutenait qu'il y avait deux terres, celle-ci et celle qui lui est opposée, ce qui ne convient qu'à l'Amérique. Ces philosophes croyaient que l'ame était une harmonie composée de deux parties, l'une raisonnable, l'autre irraisonnable. Ils plaçaient la première dans la tête, et l'autre autour du cœur. Ils assuraient qu'elle était immortelle, et qu'après la mort de l'homme, elle retournait à l'ame de l'univers. Ils approuvaient la divination en songes et en augures, et réprouvaient celle qui se fait par des sacrifices. Ils étaient si remplis d'humanité, qu'ils s'abstenaient même de verser le sang des animaux, et d'en manger la chair. La nature récompensa leurs vertus et la douceur de leurs mœurs par tant de découvertes, et leur donna la gloire d'avoir pour sectateurs Socrate, Platon, Architas, général tarentin qui inventa la vis, Xénophon, Épaminondas qui fut élevé par le pythagoricien Lysis, et le bon roi Numa, qui apprit des prêtres toscans à conjurer le tonnerre, enfin ce que la philosophie, les lettres, l'art militaire et le trône ont, peut-être, eu de plus illustre sur la terre. On a calomnié Pythagore, en lui attribuant quelques superstitions, entre autres, l'abstinence des fèves, etc. Mais, comme la vérité est souvent obligée de se présenter voilée aux hommes, ce philosophe, sous cette allégorie, donnait à ses disciples le conseil de s'abstenir d'emplois publics, parce qu'on se servait alors de fèves pour procéder aux élections des magistrats. Dans ces derniers temps, un écrivain très-célèbre, à qui toutes les grandes réputations ont fait ombrage, a osé attaquer celle de Xénophon, qui a réuni en lui les différents mérites qui peuvent illustrer les hommes, la piété, la pureté des mœurs, la vertu militaire et l'éloquence. Son style est si doux, qu'il lui a fait donner chez les Grecs le surnom d'Abeille Attique. Ce grand homme a été blâmé, de nos jours, à l'occasion de cette fameuse retraite, où il ramena dix mille Grecs dans leur patrie, du fond de la Perse, et leur fit faire onze cents lieues, malgré les efforts de leurs ennemis. Un homme de lettres a prétendu que la retraite de ce grand général fut un effet de la bienveillance ou de la pitié d'Artaxerxès; et en conséquence, il a traité la marche de Xénophon par le nord de la Perse, de précaution superflue. Mais comment le roi de Perse aurait-il eu de l'indulgence pour les Grecs, lui qui avait fait mourir, par une lâche perfidie, vingt-cinq de leurs chefs? Comment les Grecs auraient-ils pu retourner par le même chemin par lequel ils étaient venus, puisque tout y était en mouvement pour les faire périr, et que les Perses en avaient dévasté les villages? Xénophon dérouta toutes leurs précautions, en prenant son chemin par un côté qu'ils n'avaient pas prévu. Pour moi, je regarde cet acte militaire comme le plus illustre qu'il y ait au monde, non-seulement par une multitude infinie de combats et de passages de montagnes et de rivières, devant des ennemis innombrables; mais parce qu'il n'a été souillé d'aucune injustice, et qu'il n'a eu d'autre but que de sauver des citoyens. Les plus fameux guerriers de l'antiquité l'ont regardé comme le chef-d'œuvre de l'art militaire. Il y a un mot qui le couvrira à jamais de gloire, qui a été dit dans un siècle et chez un peuple où la science de la guerre était portée à sa perfection, et dans une circonstance où on ne dissimule pas; c'est celui d'Antoine, engagé dans le pays des Parthes. Ce général, qui avait de grands talents militaires, à la tête d'une armée de cent treize mille hommes, dont soixante mille étaient des Romains naturels, obligé, comme Xénophon, de faire une retraite en présence des Parthes, et vingt fois sur le point de succomber, s'écriait souvent en soupirant : « O dix mille *! »

* Voyez Plutarque.

ÉTUDE DIXIÈME.

DE QUELQUES LOIS GÉNÉRALES DE LA NATURE, ET PREMIÈREMENT DES LOIS PHYSIQUES.

Nous diviserons ces lois en lois physiques et en lois morales. Nous examinerons d'abord, dans cette Étude, quelques lois physiques communes à tous les règnes ; et dans l'Étude onzième, nous en ferons l'application aux plantes, ainsi que nous l'avons annoncé au commencement de cet ouvrage. Nous nous occuperons, dans l'Étude douzième, des lois morales ; et nous consacrerons les deux dernières à chercher dans ces lois, ainsi que dans les lois physiques, des moyens de diminuer la somme des maux du genre humain.

Je demande beaucoup d'indulgence. J'entreprends d'ouvrir une carrière nouvelle. Je ne me flatte pas d'y avoir pénétré fort avant. Mais les matériaux imparfaits que j'en ai tirés pourront servir, un jour, à des hommes plus habiles et plus heureux, à élever à la Nature un temple plus digne d'elle. Lecteur, rappelez-vous que je ne vous en ai promis que le frontispice et les ruines.

DE LA CONVENANCE.

Quoique la convenance soit une perception de notre raison, je la mets à la tête des lois physiques, parce qu'elle est le premier sentiment que nous cherchons à satisfaire en examinant les objets de la nature. Il y a même une si grande connexion entre le physique de ces objets et l'instinct de tout être sensible, qu'une simple couleur suffit pour mettre en mouvement les passions des animaux. La couleur rouge met les taureaux en fureur, et rappelle à la plupart des poissons et des oiseaux des idées de proie. Les objets de la nature développent dans l'homme un sentiment d'un ordre supérieur, indépendant de ses besoins; c'est celui de la convenance. C'est avec les convenances multipliées de la nature que l'homme a formé sa propre raison; car *raison* ne signifie autre chose que le *rapport* ou la *convenance* des êtres. Ainsi, par exemple, si j'examine un quadrupède, les paupières de ses yeux, qu'il hausse ou baisse à volonté, me présentent des convenances avec la lumière; les formes de ses pieds m'en montrent d'autres avec le sol qu'il habite. Je ne peux en avoir d'idée déterminée, que je ne rassemble, à son sujet, plusieurs sentiments de convenance ou de disconvenance. Les objets même les plus matériels, et qui n'ont, pour ainsi dire, point de formes décidées, ne peuvent se présenter à nous sans ces relations intellectuelles. Une grotte rustique, ou un rocher escarpé, nous plaisent ou nous déplaisent, en nous présentant des idées de repos ou d'obscurité, de perspective ou de précipice.

Les animaux ne sont sensibles qu'aux objets qui ont des convenances particulières avec leurs besoins. On peut dire qu'ils ont, à cet égard, une portion de raison aussi parfaite que la nôtre. Si Newton eût été une abeille, il n'eût pu faire, avec toute sa géométrie, son alvéole dans une ruche, qu'en lui donnant, comme la mouche à miel, six pans égaux. Mais l'homme diffère des animaux, en ce qu'il étend ce sentiment de convenance à toutes les relations de la nature, quelque étrangères qu'elles soient avec ses besoins. C'est cette extension de raison qui lui a fait donner, par excellence, le nom d'animal raisonnable.

A la vérité, si toutes les raisons particulières des animaux étaient réunies, il y a apparence qu'elles l'emporteraient sur la raison générale de l'homme, puisque celui-ci n'a imaginé la plupart de ses arts et de ses métiers, qu'en imitant leurs travaux; que d'ailleurs les animaux naissent tous avec leur propre industrie, tandis que l'homme est obligé d'acquérir la sienne avec beaucoup de temps et de réflexion, et, comme je l'ai dit, par l'imitation de celle d'autrui. Mais l'homme les surpasse, non-seulement en réunissant en lui seul l'intelligence qui est éparse chez eux tous, mais en remontant jusqu'à la source de toutes les convenances, qui est la Divinité même. Le seul caractère qui distingue essentiellement l'homme des animaux, c'est qu'il est un être religieux.

Aucun animal ne partage avec lui cette faculté sublime. On peut la considérer comme le principe de l'intelligence humaine. C'est par elle que l'homme s'est élevé au-dessus de l'instinct des bêtes, jusqu'à concevoir les plans généraux de la nature; et qu'il lui a soupçonné un ordre, dès qu'il lui a entrevu un auteur. C'est par elle qu'il a osé employer le feu comme le premier des agents, traverser les mers, donner une nouvelle face à la terre par l'agriculture, soumettre à son empire tous les animaux, fonder sa société sur une religion, et qu'il a tenté de s'élever jusqu'à la Divinité par ses vertus. Ce n'est point, comme on le croit, la nature qui a d'abord montré Dieu à l'homme, mais c'est le sentiment de la Divinité dans l'homme qui lui a indiqué l'ordre de la nature. Les Sauvages sont religieux bien avant d'être physiciens.

Ainsi, par le sentiment de cette convenance universelle, l'homme est frappé de toutes les convenances possibles, quoiqu'elles lui soient étrangères. L'histoire d'un insecte l'intéresse; et s'il ne s'occupe pas de tous les insectes qui l'environnent, c'est qu'il n'aperçoit pas leurs relations, à moins que quelque Réaumur ne les lui mette en évidence; ou bien, c'est que l'habitude de les voir les lui rend insipides, ou que les préjugés les lui rendent odieux et méprisables; car il est encore plus ému par les idées morales que par les physiques, et par les passions que par sa raison.

Nous remarquerons encore que tous les sentiments de convenance naissent dans l'homme, à l'aspect de quelque utilité qui souvent n'a aucun rapport avec ses besoins; il s'ensuit que l'homme est bon de sa nature, par cela même qu'il est raisonnable, puisqu'à l'aspect d'une convenance qui lui est étrangère, il éprouve un sentiment de plaisir. C'est par ce sentiment naturel de bonté, que la vue d'un animal bien proportionné nous donne des sensations agréables, qui augmentent à mesure qu'il nous développe son instinct. Nous aimons à voir une tourterelle dans une volière; mais cet oiseau nous plaît encore davantage dans les forêts lorsque l'amour le fait murmurer au haut d'un orme, ou que nous l'y apercevons occupé à faire le nid de ses petits avec toute la sollicitude de l'amour maternel.

C'est encore par une suite de cette bonté naturelle, que la disconvenance nous donne un sentiment pénible qui naît toujours à la vue de quelque mal. Ainsi, la vue d'un monstre nous choque. Nous souffrons de voir un animal à qui il manque un pied ou un œil. Ce sentiment est indépendant de toute idée de douleur relative à nous, quoi qu'en disent quelques philosophes; car nous souffrons, quoique nous sachions qu'il est venu ainsi au monde. Nous souffrons même à la vue du désordre dans les objets insensibles. Des plantes flétries, des arbres mutilés, un édifice mal ordonné, nous font de la peine à voir. Ces sentiments ne sont altérés dans l'homme que par les préjugés ou par l'éducation.

DE L'ORDRE.

Une suite de convenances qui ont un centre commun, forme l'ordre. Il y a des convenances dans les membres d'un animal; mais il n'y a d'ordre que dans son corps. La convenance est dans le détail, et l'ordre dans l'ensemble. L'ordre étend notre plaisir, en rassemblant un grand nombre de convenances, et il le fixe en les déterminant vers un centre. Il nous montre à-la-fois, dans un seul objet, une suite de convenances particulières, et la convenance principale où elles se rapportent toutes. Ainsi l'ordre nous plaît comme à des êtres doués d'une raison qui embrasse toute la nature, et il nous plaît peut-être encore davantage, comme à des êtres faibles qui n'en peuvent saisir à-la-fois qu'un seul point.

Nous voyons, par exemple, avec plaisir les relations de la trompe d'une abeille avec les nectaires des fleurs; celles de ses cuisses creusées en cuillers et hérissées de poils, avec les poussières des étamines qu'elle y entasse; de ses quatre ailes, avec le butin dont elle est chargée (secours que la nature a refusé aux mouches qui volent à vide, et qui, pour cette raison, n'en ont que deux *); enfin l'usage du long aiguillon qu'elle a reçu pour la défense de son bien, et toutes les convenances d'organes de ce petit insecte, qui sont plus ingénieuses et plus multipliées que celles des plus grands animaux. Mais l'intérêt s'accroît, lorsque nous la voyons toute couverte d'une poussière jaune, les cuisses pendantes, et à demi accablée de son fardeau, prendre sa volée dans les airs, traverser des plaines, des rivières et de sombres bocages, sous des rumbs de vent qui lui sont connus, et aborder en murmurant au tronc caverneux de quelque vieux chêne. C'est là que nous apercevons un autre ordre, à la vue d'une multitude de petits individus semblables à elle, qui y entrent et qui en sortent, occupés des travaux d'une ruche. Celle dont nous admirions les convenances particulières, n'est qu'un membre d'une nombreuse république, et sa république n'est elle-même qu'une petite colonie de la nation immense des abeilles, éparse sur toute la terre, depuis la ligne jusqu'aux bords de la mer Glaciale. Elle y est répartie en diverses espèces, aux diverses espèces de fleurs; car il y en a qui, étant destinées

* La demoiselle aquatique a pareillement quatre ailes, parce qu'elle vole aussi chargée de butin. Je lui ai vu prendre en l'air des papillons.

à vivre sur des fleurs sans profondeur, telles que les fleurs radiées, sont armées de cinq crochets pour ne pas glisser sur leurs pétales. D'autres, au contraire, comme les abeilles de l'Amérique, n'ont point d'aiguillon, parce qu'elles placent leurs ruches dans des troncs d'arbres épineux qui y sont fort communs; ce sont les arbres qui portent leurs défenses. Il y a bien d'autres convenances parmi les autres espèces d'abeilles, qui nous sont tout-à-fait inconnues. Cependant, cette grande nation, si variée dans ses colonies, et si étendue dans ses possessions, n'est qu'une bien petite famille de la classe des mouches, dont nous connaissons, dans notre seul climat, près de six mille espèces, la plupart aussi distinctes les unes des autres, en formes et en instincts, que les abeilles elles-mêmes le sont des autres mouches. Si nous comparions les relations de cette classe volatile si nombreuse avec toutes les parties du règne végétal et animal, nous trouverions une multitude innombrable d'ordres différents de convenances; et si nous les joignions à ceux que nous présenteraient les légions des papillons, des scarabées, des sauterelles et des autres insectes qui volent aussi, nous les multiplierions à l'infini. Cependant, tout cela serait peu de chose, comparé aux industries des autres insectes qui rampent, qui sautent, qui nagent, qui grimpent, qui marchent, qui sont immobiles, dont le nombre est incomparablement plus grand que celui des premiers; et l'histoire de ceux-ci, jointe à celle des autres, ne serait encore que celle du petit peuple de cette grande république du monde, remplie de flottes innombrables de poissons, et de légions infinies de quadrupèdes, d'amphibies et d'oiseaux. Toutes leurs classes, avec leurs divisions et subdivisions, dont le moindre individu présente une sphère très-étendue de convenances, ne sont elles-mêmes que des convenances particulières, des rayons et des points de la sphère générale, dont l'homme seul occupe le centre, et entrevoit l'immensité.

Il résulte du sentiment de l'ordre général deux autres sentiments : l'un, qui nous jette insensiblement dans le sein de la Divinité; et l'autre, qui nous ramène à nos besoins; l'un, qui nous montre pour cause un être infini en intelligence hors de nous; et l'autre, pour fin un être très-borné dans nous-mêmes. Ces deux sentiments caractérisent les deux puissances, spirituelle et corporelle, qui composent l'homme. Ce n'est pas ici le lieu de les développer; il me suffit de remarquer que ces deux sentiments naturels sont les sources générales du plaisir que nous donne l'ordre de la nature. Les animaux ne sont touchés que du second, dans un degré fort borné.

Une abeille a le sentiment de l'ordre de sa ruche; mais elle ne connaît rien au delà. Elle ignore celui qui dirige les fourmis dans leur fourmilière, quoiqu'elle les ait vues souvent occupées de leurs travaux. Elle irait en vain, après le renversement de sa ruche, se réfugier, comme républicaine, au milieu de leur république. En vain, dans son malheur, elle leur ferait valoir les qualités qui lui sont communes avec elles et qui font fleurir les sociétés, la tempérance, le goût du travail, l'amour de la patrie, et sur-tout celui de l'égalité, joint à des talents supérieurs; elle n'éprouverait de leur part ni hospitalité, ni considération, ni pitié; elle ne trouverait pas même d'asile parmi d'autres abeilles d'une espèce différente; car chaque espèce a sa sphère qui lui est assignée, et c'est par un effet de la sagesse de la nature; car autrement, les espèces les mieux organisées ou les plus fortes chasseraient les autres de leurs domaines. Il résulte de là, que la société des animaux ne peut subsister que par des passions, et celle des hommes que par des vertus. L'homme seul, de tous les animaux, a le sentiment de l'ordre universel, qui est celui de la Divinité même, et en portant par toute la terre les vertus qui en sont les fruits, quelles que soient les différences que les préjugés mettent entre les hommes, il est sûr de rapprocher de lui tous les cœurs. C'est par ce sentiment de l'ordre universel qui a dirigé votre vie, que vous êtes devenus les hommes de toutes les nations, et que vous nous intéressez encore lors même que vous n'êtes plus, Aristide, Socrate,

Marc-Aurèle, divin Fénélon; et vous aussi, infortuné Jean-Jacques!

DE L'HARMONIE.

La nature oppose les êtres les uns aux autres, afin de produire entre eux des convenances. Cette loi a été connue dans la plus haute antiquité. On la trouve en plusieurs endroits de l'Écriture sainte. La voici dans un passage de l'Ecclésiastique * :

⁂ 25. Omnia duplicia, unum contra unum, et non fecit quidquam deesse.

« Chaque chose a son contraire; l'une est opposée à l'autre, et rien ne » manque aux œuvres de Dieu. »

Je regarde cette grande vérité comme la clef de toute la philosophie. Elle a été aussi féconde en découvertes que cette autre : « Rien n'a été fait » en vain. » Elle est la source du goût dans les arts et dans l'éloquence. C'est des contraires que naissent les plaisirs de la vue, de l'ouïe, du toucher, du goût, et de tous les attraits de la beauté, en quelque genre que ce soit. Mais c'est aussi des contraires que viennent la laideur, la discorde, et toutes les sensations qui nous déplaisent. Ce qu'il y a d'admirable, c'est que la nature emploie les mêmes causes pour produire des effets si diffé-

* Chap. XLII.

rents. Quand elle oppose les contraires, elle fait naître en nous des affections douloureuses, et elle nous en fait éprouver d'agréables lorsqu'elle les confond. De l'opposition des contraires naît la discorde, et de leur réunion l'harmonie.

Cherchons dans la nature quelques preuves de cette grande loi. Le froid est opposé au chaud, la lumière aux ténèbres, la terre à l'eau, et l'harmonie de ces éléments contraires produit des effets ravissants; mais si le froid succède rapidement à la chaleur, ou la chaleur au froid, la plupart des végétaux et des animaux, exposés à ces révolutions subites, courent risque de périr. La lumière du soleil est agréable; mais si un nuage noir tranche avec l'éclat de ses rayons, ou si des feux vifs brillent au sein d'une nuée obscure, tels que ceux des éclairs, notre vue éprouve, dans les deux cas, des sensations pénibles. L'effroi de l'orage augmente, si le tonnerre y joint ses terribles éclats, entremêlés de silences; et il redouble, si les oppositions de ces feux et de ces obscurités, de ces tumultes et de ces repos célestes, se font sentir dans les ténèbres et le calme de la nuit.

La nature oppose pareillement, sur la mer, l'écume blanche des flots à la couleur noire des rochers, pour annoncer de loin aux matelots le danger des écueils. Souvent elle leur donne des formes analogues à la destruction, telles que celles de bêtes féroces, d'édifices en ruines, ou de carènes de vaisseaux renversées. Elle en fait même partir des bruits sourds semblables à des gémissemens, et entrecoupés de longs intervalles. Les anciens croyaient voir dans le rocher de Scylla une femme hideuse, dont la ceinture était entourée d'une meute de chiens qui aboyaient. Nos marins ont donné aux écueils du canal de Bahama, si fameux par leurs naufrages, le nom de Martyrs, parce qu'ils offrent, à travers les bruines des flots qui s'y brisent, l'affreux spectacle d'hommes empalés et exposés sur des roues. On croit même entendre sortir de ces lugubres rochers des soupirs et des sanglots.

La nature emploie également ces oppositions heurtées, et ces signes funèbres, pour exprimer les caractères des bêtes cruelles et dangereuses dans tous les genres. Le lion errant la nuit dans les solitudes de l'Afrique, annonce de loin ses approches par des rugissemens tout-à-fait semblables aux roulemens du tonnerre. Les feux vifs et instantanés qui sortent de ses yeux dans l'obscurité, lui donnent encore l'apparence de ce terrible météore. Pendant l'hiver, les hurlemens des loups dans les forêts du nord, ressemblent aux gémissemens des vents qui en agitent les arbres; les cris des oiseaux de proie sont aigus, glapissans et entrecoupés de sons graves. Il y en a même qui font entendre les accents de la douleur humaine. Tel est le lome, espèce d'oiseau de mer qui se repaît,

5.

sur les écueils de la Laponie *, des cadavres des animaux qui y échouent : il crie comme un homme qui se noie. Les insectes nuisibles présentent les mêmes oppositions et les mêmes signes de destruction. Le cousin, avide du sang humain, s'annonce à la vue par des points blancs dont son corps rembruni est piqueté, et à l'ouïe par des sons aigus qui interrompent le calme des bocages. La guêpe carnassière est bardée, comme le tigre, de bandes noires sur un fond jaune. On trouve fréquemment dans nos jardins, au pied des arbres qui dépérissent, une espèce de punaise allongée, qui porte sur son corps rouge marbré de noir, le masque d'une tête de mort. Enfin, les insectes qui attaquent nos personnes mêmes, quelque petits qu'ils soient, se distinguent par des oppositions tranchées de couleur avec celle des fonds où ils vivent.

Mais lorsque deux contraires viennent à se confondre, en quelque genre que ce soit, on en voit naître le plaisir, la beauté et l'harmonie. J'appelle l'instant et le point de leur réunion *expression harmonique*. C'est le seul principe que j'aie pu apercevoir dans la nature; car ses éléments mêmes ne sont pas simples, comme nous l'avons vu; ils présentent toujours des accords formés de deux contraires, aux analyses les plus multipliées. Ainsi, en reprenant quelques-uns de nos exemples, les

---

* Ou lumme, espèce de plongeon. *Voyez* Jean Schæffer, *Histoire de Laponie*.

températures les plus douces et les plus favorables en général à toute espèce de végétation, sont celles des saisons où le froid se mêle au chaud, comme celles du printemps et de l'automne. Elles occasionent alors deux sèves dans les arbres, ce que ne font pas les plus fortes chaleurs de l'été. Les effets les plus agréables de la lumière et des ténèbres sont produits lorsqu'elles viennent à se confondre, et à former ce que les peintres appellent des clairs-obscurs et des demi-jours. Voilà pourquoi les heures de la journée les plus intéressantes sont celles du matin et du soir; ces heures où, dit La Fontaine, dans sa fable charmante de Pyrame et Thisbé, l'ombre et le jour luttent dans les champs azurés. Les sites les plus aimables sont ceux où les eaux se confondent avec les terres; ce qui a fait dire au bon Plutarque, que les voyages de terre les plus plaisants étaient ceux qui se faisaient le long de la mer; et ceux de la mer, à leur tour, ceux qui se faisaient le long de la terre. Vous verrez ces mêmes harmonies résulter des saveurs et des sons les plus opposés, dans les plaisirs du goût et de l'ouïe.

Nous allons examiner la constance de cette loi, par les principes mêmes par lesquels la nature nous donne les premières sensations de ses ouvrages, qui sont les couleurs, les formes et les mouvements.

DES COULEURS.

Je me garderai bien de définir les couleurs, et encore plus d'en expliquer l'origine. Ce sont, disent nos physiciens, des réfractions de la lumière sur les corps, comme le démontre le prisme, qui, en brisant un rayon de soleil, le décompose en sept rayons colorés qui se développent suivant cet ordre, le rouge, l'orangé, le jaune, le vert, le bleu, l'indigo et le violet. Ce sont là, selon eux, les sept couleurs primitives. Mais, comme je l'ai dit, j'ignore ce qui est primitif dans la nature. Je pourrais leur objecter, que si les couleurs des objets ne naissent que de la réfraction de la lumière du soleil, elles devraient disparaître à la lueur de nos bougies, car celle-ci ne se décompose au prisme que bien faiblement; mais je m'en tiendrai à quelques réflexions sur le nombre et l'ordre de ces sept prétendues couleurs primitives. D'abord, il est évident qu'il y en a quatre qui sont composées : car l'orangé est composé du jaune et du rouge; le vert, du jaune et du bleu; le violet, du bleu et du rouge; et l'indigo n'est qu'une teinte de bleu surchargée de noir : ce qui réduit les couleurs solaires à trois couleurs primordiales, qui sont le jaune, le rouge et le bleu, auxquelles si nous joignons le blanc, qui est la couleur de la lumière, et le noir, qui en est la privation, nous aurons cinq couleurs simples, avec lesquelles on peut composer toutes les nuances imaginables.

Nous observerons ici que nos machines de physique nous trompent avec leur air savant, non-seulement parce qu'elles supposent à la nature de faux éléments, comme lorsque le prisme nous donne des couleurs composées pour des couleurs primitives, mais en lui en soustrayant de véritables; car combien de corps blancs et noirs doivent être réputés sans couleur; attendu que ce même prisme ne manifeste pas leurs teintes dans la décomposition du rayon solaire! Cet instrument nous induit encore en erreur sur l'ordre naturel de ces mêmes couleurs, en le commençant par le rayon rouge, et en le terminant par le rayon violet. L'ordre des couleurs dans le prisme n'est donc qu'une décomposition triangulaire d'un rayon de lumière cylindrique, dont les deux extrêmes, le rouge et le violet, participent l'un de l'autre sans la terminer; de sorte que le principe des couleurs, qui est le rayon blanc, et sa décomposition progressive, ne s'y manifestent plus. Je suis même très-porté à croire qu'on peut tailler un cristal avec tel nombre d'angles qui donneraient aux réfractions du rayon solaire un ordre tout différent, et qui en multiplieraient les couleurs prétendues primitives bien au delà du nombre de sept. L'autorité de ce polyèdre deviendrait tout aussi respectable que celle du prisme, si des algébristes y appliquaient quelques calculs un peu obscurs, et quelques raisonnements de la philosophie corpusculaire, comme ils ont fait aux effets de celui-là.

Nous nous servirons d'un moyen moins savant pour nous donner une idée de la génération des couleurs, et de la décomposition du rayon solaire. Au lieu de les examiner dans un prisme de verre, nous les considérerons dans les cieux, et nous y verrons les cinq couleurs primordiales s'y développer dans l'ordre où nous les avons annoncées.

Dans une belle nuit d'été, quand le ciel est serein, et chargé seulement de quelques vapeurs légères propres à arrêter et à réfranger les rayons du soleil lorsqu'ils traversent les extrémités de notre atmosphère, transportez-vous dans une campagne d'où l'on puisse apercevoir les premiers feux de l'aurore. Vous verrez d'abord blanchir, à l'horizon, le lieu où elle doit paraître; et cette espèce d'auréole lui a fait donner, à cause de sa couleur, le nom d'aube, du mot latin *alba*, qui veut dire blanche. Cette blancheur monte insensiblement au ciel, et se teint en jaune à quelques degrés au-dessus de l'horizon; le jaune en s'élevant à quelques degrés plus haut, passe à l'orangé; et cette nuance d'orangé s'élève au-dessus en vermillon vif qui s'étend jusqu'au zénith. De ce point, vous apercevez au ciel, derrière vous, le violet à la suite du vermillon, puis l'azur, ensuite le gros bleu ou indigo, et enfin le noir tout-à-fait à l'occident.

Quoique ce développement de couleurs présente une multitude infinie de nuances intermédiaires qui se succèdent assez rapidement, cependant, il y a un moment, et, si je me le rappelle bien, c'est celui où le soleil est près de montrer son disque, où le blanc éblouissant se fait voir à l'horizon; le jaune pur, à quarante-cinq degrés d'élévation; la couleur de feu, au zénith; à quarante-cinq degrés au-dessous, vers l'occident, le bleu pur; et à l'occident même, le voile sombre de la nuit qui touche encore l'horizon. Du moins j'ai cru remarquer cette progression entre les tropiques, où il n'y a presque pas de réfraction horizontale qui fasse anticiper la lumière sur les ténèbres, comme dans nos climats.

J.-J. Rousseau me disait un jour que, quoique le champ de ces couleurs célestes soit le bleu, les teintes du jaune qui se fondent avec lui n'y produisent point la couleur verte, comme il arrive dans nos couleurs matérielles, lorsqu'on mêle ces deux nuances ensemble. Mais je lui répondis que j'avais aperçu plusieurs fois du vert au ciel, non-seulement entre les tropiques, mais sur l'horizon de Paris. A la vérité cette couleur ne se voit guère ici que dans quelque belle soirée de l'été. J'ai aperçu aussi dans les nuages des tropiques, principalement sur la mer et dans les tempêtes, toutes les couleurs qu'on peut voir sur la terre. Il y en a alors de cuivrées, de couleur de fumée de pipe, de brunes, de rousses, de noires, de grises, de livides, de couleur marron, et de celle de gueule de four enflammé. Quant à celles qui y paraissent dans les jours sereins, il y en a de si vives et de si éclatantes, qu'on n'en verra jamais de semblables dans aucun palais, quand on y rassemblerait toutes les pierreries du Mogol. Quelquefois les vents alizés du nord-est ou du sud-est, qui y soufflent constamment, cardent les nuages comme si c'étaient des flocons de soie; puis ils les chassent à l'occident, en les croisant les uns sur les autres comme les mailles d'un panier à jour. Ils jettent, sur les côtés de ce réseau, les nuages qu'ils n'ont pas employés, et qui ne sont pas en petit nombre; ils les roulent en énormes masses blanches comme la neige, les contournent sur leurs bords en forme de croupes, et les entassent les uns sur les autres comme les Cordilières du Pérou, en leur donnant des formes de montagnes, de cavernes et de rochers; ensuite, vers le soir, ils calmissent un peu, comme s'ils craignaient de déranger leur ouvrage. Quand le soleil vient à descendre derrière ce magnifique réseau, on voit passer par toutes ses losanges une multitude de rayons lumineux qui y font un tel effet, que les deux côtés de chaque losange qui en sont éclairés, paraissent relevés d'un filet d'or, et les deux autres qui devraient être dans l'ombre, sont teints d'un superbe nacarat. Quatre ou cinq gerbes de lumière qui s'élèvent du soleil couchant jusqu'au zénith, bordent de franges d'or les sommets indécis de cette barrière céleste, et vont frapper des reflets de leurs feux les pyramides des montagnes aériennes collatérales, qui semblent alors être d'argent et de vermillon. C'est dans ce moment qu'on aperçoit, au milieu de leurs croupes redoublées, une multitude de vallons qui s'étendent à l'infini, en se distinguant à leur ouverture par quelque nuance de couleur de chair ou de rose. Ces vallons célestes présentent, dans leurs divers contours, des teintes inimitables de blanc, qui fuient à perte de vue dans le blanc; ou des ombres qui se prolongent, sans se confondre, sur d'autres ombres. Vous voyez çà et là sortir des flancs caverneux de ces montagnes, des fleuves de lumière qui se précipitent en lingots d'or et d'argent sur des rochers de corail. Ici, ce sont de sombres rochers, percés à jour, qui laissent apercevoir par leurs ouvertures le bleu pur du firmament; là, ce sont de longues grèves sablées d'or, qui s'étendent sur de riches fonds du ciel, ponceaux, écarlates, et verts comme l'émeraude. La réverbération de ces couleurs occidentales se répand sur la mer, dont elle glace les flots azurés, de safran et de pourpre. Les matelots, appuyés sur les passavants du navire, admirent en silence ces paysages aériens. Quelquefois ce spectacle sublime se présente à eux à l'heure de la prière, et semble les inviter à élever leurs cœurs comme leurs vœux vers les cieux. Il change à chaque instant : bientôt ce qui était lumineux est simplement coloré; et ce qui était coloré, est dans l'ombre. Les formes en sont aussi variables que les nuances; ce sont tour-à-tour des îles, des hameaux, des collines plantées de palmiers, de grands ponts qui traversent des fleuves, des campagnes d'or, d'améthystes, de rubis, ou plutôt ce n'est rien de tout cela; ce sont des couleurs et des formes célestes qu'aucun pinceau ne peut rendre, ni aucune langue exprimer.

Il est très-remarquable que tous les voyageurs qui ont monté, en différentes saisons, sur les montagnes les plus élevées du globe, entre les tropiques et hors des tropiques, au milieu du continent ou dans les îles, n'ont aperçu dans les nuages qui étaient au-dessous d'eux, qu'une surface grise et plombée, sans aucune variation de couleur, et semblable à celle d'un lac. Cependant le soleil éclairait ces nuages de toute sa lumière; et ses rayons pouvaient y combiner, sans obstacles, toutes les lois de la réfraction, auxquelles notre physique les a assujettis. Il s'ensuit de cette observation, que je répéterai encore ailleurs à cause de son importance, qu'il n'y a pas une seule nuance de couleur employée en vain dans l'univers, que ces décorations célestes sont faites pour le niveau de la terre, et que leur magnifique point de vue est pris de l'habitation de l'homme.

Ces concerts admirables de lumières et de formes, qui ne se manifestent que dans la partie inférieure des nuages, la moins éclairée du soleil, sont produits par des lois qui me sont tout-à-fait inconnues. Mais quelle que soit leur variété, elles s'y réduisent à cinq couleurs; le jaune y paraît une génération du blanc, le rouge une nuance plus foncée du jaune; le bleu une teinte de rouge plus renforcée, et le noir la dernière teinte du bleu. On ne peut douter de cette progression, lorsqu'on observe, le matin, comme je l'ai dit, le développement de la lumière dans les cieux; vous y voyez ces cinq couleurs, avec leurs nuances intermédiaires, s'engendrer les unes des autres à-peu-près dans cet ordre : le blanc, le jaune soufre, le jaune citron, le jaune d'œuf, l'orangé, la couleur aurore, le ponceau, le rouge plein, le rouge carminé, le pourpre, le violet, l'azur, l'indigo, et le noir. Chacune de ces couleurs ne semble être qu'une teinte forte de celle qui la précède, et une teinte légère de celle qui la suit; en sorte que toutes ensemble ne paraissent que des modulations d'une progression dont le blanc est le premier terme, et le noir le dernier.

Dans cet ordre, où les deux extrêmes, le blanc et le noir, c'est-à-dire la lumière et les ténèbres, produisent en s'harmoniant tant de couleurs différentes, vous remarquerez que la couleur rouge tient le milieu, et qu'elle est la plus belle de toutes, au jugement de tous les peuples. Les Russes, pour

dire qu'une fille est belle, disent qu'elle est rouge.
Ils l'appellent *crasina dévitsa* : chez eux, beau et
rouge sont synonymes. On faisait, au Pérou et au
Mexique, un cas infini du rouge. Le plus beau présent que l'empereur Montézuma crut faire à Cortez, fut de lui donner un collier d'écrevisses, qui
avaient naturellement cette riche couleur *. La
seule demande que fit le roi de Sumatra aux Espagnols qui abordèrent les premiers dans son
pays, et qui lui présentèrent beaucoup d'échantillons du commerce et de l'industrie de l'Europe,
se réduisit à du corail et à de l'écarlate **; et il
leur promit de leur donner en retour toutes les
épiceries et les marchandises de l'Inde dont ils
auraient besoin. On trafique désavantageusement
avec les Nègres, les Tartares, les Américains et
les Indiens orientaux, si on ne leur apporte des
étoffes rouges. Les témoignages des voyageurs
sont unanimes sur la préférence que tous les peuples donnent à cette couleur. Je pourrais en rapporter une infinité de preuves, si je ne craignais
d'être ennuyeux. J'ai indiqué seulement l'universalité de ce goût, pour faire voir la fausseté de
cet axiome philosophique, qui dit que les goûts
sont arbitraires; ou, ce qui est la même chose,
qu'il n'y a point dans la nature de lois pour la
beauté, et que nos goûts sont des effets de nos

* Voyez Herrera.
** Voyez *Histoire générale des Voyages*, par l'abbé Prévost.

préjugés. C'est tout le contraire; ce sont nos préjugés qui corrompent nos goûts naturels, qui, sans eux, seraient les mêmes par toute la terre. C'est par une suite de ces préjugés que les Turcs préfèrent la couleur verte à toutes les autres, parce que, selon la tradition de leurs docteurs, c'était la couleur favorite de Mahomet, et que ses descendants ont, seuls de tous les Turcs, le privilége de porter le turban vert. Mais, par une autre prévention, les Persans, leurs voisins, méprisent le vert, parce qu'ils rejettent les traditions de ces docteurs turcs, et qu'ils ne reconnaissent point cette parenté de leur prophète, étant sectateurs d'Ali. Par une autre chimère, le jaune paraît aux Chinois la plus distinguée de toutes les couleurs, parce que c'est celle de leur dragon emblématique; le jaune est, à la Chine, la couleur impériale, comme le vert l'est en Turquie : d'ailleurs, suivant le rapport d'Isbrand-Ides, les Chinois représentent sur leurs théâtres les dieux et les héros le visage teint d'une couleur de sang [*]. Toutes ces nations, la couleur politique exceptée, regardent le rouge comme la plus belle; ce qui suffit pour établir à son égard une unanimité de préférence.

Mais, sans nous arrêter davantage au témoignage variable des hommes, il suffit de celui de la nature. C'est avec le rouge que la nature re-

[*] *Voyage de Moscou à la Chine*, par Isbrand-Ides, page 141.

haussé les parties les plus brillantes des plus belles fleurs. Elle en a coloré entièrement la rose, qui en est la reine : elle a donné cette teinture au sang, qui est le principe de la vie dans les animaux : elle en revêt, aux Indes, le plumage de la plupart des oiseaux, sur-tout dans la saison des amours. Il y a peu d'oiseaux alors à qui elle ne donne quelque nuance de cette riche couleur. Les uns en ont la tête couverte, comme ceux qu'on appelle cardinaux; d'autres en ont des pièces de poitrine, des colliers, des capuchons, des épaulettes. Il y en a qui conservent entièrement le fond gris ou brun de leurs plumes, mais qui sont glacés de rouge, comme si on les eût roulés dans le carmin. D'autres en sont sablés, comme si on eût soufflé sur eux quelque poudre d'écarlate. Ils ont avec cela des piquetures blanches mêlées parmi, qui y produisent un effet charmant : c'est ainsi qu'est peint un petit oiseau des Indes, appelé Bengali. Mais rien n'est plus aimable qu'une tourterelle d'Afrique, qui porte sur son plumage gris-de-perle, précisément à l'endroit du cœur, une tache sanglante, mêlée de différents rouges, parfaitement semblable à une blessure; il semble que cet oiseau dédié à l'Amour, porte la livrée de son maître, et qu'il a servi de but à ses flèches. Ce qu'il y a de plus merveilleux, c'est que ces riches teintes coralines disparaissent dans la plupart de ces oiseaux, après la saison d'aimer, comme si c'étaient des habits de parade qui leur eussent été prêtés par la nature, seulement pour le temps des noces.

La couleur rouge, située au milieu des cinq couleurs primordiales, en est l'expression harmonique par excellence, et le résultat, comme nous l'avons dit, de l'union de deux contraires, la lumière et les ténèbres. Il y a encore des teintes fort agréables qui se composent d'oppositions d'extrêmes. Par exemple, de la seconde et de la quatrième couleur, c'est-à-dire, du jaune et du bleu, se forme le vert, qui constitue une harmonie très-belle, laquelle doit tenir peut-être le second rang en beauté, parmi les couleurs, comme elle tient le second dans leur génération. Le vert paraît même aux yeux de bien des gens, sinon la plus belle teinte, du moins la plus aimable, parce qu'il est moins éblouissant que le rouge, et plus assorti à leurs yeux [2].

Je ne m'arrêterai pas davantage aux autres nuances harmoniques que l'on peut tirer, suivant les lois de leur génération, des couleurs les plus opposées, et dont on peut former des accords et des concerts, comme avait fait le P. Castel dans son fameux clavecin. Je remarquerai cependant que les couleurs peuvent influer sur les passions, et qu'on peut les rapporter, ainsi que leurs harmonies, à des affections morales. Par exemple, si vous partez du rouge, qui est la couleur harmonique par excellence, et que vous remontiez au blanc, plus vous approcherez de ce premier terme, plus les couleurs seront vives et gaies. Vous aurez successivement le ponceau, l'orangé, le jaune, le citron, la couleur sulfurine et le blanc. Plus, au contraire, vous irez du rouge au noir, plus les couleurs seront sombres et tristes; car vous aurez le pourpre, le violet, le bleu, l'indigo, et le noir. Dans les harmonies que vous formerez de part et d'autre en réunissant les couleurs opposées, plus il y entrera de couleurs de la progression ascendante, plus les harmonies en seront gaies; et le contraire arrivera lorsque les couleurs de la progression descendante domineront. C'est par cet effet harmonique, que le vert étant composé du jaune et du bleu, il est d'autant plus gai que le jaune y domine, et il est d'autant plus triste, que le bleu le surmonte. C'est encore par cette influence harmonique, que le blanc répand plus de gaieté dans toutes les nuances; parce qu'il est la lumière. Il fait même par son opposition un effet charmant dans les harmonies que j'appelle mélancoliques; car, mêlé au violet, il donne les nuances agréables de la fleur du lilas; joint au bleu, il donne l'azur; et au noir, il produit le gris-de-perle; mais fondu avec le rouge, il donne la couleur de rose; cette nuance ravissante qui est la fleur de la vie. Au contraire, si le noir domine dans les couleurs gaies, il en résulte un effet plus triste que celui qu'il produirait lui-même étant tout pur. C'est ce que vous pouvez voir lorsqu'il est mêlé au jaune, à l'orangé et au rouge, qui deviennent alors des couleurs ternes et meurtries. La couleur rouge donne de la vie à toutes les nuances où elle entre, comme la blanche leur donne de la gaieté, et la noire de la tristesse.

Si vous voulez faire naître des effets tout-à-fait opposés à la plupart de ceux dont nous venons de parler, c'est de placer les couleurs extrêmes les unes auprès des autres sans les confondre. Le noir opposé au blanc, produit l'effet le plus triste et le plus dur. Leur opposition est un signe de deuil chez la plupart des nations, comme il en est un de destruction dans les orages du ciel, et dans les tempêtes de la mer. Le jaune même opposé au noir, est le caractéristique de plusieurs animaux dangereux, comme de la guêpe et du tigre, etc.... Ce n'est pas que les femmes n'emploient avec avantage, dans leur parure, ces couleurs opposées; mais elles ne s'en embellissent que par les contrastes qu'elles en forment avec la couleur de leur teint; et comme le rouge y domine, il s'ensuit que ces couleurs opposées leur sont avantageuses; car jamais l'expression harmonique n'est plus forte que quand elle se trouve entre les deux extrêmes qui la produisent. Nous dirons ailleurs quelque chose de cette partie de l'harmonie, lorsque nous parlerons des contrastes de la figure humaine.

Nous ne devons pas dissimuler ici quelques ob-

jections qu'on peut élever contre l'universalité de
ces principes. Nous avons représenté la couleur
blanche comme une couleur gaie, et la noire
comme une couleur triste; cependant quelques
peuples nègres représentent le diable blanc; les
habitants de la presqu'île de l'Inde se frottent, en
signe de deuil, le front et les tempes de poudre
de bois de santal, dont la couleur est d'un blanc
jaunâtre. Le voyageur Gentil de la Barbinais, qui,
dans son Voyage autour du monde, a aussi bien
décrit les mœurs de la Chine, que celles de nos
marins et de plusieurs colonies de l'Europe, dit
que le blanc est la couleur du deuil chez les Chinois. On pourrait conclure de ces exemples que le
sentiment des couleurs est arbitraire, puisqu'il
n'est pas le même chez tous les peuples.

Voici ce que nous avons à répondre à ce sujet.
Nous avons déjà fait voir ailleurs que les peuples
de l'Afrique et de l'Asie, quelque noirs qu'ils
soient, préfèrent les femmes blanches à celles de
tous les autres teints. Si quelques nations de nègres peignent le diable en blanc, ce peut bien être
par le sentiment de la tyrannie que les blancs
exercent sur elles. Ainsi la couleur blanche, devenue pour elles une couleur politique, cesse d'ê-
tre une couleur naturelle. D'ailleurs le blanc dont
elles peignent leur diable, n'est pas un blanc
rempli d'harmonie comme celui de la figure humaine; mais un blanc pur, un blanc de craie tel

que celui dont nos peintres enluminent les figures de fantômes et de revenants dans leurs scènes magiques et infernales. Si cette couleur éclatante est l'expression du deuil chez les Indiens et chez les Chinois, c'est qu'elle contraste durement avec la peau noire de ces peuples. Les Indiens sont noirs. Les Chinois méridionaux ont la peau fort basanée. Ils tirent leur religion et leurs principales coutumes de l'Inde, le berceau du genre humain, dont les habitants sont noirs. Leurs habits extérieurs sont d'une couleur sombre; ils portent beaucoup de robes de satin noir; ils sont chaussés de bottes noires; les ameublements de leurs maisons sont, pour la plupart, revêtus de ces beaux vernis noirs qu'on nous apporte de leur pays. Le blanc doit donc faire une grande dissonance avec leurs meubles, leurs habillements, et sur-tout avec la couleur rembrunie de leur peau. Si ces peuples portaient, comme nous, des habits noirs dans le deuil, quelque sombre que soit leur couleur, elle ne formerait point d'opposition tranchée dans leur parure. Ainsi l'expression de la douleur est précisément la même chez eux que chez nous; car si nous opposons, dans le deuil, la couleur noire de nos habits à la couleur blanche de notre peau, afin d'en faire naître une dissonance funèbre, les peuples méridionaux opposent au contraire la couleur blanche de leurs vêtements à la couleur basanée de leur peau, afin de produire le même effet.

Cette variété de goût confirme admirablement l'universalité des principes que nous avons posés sur les causes de l'harmonie et des dissonances. Elle prouve encore que l'agrément ou le désagrément d'une couleur ne réside point dans une seule nuance, mais dans l'harmonie ou dans le contraste heurté de deux couleurs opposées.

Nous trouverions des preuves de ces lois multipliées à l'infini, dans la nature, à laquelle l'homme doit toujours recourir dans ses doutes. Elle oppose durement, dans les pays chauds comme dans les pays froids, les couleurs des animaux destructeurs et dangereux. Par-tout les reptiles venimeux sont peints de couleurs meurtries. Par-tout les oiseaux de proie ont des couleurs terreuses opposées à des couleurs fauves, et des mouchetures blanches sur un fond sombre, ou sombres sur un fond blanc. La nature a donné une robe fauve rayée de brun, et des yeux étincelants, au tigre en embuscade dans l'ombre des forêts du midi ; et elle a teint de noir le museau et les griffes, et de couleur de sang la gueule et les yeux de l'ours blanc, et le fait apparaître, malgré la blancheur de sa peau, au milieu des neiges du nord.

DES FORMES.

Passons maintenant à la génération des formes. Il me semble qu'on peut en réduire les principes, comme ceux des couleurs, à cinq, qui sont la ligne, le triangle, le cercle, l'ellipse, et la parabole.

La ligne engendre toutes les formes, comme le rayon de lumière toutes les couleurs. Elle procède, comme celui-ci, dans ses générations, par degrés, produisant d'abord, par trois fractions, le triangle qui, de toutes les figures, renferme la plus petite des surfaces sous le plus grand des circuits. Le triangle ensuite, composé lui-même de trois triangles au centre, produit le carré qui en a quatre, le pentagone qui en a cinq, l'hexagone, qui en a six, et le reste des polygones, jusqu'au cercle composé d'une multitude de triangles, dont les sommets sont à son centre, et les bases à sa circonférence, et qui, au contraire du triangle, contient la plus grande des surfaces sous le moindre des périmètres. La forme qui a toujours été depuis la ligne, en se rapprochant d'un centre, jusqu'au cercle, s'en écarte ensuite, et produit l'ellipse, puis la parabole, et enfin toutes les autres courbes évasées dont on peut rapporter les équations à celles-ci.

En sorte que, sous cet aspect, la ligne indéfinie n'a point de centre commun; le triangle a trois points de son périmètre qui en ont un; le carré en a quatre, le pentagone cinq, l'hexagone six; et le cercle a tous les points de sa circonférence ordonnés à un seul et unique centre. L'ellipse commence à s'écarter de cette ordonnance, et a deux centres; et la parabole, ainsi que les autres courbes qui leur sont analogues, en ont une infinité renfermés dans leur axe, dont elles s'éloignent de plus en plus en formant des espèces d'entonnoirs.

En supposant cette génération ascendante de formes depuis la ligne par le triangle jusqu'au cercle; et leur génération descendante depuis le cercle par l'ovale jusqu'à la parabole, je déduis de ces cinq formes élémentaires toutes les formes de la nature; comme, avec les cinq couleurs primordiales, j'en compose toutes les nuances.

La ligne présente la forme la plus aiguë, le cercle la forme la plus pleine, et la parabole la forme la plus évidée. Nous pouvons remarquer dans cette progression, que le cercle qui occupe le milieu des deux extrêmes, est la plus belle de toutes les formes élémentaires; comme le rouge est la plus belle de toutes les couleurs primordiales. Je ne dirai point, comme quelques philosophes anciens, que cette figure est la plus belle, parce qu'elle est celle des astres, ce qui au fond ne serait pas une si mauvaise raison; mais, à n'employer que le témoignage de nos sens, elle est la plus douce à la vue et au toucher; elle est aussi la plus susceptible de mouvement; enfin, ce qui n'est pas une petite autorité dans les vérités naturelles, elle est regardée comme la plus aimable au goût de tous les peuples qui l'emploient dans leurs ornements et dans leur architecture, et sur-tout à celui des enfants, qui la préfèrent à toutes les autres dans leurs jouets.

Il est très-remarquable que ces cinq formes élémentaires ont entre elles les mêmes analogies que les cinq couleurs primordiales; en sorte que, si vous remontez leur génération ascendante depuis la sphère jusqu'à la ligne, vous aurez des formes anguleuses, vives et gaies, qui se terminent à la ligne droite, dont la nature compose tant de figures stellées et rayonnantes, si agréables dans les cieux et sur la terre. Si au contraire vous descendez de la sphère aux parties évidées de la parabole, vous aurez des formes caverneuses, qui sont si effrayantes dans les abîmes et les précipices.

De plus, si vous joignez des formes élémentaires aux couleurs primordiales, terme à terme, vous verrez leur caractère principal se renforcer mutuellement; du moins dans les deux extrêmes, et dans l'expression harmonique du centre : car les deux premiers termes donneront le rayon blanc, qui est le rayon même de la lumière; la forme circulaire, jointe à la couleur rouge, produira une forme analogue à la rose, composée de portions sphériques teintes en carmin, et par l'effet de cette double harmonie, estimée la plus belle des fleurs, au jugement de tous les peuples. Enfin, le noir joint au vide de la parabole, ajoute à la tristesse des formes rentrantes et caverneuses.

On peut composer, avec ces cinq formes élémentaires, des figures aussi agréables que les nuances qui naissent des harmonies des cinq couleurs primordiales : en sorte que plus il entrera dans ces figures mixtes, des deux termes ascendants de la progression, plus ces figures seront sveltes et gaies; et plus les deux termes descendants domineront, plus elles seront lourdes et tristes. Ainsi, la forme sera d'autant plus élégante, que le premier terme, qui est la ligne droite, y dominera. Par exemple, la colonne nous plaît, parce que c'est un long cylindre, qui a pour base le cercle, et pour élévation deux lignes droites, ou un quadrilatère fort allongé. Mais le palmier, d'après lequel elle a été imitée, nous plaît encore davantage, parce que les formes stellées ou rayonnantes de ses palmes prises aussi de la ligne droite, font une opposition très-agréable avec la rondeur de sa tige; et si vous y joignez la forme harmonique par excellence, qui est la forme ronde, vous ajouterez infiniment à la grâce de ce bel arbre. C'est aussi ce qu'a fait la nature qui en sait plus que nous, en suspendant à la base de ses rameaux divergents tantôt des dattes ovales, tantôt des cocos arrondis.

En général, toutes les fois que vous emploierez la forme circulaire, vous en accroîtrez beaucoup l'agrément, en y joignant les deux contraires qui la composent; car, vous aurez alors une progression élémentaire complète. La forme circulaire seule ne présente qu'une expression, la plus belle de toutes, à la vérité; mais réunie à ses deux extrêmes, elle forme, si j'ose dire, une pensée entière. C'est par l'effet qui en résulte, que le peuple trouve la forme du cœur si belle, qu'il lui compare tout ce qu'il trouve de plus beau dans le monde. « Cela est beau comme un cœur, » dit-il. Cette forme de cœur est formée à sa base d'un angle saillant, à sa partie supérieure d'un angle rentrant; voilà les extrêmes : et à ses parties collatérales, de deux portions sphériques; voilà l'expression harmonique.

C'est encore par ces mêmes harmonies, que les longues croupes de montagnes, surmontées de hauts pitons en pyramides, et séparées entre elles par de profondes vallées, nous ravissent par leurs grâces et leur majesté. Si vous y joignez des fleuves qui serpentent au fond, des peupliers qui rayonnent sur leurs bords, des troupeaux et des bergers, vous aurez des vallées semblables à celle de Tempé. Les formes circulaires des montagnes se trouvent, dans cette hypothèse, placées entre leurs extrêmes, qui sont les parties saillantes des rochers et les parties rentrantes des vallons. Mais si vous en retranchez les expressions harmoniques, c'est-à-dire les courbures de ces montagnes, ainsi que leurs heureux habitants, et que vous en laissiez subsister les extrêmes, vous aurez alors quelque coupe de terrain du cap Horn, des rochers anguleux à pic sur le bord des précipices.

Si vous y ajoutez des oppositions de couleur,

comme celle de la neige sur les sommets de leurs rochers rembrunis; l'écume de la mer qui brise sur des rivages noirs; un soleil blafard dans un ciel obscur; des giboulées au milieu de l'été; des rafales terribles de vents, suivies de calmes inquiétants; un vaisseau parti d'Europe pour désoler la mer du Sud, qui talonne sur un écueil à l'entrée de la nuit, et qui tire de temps en temps des coups de canon, que répètent les échos de ces affreux déserts; des Patagons effrayés qui s'enfuient dans leurs souterrains, vous aurez un paysage tout entier de cette terre de désolation couverte des ombres de la mort.

DES MOUVEMENTS.

Il me reste à dire quelque chose des mouvements. Nous en distinguerons également cinq principaux : le mouvement propre ou de rotation sur lui-même, qui ne suppose point de déplacement et qui est le principe de tout mouvement, tel qu'est, peut-être, celui du soleil; ensuite le perpendiculaire, le circulaire, l'horizontal, et le repos. Tous les mouvements peuvent se rapporter à ceux-là. Vous remarquerez même que les géomètres, qui les représentent aussi par des figures, supposent le mouvement circulaire engendré par le perpendiculaire et l'horizontal, et pour me servir de leurs expressions, produit par la diagonale de leurs carrés.

Je ne m'arrêterai pas aux analogies de la génération des couleurs et des formes, avec celles de la génération des mouvements, et qui existent entre la couleur blanche, la ligne droite et le mouvement propre ou de rotation; entre la couleur rouge, la forme sphérique et le mouvement circulaire; entre les ténèbres, le vide et le repos. Je ne développerai pas les combinaisons infinies qui peuvent résulter de l'union ou de l'opposition des termes correspondants de chaque génération, et des filiations de ces mêmes termes. Je laisse au lecteur le plaisir de s'en occuper, et de se former avec ces éléments de la nature, des harmonies ravissantes et tout-à-fait nouvelles. Je me bornerai ici à quelques observations rapides sur les mouvements.

De tous les mouvements, le plus agréable est le mouvement harmonique ou circulaire. La nature l'a répandu dans la plupart de ses ouvrages, et en a rendu susceptibles les végétaux mêmes attachés à la terre. Nos campagnes nous en offrent de fréquentes images, lorsque les vents forment, sur les prairies, de longues ondulations semblables aux flots de la mer; ou qu'ils agitent doucement, sur le sommet des montagnes, les hautes cimes des arbres, en leur faisant décrire des portions de cercle. La plupart des oiseaux forment de grands cercles en se jouant dans les plaines de l'air, et se plaisent à y tracer une multitude de courbes et de spirales. Il est remarquable que la nature a donné ce vol agréable à plusieurs oiseaux innocents, qui ne sont point autrement recommandables par la beauté de leur chant ou de leur plumage. Tel est, entre autres, le vol de l'hirondelle.

Il n'en est pas de même des mouvements de progression des bêtes féroces ou nuisibles; elles vont par sauts et par bonds, et joignent à des mouvements quelquefois fort lents, d'autres qui sont précipités; c'est ce qu'on peut observer dans ceux du chat lorsqu'il veut attraper une souris. Les tigres en ont de pareils lorsqu'ils cherchent à atteindre leur proie. On peut remarquer les mêmes discordances dans le vol des oiseaux carnassiers. Celui qu'on appelle le grand-duc, espèce de hibou, vole au milieu d'un air calme comme si le vent l'emportait çà et là. Les tempêtes présentent dans le ciel les mêmes caractères de destruction. Quelquefois vous en voyez les nuages se mouvoir de mouvements opposés; d'autres fois vous en apercevez qui courent avec la vitesse d'un courrier, tandis que d'autres sont immobiles comme des rochers. Dans les ouragans des Indes, les tourbillons de vents sont toujours entremêlés de calmes profonds.

Plus un corps a en lui de mouvement propre ou de rotation, plus il nous paraît agréable, surtout lorsqu'à ce mouvement se joint le mouvement harmonique ou circulaire. C'est par cette raison que les arbres dont les feuillages sont mobiles, comme les trembles et les peupliers, ont beaucoup plus de grâce que les autres arbres des forêts, lorsque le vent les agite. Ils plaisent à la vue par le balancement de leurs cimes, et en présentant, tour-à-tour, les deux faces de leurs feuilles, de deux verts différents. Ils plaisent encore à l'ouïe, en imitant le bouillonnement des eaux. C'est par l'effet du mouvement propre, que, toute idée morale à part, les animaux nous intéressent plus que les végétaux, parce qu'ils ont en eux-mêmes le principe du mouvement.

Je ne crois pas qu'il y ait un seul lieu, sur la terre, où il n'y ait quelque corps en mouvement. Je me suis trouvé bien des fois, au milieu des plus vastes solitudes, de jour et de nuit, par les plus grands calmes, et j'y ai toujours entendu quelque bruit. Souvent, à la vérité, c'est celui d'un oiseau qui vole, ou d'un insecte qui remue une feuille; mais ce bruit suppose toujours du mouvement.

Le mouvement est l'expression de la vie. Voilà pourquoi la nature en a multiplié les causes dans tous ses ouvrages. Un des grands charmes des paysages, est d'y voir du mouvement, et c'est ce que les tableaux de la plupart de nos peintres manquent souvent d'exprimer. Si vous en exceptez ceux qui représentent des tempêtes, vous trouverez par-tout ailleurs leurs forêts et leurs prairies immobiles, et les eaux de leurs lacs glacées. Cependant le retroussis des feuilles des arbres, frappées en dessous de gris ou de blanc, les ondulations des herbes dans les vallées et sur les croupes des montagnes, celles qui rident la surface polie des eaux, et les écumes qui blanchissent les rivages, rappellent avec grand plaisir, dans une scène brûlante de l'été, le souffle si agréable des zéphirs. On peut y joindre avec une grâce infinie les mouvements particuliers aux animaux qui les habitent, par exemple, les cercles concentriques qu'un plongeon forme sur la surface de l'eau, le vol d'un oiseau de marine qui part de dessus un tertre, les pattes allongées en arrière et le cou tendu en avant; celui de deux tourterelles blanches qui filent côte à côte, dans l'ombre, le long d'une forêt; le balancement d'une bergeronnette à l'extrémité d'une feuille de roseau qui se courbe sous son poids. On peut y faire sentir même le mouvement et le poids d'un lourd chariot qui gravit dans une montagne, en y exprimant la poussière des cailloux broyés qui s'élève de dessous ses roues. Je crois encore qu'il serait possible d'y rendre les effets du chant des oiseaux et des échos, en y exprimant certaines convenances dont il n'est pas nécessaire de nous occuper ici.

Il s'en faut bien que la plupart de nos peintres, même parmi ceux qui ont le plus de talent, emploient des accessoires si agréables, puisqu'ils les omettent dans les sujets dont ces accessoires

forment le caractère principal. Par exemple, s'ils représentent un char en course, ils ne manquent jamais d'y exprimer tous les rayons de ses roues. A la vérité, les chevaux galoppent; mais le char est immobile. Cependant, dans un char qui court rapidement, chaque roue ne présente qu'une seule surface; toutes ses jantes se confondent à la vue. Ce n'est pas ainsi que les anciens, qui ont été nos maîtres en tout genre, imitaient la nature. Pline dit qu'Apelle avait si bien peint des chariots à quatre chevaux, que leurs roues semblaient tourner. Dans la liste curieuse qu'il nous a conservée des plus fameux tableaux de l'antiquité, admirés encore à Rome, de son temps, il en cite un représentant des femmes qui filaient de la laine, dont les fuseaux paraissaient pirouetter. Un autre très-estimé *, « où l'on voyait, dit son vieux traduc-
» teur, deux soldats armés à la légère, dont l'un est
» si échauffé à courir en la bataille, qu'on le voit
» suer, et l'autre qui pose ses armes, se montre si
» recreu, qu'on le sent quasi haleiner. » J'ai vu dans beaucoup de tableaux modernes, des machines en mouvement, des lutteurs et des guerriers en action, et jamais je n'y ai vu ces effets si simples qui expriment si bien la vérité. Nos peintres les regardent comme de petits détails où ne s'arrêtent pas les gens de génie. Cepen-

* *Histoire naturelle de Pline*, liv. XXXVII, chap. X et XI, traduction de Du Pinet.

dant ces petits détails sont des traits de caractère.

Marc-Aurèle, qui avait bien autant de génie qu'aucun de nos modernes, a très-bien observé que c'est souvent là que l'attention de l'esprit se fixe et prend le plus de plaisir : « Le ridé des fi- » gues mûres, dit-il, l'épais sourcil des lions, l'é- » cume des sangliers en fureur, les écailles rousses » qui s'élèvent de la croûte du pain sortant du » four, nous font plaisir à voir. » Il y a plusieurs raisons de ce plaisir ; d'abord de la part de la faiblesse de notre esprit, qui dans chaque objet s'arrête à un point principal ; ensuite de la part de la nature, qui nous offre aussi dans tous ses ouvrages un point unique de convenance ou de discorde, qui en est comme le centre. Notre ame en augmente d'autant plus son affection ou sa haine, que ce trait caractéristique est simple et en apparence méprisable. Voilà pourquoi dans l'éloquence, les expressions les plus courtes marquent toujours les passions les plus fortes ; car il ne s'agit, comme nous l'avons vu jusqu'ici, pour faire naître une sensation de plaisir ou de douleur, que de déterminer un point d'harmonie ou de discorde entre deux contraires : or, lorsque ces deux contraires sont opposés en nature, et qu'ils le sont encore en grandeur et en faiblesse, leur opposition redouble, et par conséquent leur effet.

Il s'y joint, sur-tout, la surprise de voir naître de grands sujets d'espérance ou de crainte, d'un objet peu important en apparence; car tout effet physique produit dans l'homme un sentiment moral. Par exemple, j'ai vu beaucoup de tableaux et de descriptions de batailles, qui cherchaient à inspirer de la terreur par une infinité d'armes de toute espèce qui y étaient représentées, et par une foule de morts et de mourants blessés de toutes les manières. Ils m'ont d'autant moins ému, qu'ils employaient plus de machines pour m'émouvoir; un effet détruisait l'autre. Mais je l'ai été beaucoup en lisant, dans Plutarque, la mort de Cléopâtre. Ce grand peintre du malheur représente la reine d'Égypte méditant, dans le tombeau d'Antoine, sur les moyens d'échapper au triomphe d'Auguste. Un paysan lui apporte, avec la permission des gardes qui veillent à la porte du tombeau, un panier de figues. Dès que cet homme est sorti, elle se hâte de découvrir ce panier, et elle y voit un aspic qu'elle avait demandé pour mettre fin à ses malheureux jours. Ce contraste, dans une femme, de la liberté et de l'esclavage, de la puissance royale et de l'anéantissement, de la volupté et de la mort; ces feuillages et ces fruits, parmi lesquels elle aperçoit seulement la tête et les yeux étincelants d'un petit reptile qui va terminer de si grands intérêts, et à qui elle dit : « Te voilà donc! » toutes ces oppositions font frissonner. Mais pour rendre la personne même de Cléopâtre intéressante, il ne faut pas se la figurer comme nos peintres et nos sculpteurs nous la représentent, en figure académique sans expression, une Sabine pour la taille, l'air robuste et plein de santé, avec de grands yeux tournés vers le ciel, et portant autour de ses grands et gros bras un serpent tourné comme un bracelet. Ce n'est point là la petite et voluptueuse reine d'Égypte, se faisant porter, comme nous l'avons dit ailleurs, dans un paquet de hardes, sur les épaules d'Apollodore, pour aller voir *incognito* Jules-César; courant la nuit, déguisée en marchande, les rues d'Alexandrie, avec Antoine, en se raillant de lui, et lui reprochant que ses jeux et ses plaisanteries sentaient le soldat. C'est encore moins l'infortunée Cléopâtre réduite aux derniers termes du malheur, tirant avec des cordes et des chaînes, à l'aide de deux de ses femmes, par la fenêtre du monument où elle s'était réfugiée, la tête contre-bas, sans jamais lâcher prise, dit Plutarque, ce même Antoine couvert de sang, qui s'était percé de son épée, et qui s'aidait de toutes ses forces pour venir mourir auprès d'elle.

Les détails ne sont pas à mépriser; ce sont souvent des traits de caractère. Pour revenir à nos peintres et à nos sculpteurs, s'ils refusent l'expression du mouvement aux paysages, aux lutteurs et aux chars en course, ils la donnent aux portraits et aux statues de nos grands hommes et de nos philosophes. Ils les représentent comme les anges trompettes du jugement, les cheveux agités, les yeux égarés, les muscles du visage en convulsion, et leurs draperies allant et venant au gré des vents. Ce sont là, disent-ils, les expressions du génie. Mais les gens de génie et les grands hommes ne sont pas des fous. J'ai vu de leurs portraits, sur des antiques. Les médailles de Virgile, de Platon, de Scipion, d'Épaminondas, d'Alexandre même, les représentent avec un air calme et tranquille. C'est aux corps brutes, aux végétaux et aux animaux d'obéir à tous les mouvements de la nature; mais il me semble qu'il est d'un grand homme d'être le maître des siens, et que ce n'est que par cet empire-là même qu'il mérite le nom de grand.

Je me suis un peu éloigné de mon sujet, pour donner des leçons de convenances à des artistes dont l'art est bien plus difficile que ma critique n'est aisée. A Dieu ne plaise qu'elle devienne un sujet de peine pour des hommes dont les ouvrages m'ont si souvent donné du plaisir! Je désire seulement qu'ils s'écartent des manières académiques qui les lient, et qu'ils soient tentés d'aller, sur les pas de la nature, aussi loin que leur génie peut les porter.

Ce serait ici le lieu de parler de la musique, puisque les sons ne sont que des mouvements; mais des gens bien plus habiles que moi ont traité ce grand art à fond. Si quelque témoignage étranger pouvait même me confirmer dans la certitude des principes que j'ai posés jusqu'ici, c'est celui des plus savants musiciens qui ont fixé à trois sons l'expression harmonique. J'aurais pu, comme eux, réduire à trois termes les générations élémentaires des couleurs, des formes et des mouvements; mais il me semble qu'ils ont omis eux-mêmes dans leur base fondamentale, le principe génératif qui est le son proprement dit, et le terme négatif qui est le silence, puisque ce dernier produit, surtout, de si grands effets dans les mouvements de musique.

Je pourrais étendre ces proportions aux saveurs du goût, et démontrer que les plus agréables d'entre elles ont de semblables générations, ainsi qu'on l'éprouve dans la plupart des fruits, dont les divers degrés de maturité présentent successivement cinq saveurs, savoir, l'acide, le doux, le sucré, le vineux et l'amer. Ils sont acides en croissant, doux en mûrissant, sucrés dans leur parfaite maturité, vineux dans leur fermentation, et amers dans leur état de sécheresse. Nous trouverions encore que la plus agréable de ces saveurs, c'est-à-dire la saveur sucrée, est celle qui occupe le milieu de cette progression, dont elle est le terme harmonique; qu'elle forme, par sa nature, de nouvelles harmonies, en se combinant avec ses extrêmes, puisque les boissons qui nous plaisent le plus sont formées de l'acide et du sucre, comme dans les liqueurs rafraîchissantes préparées avec le jus du citron;

ou du sucré et de l'amer, comme dans le café. Mais, en tâchant d'ouvrir de nouvelles routes à la philosophie, mon intention n'est pas d'offrir de nouvelles combinaisons à la volupté.

Quoique je sois intimement convaincu de ces générations élémentaires, et que je puisse les appuyer d'une foule de preuves que j'ai recueillies dans les goûts des peuples policés et sauvages, mais que je n'ai pas le temps de rapporter ici; cependant je ne serais pas surpris de ne pas obtenir l'approbation de plusieurs de mes lecteurs. Nos goûts naturels sont altérés, dès l'enfance, par des préjugés qui déterminent nos sensations physiques, bien plus fortement que celles-ci ne dirigent nos affections morales. Plus d'un homme d'église estime le violet la plus belle des couleurs, parce que c'est celle de son évêque; plus d'un évêque, à son tour, croit que c'est l'écarlate, parce que c'est la couleur du cardinal; et plus d'un cardinal, sans doute, préférerait d'être revêtu de la couleur blanche, parce que c'est celle du chef de l'Église. Un militaire regarde souvent le ruban rouge comme le plus beau de tous les rubans; et son officier supérieur pense que c'est le ruban bleu. Nos tempéraments influent comme nos états sur nos opinions. Les gens gais préfèrent les couleurs vives à toutes les autres, les gens sensibles celles qui sont tendres, les mélancoliques les rembrunies. Quoique je regarde moi-même le rouge comme la plus belle des couleurs, et la sphère comme la plus parfaite des formes, et que je doive tenir plus fortement qu'un autre à cet ordre, parce que c'est celui de mon système, je préfère au rouge la couleur carminée qui a une nuance de violet; et à la sphère, la forme d'œuf ou elliptique. Il me semble aussi, si j'ose dire, que la nature a affecté l'une et l'autre modification à la rose, du moins avant son parfait développement. J'aime mieux encore les fleurs violettes que les blanches, et sur-tout que les jaunes. Je préfère une branche de lilas à un pot de giroflée; et une marguerite de Chine, avec son disque d'un jaune enfumé, son pluché chiffonné, et ses pétales violets et sombres, à la plus éclatante gerbe de tournesols du Luxembourg. Je crois que ces goûts me sont communs avec plusieurs autres personnes, et qu'à juger du caractère des hommes par les couleurs de leurs habits, il y en a beaucoup plus de sérieux que de gais. Il me semble aussi que la nature (car il faut toujours revenir à elle, pour s'assurer de la vérité) fait décliner la plupart de ses beautés physiques vers la mélancolie. Les chants plaintifs du rossignol, les ombrages des forêts, les sombres clartés de la lune, n'inspirent point la gaieté, et cependant nous intéressent. Je suis plus ému du coucher du soleil que de son lever. En général, les beautés vives et enjouées nous plaisent, mais il n'y a que les mélancoliques qui nous touchent. Nous tâcherons ailleurs de développer les causes de ces affections morales. Elles tiennent à des lois plus sublimes que les lois physiques : tandis que celles-ci amusent nos sens, celles-là s'adressent à nos cœurs, et nous avertissent que l'homme est né pour de plus hautes destinées.

Je peux me tromper dans l'ordre de ces générations, et en transposer les termes. Mais je ne me propose que d'ouvrir de nouvelles routes dans l'étude de la nature. Il me suffit que l'effet de ces générations soit généralement reconnu. Des hommes plus éclairés en établiront les filiations avec plus d'ordre. Tout ce que j'ai dit à ce sujet, et ce que je pourrais dire encore, se réduit à cette grande loi : « Tout est formé de contraires dans la » nature ; c'est de leurs harmonies que naît le sen- » timent du plaisir, et c'est de leurs oppositions » que naît celui de la douleur. »

Cette loi, comme nous le verrons, s'étend encore à la morale. Chaque vérité, excepté les vérités de fait, est le résultat de deux idées contraires. Il s'ensuit de là, que toutes les fois que nous venons à décomposer, par la dialectique, une vérité, nous la divisons dans les deux idées qui la constituent ; et si nous nous arrêtons à une de ses idées élémentaires comme à un principe unique, et que nous en tirions des conséquences, nous en faisons naître une source de disputes qui n'ont point de fin ; car l'autre idée élémentaire ne manque pas de fournir des conséquences tout-à-fait contraires à celui qui veut s'en saisir ; et ces conséquences sont elles-mêmes susceptibles de décompositions contradictoires, qui vont à l'infini. C'est ce que nous apprennent très-bien les écoles, où on nous envoie former notre jugement. Elles nous montrent, non-seulement à séparer les vérités les plus évidentes en deux, mais en quatre, comme disait Hudibras. Si, par exemple, quelqu'un de nos logiciens, considérant que le froid influe sur la végétation, voulait prouver qu'il en est la cause unique, et que la chaleur même y est contraire, il ne manquerait pas de citer les efflorescences et les végétations de la glace, l'accroissement, la verdure et la floraison des mousses pendant l'hiver ; les plantes brûlées du soleil pendant l'été, et bien d'autres effets relatifs à sa thèse. Mais son antagoniste, faisant valoir, de son côté, les influences du printemps et les désordres de l'hiver, ne manquerait pas de prouver que la chaleur seule donne la vie aux végétaux. Cependant, le chaud et le froid forment ensemble un des principes de la végétation, non-seulement dans les climats tempérés, mais jusqu'au milieu de la zone torride.

On peut dire que tous les désordres, au physique et au moral, ne sont que des oppositions heurtées de deux contraires. Si les hommes faisaient attention à cette loi, elle terminerait la plupart de leurs erreurs et de leurs disputes ; car on peut dire que, tout étant composé de contraires, tout homme qui affirme une proposition simple, n'a raison qu'à moitié, puisque la proposition contraire existe également dans la nature.

Il n'y a peut-être dans le monde qu'une vérité intellectuelle, pure, simple et sans idée contraire; c'est l'existence de Dieu. Il est très-remarquable que ceux qui l'ont niée n'ont apporté d'autres preuves de leur négation, que les désordres apparents de la nature, dont ils n'envisageaient que les principes extrêmes; en sorte qu'ils n'ont pas prouvé qu'il n'existait pas de Dieu, mais qu'il n'était pas intelligent, ou qu'il n'était pas bon. Ainsi leur erreur vient de leur ignorance des lois naturelles. D'ailleurs, leurs arguments ont été tirés, pour la plupart, des désordres des hommes, qui existent dans un ordre encore différent de celui de la nature, et qui sont les seuls de tous les êtres sensibles qui ont été livrés à leur propre providence.

Quant à la nature de Dieu, je sais que la foi même nous le présente comme le principe harmonique par excellence, non-seulement par rapport à tout ce qui l'environne, dont il est le créateur et le moteur, mais dans son essence même divisée en trois personnes. Bossuet a étendu ces harmonies de la Divinité jusqu'à l'homme, en cherchant à trouver dans les opérations de son ame, quelque consonnance avec la Trinité dont elle est l'image. Ces hautes spéculations sont, je l'avoue, infiniment au-dessus de moi. J'admire même que la Divinité ait permis à des êtres aussi faibles et aussi passagers que nous, d'entrevoir seulement sa toute-puissance sur la terre, et qu'elle ait voilé, sous les combinaisons de la matière, les opérations de son intelligence infinie, pour la proportionner à nos yeux. Un seul acte de sa volonté a suffi pour nous donner l'être ; la plus légère communication de ses ouvrages pour éclairer notre raison : mais je suis persuadé que, si le plus petit rayon de son essence divine se communiquait directement à nous dans un corps humain, il suffirait pour nous anéantir.

DES CONSONNANCES.

Les consonnances sont des répétitions des mêmes harmonies. Elles augmentent nos plaisirs en les multipliant, et en en transférant la jouissance sur de nouvelles scènes. Elles nous plaisent encore en nous faisant voir que la même intelligence a présidé aux divers plans de la nature, puisqu'elle nous y présente des harmonies semblables. Ainsi les consonnances nous plaisent plus que les simples harmonies, parce qu'elles nous donnent les sentiments de l'étendue et de la Divinité, si conformes à la nature de notre ame. Les objets physiques n'excitent en nous un certain degré de plaisir, qu'en y développant un sentiment intellectuel.

Nous trouvons de fréquents exemples de consonnances dans la nature. Les nuages de l'horizon imitent souvent, sur la mer, les formes de montagnes et les aspects de la terre, au point que les marins les plus expérimentés s'y trompent quelquefois. Les eaux reflètent, dans leur sein mobile, les cieux, les collines et les forêts. Les échos des rochers répètent, à leur tour, les murmures des eaux. Un jour, me promenant, au pays de Caux, le long de la mer, et considérant les reflets du rivage dans le sein des eaux, je fus fort étonné d'entendre bruire d'autres flots derrière moi. Je me tournai, et je n'aperçus qu'une haute falaise escarpée, dont les échos répétaient le bruit des vagues. Cette double consonnance me parut très-agréable, on eût dit qu'il y avait une montagne dans la mer, et une mer dans la montagne.

Ces transpositions d'harmonie d'un élément à l'autre font beaucoup de plaisir; aussi la nature les multiplie fréquemment, non-seulement par des images fugitives, mais par des formes permanentes. Elle a répété, au milieu des mers, les formes des continents dans celles des îles, dont la plupart, comme nous l'avons vu, ont des pitons, des montagnes, des lacs, des rivières et des campagnes proportionnés à leur étendue, comme si elles étaient de petits mondes; d'un autre côté, elle représente, au milieu des terres, les bassins du vaste Océan dans les méditerranées, et dans les grands lacs qui ont leurs rivages, leurs rochers, leurs îles, leurs volcans, leurs courants, et quelquefois un flux et réflux qui leur est propre, et qui est occasioné par les effusions des montagnes à glaces, au pied desquelles ils sont communément situés, comme les courants et les marées de l'Océan le sont par celles des pôles.

Il est très-remarquable que les plus belles harmonies sont celles qui ont le plus de consonnances. Par exemple, rien, dans le monde, n'est plus beau que le soleil, et rien n'y est plus répété que sa forme et sa lumière. Il est réfléchi de mille manières par les réfractions de l'air, qui le montrent, chaque jour, sur tous les horizons de la terre, avant qu'il y soit, et lorsqu'il n'y est plus; par les parélies, qui réfléchissent quelquefois son disque deux ou trois fois dans les nuages brumeux du nord; par les nuages pluvieux, où ses rayons réfrangés tracent un arc nuancé de mille couleurs; et par les eaux, dont les reflets le représentent en une infinité de lieux où il n'est pas, au sein des prairies parmi les fleurs couvertes de rosée, et dans l'ombre des vertes forêts. La terre sombre et brute le réfléchit encore dans les parties spéculaires des sables, des mica, des cristaux et des rochers. Elle nous présente la forme de son disque et de ses rayons, dans les disques et les pétales d'une multitude de fleurs radiées dont elle est couverte. Enfin ce bel astre est multiplié lui-même à l'infini, avec des variétés qui nous sont inconnues, dans les étoiles innombrables du firmament, qu'il nous découvre dès qu'il abandonne notre horizon, comme s'il ne se refusait aux consonnances de la terre, que pour nous faire apercevoir celles des cieux.

Il s'ensuit de cette loi de consonnance, que ce qu'il y a de plus beau et de meilleur dans la nature, est ce qu'il y a de plus commun et de plus répété. C'est à elle qu'il faut attribuer les variétés des espèces dans chaque genre, qui y sont d'autant plus nombreuses que ce genre est plus utile. Par exemple, il n'y a point dans le règne végétal de famille aussi nécessaire que celle des graminées, dont vivent non-seulement tous les quadrupèdes, mais une infinité d'oiseaux et d'insectes : il n'y en a point aussi dont les espèces soient aussi variées. Nous observerons dans l'Étude des plantes les raisons de cette variété ; je remarquerai seulement ici que c'est dans les graminées que l'homme a trouvé cette grande diversité de blés dont il tire sa principale subsistance; et que c'est par des raisons de consonnance que, non-seulement les espèces, mais plusieurs genres se rapprochent les uns des autres, afin qu'ils puissent offrir les mêmes services à l'homme, sous des latitudes tout-à-fait différentes. Ainsi, les mils de l'Afrique, les maïs du Brésil, les riz de l'Asie, les palmiers-sagou des Moluques, dont les troncs sont pleins de farines comestibles, consonnent avec les blés de l'Europe. Nous retrouvons des consonnances d'une autre sorte dans les mêmes lieux, comme si la nature eût voulu multiplier ses bienfaits, en en variant seulement la forme, sans changer presque rien à leurs qualités. Ainsi consonnent avec tant d'agrément et d'utilité, dans nos jardins, l'oranger et le citronnier, le pommier et le poirier, le noyer et le noisetier; et dans nos métairies, le cheval et l'âne, l'oie et le canard, la vache et la chèvre.

Chaque genre consonne encore avec lui-même, par les sexes. Il y a cependant entre les sexes des contrastes qui donnent à leurs amours la plus grande énergie, par l'opposition même des contraires, d'où nous avons vu que toute harmonie prenait sa naissance; mais, sans la consonnance générale des formes qui est entre eux, les êtres sensibles du même genre ne se seraient jamais rapprochés. Sans elle, un sexe aurait toujours été étranger à l'autre. Avant que chacun d'eux eût observé ce que l'autre pouvait avoir de convenable à ses besoins, le temps de la réflexion aurait absorbé celui de l'amour, et en eût, peut-être, éteint le désir. C'est la consonnance qui les attire, et c'est le contraste qui les unit. Je ne crois pas qu'il y ait, dans aucun genre d'animal, un sexe tout-à-fait différent de l'autre en formes extérieures; et si ces différences se trouvent, comme le prétendent quelques naturalistes, dans plusieurs espèces de poissons et d'insectes, je suis persuadé que la nature y fait vivre le mâle et la femelle dans le voisinage l'un de l'autre, et ne met pas leur couche nuptiale loin de leur berceau.

Mais il y a une consonnance de formes bien plus intime encore que celle des deux sexes; c'est la duplicité d'organes qui existe dans chaque individu. Tout animal est double. Si vous considérez ses deux yeux, ses deux narines, ses deux oreilles, le nombre de ses jambes disposées par paires, vous diriez de deux animaux collés l'un à l'autre, et réunis sous la même peau. Les parties mêmes de son corps qui sont uniques, comme la tête, la queue et la langue, paraissent formées de deux moitiés rapprochées l'une de l'autre par des sutures. Il n'en est pas ainsi des membres proprement dits; par exemple, une main, une oreille, un œil, ne peuvent pas se diviser en deux moitiés semblables; mais la duplicité de formes dans les parties du corps les distingue essentiellement des membres; car la partie du corps est double, et le membre est simple; la première est toujours unique, et l'autre toujours répétée. Ainsi la tête et la queue d'un animal sont des parties de son corps, et ses jambes et ses oreilles en sont des membres.

Cette loi, une des plus merveilleuses et des moins observées de la nature, détruit toutes les hypo-

thèses qui font entrer le hasard dans l'organisation
des êtres; car, indépendamment des harmonies
qu'elle présente, elle double tout d'un coup les
preuves d'une Providence, qui ne s'est pas contentée de donner un organe principal à chaque
animal pour chaque élément en particulier, tel que
l'œil pour la lumière du soleil; l'oreille, pour les
sons de l'air; le pied, pour le sol qui devait le soutenir: mais a voulu encore qu'il eût chaque organe
en nombre pair.

Quelques sages ont considéré cette admirable
répartition comme une prévoyance de la Providence, afin que l'animal pût suppléer à la perte
de ses organes exposés à divers accidents; mais il
est remarquable que les parties intérieures du
corps, qui paraissent uniques au premier coup-
d'œil, présentent, à l'examen, une pareille duplicité de formes, même dans le corps humain où
elles sont plus confondues que dans les autres
animaux. Ainsi, les cinq lobes du poumon, dont
l'un a une espèce de division; la fissure du foie;
la séparation supérieure du cerveau par la rédu-
plication de la dure-mère; le *septum lucidum* semblable à une feuille de talc qui en sépare les deux
ventricules antérieurs; les deux ventricules du
cœur, et les divisions des autres viscères, annoncent cette double union, et semblent nous indiquer que « le principe même de la vie est la con-
» sonnance de deux harmonies semblables [3]. »

Il résulte encore de cette duplicité d'organes un usage bien plus étendu que s'ils étaient uniques. L'homme aperçoit avec deux yeux plus de la moitié de l'horizon; il n'en découvrirait guère que le tiers avec un seul. Il fait avec ses deux bras une infinité de choses dont il ne pourrait jamais venir à bout, s'il n'en avait qu'un, telles que de charger sur sa tête un poids d'un grand volume, et de grimper dans un arbre. S'il n'était posé que sur une jambe, non-seulement son assiette serait beaucoup moins solide que sur deux, mais il ne pourrait pas marcher, il serait forcé de s'avancer en rampant ou en sautant. Cette progression de mouvement serait tout-à-fait discordante à la constitution des autres parties de son corps, et des divers plans de la terre qu'il devait parcourir.

Si la nature a donné un organe extérieur simple aux animaux, tel que la queue, c'est parce que son usage, fort borné, ne s'étendait qu'à une seule action à laquelle elle satisfait pleinement. D'ailleurs, la queue est par sa position à l'abri de la plupart des dangers. De plus, il n'y a guère que les animaux forts qui l'aient longue, comme les taureaux, les chevaux et les lions. Les lapins et les lièvres l'ont fort courte. Dans les animaux faibles qui la portent longue, comme dans les raies, elle est hérissée d'épines, ou bien elle repousse si elle vient à être arrachée par quelque accident, comme dans les lézards. Enfin, quelle

8.

que soit la simplicité de son usage, il est remarquable qu'elle est formée de deux moitiés semblables, comme les autres parties du corps.

Il y a d'autres consonnances intérieures qui assemblent, pour ainsi dire, en diagonale les divers organes du corps, afin de ne former qu'un seul et unique animal de ses deux moitiés. J'en laisse chercher l'incompréhensible connexion aux anatomistes : mais quelque étendues que soient leurs lumières, je doute qu'ils pénètrent jamais dans ce labyrinthe. Pourquoi, par exemple, la douleur qu'on éprouve à un pied, se fait-elle ressentir quelquefois à la partie opposée de la tête, *et vice versâ?* J'ai vu une preuve bien étonnante de cette consonnance dans un sergent qui vit encore, je crois, à l'Hôtel des Invalides. Cet homme, tirant un jour des armes avec un de ses camarades, qui se servait, ainsi que lui, de son épée renfermée dans le fourreau, reçut une botte dans l'angle lacrymal de l'œil gauche, qui lui fit perdre connaissance sur-le-champ. Quand il eut repris ses sens, ce qui n'arriva qu'au bout de quelques heures, il se trouva entièrement paralysé de la jambe droite et du bras droit, sans qu'aucun remède ait jamais pu lui en rendre l'usage 4.

J'observerai ici que les expériences cruelles que l'on fait chaque jour sur les bêtes, pour découvrir ces correspondances secrètes de la nature, ne font qu'y jeter de plus grands voiles; car leurs muscles, contractés par la frayeur et la douleur, dérangent le cours des esprits animaux, accélèrent la vitesse du sang, font entrer les nerfs en convulsion, et sont bien plus propres à déranger l'économie animale qu'à la développer. Ces moyens barbares de notre physique moderne, ont une influence encore plus funeste sur le moral de ceux qui les emploient ; car ils leur inspirent, avec de fausses lumières, le plus atroce des vices, qui est la cruauté. S'il est permis à l'homme d'interroger la nature dans les opérations qu'elle nous cache, j'y croirais le plaisir bien plus propre que la douleur. J'en ai vu un exemple dans une maison de campagne de Normandie. Je me promenais dans un pâturage qui était autour, avec un jeune gentilhomme qui en était le maître ; nous aperçûmes des bœufs qui se battaient ; il courut à eux, le bâton levé, et ces animaux se séparèrent aussitôt. Ensuite il s'approcha du bœuf le plus farouche, et se mit à le gratter à la naissance de la queue, avec les doigts. Cet animal, qui avait encore la fureur dans les yeux, resta, sur-le-champ, immobile, allongeant le cou, ouvrant les naseaux, et aspirant l'air avec un plaisir qui démontrait d'une manière très-amusante la correspondance intime de cette extrémité de son corps avec sa tête.

La duplicité d'organes se trouve encore dans les végétaux, sur-tout dans leurs parties essentielles, telles que les anthères des fleurs, qui sont des corps doubles; dans leurs pétales, dont une moitié correspond exactement à l'autre; dans les lobes de leur semence, etc. Une seule de ces parties paraît cependant suffisante pour le développement et la génération de la plante. On peut étendre cette observation jusque sur les feuilles, dont les deux moitiés sont correspondantes dans la plupart des végétaux; et si quelqu'un d'entre eux s'écarte de cet ordre, c'est sans doute pour quelque raison particulière digne d'être recherchée.

Ces faits confirment la distinction que nous avons faite entre les parties et les membres d'un corps; car, dans les feuilles, où cette duplicité se rencontre, on retrouve ordinairement la faculté végétative, qui est répandue dans le corps du végétal même. En sorte que, si vous replantez ces feuilles avec soin et dans une saison convenable, vous en verrez renaître le végétal entier. Peut-être est-ce parce que les organes intérieurs de l'arbre sont doubles, que le principe de la vie végétative est répandu jusque dans ses tronçons, comme on le voit dans un grand nombre qui renaissent d'une branche. Il y en a même qui peuvent se reperpétuer par de simples éclats. On en trouve un exemple célèbre dans les Mémoires de l'Académie des sciences. Deux sœurs, après la mort de leur mère, héritèrent d'un oranger. Chacune d'elles prétendit l'avoir dans son lot. Enfin, l'une ne voulant pas le céder à l'autre, elles décidèrent de le fendre en deux, et d'en prendre chacune la moitié. L'arbre éprouva la destinée à laquelle fut condamné l'enfant du jugement de Salomon. Il fut partagé en deux : chacune des sœurs en replanta la moitié; et, chose merveilleuse, l'arbre divisé par la haine fraternelle, fut recouvert d'écorce par la nature.

C'est cette consonnance universelle de formes qui a donné à l'homme l'idée de la symétrie. Il la fait entrer dans la plupart des arts, et surtout dans l'architecture, comme une partie essentielle de l'ordre. Elle est, en effet, tellement l'ouvrage de l'intelligence et de la combinaison, que je la regarde comme le caractère principal où l'on peut distinguer tout corps organisé d'avec ceux qui ne le sont pas, et qui ne sont que les résultats d'une agrégation fortuite, quelque régulier que paraisse leur assemblage; tels sont ceux que produisent les cristallisations, les efflorescences, les végétations chimiques et les effusions ignées.

C'est d'après ces réflexions, que venant à considérer le globe de la terre, j'observai, avec la plus grande surprise, qu'il présentait, ainsi que tous les corps organisés, une duplicité de formes. D'abord j'avais bien pensé que ce globe étant l'ouvrage d'une intelligence, il devait y régner de l'ordre. J'avais reconnu l'utilité des îles, et même celle des bancs, des récifs et des rochers pour protéger les parties les plus exposées des continents contre les courants de l'Océan, à l'extrémité desquels ils sont toujours situés. J'avais reconnu pareillement celle des baies, qui sont, au contraire, écartées des courants de l'Océan, et creusées en profondeur, pour abriter l'embouchure des fleuves, et servir, par la tranquillité de leurs eaux, d'asiles aux poissons qui, dans toutes les mers, s'y rendent en foule pour y recueillir les dépouilles de la végétation, et les alluvions de la terre qui s'y déchargent par les fleuves. J'avais admiré en détail les proportions de leurs diverses fabriques; mais je ne concevais rien à leur ensemble. Mon esprit se fourvoyait au milieu de tant de découpures de terres et de mers; et je les aurais attribuées, sans balancer, au hasard, si l'ordre que j'avais aperçu dans chacune de ces parties, ne m'avait fait soupçonner qu'il y en avait un dans la totalité de l'ouvrage.

Je vais exposer ici le globe sous un nouvel aspect; je prie le lecteur de me pardonner cette digression, qui est un débris de mes matériaux sur la géographie, mais qui tend à prouver l'universalité des lois naturelles, dont je constate l'existence. Je serai, à mon ordinaire, rapide et superficiel : mais peu m'importe d'affaiblir des idées qu'il ne m'a pas été permis de mettre dans leur ordre naturel, si j'en jette le germe dans des têtes qui valent mieux que la mienne.

Je cherchai d'abord les consonnances du globe

dans ses deux moitiés septentrionale et méridionale. Mais, loin de trouver des ressemblances entre elles, je n'y aperçus que des oppositions; la première n'étant, pour ainsi dire, qu'un hémisphère terrestre, et l'autre, qu'un hémisphère maritime, tellement différents entre eux, que l'un a l'hiver lorsque l'autre a l'été, et que les mers du premier hémisphère semblent être opposées aux terres et aux îles qui sont éparses dans le second. Ce contraste me présenta une autre analogie avec un corps organisé; car, comme nous le verrons dans les articles suivants, tout corps organisé a deux moitiés en contraste, comme il en a deux en consonnance.

Je lui trouvai donc, sous cet aspect nouveau, je ne sais quelle analogie avec un animal, dont la tête aurait été au nord par l'attraction de l'aimant particulière à notre pôle, qui semble y déterminer un sensorium comme dans la tête d'un animal; le cœur sous la ligne, par la chaleur constante qui règne dans la zone torride, et semble y fixer la région du cœur; enfin, les organes excrétoires dans la partie australe, où sont situées les plus grandes mers, qu'on peut considérer comme les réceptacles des alluvions des continents, et où l'on trouve aussi le plus grand nombre de volcans, que l'on peut considérer comme les organes excrétoires des mers, dont ils consument sans cesse les bitumes et les soufres. D'ailleurs le soleil qui séjourne cinq ou six jours de plus dans l'hémisphère septentrional, semblait encore m'offrir une ressemblance plus marquée avec le corps d'un animal, où le cœur, qui est le centre de la chaleur, est un peu plus près de la tête que des parties inférieures.

Quoique ces contrastes me parussent assez déterminés pour manifester un ordre sur le globe, et qu'il s'en présente de semblables dans les végétaux, distingués en deux parties opposées en fonctions et en formes, telles que les feuilles et les racines; je craignais de me livrer à mon imagination, et de généraliser, par la faiblesse de l'esprit humain, des lois de la nature particulières à chaque existence, en les étendant à des règnes qui n'en étaient pas susceptibles.

Mais je cessai de douter de l'ordre général de la terre, lorsque, avec les deux moitiés en contraste, j'en aperçus deux autres en consonnance. Je fus frappé, je l'avoue, d'étonnement, lorsque j'observai dans la duplicité de formes qui constitue son corps, des membres exactement répétés de part et d'autre.

Le globe, à le considérer d'orient en occident, est divisé, comme tous les corps organisés, en deux moitiés semblables, qui sont, l'ancien et le nouveau Monde. Chacune de leurs parties se correspond dans l'hémisphère oriental et occidental; mer à mer, île à île, cap à cap, presqu'île à presqu'île. Les lacs de Finlande et le golfe d'Archangel correspondent aux lacs du Canada et à la baie de Baffin; la Nouvelle-Zemble, au Groënland; la mer Baltique, à la baie d'Hudson; les îles d'Angleterre et d'Irlande qui couvrent la première de ces méditerranées, aux îles de Bonne-Fortune et de Welcome qui protégent la seconde; la Méditerranée proprement dite, au golfe du Mexique qui est une espèce de méditerranée, formée en partie par des îles. A l'extrémité de la Méditerranée, se trouve l'isthme de Suez en consonnance avec l'isthme de Panama placé au fond du golfe du Mexique; à la suite de ces isthmes, se présente la presqu'île de l'Afrique d'une part, et de l'autre la presqu'île de l'Amérique méridionale. Les principaux fleuves de ces parties du monde se regardent également; car le Sénégal coule à l'opposite de la rivière des Amazones. Enfin l'une et l'autre de ces presqu'îles qui s'avancent vers le pôle austral, est terminée par deux caps également fameux par leurs tempêtes, le cap de Bonne-Espérance et le cap Horn.

Il y a encore, entre ces deux hémisphères, bien d'autres points de consonnance auxquels je ne m'arrête pas. A la vérité, tous ces points ne se correspondent pas aux mêmes latitudes : mais ils sont disposés suivant une spirale qui va d'orient en occident, en s'étendant du nord vers le midi, en sorte que ces points correspondants vont en progression. Ils sont à-peu-près à la même hauteur, en partant du nord, comme la mer Baltique et la baie d'Hudson; et ils s'allongent dans l'Amérique, à mesure qu'elle s'avance vers le sud. Cette progression se fait encore sentir dans toute la longueur de l'ancien continent, comme on peut le voir à la forme de ses caps, qui, en partant de l'orient, s'allongent d'autant plus vers le midi, qu'ils s'avancent vers l'occident; tels que le cap du Kamtschatka en Asie, le cap Comorin en Arabie, le cap de Bonne-Espérance en Afrique, et enfin le cap Horn en Amérique. Ces différences de proportion viennent de ce que les deux hémisphères terrestres ne sont pas projetés de la même manière; car l'ancien continent a sa plus grande longueur d'orient en occident, et le nouveau a la sienne du nord au sud; et il est manifeste que cette différence de projection a été ordonnée par l'Auteur de la nature, par la même raison qui lui a fait donner des parties doubles aux animaux et aux végétaux, afin que dans un besoin elles suppléassent l'une à l'autre, mais principalement afin qu'elles pussent s'entr'aider.

S'il n'existait, par exemple, que l'ancien continent avec la seule mer du Sud, le mouvement de cette mer étant trop accéléré sous la ligne, par les vents réguliers de l'est, viendrait, après avoir circuit la zone torride, heurter d'une manière effroyable contre les terres du Japon : car le volume des flots d'une mer est toujours proportionné à son étendue. Mais par la disposition des deux continents, les flots du grand courant oriental de la mer des Indes, sont retardés en partie par les archipels des Moluques et des Philippines; ils sont encore rompus par d'autres îles, telles que les Maldives, par les caps de l'Arabie, et par celui de Bonne-Espérance, qui les rejette vers le sud. Ils éprouvent, avant de se rendre au cap Horn, de nouveaux obstacles, par le courant du pôle austral qui traverse alors leur cours, et par le changement de mousson qui en détruit totalement la cause au bout de six mois. Ainsi, il n'y a pas un seul courant, soit oriental, soit septentrional, qui parcoure seulement le quart du globe dans la même direction. D'ailleurs, la division des parties du monde en deux, est tellement nécessaire à son harmonie générale, que si le canal de l'Océan atlantique qui les sépare n'existait pas, ou qu'il fût rempli en partie, comme on suppose qu'il l'était autrefois, par la grande île Atlantide *, tous les fleuves orientaux de l'Amérique et tous les occidentaux de l'Europe tariraient; puisque ces fleuves ne doivent leurs eaux qu'aux nuages qui émanent de la mer. De plus, le soleil n'éclairant, de notre côté, qu'un hémisphère terrestre, dont les mé-

* Ile fabuleuse imaginée par Platon, pour représenter allégoriquement le gouvernement d'Athènes, comme plusieurs savants l'ont prouvé.

diterranées disparaîtraient, le brûlerait de ses rayons ; tandis que n'échauffant, de l'autre, qu'un hémisphère maritime, dont la plupart des îles seraient submergées, parce que le volume de cette mer augmenterait par la soustraction de la nôtre, il y élèverait une multitude de vapeurs en pure perte.

Il paraît que c'est par ces considérations que la nature n'a point placé dans la zone torride la plus grande longueur des continents, mais seulement la largeur moyenne de l'Amérique et de l'Afrique, parce que l'action du soleil y aurait été trop vive. Elle y a mis, au contraire, le plus long diamètre de la mer du Sud, et la plus grande largeur de l'Océan atlantique, et elle y a rassemblé la plus grande quantité d'îles qui existe. De plus, elle a placé dans la largeur des continents qu'elle y a prolongés, les plus grands courants d'eaux vives qu'il y ait au monde, qui sortent tous de montagnes à glace ; tels que le Sénégal et le Nil qui viennent des monts de la Lune en Afrique, l'Amazone et l'Orénoque qui ont leurs sources dans les Cordilières de l'Amérique. C'est encore par cette raison qu'elle a multiplié, dans la zone torride et dans son voisinage, les hautes chaînes de montagnes couvertes de neige, et qu'elle y dirige les vents du pôle nord et du pôle sud, dont participent toujours les vents alizés. Et il est bien remarquable que plusieurs des grands fleuves qui y coulent, ne sont pas situés précisément sous la ligne, mais dans des lieux de la zone torride qui sont plus chauds que la ligne même. Ainsi, le Sénégal roule ses eaux dans le voisinage du Zara ou désert, qui est la partie la plus brûlante de l'Afrique, au témoignage de tous les voyageurs.

On entrevoit donc la nécessité de deux continents, qui servent mutuellement de frein aux mouvements de l'Océan. Il est impossible de concevoir que la nature ait pu les disposer autrement qu'en en étendant un en longitude, et l'autre en latitude, afin que les courants opposés de leurs mers pussent se balancer, et qu'il en résultât une harmonie convenable à leurs rivages et aux îles renfermées dans leurs bassins. Si vous supposez ces deux continents projetés en anneaux, d'orient en occident, sous les deux zones tempérées, la circulation de la mer, renfermée entre deux, sera, comme nous l'avons vu, trop accélérée par l'action constante du vent d'est. Il n'y aura plus de communication maritime de la ligne aux pôles; partant, point d'effusions glaciales dans cette mer, ni de marées, ni de rafraîchissement et de renouvellement de ses eaux. Si vous supposez, au contraire, ces deux continents allant tous deux du nord au midi, comme l'Amérique, il n'y aura plus dans l'Océan de courant oriental; les deux moitiés de chaque mer viendront se rencontrer au milieu de leur canal, et leurs effusions polaires s'y heurteront avec une quantité de mouvements, dont les effusions glaciales qui se précipitent des Alpes ne nous donnent que de faibles idées, malgré leurs ravages. Mais par les courants alternatifs et opposés de nos mers, les effusions glaciales de notre pôle vont rafraîchir, en été, l'Afrique, le Brésil et les parties méridionales de l'Asie, en passant au delà du cap de Bonne-Espérance, par la mousson qui porte alors vers l'orient le cours de l'Océan ; et, pendant notre hiver, les effusions du pôle sud vont vers l'occident, modérer, sur les mêmes rivages, l'action du soleil qui y est toujours constante. Par ces deux mouvements en spirale et rétrogrades des mers, semblables à ceux du soleil dans les cieux, il n'y a pas une goutte d'eau qui ne puisse faire le tour du globe, s'évaporer sous la ligne, se réduire en pluie dans le continent, et se geler sous le pôle. Ces correspondances universelles sont d'autant plus dignes de remarque, qu'elles entrent dans tous les plans de la nature, et se trouvent dans le reste de ses ouvrages.

Il résulterait d'un autre ordre, d'autres inconvénients que je laisse chercher au lecteur. Les hypothèses *ab absurdo* sont à-la-fois amusantes et utiles ; elles changent, à la vérité, en caricatures les proportions naturelles ; mais elles ont cela d'avantageux, qu'en nous convainquant de la faiblesse de notre intelligence, elles nous pénètrent de la sagesse de celle de la nature. Souvenons-nous de la méthode de Socrate. Ne perdons point notre temps à répondre aux systèmes qui nous présentent des plans différents de ceux que nous voyons. Tirons-en seulement des conséquences : les admettre, c'est les réfuter.

Je pourrais démontrer encore que la plupart des îles ont elles-mêmes des parties doubles, comme les continents dont nous avons dit ailleurs qu'elles étaient des abrégés, par leurs pitons, leurs montagnes, leurs lacs et leurs fleuves, proportionnés à leur étendue. Beaucoup de celles qui sont dans l'Océan indien, ont, pour ainsi dire, deux hémisphères, l'un oriental, l'autre occidental, divisés par des montagnes qui vont du nord au sud, en sorte que quand l'hiver est d'un côté, l'été règne de l'autre, et alternativement ; telles sont les îles de Java, Sumatra, Bornéo, et la plupart des Philippines et des Moluques, en sorte qu'elles sont évidemment construites pour les deux moussons de la mer où elles sont placées. Si le temps me le permettait, les variétés de leur construction nous offriraient bien des remarques curieuses, qui confirmeraient en particulier ce que j'ai dit en général sur les consonnances du globe. Pour moi, je crois ces principes d'ordre si certains, que je suis persuadé qu'en voyant le plan d'une île avec l'élévation et la direction de ses montagnes, on peut déterminer sa longitude, sa latitude, et quels sont les vents qui y soufflent le plus régulièrement. Je crois encore qu'avec ces dernières données, on peut, *vice versâ*, tracer le plan et la coupe d'une île, dans quelque partie de l'Océan que ce soit. J'en excepte cependant les îles fluviatiles, et celles qui, étant trop petites, sont réunies en archipels, comme les Maldives, parce que ces îles n'ont pas le centre de toutes leurs convenances en elles-mêmes, mais qu'elles sont ordonnées à des fleuves, à des archipels ou à des continents voisins. On peut s'assurer que je n'avance point un paradoxe, en comparant, entre les tropiques, la forme générale des îles qui sont exposées à deux moussons, et celle des îles qui sont sous le vent régulier de l'est. Nous venons de dire que la nature avait donné, en quelque sorte, des hémisphères aux premières, en les divisant dans le milieu par une chaîne de montagnes qui court nord et sud, afin qu'elles reçussent les influences alternatives des vents d'est et d'ouest, qui y soufflent tour-à-tour six mois de l'année; mais dans les îles situées dans la mer du Sud et dans l'Océan atlantique, où le vent d'est souffle toujours du même côté, elle a placé les montagnes à l'extrémité de leur territoire, dans la partie la plus éloignée du vent, afin que les ruisseaux et les rivières qui se forment de nuages qui sont accumulés par ce vent sur leurs pitons, pussent couler dans toute l'étendue de ces îles.

Je sais bien que j'ai rapporté ailleurs ces dernières observations, mais je les présente ici sous un nouveau jour. D'ailleurs, quand je tomberais dans quelques redites, on peut répéter des vérités nouvelles, et on doit quelque indulgence à la faiblesse de celui qui les annonce.

DE LA PROGRESSION.

La progression est une suite de consonnances ascendantes ou descendantes. Partout où la progression se rencontre, elle produit un grand plaisir, parce qu'elle fait naître dans notre ame le sentiment de l'infini si conforme à notre nature. Je l'ai déjà dit, et je ne saurais trop le répéter, les sensations physiques ne nous ravissent qu'en excitant en nous un sentiment intellectuel.

Lorsque les feuilles d'un végétal sont rangées autour de ses branches, dans le même ordre que les branches le sont elles-mêmes autour de la tige, il y a consonnance, comme dans les pins; mais si les branches de ce végétal sont encore disposées entre elles sur des plans semblables, qui aillent en diminuant de grandeur, comme dans les formes pyramidales des sapins, il y a progression : et si ces arbres sont disposés eux-mêmes en longues avenues qui dégradent en hauteur et en teinte, comme leurs masses particulières, notre plaisir redouble, parce que la progression devient infinie.

C'est par cet instinct de l'infini que nous aimons à voir tout ce qui nous présente quelque progression, comme des pépinières de différents âges, des coteaux qui fuient à l'horizon sur différents plans, des perspectives qui n'ont point de terme.

Montesquieu remarque cependant que, si la route de Pétersbourg à Moscou est en ligne droite, le voyageur doit y périr d'ennui. Je l'ai parcourue, et je peux assurer qu'il s'en faut de beaucoup qu'elle soit en ligne droite. Mais en l'y supposant, l'ennui du voyageur naîtrait du sentiment même de l'infini, joint à l'idée de fatigue. C'est ce même sentiment, si ravissant quand il se mêle à nos plaisirs, qui nous cause des peines intolérables quand il se joint à nos maux; ce que nous n'éprouvons que trop souvent. Cependant, je crois qu'une perspective sans bornes nous ennuierait à la longue, en nous présentant toujours l'infini de la même manière; car notre ame en a non-seulement l'instinct, mais encore celui de l'universalité, c'est-à-dire, de toutes les modifications de l'infini.

La nature ne fait point, à notre manière, des perspectives avec une ou deux consonnances; mais elle les compose d'une multitude de progressions diverses, en y faisant entrer celles des plans, des grandeurs, des formes, des couleurs, des mouvements, des âges, des espèces, des groupes, des saisons, des latitudes, et y joignant une infinité de consonnances tirées des reflets de la lumière, des eaux et des sons. Je suppose qu'elle eût été bornée à planter une avenue de Paris jusqu'à Madrid, avec un seul genre d'arbres, tels que des figuiers. Je doute qu'on s'ennuyât à la parcourir. On y verrait des figuiers qui porteraient des figues appelées des Latins *mamillanœ* *, parce qu'elles étaient faites comme des mamelles; d'autres qui en produiraient de toutes rouges, et pas plus grosses qu'une olive, comme celles du mont Ida; d'autres qui en auraient de blanches, de noires, d'autres de couleur de porphyre, et appelées, par cette raison, par les anciens, porphyrites. On y verrait des figuiers d'Hyrcanie, qui se chargent de plus de deux cents boisseaux de fruits; le figuier ruminal, de l'espèce de celui sous lequel Rémus et Romulus furent allaités par une louve; le figuier d'Hercule; enfin les vingt-neuf espèces rapportées par Pline, et bien d'autres inconnues aux Romains et à nous **. Chacune de ces espèces d'arbres y montrerait des végétaux de diverses grandeurs, de jeunes, de vieux; de solitaires et de groupés; de plantés sur le bord des ruisseaux, d'autres sortant de la fente des rochers. Chaque arbre présenterait la même

* Voyez Pline, *Histoire naturelle*, liv. xv, chap. xviii.

** Les botanistes comptent aujourd'hui plus de quatre-vingt-dix espèces de figuiers, dont les variétés se multiplient à l'infini. Le nombre de ces variétés s'élève à plusieurs centaines dans la Provence seulement. Cet arbre offre quelques phénomènes dignes d'exciter l'attention. Dans toutes les autres plantes, c'est la fleur qui renferme l'embryon du fruit; dans le figuier, au contraire, c'est le fruit qui environne et cache la fleur. Par une autre singularité, ces fruits précèdent les feuilles, et paraissent long-temps avant que la sève ait été mise en mouvement par variété dans ses fruits exposés sur un seul pied, pour ainsi dire, à différentes latitudes, au midi, au nord, à l'orient, au couchant, au soleil, et à l'ombre des feuilles : il y en aurait de verts qui ne commenceraient qu'à poindre, d'autres violets et crevassés avec leurs fentes pleines de miel. D'un autre côté, on en rencontrerait, sous des latitudes différentes, dans le même degré de maturité que s'ils fussent venus sur le même arbre; ceux qui croissent au nord, dans le fond des vallées, étant quelquefois aussi avancés que ceux qui viennent bien avant dans le midi, sur le haut des montagnes.

On retrouve ces progressions dans les plus petits ouvrages de la nature, dont elles font un des plus grands charmes. Elles ne sont l'effet d'aucune loi mécanique. Elles ont été réparties à chaque végétal, pour prolonger la jouissance de ses fruits, suivant les besoins de l'homme. Ainsi, les fruits aqueux et rafraîchissants, comme les fruits rouges, ne paraissent que pendant la saison des chaleurs; d'autres, qui étaient nécessaires pendant l'hiver

---

le retour du printemps. C'est donc, comme l'a très-bien observé l'abbé Rozier, par la seule force de la sève restée, avant l'hiver, dans le tronc et dans les branches, que s'opère la végétation des premiers fruits. Les secondes figues naissent au pied du pétiole de la feuille de la saison; et enfin la feuille, qui pousse au second renouvellement de la sève, devient la mère nourrice du fruit de l'année suivante. Ainsi le figuier annonce, dans le même moment, la prévoyance de la nature pour trois récoltes. (*Note de l'Editeur.*)

par leur farine substantielle et par leurs huiles, comme les marrons et les noix, se conservent une partie de l'année. Mais ceux qui devaient servir aux besoins accidentels des hommes, comme à ceux des voyageurs, restent sur la terre en tout temps. Non-seulement ceux-ci sont revêtus de coques propres à les conserver; mais ils paraissent aux arbres dans toutes les saisons et dans tous les degrés de maturité. Aux Indes, sur les rivages inhabités des îles *, le cocotier porte à-la-fois douze ou quinze grappes de cocos, dont les uns sont encore dans leurs étuis, d'autres sont en fleurs, d'autres sont noués, d'autres sont déjà pleins de lait, d'autres enfin sont tout-à-fait mûrs. Le cocotier est l'arbre des marins. Ce n'est pas la chaleur des tropiques qui lui donne une fécondité si constante et si variée; car les fruits des arbres ont aux Indes, comme dans nos climats, des saisons où ils mûrissent, et après lesquelles on n'en voit plus. Je n'y connais que le cocotier et le bananier qui en portent toute l'année. Celui-ci est, à mon gré, l'arbre le plus utile du monde, parce que ses fruits peuvent servir d'aliment sans aucun apprêt, étant d'un goût agréable et fort substantiel. Il donne une grappe ou régime de soixante ou quatre-vingts fruits qui mûrissent tous à-la-fois; mais il pousse des rejetons de toutes sortes de grandeurs, qui en donnent successivement et en tout temps. La pro-

* Voyez François Pyrard, *Voyage aux Maldives*.

gression des fruits du cocotier est dans l'arbre, et celle des fruits du bananier dans le verger. Partout, ce qu'il y a de plus utile, est ce qu'il y a de plus commun.

Les productions de nos blés et de nos vignes présentent des dispositions encore plus merveilleuses; car, quoique l'épi de blé ait plusieurs faces, ses grains mûrissent dans le même temps, par la mobilité de sa paille, qui les présente à tous les aspects du soleil. La vigne ne croît ni en buisson, ni en arbre, mais en espalier; et quoique ses grains soient en forme de grappes, leur transparence les rend propres à être pénétrés par-tout des rayons du soleil. La nature oblige ainsi les hommes, par la maturité spontanée de ces fruits destinés au soutien général de la vie humaine, de se réunir pour en faire ensemble les récoltes et les vendanges. On peut regarder les blés et les vignes comme les plus puissants liens des sociétés. Aussi Cérès et Bacchus ont-ils été adorés dans l'antiquité comme les premiers législateurs du genre humain. Les poëtes anciens leur en donnent souvent l'épithète. Un Indien, sous son bananier et son cocotier, peut se passer de son voisin. C'est, je crois, par cette raison, plutôt que par celle du climat, qui y est si doux, qu'il y a aux grandes Indes si peu de républiques, et tant de gouvernemens fondés sur la force. Un homme n'y peut influer sur le champ d'autrui, que par ses ravages;

mais l'Européen qui voit jaunir ses moissons, et noircir tous ses raisins à-la-fois, se hâte d'appeler au secours de sa récolte non-seulement ses voisins, mais les passants. Au reste, la nature, en refusant à nos blés et à nos vignes de produire leurs fruits toute l'année, a donné aux farines et aux vins qu'on en tire, de se garder des siècles.

Toutes les lois de la nature sont dirigées vers nos besoins : non-seulement celles qui sont faites évidemment pour notre commodité, mais d'autres y conviennent souvent d'autant mieux, qu'elles semblent s'en écarter davantage.

DES CONTRASTES.

Les contrastes diffèrent des contraires, en ce que ceux-ci n'agissent que dans un seul point, et ceux-là dans leur ensemble. Un objet n'a qu'un contraire; mais il peut avoir plusieurs contrastes. Le blanc est le contraire du noir; mais il contraste avec le bleu, le vert, le rouge, et plusieurs autres couleurs.

La nature, pour distinguer les harmonies, les consonnances et les progressions des corps, les unes des autres, les fait contraster. Cette loi est d'autant moins observée, qu'elle est plus commune. Nous foulons aux pieds les plus grandes et les plus admirables vérités, sans y faire attention.

Tous les naturalistes regardent les couleurs des corps comme de simples accidents; et la plupart d'entre eux considèrent leurs formes mêmes comme l'effet de quelque attraction, incubation, cristallisation, etc. Tous les jours on fait des livres pour étendre, par des analogies, les effets mécaniques de ces lois aux diverses productions de la nature; mais si elles ont en effet tant de puissance, pourquoi le soleil, cet agent universel, n'a-t-il pas rempli les cieux, les eaux, les terres, les forêts, les campagnes, et toutes les créatures sur lesquelles il a tant d'influence, des effets uniformes et monotones de sa lumière? Tous ces objets devraient nous paraître, comme elle, blancs ou jaunes, et ne se distinguer les uns des autres que par leurs ombres. Un paysage ne devrait nous présenter d'autres effets, que ceux d'un camaïeu ou d'une estampe. Les latitudes, dit-on, en varient les couleurs; mais si les latitudes ont ce pouvoir, pourquoi les productions du même climat et du même champ n'ont-elles pas toutes la même teinte? Pourquoi les quadrupèdes, qui naissent et vivent dans les prés, ne font-ils pas des petits qui soient verts comme l'herbe qui les nourrit?

La nature ne s'est pas contentée d'établir des harmonies particulières dans chaque espèce d'êtres pour les caractériser; mais afin qu'elles ne se confondent pas entre elles, elle les fait contraster. Nous verrons dans l'Étude suivante, par quelle raison particulière elle a donné aux herbes la couleur verte, préférablement à toute autre couleur.

Elle a fait en général les herbes vertes, pour les détacher de la terre; ensuite elle a donné la couleur de terre aux animaux qui vivent sur l'herbe, pour les distinguer à leur tour du fond qu'ils habitent. On peut remarquer ce contraste général dans les quadrupèdes herbivores, tels que les animaux domestiques, les bêtes fauves des forêts, et dans tous les oiseaux granivores qui vivent sur l'herbe ou dans les feuillages des arbres, comme la poule, la perdrix, la caille, l'alouette, le moineau, etc...., qui ont des couleurs terreuses, parce qu'ils vivent sur la verdure. Mais ceux, au contraire, qui vivent sur des fonds rembrunis, ont des couleurs brillantes, comme les mésanges bleuâtres et les piverts, qui grimpent sur l'écorce des arbres pour y chercher des insectes, etc.

La nature oppose par-tout la couleur de l'animal à celle du fond où il vit. Cette loi admirable est universelle. J'en rapporterai ici quelques exemples, pour mettre le lecteur sur la voie de ces ravissantes harmonies dont il trouvera des preuves dans tous les climats. On voit sur les rivages des Indes, un grand et bel oiseau blanc et couleur de feu, appelé flamant, non pas parce qu'il est de Flandre, mais du vieux mot français *flambant*, parce qu'il paraît de loin comme une flamme *. Il habite

* On trouvait autrefois les flamants sur toutes les côtes de l'Europe; mais la main destructive de l'homme les en a chassés, et ils n'habitent plus que dans les déserts de l'Afrique et de

ordinairement les lagunes et les marais salants, dans les eaux desquels il fait son nid, en y élevant à un pied de profondeur un petit tertre de vase d'un pied et demi de hauteur. Il fait un trou au sommet de ce petit tertre; il y pond deux œufs, et il les couve debout, les pieds dans l'eau, à l'aide de ses longues jambes. Quand plusieurs de ces oiseaux sont sur leurs nids, au milieu d'une lagune, on les prendrait de loin pour les flammes d'un incendie, qui sortent du sein des eaux. D'autres oiseaux présentent des contrastes d'un autre genre sur les mêmes rivages. Le pélican ou grand-gosier, est un oiseau blanc et brun, qui a un large sac au-dessous de son bec qui est très-long. Il va tous les matins remplir son sac de poisson; et quand sa pêche est faite, il se perche sur quelque pointe de rocher à fleur d'eau, où il se tient immobile jusqu'au soir, dit le P. Du Tertre*, « comme tout » triste, la tête penchée par le poids de son long

---

l'Amérique. Ces oiseaux singuliers ont été très-bien peints par le voyageur Dampier; ils vivent en société, et se rangent, au nombre de deux ou trois cents, sur une seule ligne, de manière qu'à quelque distance, ils offrent l'aspect d'une armée en bataille. Lorsqu'ils vont à la pêche, ils établissent une sentinelle qui veille pour toute la troupe, et qui, à la plus faible apparence de danger, jette un cri d'alarme, assez semblable au bruit d'une trompette. Lorsqu'ils s'envolent aux rayons du soleil, leur plumage étincelle comme des charbons embrasés. (*Note de l'Editeur.*)

* *Histoire des Antilles.*

» bec, et les yeux fixés sur la mer agitée, sans
» branler non plus que s'il était de marbre. » On
distingue souvent sur les grèves rembrunies de
ces mers, des aigrettes blanches comme la neige,
et dans les plaines azurées du ciel, le *paille-en-cu*
d'un blanc argenté, qui les traverse à perte de vue:
il est quelquefois glacé de roses, avec les deux longues plumes de sa queue couleur de feu, comme
celui de la mer du Sud.

Souvent, plus le fond est triste, plus l'animal
qui y vit est revêtu de couleurs brillantes. Nous
n'avons peut-être point, en Europe, d'insectes qui
en aient de plus riches que le scarabée stercoraire,
et que la mouche qui porte le même nom. Celleci est plus éclatante que l'or et l'acier poli; l'autre
d'une forme hémisphérique, est d'un beau bleu
de pourpre; et afin que son contraste fût complet, il exhale une forte et agréable odeur de musc.

La nature semble quelquefois s'écarter de cette
loi, mais c'est par d'autres raisons de convenance:
car c'est là qu'elle ramène tous ses plans. Ainsi,
après avoir fait contraster avec les fonds où ils
vivent, les animaux qui pouvaient échapper à tous
les dangers par leur force et par leur légèreté,
elle y a confondu ceux qui sont d'une lenteur ou
d'une faiblesse qui les livrerait à la discrétion de
leurs ennemis. Le limaçon, dont la marche est si
lente, est de la couleur de l'écorce des arbres
qu'il ronge, ou de la muraille où il se réfugie. Les

poissons plats, qui nagent fort mal, comme les turbots, les carrelets, les plies, les limandes, les soles, etc., qui sont à-peu-près taillés comme des planches, parce qu'ils étaient destinés à vivre sédentairement au-dessus des fonds de la mer, sont de la couleur des sables où ils cherchent leur vie, étant piquetés comme eux de gris, de jaune, de noir, de rouge et de brun. A la vérité, ils ne sont colorés ainsi que d'un côté ; mais ils ont tellement le sentiment de cette ressemblance, que quand ils se trouvent enfermés dans les parcs établis sur les grèves, et qu'ils voient la marée près de se retirer, ils enfouissent leurs ailerons dans le sable en attendant la marée suivante, et ne présentent à la vue de l'homme que leur côté trompeur. Il est si ressemblant avec le fond où ils se cachent, qu'il serait impossible aux pêcheurs de les en distinguer, s'ils n'avaient des faucilles avec lesquelles ils tracent des rayures en tout sens sur la surface du terrain, pour en avoir au moins le tact, s'ils ne peuvent en avoir la vue. C'est ce que je leur ai vu faire plus d'une fois, encore plus émerveillé de la ruse de ces poissons que de celle des pêcheurs. Les raies au contraire, qui sont des poissons plats qui nagent mal aussi, mais qui sont carnivores, sont marbrées de blanc et de brun, afin d'être aperçues de loin par les autres poissons ; et pour qu'elles ne fussent pas dévorées, à leur tour, par leurs ennemis qui sont fort alertes, comme les chiens de mer, ou par leurs propres compagnes qui sont très-voraces, elles sont revêtues de pointes épineuses, sur-tout à la partie postérieure de leur corps, comme à la queue, qui est la plus exposée aux attaques lorsqu'elles fuient.

La nature a mis à-la-fois dans la couleur des animaux qui ne sont pas nuisibles, des contrastes avec le fond où ils vivent, et des consonnances avec celui qui en est voisin; et elle leur a donné l'instinct d'en faire alternativement usage, suivant les bonnes ou les mauvaises fortunes qui se présentent. On peut remarquer ces convenances merveilleuses dans la plupart de nos petits oiseaux, dont le vol est faible et de peu de durée. L'alouette grise cherche sa vie dans l'herbe des champs. Est-elle effrayée? elle se coule entre deux mottes de terre, où elle devient invisible. Elle est si tranquille dans ce poste, qu'elle n'en part souvent que quand le chasseur a le pied dessus. Autant en fait la perdrix. Je ne doute pas que ces oiseaux sans défense, n'aient le sentiment de ces contrastes et de ces convenances de couleur, car je l'ai observé même dans des insectes. Au mois de mars dernier, je vis sur le bord de la rivière des Gobelins, un papillon couleur de brique, qui se reposait, les ailes étendues, sur une touffe d'herbes. Je m'approchai de lui, et il s'envola. Il fut s'abattre, à quelques pas de distance, sur la terre, qui en cet endroit était de sa couleur. Je m'approchai de lui une seconde fois : il prit encore sa volée, et fut se réfugier sur une semblable lisière de terrain. Enfin, je ne pus jamais l'obliger à se reposer sur l'herbe, quoique je l'essayasse souvent, et que les espaces de terre qui se trouvaient entre les touffes de gazon fussent étroits, et en petit nombre. Au reste cet instinct étonnant est bien évident dans le caméléon. Cette espèce de lézard, qui a une marche très-lente, en est dédommagé par l'incompréhensible faculté de se teindre, quand il lui plaît, de la couleur du fond qui l'environne. Avec cet avantage, il échappe à la vue de ses ennemis, qui l'auraient bientôt atteint à la course. Cette faculté est dans sa volonté; car sa peau n'est pas un miroir. Il ne réfléchit que la couleur des objets, et non leur forme. Ce qu'il y a encore de remarquable en ceci, et de bien confirmé par les naturalistes, qui n'en donnent pas la raison, c'est qu'il prend toutes les couleurs, comme le brun, le gris, le jaune, et sur-tout le vert qui est sa couleur favorite, mais jamais le rouge *. On a mis des caméléons pendant des semaines entières, dans des

---

* L'observation a dissipé toutes ces erreurs, qui sont celles de l'antiquité. Le caméléon prend, il est vrai, diverses nuances, mais elles ne sont pas déterminées par les objets environnants. Son épiderme est transparent, sa peau est jaune, et son sang d'un bleu violet fort vif. C'est ainsi que la plus légère agitation le fait passer par toutes les teintes du gris, du vert, du jaune, du bleu, du violet, et du brun rougeâtre. Cette espèce de lézard habite sur les arbres, où il reste confondu

draps d'écarlate, sans qu'ils en aient pris la moindre nuance. La nature semble leur avoir refusé cette teinte éclatante, parce qu'elle ne pouvait servir qu'à les faire apercevoir de plus loin, et que d'ailleurs elle n'est celle d'aucun fond, ni dans les terres, ni dans les végétaux où ils passent leur vie.

Mais, dans l'âge de la faiblesse et de l'inexpérience, la nature confond la couleur des animaux innocents avec celle des fonds qu'ils habitent, sans leur donner le choix de l'alternative. Les petits des pigeons, et de la plupart des oiseaux granivores, sont hérissés de poils verdâtres, semblables aux mousses de leurs nids. Les chenilles sont aveugles, et sont de la nuance des feuilles et des écorces qu'elles rongent. Les jeunes fruits même, qui ne sont pas encore revêtus d'épines, de cuirs, de pulpes amères ou de coques dures qui protégent leurs semences, sont, pendant le temps de leur développement, verts comme les feuilles qui les avoisinent. Quelques embryons, à la vérité, comme ceux de certaines poires, sont roux ou bruns; mais ils sont alors de la couleur de l'écorce de l'arbre

avec le feuillage, sa couleur habituelle étant d'un beau vert. Cette couleur est un des moyens que la nature lui a donnés pour échapper à ses ennemis, car il jouit de la faculté singulière de s'enfler et de se remplir d'air, au point de les effrayer en doublant son diamètre.

Les voyageurs assurent que les Indiens se plaisent à voir les caméléons autour de leurs demeures; ces petits animaux les délivrent des insectes qui les tourmentent. (*Note de l'Editeur.*)

où ils sont attachés. Quand ces fruits ont leurs semences enfermées dans des pépins ou des noyaux, et qu'elles sont hors de danger, ils changent de couleur. Ils deviennent jaunes, bleus, dorés, rouges, noirs, et donnent aux végétaux qui les portent leurs contrastes naturels. Il est très-remarquable que tout fruit qui change de couleur a sa semence mûre. Les insectes ayant quitté de même les robes de l'enfance, et livrés à leur propre expérience, se répandent dans le monde pour en multiplier les harmonies, avec les parures et les instincts que leur a donnés la nature. C'est alors que des nuées de papillons, qui dans l'état de chenille se confondaient avec la verdure des plantes, viennent opposer les couleurs et les formes de leurs ailes à celles des fleurs, le rouge au bleu, le blanc au rouge, des antennes à des étamines, et des franges à des corolles. J'en ai un jour admiré un dont les ailes étaient azurées et parsemées de points couleur d'aurore, qui se reposait au sein d'une rose épanouie. Il semblait disputer avec elle de beauté. Il eût été difficile de dire lequel en méritait mieux le prix, du papillon ou de la fleur; mais en voyant la rose couronnée d'ailes de lapis, et le papillon azuré posé dans une coupe de carmin, il était aisé de voir que leur charmant contraste ajoutait à leur mutuelle beauté.

La nature n'emploie point ces convenances et ces contrastes agréables dans les animaux nuisibles, ni même dans les végétaux dangereux. De quelque genre que soient les bêtes carnassières ou venimeuses, elles forment, à tout âge et par-tout où elles sont, des oppositions dures et heurtées. L'ours blanc du nord s'annonce sur les neiges, par des gémissements sourds, par la noirceur de son museau et de ses griffes, et par une gueule et des yeux couleur de sang. Les bêtes féroces, qui cherchent leur proie au milieu des ténèbres, ou dans l'obscurité des forêts, préviennent de leurs approches par des rugissements, des cris lamentables, des yeux enflammés, des odeurs urineuses ou fétides. Le crocodile, en embuscade sur les grèves des fleuves de l'Asie, où il paraît comme un tronc d'arbre renversé, exhale au loin une forte odeur de musc. Le serpent-à-sonnette, caché dans les prairies de l'Amérique, fait bruire sous l'herbe ses sinistres grelots. Les insectes même qui font la guerre aux autres, sont revêtus de couleurs âtres, durement opposées, où le noir, sur-tout, domine et se heurte avec le blanc ou le jaune. Le bourdon, indépendamment de son sombre murmure, s'annonce par la noirceur de son corselet et de son gros ventre hérissé de poils fauves. Il paraît, au milieu des fleurs, comme un charbon de feu à demi éteint. La guêpe carnivore est jaune et bardée de noir comme le tigre. Mais l'utile abeille est de la nuance des étamines et du fond des calices des fleurs où elle fait d'innocentes moissons,

Les plantes vénéneuses offrent, comme les animaux nuisibles, d'affreux contrastes par les couleurs meurtries de leurs fleurs, où le noir, le gros bleu, et le violet enfumé, sont en opposition tranchée avec des nuances tendres; par des odeurs nauséabondes et virulentes; par des feuillages hérissés, teints d'un vert noir et heurté de blanc en dessous : tels sont les aconits. Je ne connais point de plante qui ait un aussi hideux aspect que celles de cette famille, et entre autres, le napel, qui est le végétal le plus venimeux de nos climats. Je ne sais si les embryons de leurs fruits ne présentent pas, dès les premiers instants de leur développement, des oppositions dures qui annoncent leurs caractères malfaisants : si cela est, ils ont encore cette ressemblance commune avec les petits des bêtes féroces.

Les animaux qui vivent sur deux fonds différents portent deux contrastes dans leurs couleurs. Ainsi, par exemple, le martin-pêcheur, qui vole le long des rivières, est à-la-fois couleur de musc et glacé d'azur, en sorte qu'il se détache des rivages rembrunis par sa couleur azurée, et de l'azur des eaux par sa couleur de musc. Le canard, qui barbotte sur les mêmes rivages, a le corps teint d'une couleur cendrée, et la tête et le cou de la verdure de l'émeraude, de manière qu'il se distingue parfaitement par la couleur grise de son corps, de la verdure des nymphæa et des roseaux parmi lesquels il vogue, et par la verdure de sa tête et de son cou, des vases noires dans lesquelles, par un autre contraste fort étonnant, il ne salit jamais son plumage. Les mêmes contrastes de couleurs se rencontrent dans le pivert, qui vit sur les troncs des arbres, le long desquels il grimpe pour chercher des insectes sous leurs écorces. Cet oiseau est coloré à-la-fois de brun et de vert, en sorte que, quoiqu'il vive, pour ainsi dire, à l'ombre, on l'aperçoit cependant toujours sur le tronc des arbres; car il se détache de leurs sombres écorces par la partie de son plumage qui est d'un vert brillant, et de la verdure de leurs mousses et de leurs lichens, par la couleur de ses plumes, qui sont brunes. La nature oppose donc les couleurs de chaque animal à celles du fond qu'il habite; et ce qui confirme la vérité de cette grande loi, c'est que la plupart des oiseaux qui ne vivent que sur un seul fond, n'ont qu'une seule couleur qui contraste fortement avec celle de ce fond. Ainsi, les oiseaux qui vivent sur le fond azuré des cieux, au haut des airs, ou sur celui des eaux, au milieu des lacs, sont pour l'ordinaire de couleur blanche, celle de toutes les couleurs qui tranche le plus fortement sur le bleu, et est par conséquent la plus propre à les faire apercevoir de loin. Tels sont, entre les tropiques, le paille-en-cu, oiseau d'un blanc satiné, qui vole au haut des airs; les aigrettes, les mauves, les goëlands qui planent à la surface des mers azurées, et les cygnes qui voguent en flottes au milieu des lacs du nord. Il y en a d'autres aussi qui, pour contraster avec ceuxlà, se détachent du ciel ou des eaux par des couleurs noires ou rembrunies : tels sont, par exemple, le corbeau de nos climats, qui s'aperçoit de si loin dans le ciel, sur la blancheur des nuages; plusieurs oiseaux de marine, bruns et noirâtres, comme la frégate des tropiques, qui se joue dans le ciel au milieu des tempêtes; le taille-mer, ou fauchet, oiseau de marine, qui rase de ses ailes sombres, taillées en faux, la surface blanche des flots écumeux de la mer.

On peut donc inférer de ces exemples, que dès qu'un animal n'a qu'une seule teinte, il n'habite qu'un seul site; et quand il réunit en lui le contraste de deux teintes opposées, qu'il vit sur deux fonds, dont les couleurs mêmes sont déterminées par celles du plumage ou du poil de l'animal. Cependant, il ne faut pas rendre cette loi trop générale, mais y faire entrer les exceptions que la sage nature a établies pour la conservation même des animaux, telles que de les blanchir en général au nord, dans les hivers et sur les hautes montagnes, pour les préserver de l'excès du froid en les revêtant de la couleur qui réfléchit le plus la chaleur; et de les rembrunir au midi, dans les ardeurs de l'été, et sur les plages sablonneuses, pour les abriter des effets de la chaleur en les peignant de couleurs négatives. Ce qui prouve évidemment que ces grands effets d'harmonies ne sont point des résultats mécaniques de l'influence des corps qui environnent les animaux, ou des appréhensions de leurs mères sur les tendres organes de leurs fœtus, ou de l'action des rayons du soleil sur leurs plumes, comme souvent notre physique a cru les expliquer; c'est que parmi ce nombre presque infini d'oiseaux qui passent leur vie au haut des airs ou à la surface des mers dont les couleurs sont azurées, il n'y a pas un seul oiseau bleu; et qu'au contraire, plusieurs oiseaux qui vivent entre les tropiques, au sein des noirs rochers, ou à l'ombre des sombres forêts, sont de la couleur d'azur : tels sont la poule de Batavia qui est toute bleue, le pigeon hollandais de l'Ile-de-France, etc.

Nous pouvons tirer de ces observations une autre conséquence aussi importante; c'est que toutes ces harmonies sont faites pour l'homme. Un oiseau bleu sur le fond du ciel ou à la surface des eaux, échapperait à notre vue. La nature d'ailleurs n'a réservé les couleurs agréables et riches, que pour les oiseaux qui vivent dans notre voisinage. Cela est si vrai, que, quoique le soleil agisse entre les tropiques avec toute l'énergie de ses rayons sur les oiseaux de la pleine-mer, il n'y en a aucun dont le plumage soit revêtu de belles couleurs, tandis que ceux qui habitent les rivages des mers et des fleuves en ont souvent de magnifiques.

Le flamant, grand oiseau qui vit dans les lagunes des mers méridionales, a son plumage blanc lavé de carmin. Le toucan des mêmes grèves a un énorme bec du rouge le plus vif, et lorsqu'il le retire du sein des sables humides où il cherche sa pâture, on dirait qu'il vient d'y pêcher un tronçon de corail. Il y a une autre espèce de toucan dont le bec est blanc et noir, aussi poli que s'il était d'ébène et d'ivoire. La pintade au plumage maillé, les paons, les canards, les martins-pêcheurs, et une foule d'autres oiseaux riverains, embellissent, par l'émail de leurs couleurs, les bords des fleuves de l'Asie et de l'Afrique. Mais on ne voit rien qui leur soit comparable dans le plumage de ceux qui habitent la pleine mer, quoiqu'ils soient encore plus exposés aux influences du soleil.

C'est par une suite de ces convenances avec l'homme, que la nature a donné aux oiseaux qui vivent loin de lui, des cris aigus, rauques et perçants, mais qui sont aussi propres que leurs couleurs tranchantes à les faire apercevoir de loin au milieu de leurs sites sauvages. Elle a donné, au contraire, des sons doux et des voix harmonieuses aux petits oiseaux qui habitent nos bosquets et qui s'établissent dans nos habitations, afin qu'ils en augmentassent les agréments, autant par la beauté de leur ramage, que par celle de leur coloris. Nous le répétons, afin de confirmer la vérité des prin-

DE LA NATURE.

cipes d'harmonie que nous posons : c'est que la nature a établi un ordre de beauté si réel dans le plumage et le chant des oiseaux, qu'elle n'en a revêtu que les oiseaux dont la vie était en quelque sorte innocente par rapport à l'homme, comme ceux qui sont granivores, ou qui vivent d'insectes ; et elle l'a refusé aux oiseaux de proie et à la plupart de ceux de marine, qui ont, pour l'ordinaire, des couleurs terreuses et des cris désagréables *.

* Le chant est un attribut des oiseaux : seuls entre tous les animaux, ils modulent et varient le son de leurs voix ; mais cette faculté a été modifiée suivant les mœurs de chaque espèce, et suivant les lieux qu'elle habite. Les oiseaux aquatiques ont une voix grave et retentissante, qui, dans les temps de calme, contraste avec le murmure des eaux, et qui, dans les jours de tempête, se fait encore entendre à travers le mugissement des vagues. On devine, à leurs cris, que la nature les destinait à vivre au milieu d'un élément bruyant ; tandis que les petits oiseaux, qui habitent les bocages, ont une voix mélodieuse qui semble faite pour le calme qui les environne. Ils annoncent les beaux jours, et les beaux jours cessent avec leurs chansons. Dans ces espèces innocentes, c'est le mâle qui chante, et sa compagne reste muette ; mais il ne chante que pour lui plaire. Chaque fois qu'elle apporte le brin d'herbe dont elle tresse son nid, il la suit en modulant les plus doux accords ; s'il ne partage pas son travail, il l'encourage, et il ne cesse de chanter que lorsque ses petits ont essayé leurs ailes. Chez les oiseaux de proie, au contraire, le mâle et la femelle ont une voix également sinistre, dont les sons ne changent jamais ; habitants des rochers et des forêts, ils les font retentir de leurs cris de guerre : les entendre, c'est presque

Tous les règnes de la nature se présentent à l'homme avec les mêmes convenances, jusque dans les abîmes de l'océan. Les poissons qui se repaissent de chair, comme toute la classe des cartilagineux, tels que les roussettes, les chiens de mer, les requins, les pantoufliers, les raies, les polypes, etc., ont des couleurs et des formes dé-

les voir, c'est pressentir leurs dispositions cruelles. Non-seulement des chants mélodieux ne se seraient point accordés avec la férocité de leur instinct, mais ils n'auraient pu être entendus aux sommets des montagnes et à travers les précipices, ni exprimer les chasses, les dangers et les rapines de ces tyrans de l'air.

Cette précaution de la nature est confirmée par les faits les plus curieux. Par exemple la voix des oiseaux qui ne changent pas de climats reste toujours la même; telle est celle du rouge-gorge, qui, pendant la saison des neiges, s'approche des chaumières et réjouit l'homme de ses chansons, tandis que la voix du rossignol et des autres oiseaux voyageurs s'éteint et se modifie, suivant les lieux qu'ils doivent habiter. On a remarqué depuis long-temps que leurs concerts cessaient en même temps que leurs amours, mais on aurait pu remarquer aussi que l'interruption de ces chants était une admirable prévoyance de la nature. A l'époque où ces oiseaux vont traverser les mers orageuses, ils frappent tout-à-coup les airs de ces cris aigres, perçants et semblables à ceux de l'oiseau des orages. Habitants des tempêtes, ils ne s'expriment plus comme les habitants des bocages : ce sont des voyageurs qui apprennent une langue nouvelle, qui doit être entendue au milieu du bruit des vents et des flots; et, sans cette inspiration soudaine, ils n'auraient pu ni s'appeler, ni se reconnaître, ni se guider vers le monde qui les attend. (*Note de l'Éditeur.*)

plaisantes. Les poissons qui vivent en pleine mer ont des couleurs marbrées de blanc, de noir, de brun, qui les distinguent au sein des flots azurés; tels sont les baleines, les souffleurs, les marsouins, etc. Mais c'est parmi ceux qui habitent les rivages rembrunis, et sur-tout dans le nombre de ceux qu'on appelle saxatiles parce qu'ils vivent dans les rochers, qu'on en trouve dont la peau et les écailles surpassent par leur éclat celui des plus riches peintures, sur-tout quand ils sont vivants. C'est ainsi que des légions de maquereaux et de harengs font étinceler d'argent et d'azur les grèves septentrionales de l'Europe. C'est autour des noirs rochers qui bordent les mers des tropiques, qu'on pêche le poisson qu'on appelle le capitaine. Quoiqu'il varie de couleur suivant les latitudes, il suffit, pour donner une idée de sa beauté, de rapporter la description que fait François Cauche *, de celui qu'on pêche sur le rivage de Madagascar. Il dit que ce poisson qui se plaît dans les rochers, est rayé en losanges; que ses écailles sont de couleur d'or pâle, et que son dos est coloré et surglacé de laque, qui tire en divers endroits sur le vermeil. Sa nageoire dorsale et sa queue sont ondées d'azur qui se délave en vert à leurs extrémités. C'est aussi au pied des mêmes rochers qu'on trouve le magnifique poisson appelé la sarde, et par les Brésiliens *accara pinima*, dont Marcgrave a donné la figure

* Voyez François Cauche; *Relation de Madagascar.*

dans son ive livre, chap. vi. Ce beau poisson a à-
la-fois des écailles argentées et dorées, traversées
de la tête à la queue de lignes noires, qui relèvent
admirablement leur éclat. Le même auteur décrit
encore plusieurs espèces de lunes qui fréquentent
les mêmes lieux. Pour moi, je me suis amusé, sur
les rochers de l'île de l'Ascension, à examiner pendant des heures entières, des lunes qui se jouaient
au milieu des flots tumultueux qui viennent sans
cesse s'y briser. Ces poissons, dont les espèces sont
variées, ont la forme arrondie et quelquefois échan-
crée de l'astre de la nuit, dont ils portent le nom.
Ils sont de plus, comme lui, de couleur d'argent
poli. Ces poissons semblent faits pour tromper le
pêcheur de toute manière; car ils ont le ventre
rayé de raies noires en losanges, ce qui les fait paraître comme s'ils étaient pris dans un filet; ils
semblent, à chaque instant, sur le point d'être
jetés au rivage par le mouvement des flots où ils
se jouent; ils ont de plus la bouche si petite,
qu'ils rongent souvent l'appât sans se prendre à
l'hameçon; et leur peau sans écailles, comme celle
de la roussette, est si dure, qu'on manque souvent
de les harponner avec le trident dont les pointes
sont le mieux acérées. François Cauche dit même
qu'on a beaucoup de peine à entamer leur peau
avec le couteau le mieux affilé. C'est sur les mêmes
rivages de l'Ascension que l'on trouve la murène,
espèce d'anguille de rocher, très-bonne à manger,

dont la peau est parsemée de fleurs dorées. On peut dire, en général, que chaque rocher de la mer est fréquenté par une foule de poissons dont les couleurs sont les plus éclatantes; tels que les dorades, les perroquets, les zèbres, les rougets, et une multitude d'autres, dont les classes mêmes nous sont inconnues. Plus les rochers et les écueils d'une mer sont multipliés, plus les espèces de poissons saxatiles y sont variées. Voilà pourquoi les îles Maldives, qui sont en si grand nombre, fournissent, à elles seules, une multitude prodigieuse de poissons, de couleurs et de formes très-différentes, dont la plupart sont encore inconnues à nos ichthyologistes.

Toutes les fois donc que l'on voit un poisson brillant, on peut assurer qu'il habite le rivage; et au contraire, qu'il vit en pleine eau, s'il est de couleur sombre. C'est ce qu'on peut vérifier dans nos rivières mêmes. L'éperlan argenté, et l'ablette dont les écailles servent à faire de fausses perles, se jouent sur les grèves de la Seine, tandis que l'anguille, de couleur sombre d'ardoise, se plaît au milieu et au fond de son canal. Cependant il ne faut pas trop généraliser ces lois. La nature, comme nous l'avons dit, les ramène toutes à la convenance des êtres et à la jouissance de l'homme. Ainsi, par exemple, quoique les poissons de rivage aient en général des couleurs éclatantes, il y en a cependant, parmi eux, plusieurs espèces qui sont constamment rembrunies. Tels sont, non-seulement, ceux qui nagent mal, comme les soles, les turbots, etc.; mais ceux qui habitent quelques parties des rivages qui ont des couleurs gaies. Ainsi la tortue, qui paît au fond de la mer des herbes vertes, ou qui se traîne, la nuit, sur les sables blancs, pour y déposer ses œufs, est de couleur sombre; ainsi, le lamentin, qui entre dans le canal des fleuves de l'Amérique pour paître, sans sortir de l'eau, l'herbe de leurs rivages, se détache de leur verdure par la couleur rembrunie de sa peau.

Les poissons saxatiles, qui trouvent aisément leur sûreté dans les roches par leur légèreté à nager, ou par la facilité d'y trouver des retraites dans leurs parties caverneuses, ou de s'y défendre de leurs ennemis par des armures, ont tous des couleurs vives et éclatantes, excepté les cartilagineux : tels sont les crabes couleur de sang, les langoustes et les homards azurés et pourprés, entre autres celui auquel Rondelet a donné le nom de *thétis* à cause de sa beauté; les oursins violets à baguettes et à pointes, les nérites contournées en rubans roses et gris, et une multitude d'autres. Il est très-remarquable que tous les poissons à coquille, qui marchent et voyagent, et qui, par conséquent, peuvent choisir leurs asiles, sont dans leur genre ceux qui ont de plus riches couleurs : telles sont les nérites dont je viens de parler, les porcelaines semblables à du marbre poli, les olives nuancées comme du velours de trois et quatre couleurs, les harpes qui ont les riches teintes des plus belles tulipes, les tonnes maillées comme des ailes de perdrix, qui se promènent à l'ombre des madrépores, et toutes les familles des univalves qui s'enfoncent dans le sable pour s'y mettre à l'abri. Les bivalves, comme le manteau-ducal, couleur d'écarlate et d'orange, et une foule d'autres coquillages voyageurs, sont empreints des couleurs les plus vives, et forment avec les différens fonds de la mer des harmonies secondaires totalement inconnues. Mais ceux qui ne naviguent pas, comme sont la plupart des huîtres des mers méridionales, qui sont souvent adhérentes aux roches mêmes, ou ceux qui sont perpétuellement à l'ancre dans les détroits, comme les moules et les pinnes marines attachées aux cailloux par des fils, ou ceux qui se reposent au sein des madrépores, tels que les arches-de-Noé, ou ceux qui sont tout-à-fait plongés au sein des rocs calcaires, comme les dails de la Méditerranée, ou ceux qui, immobiles par leur poids qui surpasse quelquefois celui de plusieurs quintaux, pavent la surface des récifs, comme la tuilée des Moluques, et les gros univalves, tels que les burgos, etc., ou enfin ceux qui, je crois, sont aveugles, tels que les lépas qui s'attachent en formant le vide sur la surface luisante des rochers ; toutes ces espèces de coquillages sont de la couleur des fonds qu'ils habitent, afin d'être moins aperçus de leurs ennemis.

Il est encore très-digne d'observation que, quoique plusieurs de ces coquillages sédentaires soient revêtus de peaux rembrunies et velues, comme ceux qu'on appelle cornets et rouleaux, ou d'une pellicule noire de la nuance des galets où ils s'attachent, comme les moules de Magellan, ou enduits d'un tartre couleur de vase, comme les lépas et les burgos, ils ont sous leurs sombres surtouts des nacres et des teintes, dont la beauté efface souvent celle des coquillages qui ont les couleurs apparentes les plus brillantes. Ainsi, le lépas de Magellan, dépouillé de son tartre par le moyen du vinaigre, présente la coupe la plus riche, nuancée des couleurs de la plus belle écaille de tortue, et mélangée d'un or rembruni qu'on y aperçoit à travers un vernis chatoyant. La grande moule de Magellan cache de même sous une peau noire, les nuances orientales de l'aurore. On ne peut attribuer, comme aux coquilles de l'Inde, de si ravissantes couleurs à l'action du soleil, sur ces coquillages revêtus de tartres et de peaux, et qui vivent d'ailleurs dans un climat brumeux, abandonné, une grande partie de l'année, aux sombres hivers et aux longues tempêtes. On peut dire que la nature n'a voilé leur beauté que pour la conserver à l'homme, et qu'elle ne les a placés sur les bords des rivages, où la mer les nettoie en les roulant, que pour les mettre à sa portée. Ainsi, par un contraste admirable, elle place les coquilles les plus brillantes dans les lieux les plus dévastés par les éléments; et par un autre contraste non moins étonnant, elle présente aux pauvres Patagons des cuillers et des coupes dont l'éclat l'emporte, sans contredit, sur la plus riche vaisselle des peuples policés.

On peut inférer de ceci, que les poissons et les coquillages qui ont deux couleurs opposées vivent sur deux fonds différents, ainsi que nous l'avons dit des oiseaux, et que ceux qui n'ont qu'une couleur ne fréquentent qu'un seul fond. Je me rappelle, en effet, qu'en faisant le tour de l'Ile-de-France à pied, sur le bord de la mer, j'y trouvai des nérites à fond gris cendré et à ruban rouge, tantôt sur des roches brunes, tantôt sur des madrépores blancs à fleurs couleur de pêcher : elles contrastaient de la manière la plus agréable, et paraissaient, au fond des eaux, sur les plantes marines, comme leurs fruits. J'y trouvai aussi des porcelaines toutes blanches à bouche couleur de rose, et renflées comme des œufs, dont elles portent le nom. Mais il me serait difficile de dire maintenant si elles étaient collées aux rochers bruns ou aux madrépores blancs. On trouve pareillement sur les côtes de Normandie, au pays de Caux, deux sortes de rochers, l'un de marne blanche qui se détache des falaises; l'autre, formé de bisets noirs qui sont amalgamés avec celui-ci. Or, je n'y ai vu, en général, que deux sortes de limaçons de mer, appelés vignots, dont une, qui est fort commune et que l'on mange, est toute noire, et l'autre est blanche avec la bouche lavée de rouge. De dire maintenant si les limaçons blancs s'attachent aux roches blanches, et les limaçons noirs aux roches noires, ou si c'est tout le contraire; c'est ce que je ne peux affirmer, parce que je ne l'ai pas observé. Mais, soit qu'ils forment avec ces roches des consonnances ou des contrastes, il est bien singulier que, comme il n'y a que deux espèces de roches, il n'y ait que deux espèces de limaçons. Je serais porté à croire que les limaçons noirs se collent de préférence aux roches noires; car j'ai remarqué qu'à l'Ile-de-France il n'y a ni limaçons noirs, ni moules noires, parce qu'il n'y a pas dans la mer de cailloux précisément de cette couleur, et que je suis bien sûr que les moules sont toujours de la couleur du fond sur lequel elles vivent : celles de l'Ile-de-France sont brunes. D'un autre côté, il n'en faudrait pas conclure que ces coquillages doivent leurs nuances aux rochers qu'ils sucent; car il s'ensuivrait que les rochers du détroit de Magellan, qui donnent des moules et des lépas si riches en couleurs, seraient pétris de nacre, d'opales et d'améthystes; d'ailleurs, chaque roche nourrit des coquillages de couleur fort différente. On trouve au pied des rochers du pays de Caux, chargés de vignots noirs, des homards azurés, des crabes marbrés de rouge et de brun, et des légions de moules d'un bleu noir, avec des lépas d'un gris cendré. Tous ces coquillages vivants forment les harmonies les plus agréables avec une multitude de plantes marines qui tapissent ces rochers blancs et noirs, par leurs couleurs pourprées, grises, couleur de rouille, brunes et vertes, et par la variété de leurs formes et de leurs agrégations en feuilles de chênes, en houppes découpées, en guirlandes, en festons, et en longs cordons, que les flots agitent de toutes les manières. En vérité, il n'y a point de peintre qui pût composer de semblables groupes, quand il les imaginerait à plaisir. Beaucoup de ces harmonies marines me sont échappées, car je les croyais alors des effets du hasard. Je les voyais, je les admirais, et je ne les observais pas : je soupçonnais cependant, dès ce temps-là, que le plaisir que leur ensemble me donnait, tenait à quelque loi qui m'était inconnue.

J'en ai dit assez pour faire voir combien les naturalistes ont mutilé la plus belle portion de l'histoire naturelle, en rapportant, comme ils font la plupart, des descriptions isolées d'animaux et de plantes, sans rien dire de la saison et du lieu où ils les trouvent. Ils leur ont ôté, par cette négligence, toute leur beauté; car il n'y a point d'animal ni de plante, dont le point harmonique ne soit fixé à certain site, à certaine heure du jour ou de la nuit, au lever, au coucher du soleil, aux phases de la lune, et aux tempêtes même, sans les autres contrastes et convenances qui résultent de ceux-là.

Je suis si persuadé de l'existence de toutes ces harmonies, que je ne doute pas qu'en voyant la couleur d'un animal, on ne puisse déterminer à-peu-près celle du fond qu'il habite, et qu'en suivant ces indications, on ne parvienne à faire des découvertes très-curieuses. Par exemple, on n'a point encore trouvé sur aucun rivage la corne d'ammon, ce fossile si commun et d'une grosseur si considérable dans nos carrières. Je pense qu'il faudrait chercher ce coquillage rembruni dans les lieux marins herbus, tels que sont ceux où paissent les tortues de mer. Je ne crois pas qu'on se soit encore avisé de draguer ces fonds, à cause de l'abondance des plantes marines qui y croissent, et parce qu'ils sont souvent à une grande profondeur, et fort éloignés des côtes : tels sont ceux qui sont aux environs du Cap-Vert, ou, selon d'autres, vers la Floride, et qui, dans certaines saisons, laissent flotter leurs herbes en si grande quantité, que la mer en est couverte dans des espaces de trente et quarante lieues, de sorte que les vaisseaux ont bien de la peine à y naviguer. Si on trouve les coquillage les plus brillants sur les fonds sombres, on doit trouver un coquillage sombre sur des fonds verts.

DE LA NATURE.

Ces contrastes se rencontrent même dans les sols bruts de la terre, comme je pourrais le démontrer évidemment, si le temps me le permettait. On peut s'en convaincre en faisant ce seul raisonnement. Si une cause uniforme et mécanique avait produit le globe de la terre, il devrait être partout de la même matière et de la même couleur; les collines, les montagnes, les rochers, les sables, devraient être des amalgames ou des débris les uns des autres; or, c'est ce qu'on ne trouve pas dans un canton, même d'une petite étendue. En général, comme nous l'avons dit, les terres sont blanches au nord, et rembrunies au midi, pour y réfléchir la chaleur dans le premier cas, et l'absorber dans le second; mais, malgré ces dispositions générales, vous trouvez dans chaque lieu en particulier la plus grande variété. Vous voyez dans le même canton des montagnes rouges, des roches noires, des terres blanches, des sables jaunes. Leur matière est aussi variée que leur couleur; il y a des granits, des pierres calcaires, des gypses ou plâtres, et des sables vitrifiables. A l'Île-de-France, les roches des montagnes sont noirâtres, les terres des vallées rouges, et les sables du rivage blancs. Les roches y sont vitrifiables, et les sables calcaires. Lorsque j'étais dans cette île, un particulier ayant voulu établir une verrerie, il lui arriva le contraire de ce qu'il s'était proposé; car, ayant mis le feu à son fourneau avec beaucoup de pompe et d'appareil, le sable dont il comptait faire du verre se changea en chaux, et les pierres de son fourneau se vitrifièrent. Quoiqu'il soit rare de voir des terres blanches entre les tropiques, cependant les sables blancs y sont communs sur les rivages. Il est certain que cette couleur, par son éclat et sa réfraction à l'horizon, fait apercevoir de fort loin les terres basses, comme l'a fort bien remarqué Jean-Hugues Linschoten, qui, sans ces vigies posées par la nature sur la plupart des côtes sombres et basses de l'Inde, y aurait échoué plusieurs fois. Sur les côtes du pays de Caux, les sables sont gris, mais les falaises sont blanches; avec cela elles sont divisées en bandes noires et horizontales de cailloux, qui y forment des contrastes très-apparents au loin.

Il y a des lieux où il se trouve des roches blanches et des terres rouges, comme dans les carrières de pierre de meulière; il en résulte alors des effets très-agréables, sur-tout avec leurs accessoires naturels en végétaux et en animaux. Je m'écarterais trop si j'entrais dans quelque détail à ce sujet : il me suffit de recommander aux naturalistes d'étudier la nature comme font les grands peintres; c'est-à-dire, en réunissant les harmonies des trois règnes. Tout homme qui l'observera ainsi, verra un jour nouveau se répandre sur ses lectures de voyages et d'histoire naturelle, quoique leurs auteurs ne parlent presque jamais de ces contrastes que par hasard, et sans s'en douter. Mais on sera soi-même à portée d'en trouver les effets ravissants, dans ce qu'on appelle la nature brute, c'est-à-dire, celle où l'homme n'a point mis la main. Voici un moyen assuré de les reconnaître : c'est que toutes les fois qu'un objet naturel vous présente un sentiment de plaisir, vous pouvez être certain qu'il vous offre quelque concert harmonique.

Certainement les animaux et les plantes du même climat n'ont reçu ni du soleil ni des éléments, des livrées si variées et si caractéristiques. Il y a mille observations nouvelles à faire sur leurs contrastes. Qui ne les a pas vus dans leur lieu naturel, n'a point encore connu leur beauté ou leur difformité. Non-seulement ils sont en opposition avec les fonds de leurs habitations, mais ils le sont encore entre eux de genre à genre; et il est remarquable que lorsque ces contrastes sont établis, ils existent dans toutes les parties des deux individus. Nous dirons quelque chose de ceux des plantes dans l'Étude suivante, en effleurant simplement ce ravissant et inépuisable sujet. Ceux des animaux sont encore plus étendus; ils sont opposés non-seulement en formes et en allures, mais en instincts; et avec des différences si marquées, ils aiment à se rapprocher les uns des autres dans les mêmes lieux. C'est cette consonnance de goûts qui distingue, comme je l'ai dit, les êtres en contraste, de ceux qui sont contraires ou ennemis. Ainsi, la mouche et le papillon pompent le nectar des mêmes fleurs; le cheval solipède, la tête au vent et les crins flottants, aime à parcourir d'une course légère les prairies, où le taureau pesant imprime son pied fourchu; l'âne lourd et constant se plaît à gravir les rochers, où grimpe la chèvre légère et capricieuse; le chat et le chien vivent en paix aux mêmes foyers, lorsque la tyrannie de l'homme n'a pas altéré leur naturel par des traitements qui excitent entre eux des haines ou des jalousies. Enfin, les contrastes existent, non-seulement dans les ouvrages de la nature en général, mais dans chaque individu en particulier, et constituent, ainsi que les consonnances, l'organisation des corps. Si vous examinez un de ces corps, de quelque espèce qu'il soit, vous y remarquerez des formes absolument opposées, et toutefois consonnantes. C'est ainsi que dans les animaux, les organes excrétoires contrastent avec ceux de la nutrition. Les longues queues des chevaux et des taureaux sont opposées à la grosseur de leur tête et de leur cou, et suppléent aux mouvements de ces parties antérieures, trop pesantes pour écarter les insectes de leur corps. Au contraire, la large queue du paon contraste avec la longueur du cou et la petitesse de la tête de ce superbe oiseau. Les proportions des autres animaux présentent des oppositions qui ne sont pas moins harmoniques, ni moins convenables aux besoins de chaque espèce [5].

Les harmonies, les consonnances, les progressions et les contrastes doivent donc être comptés parmi les premiers éléments de la nature. C'est à eux que nous devons les sentiments d'ordre, de beauté et de plaisir que nous éprouvons à la vue de ses ouvrages; comme c'est de leur absence que naissent ceux du désordre, de la laideur et de l'ennui. Ils s'étendent également à tous les règnes; et quoique je me sois borné, dans le reste de cet ouvrage, à n'en examiner les effets que dans le seul règne végétal, je ne saurais cependant résister au plaisir de les indiquer au moins dans la figure humaine. C'est en elle que la nature a rassemblé toutes les expressions harmoniques par excellence. J'en vais tracer une faible esquisse. A la vérité, ce n'en est pas ici le lieu; et je n'ai même le loisir de mettre en ordre qu'une partie des observations que j'ai rassemblées sur ce vaste et intéressant sujet: mais le peu que j'en dirai suffira pour détruire l'opinion que des hommes trop célèbres parmi nous, ont mise en avant, savoir, que la beauté humaine était arbitraire. J'ose même me flatter que ces essais informes engageront les sages qui aiment la nature et qui cherchent à connaître ses lois, à creuser dans les flancs de cette montagne profonde où la vérité s'est ensevelie. Leurs lumières multipliées les guideront, sans peine, le long de cette mine, dont je n'ai entamé en aveugle que les premiers filons. Elles les conduiront à des veines bien plus riches, puisque, pour ainsi dire, au fond d'une vallée et sur les sables d'un petit ruisseau, j'ai recueilli pour ma part quelques grains d'or.

DE LA FIGURE HUMAINE.

Toutes les expressions harmoniques sont réunies dans la figure humaine. Je me bornerai dans cet article à examiner quelques-unes de celles qui composent la tête de l'homme. Remarquez que sa forme approche de la sphérique, qui, comme nous l'avons vu, est la forme par excellence. Je ne crois pas que cette configuration lui soit commune avec celle d'aucun animal. Sur sa partie antérieure, est tracé l'ovale du visage, terminé par le triangle du nez, et entouré des parties radiées de la chevelure. La tête est, de plus, supportée par un cou qui a beaucoup moins de diamètre qu'elle, ce qui la détache du corps par une partie concave.

Cette légère esquisse nous offre d'abord les cinq termes harmoniques de la génération élémentaire des formes. Les cheveux présentent la ligne; le nez, le triangle; la tête, la sphère; le visage, l'ovale; et le vide au-dessous du menton, la parabole. Le cou, qui, comme une colonne, supporte la tête, offre encore la forme harmonique très-agréable du cylindre, composé du cercle et du quadrilatère.

Ces formes ne sont pas tracées d'une manière sèche et géométrique, mais elles participent l'une de l'autre, en s'amalgamant mutuellement, comme il convenait aux parties d'un tout. Ainsi, les chevéux ne sont pas droits comme des lignes, mais ils s'harmonient, par leurs boucles, avec l'ovale du visage. Le triangle du nez n'est ni aigu, ni à angle droit; mais, par le renflement onduleux des narines, il s'accorde avec la forme en cœur de la bouche, et, s'évidant près du front, il s'unit avec les cavités des yeux. Le sphéroïde de la tête s'amalgame de même avec l'ovale du visage. Il en est ainsi des autres parties, la nature employant, pour les joindre ensemble, les arrondissements du front, des joues, du menton et du cou, c'est-à-dire, des portions de la plus belle des expressions harmoniques, qui est la sphère.

Il y a encore plusieurs proportions remarquables, qui forment entre elles des harmonies et des contrastes très-agréables : telle est celle du front, qui présente un quadrilatère en opposition avec le triangle formé par les yeux et la bouche, et celle des oreilles formées de courbes acoustiques très-ingénieuses, qui ne se rencontrent point dans l'organe auditif des animaux, parce qu'il ne devait pas recueillir, comme celui de l'homme, toutes les modulations de la parole. Mais je m'arrêterai aux formes charmantes dont la nature a déterminé la bouche et les yeux, qu'elle a mis dans la plus grande évidence, parce qu'ils sont les deux organes actifs de l'ame. La bouche est composée de deux lèvres, dont la supérieure est découpée en cœur, cette forme si agréable, que sa beauté a passé en proverbe, et dont l'inférieure est arrondie en portion demi-cylindrique. On entrevoit au milieu des lèvres les quadrilatères des dents, dont les lignes perpendiculaires et parallèles contrastent très-agréablement avec les formes rondes qui les avoisinent, d'autant mieux, comme nous l'avons vu, que le premier terme génératif se trouvant joint au terme harmonique par excellence, c'est-à-dire, la ligne droite à la forme sphérique, il en résulte le plus harmonique des contrastes. Les mêmes rapports se trouvent dans les yeux, dont les formes se rapprochent encore plus des expressions harmoniques élémentaires, ainsi qu'il convenait à l'organe principal. Ce sont deux globes, bordés aux paupières de cils rayonnants comme des pinceaux, qui forment avec eux un contraste ravissant, et présentent une consonnance admirable avec le soleil, sur lequel ils semblent modelés, étant comme lui de figure ronde, ayant des rayons divergents dans leurs cils, des mouvements de rotation sur eux-mêmes, et pouvant, comme l'astre du jour, se voiler de nuages, au moyen de leurs paupières.

Les mêmes harmonies élémentaires sont dans les couleurs de la tête, ainsi que dans ses formes; car il y a, dans le visage, du blanc tout pur, aux dents et aux yeux; puis des nuances de jaune qui entrent dans sa carnation, comme le savent les peintres; ensuite du rouge, cette couleur par excellence, qui éclate aux lèvres et aux joues. On y remarque de plus, le bleu des veines, et quelquefois celui des prunelles; et enfin, le noir de la chevelure qui, par son opposition, fait sortir les couleurs du visage, comme le vide du cou détache les formes de la tête.

Vous remarquerez que la nature n'y emploie point de couleurs durement tranchées; mais elle les fait participer, comme les formes, les unes des autres. Ainsi, le blanc du visage se fond ici avec le jaune, et là avec le rouge. Le bleu des veines tire sur le verdâtre : les cheveux ne sont pas communément d'un noir de jais; mais ils sont bruns, châtains, blonds, et en général d'une couleur où il entre un peu de la teinte carnative, afin que leur opposition ne fût pas trop dure. Vous observerez encore que, comme elle emploie les portions sphériques pour former les muscles qui en unissent les organes, et pour distinguer particulièrement ces mêmes organes, elle se sert du rouge aux mêmes usages. C'est ainsi qu'elle en a étendu une nuance sur le front, qu'elle a renforcée aux joues, et qu'elle a appliquée toute pure à la bouche, cet organe du cœur, où elle contraste agréablement avec la blancheur des dents. L'union de cette couleur et de cette forme harmonique est la consonnance la plus forte de la beauté; et on peut remarquer que là où se renflent les formes sphériques, là se renforce la couleur rouge, excepté aux yeux.

Comme les yeux sont les principaux organes de l'ame, ils sont destinés à en exprimer toutes les passions; ce qui n'eût pu se faire avec la teinte harmonique rouge, qui n'eût donné qu'une seule expression. La nature, pour y exprimer des passions contraires, y a réuni les deux couleurs les plus opposées, le blanc de l'orbite et le noir de l'iris, et quelquefois de la prunelle, qui forment une opposition très-dure, lorsque les globes des yeux se développent dans tout leur diamètre; mais, au moyen des paupières, que l'homme resserre ou dilate à son gré, il leur donne l'expression de toutes les passions, depuis l'amour jusqu'à la fureur. Les yeux, dont les prunelles sont bleues, sont naturellement les plus doux, parce que l'opposition y est moins tranchée avec le blanc de la conjonctive; mais ils sont les plus terribles de tous dans la colère; par un contraste moral, qui nous fait regarder comme les plus dangereux de tous les objets, ceux qui nous promettent du mal après nous avoir fait espérer du bien. C'est donc à ceux qui les ont, de prendre bien garde à ne pas être infidèles à ce caractère de bienveillance que leur a donné la nature; car des yeux bleus expriment, par leur couleur, je ne sais quoi de céleste.

Quant aux mouvements des muscles du visage,

ils sont très-difficiles à décrire, quoique je sois persuadé qu'on en peut expliquer les lois. Si quelqu'un tente de le faire, il faut nécessairement qu'il les rapporte à des affections morales. Ceux de la joie sont horizontaux, comme si, dans le bonheur, l'ame voulait s'étendre. Ceux du chagrin sont perpendiculaires, comme, si dans le malheur, elle cherchait un refuge vers le ciel, ou dans le sein de la terre. Il faut encore y faire entrer les altérations des couleurs et les contractions des formes, et on y reconnaîtra au moins la vérité du principe que nous avons posé, que l'expression du plaisir est dans l'harmonie des contraires, qui se confondent les uns dans les autres, en couleurs, en formes et en mouvements, et que celle de la douleur est dans la violence de leurs oppositions. Les yeux seuls ont des mouvements ineffables; et il est remarquable que, dans les émotions extrêmes, ils se couvrent de larmes, et semblent par-là avoir encore une analogie avec l'astre de la lumière, qui, dans les tempêtes, se voile de nuages pluvieux.

Les organes principaux des sens, qui sont au nombre de quatre dans la tête, ont des contrastes particuliers qui détachent leurs formes sphériques par des formes radiées, et leurs couleurs éclatantes par des teintes rembrunies. Ainsi, l'organe brillant de la vue est contrasté par les sourcils; ceux de l'odorat et du goût, par les moustaches; celui de l'ouïe, par cette partie de la chevelure, qu'on appelle *favoris*, qui sépare les oreilles du visage; et le visage lui-même est distingué du reste de la tête, par la barbe et par les cheveux.

Nous n'examinerons pas ici les autres proportions de la figure humaine, dans la forme cylindrique du cou, opposée au sphéroïde de la tête et à la surface plane de la poitrine; les formes hémisphériques du sein, qui contrastent avec celle-ci, ainsi que les pyramides cylindriques des bras et des doigts avec l'omoplate des épaules; ni les consonnances des doigts avec les bras, par trois articulations semblables; ni une multitude d'autres courbes et d'autres harmonies qui n'ont pas même encore de nom dans aucune langue, quoiqu'elles soient dans tous les pays l'expression toute-puissante de la beauté. Le corps humain est le seul qui réunisse en lui les modulations et les concerts les plus agréables des cinq formes élémentaires et des cinq couleurs primordiales, sans qu'on y voie les oppositions âpres et rudes des bêtes, telles que les pointes des hérissons, les cornes des taureaux, les défenses des sangliers, les griffes des lions, les marbrures de peau des chiens, et les couleurs livides et meurtries des animaux venimeux. Il est le seul dont on aperçoive le premier trait, et qu'on voie à plein; les autres animaux étant revêtus de poils, de plumes ou d'écailles, qui voilent leurs membres et leur peau. Il est encore le seul qui, dans son attitude perpendiculaire, montre tous ses sens à-la-fois ; car on ne peut guère apercevoir que la moitié d'un quadrupède, d'un oiseau et d'un poisson, dans la position horizontale qui leur est propre, parce que la partie supérieure de leur corps cache l'inférieure. Nous remarquerons aussi que la démarche de l'homme n'a ni les secousses, ni la lenteur de progression de la plupart des quadrupèdes, ni la rapidité de celle des oiseaux ; mais elle est le résultat des mouvements les plus harmoniques, comme sa figure est celui des formes et des couleurs les plus agréables [6].

Plus les consonnances multipliées de la figure humaine sont agréables, plus leurs dissonances sont déplaisantes. Voilà pourquoi il n'y a sur la terre rien de plus beau qu'un bel homme, ni rien de plus laid qu'un homme très-laid.

Voilà encore pourquoi il sera toujours impossible à l'art d'imiter parfaitement la figure humaine, par la difficulté d'en réunir toutes les harmonies, et par celle, encore plus grande, de faire concourir ensemble celles qui sont d'une nature différente. Par exemple, la peinture réussit assez bien à peindre les couleurs du visage, et la sculpture à en exprimer les formes ; mais si on veut réunir l'harmonie des couleurs et des formes dans un seul buste, cet ouvrage sera très-inférieur à un simple tableau ou à une simple sculpture, parce qu'il s'y rencontrera les dissonances particulières des couleurs et des formes, et leur dissonance générale qui est encore plus marquée. Si on voulait y joindre de plus les harmonies des mouvements, comme dans les automates, on ne ferait qu'en accroître la cacophonie; et si on voulait le faire parler, on y ajouterait une quatrième dissonance qui ferait horreur. On ferait heurter alors le système intellectuel avec le système physique. Ainsi, je ne m'étonne pas que saint Thomas d'Aquin fût si effrayé de cette tête parlante, que son maître Albert-le-Grand avait passé tant d'années à construire, qu'il la brisa sur-le-champ. Elle dut produire sur lui la même impression, qu'une voix articulée qui sortirait d'un corps mort. En général, ces sortes de travaux font beaucoup d'honneur à un artiste; mais ils démontrent la faiblesse de son art, qui s'écarte d'autant plus de la nature, qu'il cherche à réunir plusieurs de ses harmonies : au lieu de les confondre comme elle, il ne fait que les mettre en opposition.

Tout ceci prouve la vérité du principe que nous avons posé, qui est que l'harmonie naît de la réunion de deux contraires, et la discorde de leur choc; et que plus les harmonies d'un objet sont agréables, plus ses discordances sont déplaisantes. Voilà l'origine de nos plaisirs et de nos déplaisirs, au physique comme au moral, et pourquoi nous aimons et nous haïssons si souvent le même objet.

Il y a encore bien des choses intéressantes à

dire sur la figure humaine, sur-tout en y joignant les sensations morales, qui donnent seules l'expression à ses traits. Nous en dirons quelque chose dans la suite de cet ouvrage, lorsque nous parlerons du sentiment. Quoi qu'il en soit, la beauté physique de l'homme est si frappante pour les animaux mêmes, que c'est à elle principalement qu'il doit attribuer l'empire qu'il a sur eux par toute la terre : les faibles viennent se réfugier sous sa protection, et les plus forts tremblent à sa vue. Mathiole rapporte que l'alouette se sauve au milieu des troupes d'hommes, lorsqu'elle aperçoit l'oiseau de proie. Cet instinct m'a été confirmé par un officier, qui en vit une un jour se réfugier, en pareille circonstance, au milieu d'un escadron de cavalerie, où il servait alors ; mais celui de ses camarades auprès duquel elle était venue chercher un asile, la fit fouler aux pieds de son cheval : action barbare, qui lui attira, avec raison, la haine des plus honnêtes gens de son corps. Pour moi, j'ai vu un cerf, pressé par une meute de chiens, chercher, en bramant, du secours dans la pitié des passants, ainsi que Pline l'assure; j'en ai eu moi-même l'expérience à l'Ile-de-France, comme je l'ai rapporté dans la Relation que j'ai donnée au public de ce voyage. J'ai vu, dans des métairies, des poules d'Inde pressées d'amour, aller se jeter en piaulant aux pieds des paysans. Si nous ne voyons pas des effets plus fréquents de la confiance des animaux, c'est qu'ils sont effrayés, dans nos campagnes, par le bruit de nos fusils, et par des persécutions continuelles. On sait avec quelle familiarité les singes et les oiseaux s'approchent des voyageurs dans les forêts de l'Inde *. J'ai vû au cap de Bonne-Espérance, dans la ville même du Cap, les rivages de la mer couverts d'oiseaux de marine, qui se reposaient sur les chaloupes, et un grand pélican sauvage qui se jouait auprès de la douane, avec un gros chien, dont il prenait la tête dans son large bec. Ce spectacle me donna, dès mon arrivée, le préjugé le plus favorable du bonheur de ce pays et de l'humanité de ses habitants; et je ne fus pas trompé. Mais les animaux dangereux sont saisis, au contraire, de crainte à la vue de l'homme, à moins qu'ils ne soient jetés hors de leur naturel par des besoins extrêmes. Un éléphant se laisse conduire, en Asie, par un petit enfant. Le lion d'Afrique s'éloigne, en rugissant, de la hutte du Hottentot; il lui abandonne le terrain de ses ancêtres, et va chercher à régner dans des forêts et des rochers inconnus à l'homme. L'immense baleine, au milieu de son élément, tremble et fuit devant le petit canot d'un Lapon. Ainsi s'exécute encore cette loi toute-puissante qui conserva l'empire à l'homme au milieu de ses malheurs. « Que tous » les animaux de la terre ** et tous les oiseaux

---

* Voyez Bernier et Mandeslo.
** *Genèse*, chapitre IX, ⅴ. 12.

» du ciel soient frappés de terreur et tremblent
» devant vous, avec tout ce qui se meut sur la
» terre; j'ai mis entre vos mains tous les poissons
» de la mer. »

Il est très-remarquable qu'il n'y a dans la nature, ni animal, ni plante, ni fossile, ni même de globe, qui n'ait sa consonnance et son contraste hors de lui, excepté l'homme : aucun être visible n'entre dans sa société, que comme serviteur ou comme esclave.

On doit sans doute compter dans les proportions humaines, cette loi si vulgaire et si admirable, qui fait naître les femmes en nombre égal aux hommes. Si le hasard présidait à nos générations comme à nos alliances, on ne verrait naître une année que des enfants mâles, et une autre année que des enfants femelles. Il y aurait des nations qui seraient toutes d'hommes, d'autres, toutes de femmes; mais, par toute la terre, les deux sexes naissent, dans le même temps, en nombre égal. Une consonnance si régulière prouve évidemment qu'une Providence veille sur nos sociétés, malgré les désordres de leur police. On peut la regarder comme un témoignage de la vérité en faveur de notre religion, qui fixe aussi l'homme à une seule épouse dans le mariage, et qui, par cette conformité aux lois naturelles, qui lui est particulière, paraît seule émanée de l'Auteur de la nature. On en peut conclure, au contraire, que les religions qui permettent la pluralité des femmes, sont dans l'erreur.

Ah ! que ceux qui n'ont cherché dans l'union des deux sexes que les voluptés des sens, n'ont guère connu les lois de la nature ! Ils n'ont cueilli que les fleurs de la vie, sans en avoir goûté les fruits. Le beau sexe, disent nos gens de plaisir : ils ne connaissent pas les femmes sous d'autre nom. Mais il est seulement beau pour ceux qui n'ont que des yeux. Il est encore, pour ceux qui ont un cœur, le sexe générateur qui porte l'homme neuf mois dans ses flancs au péril de sa vie, et le sexe nourricier qui l'allaite et le soigne dans l'enfance. Il est le sexe pieux qui le porte aux autels tout petit, et qui lui inspire l'amour d'une religion, que la cruelle politique des hommes lui rendrait souvent odieuse. Il est le sexe pacifique qui ne verse point le sang de ses semblables ; le sexe consolateur qui prend soin des malades, et qui les touche sans les blesser. L'homme a beau vanter sa puissance et sa force ; si ses mains robustes manient le fer, celles de la femme, plus adroites et plus utiles, savent filer le lin et les toisons des brebis. L'un combat les noirs chagrins par les maximes de la philosophie ; l'autre les éloigne par l'insouciance et les jeux. L'un résiste aux maux du dehors par la force de sa raison ; l'autre, plus heureuse, leur échappe par la mobilité de la sienne. Si le premier met quelquefois sa gloire à affronter les dangers dans les batailles; celle-ci triomphe à en attendre de plus certains, et souvent de plus cruels, dans son lit et sous les pavillons de la volupté. Ainsi, ils ont été créés afin de supporter ensemble les maux de la vie, et pour former, par leur union, la plus puissante des consonnances et le plus doux des contrastes.

Je suis forcé, par le plan de mon ouvrage, d'aller en avant, et de m'abstenir de réfléchir sur des sujets aussi intéressants que le mariage et la beauté de l'homme et de la femme. Cependant je hasarderai encore quelques observations tirées de mes matériaux, afin de donner à d'autres le désir d'approfondir cette riche carrière, qui est, pour ainsi dire, toute neuve.

Tous les philosophes qui ont étudié l'homme ont trouvé, avec raison, qu'il était le plus misérable de tous les animaux. La plupart ont senti qu'il lui fallait un compagnon pour subvenir à ses besoins, et ils ont mis une portion de son bonheur dans l'amitié, ce qui est une preuve évidente de la faiblesse et de la misère humaine; car si l'homme était fort de sa nature, il n'aurait besoin ni d'aide, ni de compagnon. Les éléphants et les lions vivent solitairement dans les forêts. Ils n'ont pas besoin d'amis, parce qu'ils sont forts. Il est très-remarquable que, lorsque les anciens ont parlé d'une amitié parfaite, ils ne l'ont établie qu'entre deux amis et non entre plusieurs, quelle que soit la faiblesse de l'homme, qui a souvent besoin que tant d'êtres semblables à lui concourent à son bonheur. Il y a plusieurs raisons de cette restriction, dont les principales viennent de la nature du cœur humain, qui, par sa faiblesse même, ne peut saisir à-la-fois qu'un seul objet, et qui étant composé de passions opposées qui se balancent sans cesse, est en quelque sorte actif et passif, et a besoin d'aimer et d'être aimé, de consoler et d'être consolé, d'honorer et d'être honoré. Ainsi, toutes les amitiés célèbres dans le monde, n'ont jamais existé qu'entre deux amis; telles ont été celles de Castor et Pollux, de Thésée et de Pirithoüs, d'Hercule et d'Iolas, d'Oreste et de Pylade, d'Alexandre et d'Éphestion, etc.... Nous observerons encore que ces amitiés uniques ont toujours été associées aux actions vertueuses et héroïques; mais quand elles se sont partagées entre plusieurs personnes, elles ont été remplies de discordes, et n'ont été fameuses que par le mal qu'elles ont fait au genre humain; telle fut celle du triumvirat chez les Romains. Lorsque, dans ces alliances, les associés se sont multipliés, le mal qu'ils ont fait a été proportionné à leur nombre. Ainsi, la tyrannie des décemvirs, à Rome, eut encore quelque chose de plus cruel que celle des triumvirs; car elle faisait le mal, pour ainsi dire, sans passion et de sang-froid.

Il y a aussi des triummillevirats, et des décemmillevirats : ce sont les corps. Ils sont bien nommés corps, à juste titre; car ils ont souvent un autre centre que la patrie, dont ils ne devraient être que les membres. Ils ont aussi d'autres vues, d'autres ambitions, d'autres intérêts. Ils sont, par rapport au reste des citoyens, inconstants, divisés, sans but, et souvent aussi sans patriotisme ; ce que des troupes réglées sont par rapport à des troupes légères. Ils les empêchent de se présenter dans les avenues où ils s'avancent, et ils les débusquent, à la longue, de celles qui sont sur leur chemin. Combien de révolutions n'ont pas faites les strélitz, en Russie; les gardes prétoriennes, à Rome; les janissaires, à Constantinople; et ailleurs, des corps encore plus politiques! Ainsi, par une juste réaction de la Providence, l'esprit de corps a été aussi fatal aux patries, que l'esprit de patrie l'a été lui-même au genre humain.

Si le cœur de l'homme ne peut se remplir que d'un seul objet, que penser des amitiés de nos jours, qui sont si multipliées? Certainement, si un homme a trente amis, il ne peut donner à chacun d'eux que la trentième partie de son affection, et en recevoir réciproquement autant de leur part. Il faut donc qu'il les trompe et qu'il en soit trompé; car personne ne veut être ami par fraction. Mais pour dire la vérité, ces amitiés-là sont de véritables ambitions, des relations intéressées et purement politiques, qui ne s'occupent qu'à se faire illusion mutuellement, pour s'accroître aux dépens de la société, et qui lui feraient beaucoup de mal, si elles étaient plus unies entre elles, et si elles n'étaient pas balancées par d'autres qui leur sont opposées. Ainsi, c'est à des guerres intestines qu'aboutissent, à-peu-près, toutes les liaisons générales. D'un autre côté, je ne parle pas des inconvénients qui résultent des unions particulières trop intimes. Les amitiés les plus célèbres de l'antiquité n'ont pas été, à cet égard, exemptes de soupçon; quoique je sois persuadé qu'elles ont été aussi vertueuses que ceux qui en étaient les objets.

L'Auteur de la nature a donné à chacun de nous, dans notre espèce, un ami naturel, propre à supporter tous les besoins de notre vie, et à subvenir à toutes les affections de notre cœur et à toutes les inquiétudes de notre tempérament. Il dit, dans le commencement du monde : « Il n'est » pas bon que l'homme soit seul : faisons-lui une » aide semblable à lui; et il créa la femme*. » La femme plaît à tous nos sens par sa forme et par ses grâces. Elle a, dans son caractère, tout ce qui peut intéresser le cœur humain dans tous les âges. Elle mérite, par les soins longs et pénibles qu'elle prend de notre enfance, nos respects comme mère, et notre reconnaissance comme nourrice; ensuite, dans la jeunesse, notre amour comme maîtresse; dans l'âge viril, notre tendresse comme épouse, notre confiance comme économe, notre protec-

* *Genèse*, chap. xi, v 18.

tion comme faible; et dans la vieillesse, nos égards comme la mère de notre postérité, et notre intimité comme une amie qui a été la compagne de notre bonne et de notre mauvaise fortune. Sa légèreté et ses caprices même balancent, en tout temps, la gravité et la constance trop réfléchie de l'homme, et en acquièrent réciproquement de la pondération. Ainsi, les défauts d'un sexe et les excès de l'autre se compensent mutuellement. Ils sont faits, si j'ose dire, pour s'encastrer les uns dans les autres, comme les pièces d'une charpente, dont les parties saillantes et rentrantes forment un vaisseau propre à voguer sur la mer orageuse de la vie, et à se raffermir par les coups mêmes de la tempête. Si nous ne savions pas, par une tradition sacrée, que la femme fut tirée du corps de l'homme, et si cette grande vérité ne se manifestait pas, chaque jour, par la naissance merveilleuse des enfants des deux sexes en nombre égal, nous l'apprendrions encore par nos besoins. L'homme sans la femme, et la femme sans l'homme, sont des êtres imparfaits dans l'ordre naturel *. Mais, plus il y a de

* S'il pouvait exister de véritables athées, ils trouveraient dans l'harmonie des deux sexes, une prévoyance bien propre à dissiper tous leurs doutes. En ne considérant cette harmonie que dans les végétaux, par exemple, dans le dattier, (*phœnix dactilifera*. Lin.), on voit que la nature a voulu que cet arbre trouvât, hors de lui, un autre arbre qui lui fût analogue, et que leur postérité dépendît du mouvement de l'air, qu'ils ne peuvent diriger. Ainsi, deux végétaux séparés

contraste dans leurs caractères, plus il y a d'union dans leurs harmonies. C'est, comme nous en avons dit quelque chose, de leurs oppositions en talents, en goûts, en fortunes, que naissent les plus fortes et les plus durables amours. Le mariage est donc l'amitié de la nature, et la seule union véritable qui ne soit point exposée, comme celles qui existent entre les hommes, à l'égarement, à la rivalité, aux jalousies, et aux changements que le temps apporte à nos inclinations.

Mais pourquoi y a-t-il parmi nous si peu de mariages heureux? C'est que les sexes y sont dénaturés. C'est que les femmes prennent, chez nous, les mœurs des hommes par leur éducation, et les hommes les mœurs des femmes par leurs habitudes. Ce sont les maîtres, les sciences, les coutu-

par un espace immense, sont réunis par un moyen qui décèle une intelligence : leur séparation était prévue ; et si elle était prévue, il y a donc une puissance qui prévoit. On conçoit que cette preuve prend une nouvelle force, lorsqu'on l'applique aux insectes, aux animaux, et à l'homme ; car la création d'un seul animal eût été inutile, puisqu'il serait mort sans postérité ; il a donc fallu créer deux animaux semblables : or, comment le hasard aurait-il pu répéter deux fois le même ouvrage avec les seules différences propres à perpétuer les espèces ; et cela, dans des millions d'animaux et de plantes? Comment aurait-il placé le fils de l'homme dans un autre être que l'homme? Ce phénomène est certainement inexplicable, sans l'intervention d'une puissance intelligente. (*Note de l'Editeur.*)

mes, les occupations des hommes qui ont ôté aux femmes les grâces et les talents de leur sexe. Il y a un moyen sûr de ramener les uns et les autres à la nature; c'est de leur inspirer de la religion. Je n'entends pas par religion le goût des cérémonies, ni de la théologie; mais la religion du cœur, pure, simple, sans faste, telle qu'elle est si bien annoncée dans l'Évangile.

Non-seulement la religion rendra aux deux sexes leur caractère moral, mais leur beauté physique. Ce ne sont ni les climats ni les aliments, ni les exercices du corps, qui forment la beauté humaine; c'est le sentiment moral de la vertu, qui ne peut exister sans religion. Les aliments et les exercices contribuent, sans doute, beaucoup à la grandeur et au développement du corps; mais ils n'influent en rien sur la beauté du visage, qui est la vraie physionomie de l'ame. Il n'est pas rare de voir des hommes grands et vigoureux d'une laideur rebutante; des tailles de géant et des physionomies de singe.

La beauté du visage est tellement l'expression des harmonies de l'ame, que, par tout pays, les classes de citoyens obligées, par leur condition, de vivre avec les autres dans un état de contrainte, sont sensiblement les plus laides de la société. On peut vérifier cette observation, particulièrement parmi les nobles de plusieurs de nos provinces, qui vivent entre eux dans des jalousies perpétuelles de rang, et avec les autres citoyens, dans un état constant de guerre, pour la conservation de leurs prérogatives. La plupart de ces nobles ont un teint bilieux et brûlé. Ils sont maigres, refrognés, et sensiblement plus laids que les habitants du même canton, quoiqu'ils respirent le même air, qu'ils vivent des mêmes aliments, et qu'ils jouissent en général d'une meilleure fortune. Ainsi, il s'en faut bien qu'ils soient gentilshommes de nom et d'effet. Il y a même une nation voisine de la nôtre, dont les sujets sont aussi renommés en Europe par leur orgueil que par leur laideur. Tous ces hommes deviennent laids par les mêmes causes que la plupart de nos enfants, qui, étant si aimables dans le premier âge, enlaidissent en allant au collége, par les misères et les ennuis de leurs institutions. Je ne parle pas de leur caractère moral qui éprouve la même révolution que leur physionomie, celle-ci étant toujours une conséquence de l'autre.

Il n'en est pas de même des nobles de quelques cantons de nos provinces, et de ceux de quelques états de l'Europe. Ceux-ci, vivant en bonne intelligence entre eux et avec leurs compatriotes, sont en général les hommes les plus beaux de leur nation, parce que leur ame sociale et bienveillante n'est point dans un état constant de contrainte et d'anxiété. On peut rapporter aux mêmes causes morales la beauté des traits de la physionomie des

Grecs et des Romains, qui nous ont laissé, en général, de si nobles modèles dans leurs statues et dans leurs médaillons. Ils étaient beaux, parce qu'ils étaient heureux; ils vivaient en bonne union avec leurs égaux, et avec popularité avec leurs citoyens. D'ailleurs il n'y avait point parmi eux d'institutions tristes, semblables à celles de nos colléges, qui défigurent à-la-fois toute la jeunesse d'une nation. Il s'en faut bien que les descendants de ces mêmes peuples ressemblent aujourd'hui à leurs ancêtres, quoique le climat de leur pays n'ait point changé. C'est encore à des causes morales qu'il faut rapporter les physionomies singulièrement remarquables par leur dignité, des grands seigneurs de la cour de Louis XIV, comme on le voit à leurs portraits. En général, les gens de qualité étant, par leur état, au-dessus du reste de la nation, ne vivent pas sans cesse entre eux et avec les autres sujets au couteau tiré, comme la plupart de nos petits gentilshommes campagnards. D'ailleurs, ils sont, pour l'ordinaire, élevés dans la maison paternelle, sous l'heureuse influence de l'éducation domestique, et loin de toute jalousie étrangère. Mais ceux du siècle de Louis XIV avaient cet avantage par-dessus leurs descendants, qu'ils se piquaient de bienfaisance et d'affabilité populaire, et d'être les patrons des talents et des vertus, par-tout où ils les rencontraient. Il n'y a peut-être pas une grande maison de ce temps-là, qui ne puisse se glorifier d'avoir poussé en avant et mis en évidence quelque homme des familles du peuple, ou de la simple noblesse, qui est devenu célèbre dans les arts, dans les lettres, dans l'église ou dans les armes, par leur moyen. Ces grands agissaient ainsi à l'imitation du roi, ou peut-être par un reste d'esprit de grandeur du gouvernement féodal, qui finissait alors. Quoi qu'il en soit, ils ont été beaux, parce qu'ils ont eux-mêmes été contents et heureux; et ce noble mouvement de leur ame vers la bienfaisance, a imprimé à leur physionomie un caractère majestueux, qui les distinguera toujours des siècles qui les ont précédés, et encore plus de celui qui les a suivis.

Ces observations ne sont pas de simples objets de curiosité; elles sont bien plus importantes qu'on ne le croit; car il s'ensuit que pour former dans une nation de beaux enfants, et par conséquent de beaux hommes au physique et au moral, il ne faut pas, comme le veulent quelques médecins, assujettir l'espèce humaine à des purgations régulières et à certains jours de la lune. Les enfants astreints à ces sortes de régimes, comme sont la plupart de ceux de nos médecins et de nos apothicaires, ont tous des figures de papier mâché; et quand ils sont grands, ils ont des teints pâles, et des tempéraments cacochymes, comme leurs pères. Pour rendre les enfants beaux, il faut les rendre heureux au physique, et sur-tout au moral. Il faut éloigner d'eux tous les sujets de chagrin, non pas en excitant en eux de dangereuses passions, comme on fait aux enfants gâtés, mais en les empêchant, au contraire, de se livrer avec excès à celles qui leur sont propres, que la société fait fermenter sans cesse, et sur-tout en ne leur en inspirant pas de plus fâcheuses que celles que leur a données la nature, telles que les études ennuyeuses et vaines, les émulations, les rivalités, etc....... Nous nous étendrons davantage ailleurs sur ce sujet important.

La laideur d'un enfant vient presque toujours de sa nourrice ou de son précepteur. J'ai quelquefois observé parmi tant de classes de la société, plus ou moins défigurées par nos institutions, des familles d'une singulière beauté. Lorsque j'en ai recherché la cause, j'ai trouvé que ces familles, quoique du peuple, étaient plus heureuses au moral que celles des autres citoyens; que leurs enfants y étaient nourris par leurs mères; qu'ils apprenaient leur métier dans la maison paternelle; qu'ils y étaient élevés avec beaucoup de douceur; que leurs parents se chérissaient mutuellement, et qu'ils vivaient tous ensemble, malgré les peines de leur état, dans une liberté et dans une union qui les rendaient bons, heureux et contents. J'en ai tiré cette autre conséquence, que nous jugions souvent bien faussement du bonheur de la vie. En voyant, d'une part, un jardinier avec une figure d'empereur romain, et de l'autre un grand seigneur avec le masque d'un esclave, je pensais d'abord que la nature s'était trompée. Mais l'expérience prouve que tel grand seigneur est, depuis sa naissance jusqu'à sa mort, dans une suite de positions qui ne lui permettent pas de faire sa volonté trois fois par an : car il est obligé, dès l'enfance, de faire celle de ses précepteurs et de ses maîtres; et dans le reste de sa vie, celle de son prince, des ministres, de ses rivaux, et souvent celle de ses ennemis. Ainsi, il trouve une multitude de chaînes dans ses dignités mêmes. D'un autre côté, il y a tel jardinier qui passe sa vie sans éprouver la moindre contradiction. Comme le centenier de l'Évangile, il dit à un serviteur : Venez ici, et il y vient; et à un autre : Faites cela, et il le fait. Ceci prouve que la Providence a fait à nos passions mêmes une part bien différente de celle que la société leur présente; car souvent elle nous donne le plus dur esclavage à supporter au comble des honneurs, et dans les plus petites conditions, elle nous fait commander avec le plus d'empire.

Au reste, ceux qui ont été défigurés par les atteintes vicieuses de nos éducations et de nos habitudes, peuvent réformer leurs traits; et je dis ceci, sur-tout pour nos femmes qui, pour en venir à bout, mettent du blanc et du rouge, et se font des physionomies de poupées sans caractère. Au fond elles ont raison, car il vaut mieux le cacher, que de montrer celui des passions cruelles qui souvent les dévorent; sur-tout aux yeux de tant d'hommes qui ne l'étudient que pour en abuser. Elles ont un moyen sûr de devenir des beautés d'une expression touchante. C'est d'être intérieurement bonnes, douces, compatissantes, sensibles, bienfaisantes et pieuses. Ces affections d'une ame vertueuse imprimeront dans leurs traits des caractères célestes, qui seront beaux jusque dans l'extrême vieillesse.

J'ose dire même, que plus les gens laids auront des traits de laideur occasionés par les vices de leur éducation, plus ceux qu'ils acquerront par l'habitude de la vertu, produiront en eux de contrastes sublimes; car, lorsque nous trouvons de la bonté sous un extérieur de dureté, nous sommes aussi agréablement surpris que lorsque nous rencontrons, sous des buissons épineux, des violettes ou des primevères. Telle était la sensation qu'on éprouvait en abordant le refrogné M. de Turenne; et telle est, de nos jours, celle qu'inspire le premier aspect d'un prince du Nord, aussi-célèbre par sa bonté, que le roi son frère l'a été par des victoires. Je ne doute pas que l'extérieur repoussant de ces deux grands hommes n'ait contribué à donner encore plus de saillie à l'excellence de leur cœur. Telle fut encore la beauté de Socrate, qui, avec les traits d'un débauché, ravissait ceux qui le regardaient, quand il parlait de la vertu.

Mais il ne faut pas feindre sur son visage de bonnes qualités, qu'on n'a pas dans le cœur. Cette beauté fausse produit un effet plus rebutant que la laideur la plus décidée; car lorsque, attirés par une bonté apparente, nous rencontrons la mauvaise foi et la perfidie, nous sommes saisis d'horreur, comme lorsque sous des fleurs nous trouvons un serpent. Tel est le caractère odieux qu'on reproche en général aux courtisans.

La beauté morale est donc celle que nous devons nous efforcer d'acquérir, afin que ses rayons divins puissent se répandre dans nos actions, et dans nos traits. On a beau vanter, dans un prince même, la naissance, les richesses, le crédit, l'esprit; le peuple, pour le connaître, veut le voir au visage. Le peuple n'en juge que par la physionomie : elle est par tout pays la première, et souvent la dernière lettre de recommandation.

DES CONCERTS.

Le concert est un ordre formé de plusieurs harmonies de divers genres. Il diffère de l'ordre simple, en ce que celui-ci n'est souvent qu'une suite d'harmonies de la même espèce.

Chaque ouvrage particulier de la nature présente en différents genres, des harmonies, des consonnances, des contrastes, et forme un véritable concert. C'est ce que nous développerons dans l'Étude des plantes. Nous pouvons remarquer, dès à présent, au sujet de ces harmonies et de ces contrastes, que les végétaux dont les fleurs ont le moins d'éclat, sont habités par les animaux dont les couleurs sont les plus brillantes ; et au contraire, que les végétaux dont les fleurs sont les plus colorées, servent d'asile aux animaux les plus rembrunis. C'est ce qui est évident dans les pays situés entre les tropiques, dont les arbres et les herbes, qui ont peu de fleurs apparentes, nourrissent des oiseaux, des insectes, et jusqu'à des singes qui ont les plus vives couleurs. C'est dans les terres de l'Inde, que le paon étale son magnifique plumage sur des buissons dont la verdure est brûlée par le soleil ; c'est dans les mêmes climats que les aras, les loris, les perroquets émaillés de mille couleurs, se perchent sur les rameaux gris des palmiers, et que des nuées de petites perruches, vertes comme des émeraudes, viennent s'abattre sur l'herbe des campagnes jaunie par les longues ardeurs de l'été. Dans nos pays tempérés, au contraire, la plupart de nos oiseaux ont des couleurs ternes, parce que la plupart de nos végétaux ont des fleurs et des fruits vivement colorés. Il est très-remarquable que ceux de nos oiseaux et de nos insectes qui ont des couleurs vives, habitent, pour l'ordinaire, des végétaux sans fleurs apparentes. Ainsi, le coq de bruyère brille sur la verdure grise des pins, dont les pommes lui servent de nourriture. Le chardonneret fait son nid dans le rude chardon à bonnetier. La plus belle de nos chenilles, qui est marbrée d'écarlate, se trouve sur une espèce de tithymale qui croît, pour l'ordinaire, dans les sables et dans les grès de la forêt de Fontainebleau. Au contraire, nos oiseaux à teintes rembrunies habitent des arbrisseaux à fleurs éclatantes. Le bouvreuil, à tête noire, fait son nid dans l'épine blanche, et cet aimable oiseau consonne et contraste encore très-agréablement avec cet arbrisseau épineux, par son poitrail ensanglanté et par la douceur de son chant. Le rossignol, au plumage brun, aime à se nicher dans le rosier, suivant la tradition des poëtes orientaux, qui ont fait de jolies fables sur les amours de ce mélancolique oiseau pour la rose. Je pourrais offrir ici une multitude d'autres harmonies semblables, tant sur les animaux de notre pays, que des pays étrangers. J'en ai recueilli un assez grand nombre, mais j'avoue qu'elles sont trop incomplètes pour que j'en puisse former le concert entier d'une plante. J'en dirai cependant quelque chose de plus étendu à l'article des végétaux. Je ne citerai ici qu'un exemple, qui prouve incontestablement l'existence de ces lois harmoniques de la nature : c'est qu'elles subsistent dans les lieux même qui ne sont pas vus du soleil. On trouve toujours, dans les souterrains de la taupe, des débris d'ognons de colchique, auprès du nid de ses petits. Or, qu'on examine toutes les plantes qui ont coutume de croître dans nos prairies, on n'en verra point qui aient plus d'harmonies et de contrastes avec la couleur noire de la taupe, que les fleurs blanches, purpurines et liliacées du colchique. Le colchique donne encore un puissant moyen de défense à la faible taupe, contre le chien son ennemi naturel, qui quête toujours après elle dans les prairies; car cette plante l'empoisonne s'il en mange. Voilà pourquoi on appelle aussi le colchique, tue-chien. La taupe trouve donc des vivres pour ses besoins; et une protection contre ses ennemis, dans le colchique, ainsi que le bouvreuil, dans l'épine blanche. Ces harmonies ne sont pas seulement des objets très-agréables de spéculation; on en peut tirer une foule d'utilités : car il s'ensuit, par exemple, de ce que nous venons de dire, que, pour attirer des bouvreuils dans un bocage, il faut y planter de l'épine blanche; et que, pour chasser les taupes d'une prairie, il n'y a qu'à y détruire les ognons de colchique.

Si l'on ajoute à chaque plante ses harmonies élémentaires, telles que celles de la saison où elle paraît, du site où elle végète; les effets des rosées et les reflets de la lumière sur son feuillage; les mouvements qu'elle éprouve par l'action des vents; ses contrastes et ses consonnances avec d'autres plantes et avec les quadrupèdes, les oiseaux et les insectes qui lui sont propres, on verra se former autour d'elle un concert ravissant dont les accords nous sont encore inconnus. Ce n'est cependant qu'en suivant cette marche, qu'on peut parvenir à jeter un coup-d'œil dans l'immense et merveilleux édifice de la nature. J'exhorte les naturalistes, les amateurs des jardins, les peintres, les poëtes mêmes à l'étudier ainsi, et à puiser à cette source intarissable de goût et d'agrément. Ils verront de nouveaux mondes se présenter à eux ; et sans sortir de leur horizon, ils feront des découvertes plus curieuses que n'en renferment nos livres et nos cabinets, où les productions de l'univers sont morcelées et séquestrées dans les petits tiroirs de nos systèmes mécaniques.

Je ne sais maintenant quel nom je dois donner aux convenances que ces concerts particuliers ont avec l'homme. Il est certain qu'il n'y a point d'ouvrage de la nature qui ne renforce son concert particulier, ou, si l'on veut, son caractère naturel, par l'habitation de l'homme, et qui n'ajoute, à son tour, à l'habitation de l'homme quelque expression de grandeur, de gaieté, de terreur ou de majesté. Il n'y a point de prairie qu'une danse de bergère ne rende plus riante, ni de tempête que le naufrage d'une barque ne rende plus terrible. La nature élève le caractère physique de ses ouvrages à un caractère moral sublime, en les réunissant autour de l'homme. Ce n'est pas ici le lieu de m'occuper de ce nouvel ordre de sentiments. Il me suffira d'observer que, non-seulement elle emploie des concerts particuliers, pour exprimer en détail les caractères de ses ouvrages ; mais que, quand elle veut exprimer ces mêmes caractères en grand, elle rassemble une multitude d'harmonies et de contrastes, du même genre, pour en former un concert général qui n'a qu'une seule expression, quelque étendu que soit le champ de son tableau.

Ainsi, par exemple, pour exprimer le caractère malfaisant d'une plante vénéneuse, elle y rassemble des oppositions heurtées de formes et de couleurs qui sont des signes de malfaisance ; telles que les formes rentrantes et hérissées, les couleurs livides, les verts âtres et frappés de blanc et de noir, les odeurs virulentes.... Mais quand elle veut caractériser des paysages entiers qui sont malsains, elle y réunit une multitude de dissonances semblables. L'air y est couvert de brouillards épais ; les eaux ternies n'y exhalent que des odeurs nauséabondes ; il ne croît, sur les terres putréfiées, que des végétaux déplaisants, tels que le dracunculus, dont la fleur présente la forme, la couleur et l'odeur d'un ulcère. Si quelques arbres s'élèvent dans cette atmosphère nébuleuse, ce ne sont que des ifs, dont les troncs rouges et enfumés semblent avoir été incendiés, et dont le noir feuillage ne sert d'asile qu'aux hiboux. Si l'on voit quelques autres animaux chercher des retraites sous leurs ombres, ce sont des cent-pieds couleur de sang, ou des crapauds qui se traînent sur le sol humide et pourri. C'est par ces signes, ou par d'autres équivalents, que la nature écarte l'homme des lieux nuisibles.

Veut-elle lui donner sur la mer le signal d'une tempête? comme elle a opposé, dans les bêtes féroces, le feu des yeux à l'épaisseur des sourcils, les bandes et les marbrures dont elles sont peintes, à la couleur fauve de leur peau, et le silence de leurs mouvements aux rugissements de leurs voix; elle rassemble de même, dans le ciel et sur les eaux, une multitude d'oppositions heurtées, qui annoncent de concert la destruction. Des nuages sombres traversent les airs en formes horribles de dragons. On y voit jaillir çà et là le feu pâle des éclairs. Le bruit du tonnerre, qu'ils portent dans leurs flancs, retentit comme le rugissement du lion céleste : l'astre du jour, qui paraît à peine à travers leurs voiles pluvieux et multipliés, laisse échapper de longs rayons d'une lumière blafarde. La surface plombée de la mer se creuse et se sillonne de larges écumes blanches. De sourds gémissements semblent sortir de ses flots. Les noirs écueils blanchissent au loin, et font entendre des bruits affreux, entrecoupés de lugubres silences. La mer, qui les couvre et les découvre tour-à-tour, fait apparaître à la lumière du jour leurs fondements caverneux. Le lumme de Norwège se perche sur la pointe de leurs rochers, et fait entendre ses cris alarmants, semblables à ceux d'un homme qui se noie. L'orfraie marine s'élève au haut des airs, et n'osant s'abandonner à l'impétuosité des vents, elle lutte, en jetant des voix plaintives, contre la tempête qui fait ployer ses ailes. La noire procellaria voltige en rasant l'écume des flots, et cherche au fond de leurs mobiles vallées des abris contre la fureur des vents. Si ce petit et faible oiseau aperçoit un vaisseau au milieu de la mer, il vient se réfugier le long de sa carène ; et pour prix de l'asile qu'il lui demande, il lui annonce la tempête avant qu'elle arrive.

La nature proportionne toujours les signes de destruction à la grandeur du danger. Ainsi, par exemple, les signes de tempête du cap de Bonne-Espérance surpassent en beaucoup de points ceux de nos côtes. Il s'en faut bien que le célèbre Vernet, qui nous a offert tant de tableaux effrayants de la mer, nous en ait peint toutes les horreurs. Chaque tempête a son caractère particulier dans chaque parage : autres sont les tempêtes du cap de Bonne-Espérance et celles du cap Horn, de la mer Baltique et de la Méditerranée, du banc de Terre-Neuve et de la côte d'Afrique. Elles diffèrent encore suivant les saisons, et même suivant les heures du jour. Celles de l'été ne sont point les mêmes que celles de l'hiver ; et autre est le spectacle d'une mer irritée, luisante en plein midi sous les rayons du soleil, et celui de la même mer éclairée, au milieu de la nuit, d'un seul coup de tonnerre. Mais vous reconnaissez dans toutes, les oppositions heurtées dont j'ai parlé.

J'ai remarqué une chose dans les tempêtes du cap de Bonne-Espérance, qui appuie admirablement tout ce que j'ai avancé jusqu'ici sur les principes de la discorde et de l'harmonie, et qui peut faire naître de profondes réflexions à quelqu'un de plus habile que moi. C'est que la nature accompagne souvent les signes du désordre qui bouleverse ses mers, par des expressions agréables d'harmonie qui en redoublent l'horreur. Ainsi, par exemple, dans les deux tempêtes que j'y ai essuyées, je n'y ai point vu le ciel obscurci par de sombres nuages, ni ces nuages sillonnés par le feu alternatif des éclairs; ni une mer sale, et plombée, comme dans les tempêtes de nos climats. Le ciel, au contraire, y était d'un bleu fin, et la mer azurée; il n'y avait d'autres nuages en l'air que de petites fumées rousses, obscures à leur centre, et éclairées sur leurs bords de l'éclat jaune du cuivre poli. Elles partaient d'un seul point de l'horizon, et traversaient le ciel avec la rapidité d'un oiseau. Quand le tonnerre brisa notre grand mât, au milieu de la nuit, il ne roula point et ne fit d'autre bruit que celui d'un canon qu'on aurait tiré près de nous. Deux autres coups qui avaient précédé celui-ci, n'en avaient pas fait davantage. C'était au mois de juin, c'est-à-dire, dans l'hiver du cap de

Bonne-Espérance. J'y éprouvai une autre tempête en repassant dans le mois de janvier, qui est le milieu de l'été de ce pays-là. Le fond du ciel en était bleu comme dans la première, et on ne voyait que cinq ou six nuages sur l'horizon ; mais chacun d'eux, blanc, noir, caverneux, et d'une grandeur énorme, ressemblait à une portion des Alpes suspendue en l'air. Celle-ci était bien moins violente que l'autre, avec ses petites fumées rousses. Dans toutes les deux, la mer était azurée comme le ciel ; et sur les crêtes de ses grands flots, hérissés en jets d'eaux, se formaient des arcs-en-ciel très-colorés. Ces tempêtes, au milieu de la lumière, sont plus affreuses qu'on ne le peut dire. L'ame se trouble de voir des signes de calme, devenus des signes de tempête ; l'azur dans les cieux, et l'arc-en-ciel sur les flots. Les principes de l'harmonie paraissent bouleversés ; la nature semble s'y revêtir d'un caractère perfide, et couvrir la fureur sous les apparences de la bienveillance. Les écueils de ces parages ont les mêmes contrastes. Jean-Hugues Linschoten, qui vit de près ceux de la Juive, dans le canal Mozambique, contre lesquels il pensa périr, dit qu'ils sont hideux à voir, étant noirs, blancs et verts. Ainsi la nature augmente les caractères de la terreur, en y mêlant des expressions agréables.

Il y a encore en ceci quelque chose d'essentiel à observer ; c'est qu'elle met, dans les grandes scènes d'épouvante, le terrible de près, et l'agréable au loin, le bouleversement sur la mer, et la sérénité dans le ciel. Elle donne ainsi une grande extension au sentiment du désordre; car on ne prévoit point de fin à de pareilles tempêtes. Tout dépend de la première impulsion que nous éprouvons. Le sentiment de l'infini qui est en nous, et qui veut toujours se propager au loin, cherche à fuir le mal physique qui l'environne; mais repoussé, en quelque sorte, par la sérénité de l'horizon trompeur, il revient sur lui-même et donne plus de profondeur aux affections pénibles qu'il éprouve, dont la source lui paraît invariable. Tel est le géant des tempêtes, que la nature avait placé à l'entrée des mers de l'Inde, et que le Camoëns a si bien décrit. La nature produit des effets contraires dans nos climats; car elle redouble, l'hiver, notre repos dans nos maisons, en couvrant le ciel de nuées sombres et pluvieuses. Tout dépend de la première impulsion que reçoit l'ame. Lucrèce a eu raison de dire que notre plaisir et notre sécurité augmentent sur le rivage à la vue d'une tempête. Ainsi, un peintre qui voudrait renforcer dans un tableau l'agrément d'un paysage et le bonheur de ses habitants, n'aurait qu'à représenter au loin un vaisseau battu par les vents et par une mer irritée; le bonheur des bergers y redoublerait par le malheur des matelots. Mais s'il voulait au contraire augmenter l'horreur d'une tempête, il faudrait qu'il opposât au malheur des matelots le bonheur des bergers, et qu'il mît le vaisseau entre le spectateur et le paysage. Le premier sentiment dépend de la première impulsion; et le fond contrastant de la scène, loin de le dénaturer, ne fait que lui donner plus d'énergie en le répercutant sur lui-même. Ainsi on peut, avec les mêmes objets placés diversement, produire des effets directement opposés.

Si la nature, en plaçant quelques harmonies agréables dans des scènes de discorde, en redouble la confusion, telles que la couleur verte dans les écueils de la Juive, ou l'azur dans les tempêtes du Cap, elle jette souvent quelque discordance dans ses concerts les plus aimables, pour en relever l'agrément. Ainsi, une chute d'eau bruyante qui se précipite dans une tranquille vallée, ou un âpre et noir rocher qui s'élève au milieu d'une plaine de verdure, ajoute à la beauté d'un paysage. C'est ainsi qu'un signe sur un beau visage le rend plus piquant. D'habiles artistes ont imité heureusement ces contrastes harmoniques. Quand Callot a voulu redoubler l'horreur de ses scènes infernales, il a mis au milieu de leurs démons la tête d'une jolie femme sur la carcasse d'un animal. Au contraire, de fameux peintres, chez les Grecs, pour rendre Vénus plus intéressante, la représentaient avec les yeux un peu louches.

La nature n'emploie d'affreux contrastes, que pour éloigner l'homme de quelque site périlleux.

Dans tout le reste de ses ouvrages, elle ne rassemble que des medium harmoniques. Je ne m'engagerai pas dans l'examen de leurs divers concerts ; c'est un sujet d'une richesse inépuisable. Il suffit à mon ignorance d'avoir indiqué quelques-uns de leurs principes. Cependant j'essaierai de tracer une légère esquisse de la manière dont elle harmonie nos moissons, qui, étant les ouvrages de notre agriculture, semblent livrées à la monotonie qui caractérise la plupart des ouvrages de l'homme.

Il est d'abord remarquable que nous y trouverons cette charmante nuance de vert, qui naît de l'alliance de deux couleurs primordiales opposées, qui sont le jaune et le bleu. Cette couleur harmonique se décompose à son tour par une autre métamorphose, vers le temps de la moisson, en trois couleurs primordiales, qui sont le jaune des blés, le rouge des coquelicots, et l'azur des bluets. Ces deux plantes se trouvent toujours dans les blés de l'Europe, quelque soin que les laboureurs prennent de les sarcler et de les vanner. Elles forment, par leur harmonie, une teinte pourpre très-riche, qui se détache admirablement sur la couleur fauve des moissons. Si on étudie ces deux plantes à part, on trouvera entre elles beaucoup de contrastes particuliers ; car le bluet a ses feuilles menues, et le pavot les a larges et découpées : le bluet a les corolles de ses fleurs rayonnantes et d'un bleu tendre, et le pavot a les siennes larges et d'un rouge foncé : le bluet jette ses tiges divergentes, et le pavot les porte droites. On trouve encore dans les blés, la nielle qui s'élève à la hauteur de leurs épis, avec de jolies fleurs purpurines en trompette ; et le convolvulus à fleur couleur de chair, qui grimpe autour de leurs chalumeaux, et les entoure de verdure comme des thyrses. Il y a encore plusieurs autres végétaux qui ont coutume d'y croître, et d'y former d'agréables contrastes ; la plupart exhalent de douces odeurs, et quand le vent les agite, vous diriez, à leurs ondulations, d'une mer de verdure et de fleurs. Joignez-y un certain frissonnement d'épis fort agréable, qui invite au sommeil par un doux murmure.

Ces aimables forêts ne sont pas sans habitants. On voit courir, sous leurs ombrages, le scarabée vert, à raies d'or, et le monocéros, couleur de café brûlé. Ce dernier insecte se plaît dans les fumiers de cheval, et il porte sur sa tête un soc dont il remue la terre comme un laboureur. Il y a encore plusieurs contrastes charmants dans les mouches et les papillons qui sont attirés par les fleurs des moissons, et dans les mœurs des oiseaux qui les habitent. L'hirondelle voyageuse plane sans cesse à leur surface ondoyante, comme sur un lac, tandis que l'alouette sédentaire s'élève à pic au-dessus d'elles, en chantant à la vue de son nid. La perdrix domiciliée et la caille passagère y nourrissent également leurs petits. Souvent un lièvre place son gîte dans leur voisinage, et y broute en paix les laiterons.

Ces animaux ont avec l'homme des relations d'utilité, par leur fécondité et leurs fourrures. Il est remarquable qu'on les trouve dans toutes les moissons de l'Europe, et que leurs espèces sont variées comme les différents sites que l'homme devait habiter; car il y a des espèces différentes de cailles, de perdrix, d'alouettes, d'hirondelles et de lièvres, pour les plaines, les montagnes, les landes, les prairies, les forêts et les rochers.

Quant aux blés, ils ont des rapports innombrables avec les besoins de l'homme et de ses animaux domestiques. Ils ne sont ni trop hauts ni trop bas pour sa taille. Ils sont faciles à manier et à recueillir. Ils donnent des grains à sa poule, du son à son porc, du fourrage et des litières à son cheval et à son bœuf. Chaque plante qui y croît, a des vertus particulièrement assorties aux maladies auxquelles les laboureurs sont sujets. Le pavot des champs guérit la pleurésie; il procure le sommeil; il apaise les hémorrhagies et les crachements de sang. Le bluet est diurétique, vulnéraire, cordial et rafraîchissant; il guérit les piqûres des bêtes venimeuses et l'inflammation des yeux. Ainsi un laboureur trouve toute sa pharmacie dans ses guérets.

La culture des blés lui présente bien d'autres concerts agréables avec la vie humaine. Il connaît, à leurs ombres, les heures du jour, à leurs accroissements, les rapides saisons ; et il ne compte ses années fugitives que par leurs récoltes innocentes. Il ne craint point, comme dans les villes, un hymen infidèle, ou une postérité trop nombreuse. Ses travaux sont toujours surpassés par les bienfaits de la nature. Dès que le soleil est au signe de la Vierge, il rassemble ses parents, il invite ses voisins; et dès l'aurore, il entre avec eux, la faucille à la main, dans ses blés mûrs. Son cœur palpite de joie en voyant ses gerbes s'accumuler, et ses enfants danser autour d'elles, couronnés de bluets et de coquelicots : leurs jeux lui rappellent ceux de son premier âge, et la mémoire de ses vertueux ancêtres, qu'il espère revoir un jour dans un monde plus heureux. Il ne doute pas qu'il n'y ait un Dieu, à la vue de ses moissons; et aux douces époques qu'elles ramènent à son souvenir, il le remercie d'avoir lié la société passagère des hommes par une chaîne éternelle de bienfaits.

Prés fleuris, majestueuses et murmurantes forêts, fontaines moussues, sauvages rochers fréquentés de la seule colombe, aimables solitudes, qui nous ravissez par d'ineffables concerts; heureux qui pourra lever le voile qui couvre vos charmes secrets ! mais plus heureux encore celui qui peut les goûter en paix dans le patrimoine de ses pères !

DE QUELQUES AUTRES LOIS DE LA NATURE, PEU CONNUES.

Il y a encore quelques lois physiques peu approfondies, quoiqu'on les ait entrevues et qu'on en ait beaucoup parlé. Telle est celle de l'attraction. On l'a reconnue dans les planètes et dans quelques métaux, comme dans le fer et l'aimant, dans l'or et le mercure. Je crois que l'attraction est commune à tous les métaux, et même à tous les fossiles; mais qu'elle agit, en chacun d'eux, dans des circonstances particulières qui n'ont pas encore été observées. Peut-être que chacun des métaux se tourne vers divers points de la terre, comme le fer aimanté vers le nord, et vers les lieux où il y a des mines de fer. Il faudrait peut-être, pour en faire l'expérience, que chacun d'eux fût armé de son attraction; ce qui arrive, ce me semble, quand il est joint avec son contraire. Que sait-on, si une aiguille d'or, frottée de mercure, n'aurait pas des pôles attractifs, comme une aiguille de fer en a lorsqu'elle est frottée d'aimant ? Elle pourrait indiquer, avec cette préparation, ou telle autre qui lui serait plus convenable, les lieux où il y a des mines de ce riche métal. Peut-être déterminerait-elle des points généraux de direction à l'orient ou à l'occident, qui serviraient à indiquer les longitudes plus constamment que les variations de l'aiguille aimantée. S'il y a un point au pôle sur lequel le globe semble tourner, il peut y en avoir un sous l'équateur, d'où il a commencé à tourner, et qui a déterminé son mouvement de rotation. Il est très-remarquable, par exemple, que toutes les mers sont remplies de coquillages univalves d'une infinité d'espèces très-différentes, qui ont tous leurs spirales qui vont en croissant du même côté, c'est-à-dire, de gauche à droite, comme le mouvement du globe, lorsqu'on tourne l'embouchure du coquillage au nord et vers la terre. Il n'y en a qu'un bien petit nombre d'espèces d'exceptées, et que, pour cette raison, on appelle *uniques*. Les spirales de celles-ci vont de droite à gauche. Une direction si générale et des exceptions si particulières dans les coquilles, ont sans doute leurs causes dans la nature, et leurs époques dans les siècles inconnus où leurs germes furent créés. Elles ne peuvent venir de l'action actuelle du soleil qui agit sur elles par mille aspects différents. Sont-elles ainsi dirigées par rapport à quelque courant général de l'Océan, ou à quelque point inconnu d'attraction de la terre au nord ou au midi, à l'orient ou à l'occident? Ces rapports paraîtront étranges et peut-être-frivoles à nos savants; mais tout est lié dans la nature : souvent une observation légère y mène à d'importantes découvertes. Une petite lame de fer, qui se tourne vers le nord, guide les flottes sur les déserts de l'Océan; et un roseau d'une espèce inconnue, jeté sur les rivages des Açores, fit soupçonner à Christophe Colomb l'existence d'un autre monde.

Quoi qu'il en soit, il est certain qu'il y a un grand nombre de ces points particuliers d'attraction répandus sur la terre, tels que les matrices qui renouvellent les mines des métaux, en attirant à elles les parties métalliques dispersées dans les éléments. C'est par des matrices attractives que ces mines sont inépuisables, comme on l'a remarqué en plusieurs endroits, entre autres à l'île d'Elbe, située dans la Méditerranée. Cette petite île n'est qu'une mine de fer, dont on avait déjà tiré, du temps de Pline, une immense quantité de métal, sans qu'on s'aperçût, dit-il, qu'il y diminuât en aucune manière. Les métaux ont encore d'autres attractions; et, si j'ose dire en passant mon opinion, je les regarde eux-mêmes comme les matrices principales de tous les corps fossiles, et comme des moyens toujours actifs que la nature emploie pour réparer les montagnes et les rochers, que l'action des autres éléments, mais surtout les travaux imprudents des hommes, tendent sans cesse à dégrader.

Je remarquerai ici, au sujet des mines d'or, qu'elles sont placées, ainsi que celles de tous les métaux, non-seulement dans les parties les plus élevées des continents, mais dans des montagnes à glace.

Les fameuses mines d'or du Pérou et du Chili sont, comme on sait, dans les Cordilières ; les mines d'or du Mexique sont situées aux environs de la montagne de Sainte-Marthe, qui est couverte de neige toute l'année. Les fleuves de l'Europe qui roulent de l'or sur leurs rivages, sortent des montagnes à glace. Le Pô, en Italie, a sa source dans celles du Piémont. Mais, sans nous écarter de la France, on y compte dix fleuves ou rivières qui y charient des paillettes d'or dans leurs sables, et qui ont tous leur origine dans des montagnes à glace. Tel est le Rhin, depuis Strasbourg jusqu'à Philisbourg ; le Rhône, dans le pays de Gex ; le Doubs, dans la Franche-Comté, qui tous trois ont leurs sources dans les montagnes à glace de la Suisse. La Cèse et le Gardon descendent de celles des Cévennes. L'Arriège, dans le pays de Foix ; la Garonne, dans les environs de Toulouse ; le Salat, dans le comté de Conserans, et les ruisseaux de Ferriet et du Bénagues, ont tous leurs sources dans les montagnes glacées des Pyrénées.

Cette observation peut s'étendre, comme je le crois, à toutes les mines d'or du monde, même à celles de l'Afrique, dont les rivières qui charient le plus de poudre d'or, comme le Sénégal, descendent des montagnes de la Lune.

On pourra m'objecter qu'on a trouvé autrefois beaucoup d'or en Europe, dans des lieux où il n'y avait point de montagnes à glace ; qu'on en recueille à la surface même de la terre, comme au Brésil; et il n'y a que quelques années qu'on en trouva une pépite ou morceau de plusieurs livres sur le bord d'une rivière de la contrée de Cinaloa, dans le Nouveau-Mexique. Mais si j'ose hasarder mes conjectures sur l'origine de cet or épars à la surface de la terre, dans l'ancien continent de l'Europe, et sur-tout dans celui du Nouveau-Monde, je crois qu'il provient des effusions totales des glaces des montagnes, qui arrivèrent au temps du déluge; et que, comme les dépouilles de l'Océan couvrirent les parties occidentales de l'Europe; que celles des terres végétales se répandirent sur la partie orientale de l'Asie; celles des minéraux des montagnes furent entraînées sur d'autres contrées, où l'on trouvait, dans les premiers temps, leurs débris par grains et pépites tout entiers. Ce qu'il y a de certain, c'est que, quand Christophe Colomb découvrit les îles Lucayes et les Antilles, il trouva bien chez leurs insulaires, de l'or de mauvais aloi, qui provenait du commerce qu'ils avaient fait avec les habitants de la terre ferme; mais il n'y avait point de mines dans leur territoire, malgré le préjugé où l'on était, et où bien des gens sont encore, que le soleil formait ce précieux métal dans les terres de la zone torride. Pour moi, je trouve, comme je viens de l'observer, l'or bien plus commun dans le voisinage des montagnes à glace, quelle que soit leur latitude ; et je soupçonne, par analogie, qu'il doit y en avoir des mines fort riches dans le nord. Il est probable que les eaux du déluge en entraînèrent des portions considérables dans les contrées septentrionales. On lit, je crois, dans le livre de l'Arabe Job, ces expressions remarquables : « L'or » vient de l'aquilon. » Il est certain que le premier commerce des Indes avec l'Europe s'est fait par le nord, comme l'a fort bien prouvé le baron Stralenberg, Suédois, exilé après la bataille de Pultava, dans la Sibérie, dont il nous a donné une savante description. Il dit qu'on y peut suivre encore à la trace la route des anciens Indiens qui remontaient le fleuve Petzora qui va se décharger dans la mer Blanche. On trouve le long de ses bords, plusieurs de leurs tombeaux, qui renferment quelquefois des manuscrits écrits sur des étoffes de soie, en langue du Thibet, et l'on aperçoit sur les rochers de ses rivages, des caractères qu'ils y ont tracés en rouge ineffaçable. De ce fleuve, ils gagnaient, avec des barques de cuir, par les lacs, la mer Baltique, ou côtoyaient les côtes septentrionales et occidentales de l'Europe. Cette route était connue aux Indiens, du temps même des Romains, puisque Cornélius Nepos rapporte qu'un roi des Suèves fit présent à Metellus Celer, de deux Indiens que la tempête avait jetés, avec leur canot de cuir, sur les côtes voisines de l'embouchure de l'Elbe. On ne peut pas se figurer ce que les Indiens, habitants d'un pays chaud, allaient chercher si loin au nord. Qu'auraient-ils fait, dans l'Inde, des fourrures de la Sibérie? Il paraît qu'ils allaient y chercher de l'or, qui pouvait alors y être commun à la surface de la terre.

Quoi qu'il en soit, on peut présumer de ce que les mines d'or sont placées dans les lieux les plus élevés du continent; que leurs matrices recueillent dans l'atmosphère les parties volatilisées de l'or, qui s'y élèvent avec les émanations fossiles et aquatiques que les vents y apportent de toutes parts. Mais elles exercent sur les hommes des attractions encore bien plus fortes.

Il semble que la nature, en ensevelissant les foyers de ce riche métal sous des neiges, ait voulu lui donner des remparts encore plus inaccessibles que le sein des rochers, de peur que la cupidité des hommes ne vînt enfin à bout de les détruire entièrement. Il est devenu le plus fort lien de nos sociétés, et l'objet perpétuel des travaux de notre vie si rapide. Hélas! si la nature voulait punir aujourd'hui cette soif insatiable des nations de l'Europe, pour un métal aussi inutile aux véritables besoins de l'homme, ce serait de changer le territoire de quelqu'une d'entre elles en or. Tous les autres peuples y accourraient bientôt, et ne tarderaient pas à en exterminer les habitants. Les Péruviens et les Mexicains en ont fait une cruelle expérience.

Il y a des métaux moins estimés, mais bien plus utiles, dont les attractions élémentaires pourraient peut-être nous procurer de grandes commodités.

Les pitons des montagnes et leurs longues crêtes sont remplis, ainsi que nous l'avons vu, de fer ou de cuivre mélangé d'un corps vitreux, de granit ou de quartz, qui attire les pluies et les orages comme de véritables aiguilles électriques. Il n'y a point de marin qui n'ait vu mille fois ces pitons et ces crêtes couverts d'un chapeau de nuages qui se fixe tout autour, et les fait souvent disparaître à la vue, sans en soupçonner la cause. D'un autre côté, nos savants ont pris, sur les cartes, ces escarpements pour les débris d'une terre primitive, sans se douter de leurs effets. Ils auraient dû observer que ces pyramides et ces crêtes métalliques, ainsi que la plupart des mines de fer et de cuivre, se rencontrent toujours aux lieux élevés, et à la source de tous les fleuves, dont elles sont les causes premières par leurs attractions. L'inattention générale à ce sujet, vient de ce que les marins observent et ne raisonnent point, et que les savants raisonnent et n'observent point. Certainement, si l'expérience des uns avait été jointe à la sagacité des autres, il en serait né des prodiges. Je suis persuadé qu'à l'imitation de la nature, on pourrait venir à bout de former, avec des pierres électriques, des fontaines artificielles qui attireraient les nuages pluvieux dans des lieux secs et arides, comme les chaînes et les barres de fer attirent les orages. A la vérité, il faudrait que des princes fissent les frais de ces grandes et utiles expériences; mais elles conserveraient leur mémoire à jamais. Les Pharaons, qui ont bâti les pyramides de l'Égypte, ne se seraient pas attiré les malédictions de leurs peuples, comme le dit Pline, pour des travaux énormes et inutiles, s'ils avaient élevé, dans les sables de la Haute-Égypte, quelque pyramide électrique qui y eût formé une fontaine artificielle. L'Arabe qui viendrait y boire aujourd'hui, bénirait encore leurs noms, qui étaient déjà oubliés et inconnus du temps des Romains, suivant le témoignage de Pline. Pour moi, je pense que plusieurs métaux seraient propres à produire de pareils effets. Un officier supérieur, au service du roi de Prusse, m'a raconté qu'ayant remarqué que le plomb attirait les vapeurs, il se servit de son attraction pour assécher l'atmosphère d'un magasin à poudre. Ce magasin avait été construit sous terre, dans la gorge d'un bastion, et on n'en pouvait faire usage à cause de son humidité. Il fit doubler d'une voûte de plomb le dessus de la charpente où étaient posés les barils de poudre : les vapeurs du souterrain s'y rassemblèrent par gouttes, se répandirent en rigoles sur les côtés, et laissèrent les barils à sec.

Il est à présumer que chaque métal et chaque

fossile a sa répulsion comme son attraction, car ces deux lois se rencontrent toujours ensemble. Les contraires se cherchent.

Il y a encore une multitude d'autres lois harmoniques inconnues; telles sont les proportions des grandeurs et des durées de l'existence dans les êtres végétatifs et sensibles, qui sont très-différentes, quoique leurs nourritures et leurs climats soient les mêmes. L'homme, dans sa jeunesse, voit mourir de vieillesse le chien son contemporain, et la brebis qu'il a nourrie étant agneau. Quoique le premier ait vécu à sa table, et l'autre des herbes de son pré, ni la fidélité de l'un, ni la sobriété de l'autre n'ont pu prolonger leurs jours; tandis que des animaux qui ne vivent que de charognes et de rapines, vivent des siècles, comme le corbeau. On ne peut se guider dans ces recherches, qu'en suivant l'esprit de convenance, qui est la base de notre propre raison, comme il l'est de la raison de la nature. C'est en le consultant que nous verrons que si tel animal carnassier vit long-temps, comme le corbeau, c'est que ses services et son expérience sont long-temps nécessaires pour nettoyer la terre dans des lieux dont les immondices se renouvellent sans cesse, et qui sont souvent à de grandes distances. Si, au contraire, un animal innocent vit peu, c'est que sa chair et sa peau sont nécessaires à l'homme. Si le chien de la maison met souvent au désespoir, par sa mort, nos enfants dont il a été le commensal et le contemporain, sans doute la nature a voulu leur donner, par la perte d'un animal si digne des affections du cœur humain, les premières expériences des privations dont la vie humaine est exercée.

Quelquefois la durée de la vie d'un animal est proportionnée à la durée du végétal qui le nourrit. Une multitude de chenilles naissent et meurent avec les feuilles qu'elles pâturent. Il y a des insectes qui n'existent que cinq heures : tel est l'éphémère. Cette espèce de mouche, grande comme la moitié du petit doigt, naît d'un ver fluviatile, qu'on trouve particulièrement aux embouchures des fleuves, sur les bords de l'eau, dans la vase, où il creuse des tuyaux pour y chercher sa subsistance. Ce ver vit trois ans, et au bout de ce terme, vers la Saint-Jean, il se change presque subitement en mouche, qui paraît au monde sur les six heures du soir, et meurt à onze heures de nuit. Il n'avait besoin que de ce temps pour s'accoupler et déposer ses œufs sur les vases découvertes. Il est très-remarquable qu'il s'accouple et fait sa ponte précisément dans le temps des plus basses marées de l'année, lorsque les fleuves découvrent, à leurs embouchures, la plus grande partie de leur lit. Il reçoit alors des ailes pour aller déposer ses œufs aux lieux que les eaux abandonnent, et pour étendre, comme mouche, le domaine de sa postérité dans le temps où, comme ver, il a le moins de terrain.

J'ai remarqué aussi dans le dessin et les coupes microscopiques qu'en a donnés le savant Thévenot, dans les dernières parties de sa collection, que, dans l'état de mouche, il n'a aucun des organes extérieurs et intérieurs de la nutrition. Ils lui auraient été inutiles pour le peu de temps qu'il avait à vivre.

La nature n'a rien fait en vain. Il ne faut pas croire qu'elle ait créé des vies instantanées, et des êtres infiniment petits pour remplir les chaînes imaginaires de l'existence. Les philosophes qui lui supposent ces prétendus plans d'universalité que rien ne démontre, et qui la font descendre dans l'infiniment petit par des intentions aussi frivoles, la font agir à-peu-près comme une mère qui donne pour jouets, à ses enfants, de petits carrosses et de petits meubles qui ne servent à rien, mais qui sont faits à l'imitation de ceux du ménage de la maison.

Les haines et les instincts des animaux émanent de lois d'un ordre supérieur, qui nous seront toujours impénétrables dans ce monde; mais quand ces convenances intimes nous échappent, il faut les rapporter, ainsi que les autres, à la convenance générale des êtres, et surtout à celle de l'homme. Rien n'est si lumineux dans l'étude de la nature, que de référer tout ce qui existe à la bonté de Dieu, et aux besoins de l'homme. Non-seulement cette manière de voir nous découvre

une multitude de lois inconnues, mais elle donne
des bornes à celles que nous connaissons et que
nous croyons universelles. Si la nature, par exemple, était régie par les seules lois de l'attraction,
comme le supposent ceux qui en ont fait la base
de tant de systèmes, tout y serait en repos. Les
corps, tendant vers un centre commun, s'y accumuleraient et se rangeraient autour de lui en raison de leur pesanteur. Les matières qui composent
le globe seraient d'autant plus pesantes, qu'elles
approcheraient davantage du centre, et celles qui
sont à sa surface seraient mises de niveau. Le bassin des mers serait comblé des débris des terres;
et cette vaste architecture formée d'harmonies si
variées, ne présenterait bientôt plus qu'un globe
aquatique. Tous les corps, enchaînés par une chute
commune, seraient condamnés à une éternelle
immobilité. D'un autre côté, si la loi de projection
qui sert à expliquer les mouvements des astres,
en supposant qu'ils tendent à s'échapper, par la
tangente, de la courbe qu'ils décrivent; si, dis-je,
cette loi avait lieu, tous les corps qui ne sont pas
adhérents à la terre, s'en éloigneraient comme les
pierres s'échappent des frondes; notre globe lui-
même, obéissant à cette loi, s'éloignerait du soleil
pour jamais. Tantôt il traverserait dans sa route
infinie, des espaces immenses où on n'apercevrait
aucun astre pendant le cours de plusieurs siècles;
tantôt, traversant les lieux où le hasard aurait

rassemblé les matrices de la création, il passerait au milieu des parties élémentaires des soleils, agrégées par les lois centrales de l'attraction, ou dispersées en étincelles et en rayons par celles de la projection. Mais en supposant que ces deux forces contraires se soient combinées assez heureusement en sa faveur pour le fixer, avec son tourbillon, dans un coin du firmament, où ces forces agissent sans se détruire, il présenterait son équateur au soleil avec autant de régularité qu'il décrit son cours annuel autour de lui. On ne verrait jamais résulter de ces deux mouvements constants cet autre mouvement si varié, par lequel il incline, chaque jour, un de ses pôles vers le soleil, jusqu'à ce que son axe ait formé sur le plan de son cercle annuel un angle de vingt-trois degrés et demi; puis cet autre mouvement rétrograde, par lequel il lui présente avec la même régularité le pôle opposé. Loin de lui offrir alternativement ses pôles, afin que sa chaleur féconde en fonde les glaces tour à tour, il les tiendrait ensevelis dans des nuits et des hivers éternels, avec une partie des zones tempérées, tandis que le reste de sa circonférence serait brûlé par les feux trop constants des tropiques.

Mais quand on supposerait, avec ces lois constantes d'attraction et de projection, une troisième loi versatile qui donne à la terre le mouvement qui produit les saisons, et une quatrième qui lui donne son mouvement diurne de rotation sur elle-même, et qu'aucune de ces lois si opposées ne surpassât jamais les autres, et ne la déterminât à la fin à obéir à une seule impulsion; on ne pourrait jamais dire qu'elles eussent déterminé les formes et les mouvements des corps qui sont à sa surface. D'abord, la force de projection ou centrifuge n'y aurait laissé aucun de ceux qui en sont détachés. D'un autre côté, la force d'attraction ou la pesanteur n'eût pas permis aux montagnes de s'élever, et encore moins aux métaux qui en sont les parties les plus pesantes, d'être placés à leurs sommets, où on les trouve ordinairement. Si on suppose que ces lois soient l'*ultimatum* du hasard, et qu'elles se soient tellement combinées, qu'elles n'en forment plus qu'une seule; par la même raison qu'elles font mouvoir la terre autour du soleil, et la lune autour de la terre, elles devraient agir de la même manière sur les corps particuliers qui sont à la surface du globe. On devrait voir les rochers isolés, les fruits détachés des arbres, les animaux qui n'ont point de griffes, tourner autour de lui en l'air, comme nous voyons les parties qui composent l'anneau de Saturne tourner autour de cette planète. C'est la pesanteur, répète-t-on, qui agit uniquement à la surface du globe, qui empêche les corps de s'en détacher. Mais, si elle y absorbe les autres puissances, pourquoi a-t-elle permis aux montagnes de s'y élever, comme nous l'avons déjà dit? Comment la force centrifuge a-t-elle soulevé à une hauteur prodigieuse la longue crête des Cordilières, et laisse t-elle immobile l'écharpe volatile de neige qui la couvre? Pourquoi, si l'action de la pesanteur est aujourd'hui universelle, n'influe-t-elle pas sur les corps mous des animaux, lorsque, renfermés dans le sein maternel, ou dans l'œuf, ils sont dans un état de fluidité? Tous les nombreux enfants de la terre, animaux et végétaux, devraient être arrondis en boule comme leur mère. Les parties les plus pesantes de leur corps, devraient au moins être situées en bas, sur-tout dans ceux qui se remuent; au contraire, elles sont souvent en haut, et soutenues par des jambes bien plus légères, que le reste de l'animal; comme on le voit au cheval et au bœuf. Quelquefois elles sont entre la tête et les pieds, comme à l'autruche; ou à l'extrémité du corps, dans la tête, comme à l'homme. D'autres animaux, tels que les tortues, sont aplatis; d'autres, tels que les reptiles, sont allongés en forme de fuseau; tous enfin ont des formes infiniment variées. Les végétaux mêmes qui semblent entièrement soumis à l'action des éléments, ont des configurations diversifiées à l'infini. Mais comment les animaux ont-ils en eux-mêmes les principes de tant de mouvements si différents? Comment la pesanteur ne les a-t-elle pas cloués à la surface de la terre? Ils devraient tout au plus y ramper. Comment se fait-il que les lois qui régissent le cours des astres, ces lois dont on étend aujourd'hui l'influence jusqu'aux opérations de notre ame, permettent aux oiseaux de s'élever dans les airs, de voler à leur gré à l'occident, au nord, au midi, malgré les puissances réunies de l'attraction et de la projection du globe?

C'est la convenance qui a réglé ces lois, et qui en a généralisé ou suspendu les effets, suivant les besoins des êtres. Quoique la nature emploie une infinité de moyens, elle ne permet à l'homme d'en connaître que la fin. Ses ouvrages sont soumis à des destructions rapides; mais elle lui laisse toujours apercevoir la constance immortelle de ses plans. C'est là qu'elle veut arrêter son esprit et son cœur. Elle ne veut pas l'homme ingénieux et superbe; elle le veut heureux et bon. Partout elle affaiblit les maux nécessaires, et partout elle multiplie les biens souvent superflus. Dans ses harmonies formées de contraires, elle a opposé l'empire de la mort à celui de la vie; mais la vie dure tout un âge, et la mort un instant. Elle fait jouir l'homme long-temps des développements si agréables des êtres; mais elle lui cache, avec des précautions maternelles, leurs états passagers de dissolution. Si un animal meurt, si des plantes se décomposent dans un marais, des émanations putrides et des reptiles d'une forme rebutante nous en écartent. Une infinité d'êtres secondaires sont créés pour en hâter les décompositions. Si les montagnes et les rochers caverneux offrent des apparences de ruine, les hiboux, les oiseaux de proie, les bêtes féroces qui y font leurs retraites, nous en éloignent. La nature repousse loin de nous les spectacles et les ministres de la destruction, et nous invite à ses harmonies. Elle les multiplie, suivant nos besoins, bien au delà des lois qu'elle semble s'être prescrites, et de la mesure que nous devions en attendre. C'est ainsi que les rochers arides et stériles répètent par leurs échos les murmures des eaux et des forêts, et que les surfaces planes des eaux, qui n'ont ni forêts ni collines, en représentent les couleurs et les formes dans leurs reflets.

C'est par une suite de cette bienveillance surabondante de la nature, que l'action du soleil est multipliée partout où elle était le plus nécessaire, et qu'elle est affaiblie dans tous les lieux où elle aurait été nuisible. Le soleil est d'abord cinq ou six jours de plus dans notre hémisphère septentrional, parce que cet hémisphère renferme la plus grande partie des continents, et qu'il est le plus habité. Son disque y paraît sur l'horizon avant qu'il soit levé, et après qu'il est couché; ce qui, joint à ses crépuscules, augmente considérablement la grandeur naturelle de nos jours. Plus il fait froid, plus la réfraction de ses rayons s'étend; voilà pourquoi elle est plus grande le matin que le soir, l'hiver que l'été, et au commencement du printemps qu'à celui de l'automne. Quand l'astre du jour nous a quittés pendant la nuit, la lune vient nous réfléchir sa lumière, avec des variétés dans ses phases, qui ont des rapports encore ignorés avec un grand nombre d'espèces d'animaux, et sur-tout de poissons qui ne voyagent que la nuit aux époques qu'elle leur indique. Plus le soleil s'éloigne d'un pôle, plus ses rayons y sont réfractés. Mais quand il l'a abandonné tout-à-fait, c'est alors que sa lumière y est suppléée d'une manière admirable. D'abord la lune, par un mouvement incompréhensible, va l'y remplacer, et y paraît perpétuellement sur l'horizon sans se coucher, comme l'observèrent, en 1596, à la Nouvelle-Zemble, les malheureux Hollandais qui y passèrent l'hiver par le 76ᵉ degré de latitude septentrionale. C'est dans ces affreux climats que la nature multiplie ses ressources, pour rendre aux êtres sensibles le bénéfice de la lumière et de la chaleur. Le ciel y est éclairé d'aurores boréales qui lancent, jusqu'au zénith, des rayons d'une lumière dorée, blanche, rouge et mouvante. Le pôle y étincelle d'étoiles plus lumineuses que le reste du firmament. Les neiges qui y couvrent la terre, en abritent une partie des plantes, et, par leur éclat, affaiblissent l'obscurité de la nuit. Les arbres y sont revêtus de mousses épaisses qui s'enflamment à la moindre étincelle : la terre même en est tapissée; sur-tout dans les bois, à une si grande hauteur, qu'il m'est arrivé plus d'une fois d'enfoncer, en été, jusqu'aux genoux dans ceux de la Russie. Enfin, les animaux qui y habitent sont revêtus de fourrures jusqu'au bout des ongles. Lorsqu'il s'agit ensuite de rendre la chaleur à ces climats, le soleil y reparaît bien long-temps avant son terme naturel. Ainsi, les Hollandais dont j'ai parlé le virent avec surprise sur l'horizon de la Nouvelle-Zemble, le 24 janvier, c'est-à-dire, quinze jours plus tôt qu'ils ne s'y attendaient. Sa vue inespérée les remplit de joie, et déconcerta les calculs de leur savant pilote, l'infortuné Barents. C'est alors que l'astre du jour y redouble sa chaleur et sa lumière, par les parélies qui, comme autant de miroirs formés dans les nuages, réfléchissent son disque sur la terre. Il appelle de l'Afrique les vents du sud, qui, passant sur le Zara, dont les sables sont alors embrasés par le voisinage du soleil à leur zénith, se chargent de particules ignées, et viennent heurter, comme des béliers de feu, cette effroyable coupole de glace qui couvre l'extrémité de notre hémisphère. Ses énormes voussoirs, dissous par la chaleur de ces vents, et ébranlés par leurs violentes secousses, se détachent par quartiers aussi élevés que des montagnes; et flottant au gré des courants qui les entraînent vers la ligne, ils s'avancent quelquefois jusqu'au 45° degré, en rafraîchissant les mers méridionales par leurs vastes effusions. Ainsi les glaces du pôle donnent de la fraîcheur aux mers chaudes de l'Afrique, comme les sables de l'Afrique donnent des vents chauds aux glaces du pôle.

Mais, comme le froid est à son tour un très-grand bien dans la zone torride, la nature emploie mille moyens pour en étendre l'influence dans cette zone, et pour y affaiblir la chaleur et la lumière du soleil. D'abord, elle y détruit les réfractions de l'atmosphère : le soleil n'y a presque point de crépuscule avant son lever, et sur-tout après son coucher. Lorsqu'il est au zénith, il se voile de nuages pluvieux qui ombragent la terre et qui la rafraîchissent par leurs eaux ; de plus, ces nuages étant souvent orageux, les explosions de leurs feux dilatent la couche supérieure de l'atmosphère, qui est glaciale à deux mille cinq cents toises d'élévation sous la ligne, comme on le voit aux neiges qui couvre perpétuellement, à cette hauteur, les sommets de quelques montagnes des Cordilières. Ils font couler, par leurs explosions et leurs secousses, des colonnes de cet air congelé de l'atmosphère supérieure, dans l'inférieure qui en est subitement rafraîchie, comme nous l'éprouvons, en été, dans nos climats, immédiatement après les orages. Les effusions des glaces des pôles rafraîchissent de même les mers du midi, et les vents polaires soufflent fréquemment sur les parties les plus chaudes de leurs rivages. La nature a placé de plus dans le sein de la zone torride, et dans son voisinage, des chaînes de montagnes à glace, qui accélèrent et redoublent les effets des vents polaires, sur-tout le long des mers, où la fermentation était le plus à craindre par les alluvions des corps des animaux et des végétaux que les eaux y déposent sans cesse. Ainsi la chaîne du Mont-Taurus, toujours couverte de neige, commence en Afrique sur les rivages brûlants du Zara, et côtoyant la Méditerranée, passe en Asie, où elle jette çà et là de longs bras qui embrassent les golfes de l'Océan indien. De même en Amérique, la longue chaîne des Cordilières du Pérou et du Chili, avec les crêtes élevées dont elle traverse le Brésil, rafraîchit les longs et brûlants rivages de la mer du Sud et du golfe du Mexique.

Ces dispositions élémentaires ne sont qu'une partie des ressources de la nature, pour tempérer la chaleur dans les pays chauds. Elle y ombrage la terre de végétaux rempants et d'arbres en parasols, dont quelques-uns, comme les cocotiers des îles Séchelles, et les talipots de Ceylan, ont des feuilles de douze à quinze pieds de long, et de sept à huit de largeur.

Elle y couvre les animaux de poils ras, et les colore en général, ainsi que la verdure, de teintes sombres et rembrunies, afin de diminuer les reflets de la chaleur et de la lumière. Cette dernière considération nous engage à faire ici quelques réflexions sur les effets des couleurs : le peu que nous en dirons nous convaincra que leurs générations ne sont pas produites au hasard, que c'est par des raisons très-sages que la moitié d'entre elles vont, en se composant, vers la lumière, et l'autre moitié en se décomposant, vers les ténèbres, et que toutes les harmonies de ce monde naissent de choses contraires.

Les naturalistes regardent les couleurs comme des accidents. Mais si nous considérons les usages généraux où les emploie la nature, nous serons persuadés qu'il n'y a pas même sur les rochers une seule nuance de placée en vain. Observons d'abord les principaux effets des deux couleurs extrêmes, la blanche et la noire, par rapport à la lumière. L'expérience prouve que, de toutes les couleurs, la blanche est celle qui réfléchit le mieux les rayons du soleil, parce qu'elle les renvoie sans aucune teinte, aussi purs qu'elle les reçoit; et la noire, au contraire, est la moins propre à leur réflexion, parce qu'elle les éteint. Voilà pourquoi les jardiniers blanchissent les murs de leurs espaliers, pour accélérer la maturité de leurs fruits par la réverbération du soleil, et que les opticiens noircissent les parois de la chambre obscure, afin que leurs reflets n'altèrent pas le tableau lumineux qui s'y peint.

La nature, en conséquence, emploie fréquemment, au nord, la couleur blanche pour augmen-

ter la lumière et la chaleur du soleil. La plupart des terres y sont blanchâtres, ou d'un gris clair. Les roches, les sables y sont remplis de mica et de parties spéculaires. De plus, la blancheur des neiges qui les couvrent en hiver, et les parties vitreuses et cristallines de leurs glaces sont très-propres à y affaiblir l'action du froid, en y réfléchissant la lumière et la chaleur de la manière la plus avantageuse. Les troncs des bouleaux, qui y composent la plus grande partie des forêts, ont l'écorce blanche comme du papier. Dans quelques endroits même, la terre est tapissée de végétaux tout blancs. « Dans la partie
» orientale, dit un savant Suédois, des hautes mon-
» tagnes qui séparent la Suède de la Norwège,
» exposée à la plus grande rigueur du froid, il y a
» une forêt épaisse, et singulière en ce que le pin
» qui y croît est rendu noir par une espèce de
» lichen filamenteux qui y pend en abondance,
» tandis que la terre est couverte, par-tout aux
» environs, d'un lichen blanc qui imite la neige
» par son éclat *. » La nature y donne la même couleur à la plupart des animaux, comme aux ours blancs, aux loups, aux perdrix, aux lièvres, aux hermines; les autres y blanchissent sensiblement en hiver, tels que les renards et les écureuils qui sont roux en été, et petit-gris en hiver. Si nous considérions même la figure filiforme de

* *Extrait de l'Histoire naturelle du renne*, par Charles-Frédéric Hoffberg, traduit par M. le chevalier de Kéralio.

leurs poils, leurs vernis et leur transparence, nous verrions qu'ils sont formés de la manière la plus propre à réfléchir et à réfranger les rayons lumineux. On n'en doit pas considérer la blancheur comme une dégénération ou un affaiblissement de l'animal, ainsi que l'ont fait les naturalistes par rapport aux cheveux des hommes, qui blanchissent dans la vieillesse par un défaut de substance, disent-ils; car il n'y a rien de si touffu que la plupart de ces fourrures, ni rien de si vigoureux que les animaux qui les portent. L'ours blanc est une des plus fortes et des plus terribles bêtes du monde; il faut souvent plusieurs coups de fusil pour l'abattre.

La nature, au contraire, a coloré de rouge, de bleu, et de teintes sombres et noires, les terres, les végétaux, les animaux, et même les hommes qui habitent la zone torride, pour y éteindre les feux de l'atmosphère brûlante qui les environne. Les terres et les sables de la plus grande partie de l'Afrique, située entre les tropiques, sont d'un rouge brun, et les rochers en sont noirs. Les îles de France et de Bourbon, qui sont sur les lisières de cette zone, ont, en général, cette nuance. J'y ai vu des poules et des perroquets, dont non-seulement le plumage, mais la peau était teinte en noir. J'y ai vu aussi des poissons tout noirs, surtout parmi les espèces qui vivent à fleur-d'eau sur les récifs, telles que les vieilles et les raies. Comme les animaux blanchissent en hiver, au nord, à mesure que le soleil s'en éloigne, ceux du midi se colorent de teintes foncées, à mesure que le soleil s'approche d'eux. Quand il est au zénith, les moineaux du pays ont des pièces d'estomac et les plumes de la tête toutes rouges. Il y a des oiseaux qui y changent de couleur trois fois par an, ayant, pour ainsi dire, des habits de printemps, d'été et d'hiver, suivant que le soleil est à la ligne, au tropique du Cancer ou à celui du Capricorne 7.

Il y a encore ceci de très-remarquable et de conséquent à l'emploi que la nature fait de ces couleurs au nord et au midi; c'est que par tout pays, la partie du corps d'un animal qui est la plus blanche, est le ventre, parce qu'il faut plus de chaleur au ventre pour la digestion et les autres fonctions; et au contraire la tête est par-tout la plus fortement colorée, sur-tout dans ceux des pays chauds, parce que cette partie a le plus besoin de fraîcheur dans l'économie animale.

On ne peut pas dire que les ventres des animaux conservent leur blancheur parce qu'ils sont abrités du soleil, et que leurs têtes se colorent parce qu'elles y sont le plus exposées. Il semble, par des raisons d'analogie, que l'effet naturel de la lumière devrait être de revêtir de son éclat tous les objets qu'elle touche, et que partant les terres, les végétaux et les animaux de la zone torride devraient être blancs; et que la nuit, au contraire, agissant plusieurs mois de suite sur les pôles, devrait en rembrunir tous les objets. La nature ne s'assujettit point à des lois mécaniques. Quel que soit l'effet physique de la présence du soleil ou de son absence, elle a ménagé, au nord, des taches très-noires sur les corps les plus blancs, et au midi, des taches blanches sur des corps forts noirs. Elle a noirci le bout de la queue des hermines de Sibérie, afin que ces petits animaux tout blancs, marchant sur la neige où ils laissent à peine des traces de leurs pattes, pussent se reconnaître lorsqu'ils vont à la suite les uns des autres, dans les reflets lumineux des longues nuits du nord. Peut-être aussi cette noirceur, opposée au blanc, est-elle un de ces caractères tranchés qu'elle a donnés aux bêtes de proie, tels que le bout du museau noir et les griffes noires à l'ours blanc. L'hermine est une espèce de belette. Il y a aussi des renards tout noirs dans le nord, mais ils sont dédommagés de l'influence de la couleur blanche par la plus chaude et la plus épaisse des fourrures; c'est la plus précieuse de toutes celles du nord. D'ailleurs cette espèce de renards y est fort rare. La nature les a peut-être revêtus de noir, parce qu'ils vivent dans des souterrains, au milieu des sables chauds, ou dans le voisinage de quelque volcan; ou par quelque autre raison qui m'est inconnue, mais convenable à leurs besoins. C'est ainsi qu'elle a vêtu de blanc le paille-en-cu des tropiques, parce que cet oiseau qui vole à une très-grande élévation sur la mer, passe une partie de sa vie dans le voisinage d'une atmosphère glacée. Ces exceptions ne détruisent point la convenance générale de ces deux couleurs ; au contraire elles la confirment, puisque la nature s'en sert pour diminuer ou augmenter la chaleur de l'animal, suivant la température du lieu où il vit.

Je laisse maintenant expliquer aux physiciens comment le froid fait végéter les poils des animaux du nord, et comment la chaleur raccourcit ou fait tomber ceux des animaux du midi, contre les lois de la physique systématique et même expérimentale ; car nous savons par notre expérience que l'hiver retarde l'accroissement des cheveux et de la barbe de l'homme, et que l'été l'accélère.

Je crois entrevoir une loi, bien différente de la loi des analogies que nous attribuons si communément à la nature, parce qu'elle s'allie à notre faiblesse, en nous donnant lieu de tout expliquer à l'aide d'un petit nombre de principes. Cette loi, infiniment variée dans ses moyens, est celle des compensations [8]. Elle est une conséquence de la loi universelle de la convenance des êtres, et une suite de l'union des contraires dont les harmonies de l'univers sont composées. Ainsi il arrive souvent que les effets, loin d'être les résultats des causes, leur sont opposés. Par exemple, il a plu à la nature de vêtir de blanc plusieurs oiseaux des régions chaudes, tels que l'aigrette des Antilles et le perroquet des Moluques appelé cacatoës; mais elle aura donné à leur plumage une disposition qui en affaiblit la réflexion. Il est même très-remarquable qu'elle a coiffé les têtes de ces oiseaux d'aigrettes et de panaches qui les ombragent, parce que, comme nous l'avons observé, la tête est la partie du corps qui a le plus besoin de fraîcheur dans l'économie animale. Telle est notre poule huppée, qui vient originairement de Numidie. Je ne crois pas même qu'on trouve ailleurs que dans les pays méridionaux, des oiseaux dont la tête soit panachée. S'il y en a quelques-uns au nord, comme les huppes, ils n'y paraissent qu'en été. La plupart de ceux du nord, au contraire, ont le ventre et les pattes revêtus de palatines formées de duvet semblable à la plus fine des laines. Il y a encore ceci de remarquable sur les oiseaux et les quadrupèdes blancs du midi qui vivent dans une atmosphère chaude; c'est que je crois qu'ils ont tous la peau noire, ce qui suffit pour amortir la réflexion de la couleur dont ils sont revêtus. Robert Knox, en parlant de quelques quadrupèdes blancs de l'île de Ceylan, dit qu'ils ont la peau toute noire. Je me rappelle moi-même avoir vu au port de Lorient, un cacatoës tout déplumé à l'estomac, dont la peau était noire comme celle d'un nègre. Quand cet oiseau blanc, avec son bec noir et son estomac noir et nu, dressait son aigrette et battait des ailes, il avait l'air d'un roi des Indes, avec sa couronne et son manteau de plumes.

Cette loi des compensations a donc des moyens très-variés, qui détruisent la plupart des lois que nous avons établies en physique; mais il faut la soumettre elle-même à la convenance générale; sans quoi, si nous voulions la rendre universelle, elle nous jetterait à son tour dans l'erreur commune. Elle a fait naître, en géométrie, plusieurs axiomes fort douteux, quoique fort célèbres, tels que celui-ci : « L'action est égale à la réaction; » ou cet autre qui en est une conséquence : « L'angle de » réflexion est égal à l'angle d'incidence. » Je ne m'arrêterai pas à prouver dans combien de cas ces axiomes-là sont erronés, combien d'actions dans la nature sont sans réactions, combien d'actions ont des réactions inégales, combien d'angles de réflexion sont dérangés par les plans mêmes d'incidence. Il me suffit de répéter ici ce que nous avons dit plusieurs fois, c'est que la faiblesse de notre esprit et la vanité de notre éducation nous portent sans cesse à généraliser. Cette méthode est la cause de toutes nos erreurs, et peut-être de tous nos vices. La nature donne à chaque être ce qui lui convient, dans la convenance la plus parfaite, suivant la latitude pour laquelle il est destiné; et lorsque les saisons en varient la température, elle en varie aussi les convenances. Ainsi, il y a des convenances qui sont immuables, et d'autres qui sont versatiles.

Souvent la nature emploie des moyens contraires pour produire le même effet. Elle fait du verre avec le feu; elle en fait avec l'eau, comme le cristal; elle en produit encore par l'organisation des animaux, tels que certains coquillages qui sont transparents; elle forme le diamant par des procédés qui nous sont entièrement inconnus. Concluez maintenant de ce qu'une matière est vitrifiée, qu'elle est l'ouvrage du feu, et bâtissez, sur cet aperçu, le système du monde! Nous ne pouvons même saisir que des instants harmoniques dans l'existence des êtres. Ce qui est vitrifiable devient calcaire, et ce qui est calcaire se change en verre par l'action du même feu. Tirez donc de ces simples modifications du règne fossile, des caractères constants pour en déterminer les classes générales!

Souvent aussi la nature se sert du même moyen pour produire des effets tout-à-fait contraires. Par exemple, nous avons vu que, pour augmenter la chaleur sur les terres du nord, et pour l'affaiblir sur celles du midi, elle employait des couleurs opposées; elle y produit les mêmes effets en couvrant les unes et les autres de rochers. Ces rochers sont très-nécessaires à la végétation. J'ai souvent remarqué, dans ceux de la Finlande, des lisières de verdure qui bordaient leur base du côté du midi; et dans ceux de l'Ile-de-France, j'ai trouvé ces lisières du côté opposé au soleil.

On peut faire les mêmes observations dans notre climat : en été, quand tout est sec, on trouve fréquemment de l'herbe verte au pied des murs qui regardent le nord; elle disparaît en hiver, mais alors on en revoit d'autre le long de ceux qui sont exposés au midi. Nous avons déjà remarqué que les zones glaciales et la zone torride réunissaient la plus grande quantité d'eaux, dont les évaporations adoucissent également l'âpreté du chaud et du froid, avec cette différence que les plus grands lacs sont vers les pôles, et les plus grands fleuves vers la ligne. Il y a, à la vérité, quelques lacs dans l'intérieur de l'Afrique et de l'Amérique; mais ils sont placés dans des atmosphères élevées au centre des montagnes, et ne peuvent point se corrompre par l'action de la chaleur; mais les plaines et les lieux bas sont arrosés par les plus grands courants d'eaux vives qu'il y ait au monde, tels que le Zaïre, le Sénégal, le Nil, le Méchassipi, l'Orénoque, l'Amazone, etc. La nature ne se propose par-tout que les convenances des êtres. Cette remarque est très-importante dans l'étude de ses ouvrages; autrement, à la similitude de ses moyens, ou à leur exception, on pourrait douter de la constance de ses lois, au lieu d'en rejeter la majestueuse obscurité sur la multiplicité de ses ressources et sur la profondeur de notre ignorance.

Cette loi de convenance a été la source de toutes nos découvertes. Ce fut elle qui porta Christophe Colomb en Amérique, parce que, comme dit Herrera[*], il pensait, contre l'opinion des anciens, que les cinq zones devaient être habitées, puisque Dieu n'avait pas fait la terre pour être déserte. C'est elle qui règle nos idées sur les objets absolument hors de notre examen; c'est par elle que, quoique nous ignorions s'il y a des hommes dans les planètes, on peut assurer qu'il y a des yeux, parce qu'il y a de la lumière. C'est elle qui a fait naître le sentiment de la justice dans le cœur de tous les hommes, et qui leur a dit qu'il y avait un autre ordre de choses après cette vie. Enfin, elle est la plus forte preuve de l'existence de Dieu; car, au milieu de tant de convenances si ingénieuses, que nos passions mêmes si inquiètes n'eussent jamais pu en imaginer de semblables, et si nombreuses que chaque jour nous en présente de nouvelles, la première de toutes, qui est la Divinité, doit sans doute exister, puisqu'elle est la convenance générale de toutes les convenances particulières.

C'est celle-là sur-tout, dont nous cherchons, même involontairement, à reconnaître l'existence par-tout, et à nous assurer de toutes les manières. Voilà pourquoi les collections les plus nombreuses en histoire naturelle, les galeries de tableaux les

---

[*] Herrera, *Histoire des Indes Occidentales*, liv. I, chap. II.

plus rares, les jardins remplis des plantes les plus curieuses, les livres les mieux écrits, enfin tout ce qui nous présente les rapports les plus merveilleux de la nature, après nous avoir ravis en admiration, finissent par nous ennuyer. Nous leur préférons bien souvent une montagne agreste, un rocher raboteux, quelque solitude sauvage, qui puisse nous offrir des rapports nouveaux et encore plus directs. Souvent, en sortant du magnifique Cabinet du Roi, nous nous arrêtons machinalement à voir un jardinier creuser, dans un champ, un trou avec sa bêche, ou un charpentier doler avec sa hache une pièce de bois; il semble que nous allons voir quelques harmonies nouvelles sortir du sein de la terre ou des flancs d'un chêne. Nous comptons pour rien celles dont nous venons de jouir, si elles ne nous mènent à d'autres que nous ne connaissons pas. Mais on nous donnerait l'histoire complète des étoiles du firmament et des planètes invisibles qui les environnent, nous y apercevrions une foule de plans inénarrables d'intelligence et de bonté, que notre cœur soupirerait encore : sa seule fin est la Divinité même.

ÉTUDE ONZIÈME.

APPLICATION DE QUELQUES LOIS GÉNÉRALES
DE LA NATURE AUX PLANTES.

Avant de parler des plantes, nous nous permettrons quelques réflexions sur le langage de la botanique.

Nous sommes encore si nouveaux dans l'étude de la nature, que nos langues manquent de termes pour en exprimer les harmonies les plus communes : cela est si vrai, que quelque exactes que soient les descriptions des plantes, faites par les plus habiles botanistes, il est impossible de les reconnaître dans les campagnes, si on ne les a déjà vues en nature, ou au moins dans un herbier. Ceux qui se croient les plus habiles en botanique, n'ont qu'à essayer de peindre sur le papier une plante qu'ils n'auront jamais vue, d'après une description exacte des plus grands maîtres; ils verront combien leur copie s'écartera de l'original. Cependant, des hommes de génie se sont épuisés à donner aux parties des plantes des noms caractéristiques; ils ont même choisi la plupart de ces noms dans la langue grecque, qui a beaucoup d'énergie. Il en est résulté un autre inconvénient ; c'est que ces noms, qui sont la plupart composés, ne peuvent se rendre en français : et c'est une des raisons pour lesquelles une grande partie des ouvrages de Linnæus est intraduisible. A la vérité, ces expressions savantes et mystérieuses répandent un air vénérable sur l'étude de la botanique; mais la nature n'a pas besoin de ces ressources de l'art des hommes pour s'attirer nos respects. La sublimité de ses lois peut se passer de l'emphase et de l'obscurité de nos expressions. Plus on porte la lumière dans son sein, plus on la trouve admirable.

Après tout, la plupart de ces noms étrangers, employés sur-tout par le vulgaire des botanistes, n'expriment pas même les caractères les plus communs des végétaux. Ils emploient, par exemple, fréquemment ces expressions vagues, *suave rubente*, *suave olente*, « d'un rouge agréable, d'une » odeur suave; » pour caractériser des fleurs, sans exprimer la nuance de leur rouge, ni l'espèce de leur parfum. Ils sont encore plus embarrassés quand ils veulent rendre les couleurs rembrunies des tiges, des racines ou des fruits : *atro-rubente*, disent-ils, *fusco-nigrescente*, « d'un rouge obscur, » d'un roux noircissant. » Quant aux formes des végétaux, c'est encore pis, quoiqu'ils aient fabriqué des mots composés de quatre ou cinq mots grecs pour les décrire.

J.-J. Rousseau me communiqua, un jour, des

espèces de caractères algébriques qu'il avait imaginés, pour exprimer très-brièvement les couleurs et les formes des végétaux. Les uns représentaient les formes des fleurs; d'autres, celles des feuilles; d'autres, celles des fruits. Il y en avait en cœur, en triangle, en losange, etc. Il n'employait que neuf ou dix de ces signes pour former l'expression d'une plante. Il y en avait de placés les uns au-dessus des autres, avec des chiffres qui exprimaient les genres et les espèces des plantes, en sorte que vous les eussiez pris pour les termes d'une formule algébrique. Quelque ingénieuse et expéditive que fût cette méthode, il me dit qu'il y avait renoncé, parce qu'elle ne lui présentait que des squelettes. Ce sentiment convenait à un homme dont le goût était égal au génie, et peut faire réfléchir ceux qui veulent donner des abrégés de toutes choses, sur-tout des ouvrages de la nature. Cependant, l'idée de Jean-Jacques mérite d'être perfectionnée, quand elle ne servirait qu'à faire naître, un jour, un alphabet propre à exprimer la langue de la nature. Il ne s'agirait que d'y introduire des accents, pour rendre les nuances des couleurs, et toutes les modifications des saveurs, des parfums et des formes. Après tout, ces caractères ne pourraient être rendus avec précision, si les qualités de chaque végétal ne sont d'abord déterminées exactement par des paroles : autrement, la langue des botanistes, à laquelle on reproche aujourd'hui de ne parler qu'à l'oreille, ne se ferait plus entendre qu'aux yeux.

Voici ce que j'ai à proposer sur un objet aussi intéressant, et qui se conciliera avec les principes généraux que nous poserons ensuite. Le peu que j'en dirai pourra servir à s'exprimer, non-seulement dans la botanique, et dans l'étude des autres sciences naturelles, mais dans tous les arts, où nous manquons, à chaque instant, de termes pour rendre les nuances et les formes des objets.

Quoique nous n'ayons que le seul terme de *blanc* pour exprimer la couleur blanche, la nature nous en présente de bien des sortes. La peinture, sur ce point, est aussi aride que la langue.

J'ai ouï raconter, qu'un fameux peintre d'Italie se trouva un jour fort embarrassé pour peindre dans un tableau trois figures habillées de blanc; il s'agissait de donner de l'effet à ces figures, vêtues uniformément, et de tirer des nuances de la couleur la plus simple et la moins composée de toutes. Il jugeait la chose impossible, lorsqu'en passant dans un marché au blé, il aperçut l'effet qu'il cherchait. C'était un groupe formé par trois meûniers, dont l'un était sous un arbre, le second dans la demi-teinte de l'ombre de cet arbre, et le troisième aux rayons du soleil; en sorte que, quoiqu'ils fussent tous trois habillés de blanc, ils se détachaient fort bien les uns des autres. Il peignit donc un arbre au milieu des trois personnages de son tableau, et en éclairant l'un d'eux des rayons du soleil; et couvrant les deux autres des différentes teintes de l'ombre, il trouva le moyen de donner différentes nuances à la blancheur de leurs vêtements. Au fond, c'était éluder la difficulté plutôt que la résoudre. C'est, en effet, ce que font les peintres en pareil cas. Ils diversifient leurs blancs, par des ombres, des demi-teintes et des reflets; mais ces blancs ne sont pas purs, et sont toujours altérés de jaune, de bleu, de vert, ou de gris. La nature en emploie de plusieurs espèces, sans en corrompre la pureté, en les pointillant, les chagrinant, les rayant ou les vernissant, etc.... Ainsi, les blancs du lis, de la marguerite, du muguet, du narcisse, de l'anemona nemorosa, de l'hyacinthe, sont différents les uns des autres. Le blanc de la marguerite a quelque chose de celui de la cornette d'une bergère; celui de l'hyacinthe tient de l'ivoire; et celui du lis, demi-transparent et cristallin, ressemble à de la pâte de porcelaine. Je crois donc qu'on peut rapporter tous les blancs produits par la nature ou par les arts, à ceux des pétales de nos fleurs. On aurait ainsi dans les végétaux une échelle des nuances du blanc le plus pur.

On peut se procurer de même toutes les nuances pures et imaginables du jaune, du rouge et du bleu, d'après les fleurs des jonquilles, des safrans, des bassinets des prés, des roses, des coquelicots, des bluets des blés, des pieds-d'alouette, etc. On peut trouver également parmi nos fleurs toutes les nuances composées, telles que celles des violettes et des digitales pourprées, qui sont formées des différentes harmonies du rouge et du bleu. La seule couleur composée du bleu et du jaune, qui forme le vert des herbes, est si variée dans nos campagnes, que chaque plante en a, pour ainsi dire, sa nuance particulière. Je ne doute pas que la nature n'ait étalé avec autant de diversité les autres couleurs de sa palette, dans le sein des fleurs ou sur la peau des fruits. Elle y emploie quelquefois des teintes fort différentes sans les confondre; mais elle les pose les unes sur les autres, en sorte qu'elles font la gorge de pigeon; tels sont les beaux pluchés qui garnissent la corolle de l'anémone : ailleurs elle en glace la superficie, comme certaines mousses à fond vert qui sont glacées de pourpre; elle en veloute d'autres, comme les pensées; elle saupoudre des fruits de fleur de farine, comme la prune pourprée de Monsieur; ou elle les revêt d'un duvet léger pour adoucir leur vermillon, comme la pêche; ou elle lisse leur peau, et donne à leurs couleurs l'éclat le plus vif, comme au rouge de la pomme de Calville.

Ce qui embarrasse le plus les naturalistes dans la dénomination des couleurs, ce sont celles qui sont rembrunies, ou plutôt c'est ce qui ne les embarrasse guère, car ils se tirent d'affaire avec les expressions vagues et indécises, de noirâtre, de gris, de couleur de cendre, de brun, qu'ils expriment, à la vérité, en mots grecs ou latins. Mais ces mots ne servent souvent qu'à altérer leurs images, en ne représentant rien du tout; car que veulent dire, de bonne foi, ces mots *atro-purpurente*, *fusco-nigrescente*, etc., qu'ils emploient si souvent?

On peut faire des milliers de teintes très-différentes, auxquelles ces expressions générales pourront convenir. Comme ces nuances peu éclatantes sont, en effet, très-composées, il est fort difficile de les caractériser avec les expressions de notre nomenclature ordinaire. Mais on peut en venir aisément à bout en les rapportant aux diverses couleurs de nos végétaux domestiques. J'ai remarqué dans les écorces de nos arbres et de nos arbrisseaux, dans les capsules et les coques de leurs fruits, ainsi que dans les feuilles mortes, une variété incroyable de ces nuances ternes et sombres, depuis le jaune jusqu'au noir, avec tous les mélanges et accidents des autres couleurs. Ainsi, au lieu de dire en latin, un jaune noircissant, ou une couleur cendrée, pour déterminer quelque nuance particulière de couleur dans les arts ou dans la nature, on dirait un jaune de couleur de noix sèche, ou un gris d'écorce de hêtre. Ces expressions seraient d'autant plus exactes, que la nature emploie invariablement ces sortes de teintes dans les végétaux, comme des caractères déterminants et des signes de maturité, de vigueur ou de dépérissement, et que nos paysans reconnaissent les diverses espèces de bois de nos forêts, à la simple inspection de leurs écorces. Ainsi, non-seulement la botanique, mais tous les arts, pourraient trouver dans les végétaux un dictionnaire inépuisable de couleurs constantes, qui ne serait point embarrassé de mots composés, barbares et techniques, mais qui présenterait sans cesse de nouvelles images.* Il en résulterait beaucoup d'agrément pour nos livres de sciences, qui s'embelliraient de comparaisons et d'expressions tirées du règne le plus aimable de la nature. C'est à quoi n'ont pas manqué les grands poètes de l'antiquité, qui y ont rapporté la plupart des événements de la vie humaine. C'est ainsi qu'Homère compare les générations rapides des faibles mortels aux feuilles qui tombent dans une forêt à la fin de l'automne; la fraîcheur de la beauté, à celle de la rose; et la pâleur dont se couvre le visage d'un jeune homme blessé à mort dans les combats, ainsi que l'attitude de sa tête penchée, à la couleur et à la flétrissure d'un lis dont la racine a été coupée par la charrue. Mais nous ne savons que répéter les expressions des hommes de génie, sans oser suivre leurs pas. Il y a plus, c'est que la plupart des naturalistes regardent les couleurs mêmes des végétaux comme de simples accidents. Nous verrons bientôt combien leur erreur est grande, et combien ils se sont écartés des plans sublimes de la nature, en suivant leurs méthodes mécaniques.

On peut rapprocher de même les odeurs et les saveurs de toute espèce et de tout pays, de celles des plantes de nos jardins et de nos campagnes. La renoncule de nos prés, a l'acrimonie du poivre de Java. La racine de la caryophyllata ou benoîte, et les fleurs de nos œillets, ont l'odeur du girofle d'Amboine. Pour les saveurs et odeurs composées, on peut les rapporter à des odeurs et saveurs simples, dont la nature a mis les éléments dans tous les climats, et qu'elle a réunis dans la classe des végétaux. Je connais une espèce de morelle que mangent les Indiens, qui, étant cuite, a le goût de la viande de bœuf. Ils l'appellent brette. Nous avons parmi les becs-de-grue une espèce dont la feuille a l'odeur du gigot de mouton rôti. Le muscari, espèce de petite hyacinthe qui croît dans nos buissons, au commencement du printemps, a une odeur très-forte de prune. Ses petites fleurs monopétales d'un bleu tendre, sans lèvres ni découpures, ont aussi la forme de ce fruit *. C'est par

* La nature offre une multitude de consonnances semblables; mais leur but et leur utilité nous sont encore inconnus. J'ai trouvé aux environs de Paris, un rosier églantier (*rosa rubiginosa*. Lin.) dont les feuilles à sept folioles, ovales, couvertes de points résineux couleur de rouille, ont une odeur très-forte de pomme de reinette. Par une espèce de compensation, la nature en donnant un parfum aux feuilles, en a

des rapprochements de cette nature, que l'Anglais Dampier et le P. Du Tertre nous ont donné, à mon gré, les notions les plus justes des fruits et des fleurs qui croissent entre les tropiques, en les rapportant à des fleurs et des fruits de nos climats. Dampier, par exemple, pour décrire la banane, la compare, dépouillée de sa peau épaisse et à cinq pans, à une grosse saucisse; sa substance et sa couleur, à celle du beurre frais en hiver; son goût, à un mélange de pomme et de poire de bon-chrétien, qui fond dans la bouche comme une marmelade. Quand ce voyageur vous parle de quelque bon fruit des Indes, il vous fait venir l'eau à la bouche. Il a un jugement naturel, supérieur à-la-fois aux méthodes des savants, et aux préjugés du peuple. Par exemple, il soutient avec raison, contre l'opinion commune des marins, que le plantain ou banane, est le roi des fruits, sans en excepter le coco. Il nous apprend que c'est aussi l'opinion des Espagnols, et qu'une multitude de familles vivent, entre les tropiques, de ce fruit agréable, sain et nourrissant, qui dure toute l'année, et qui ne demande aucun apprêt. Le P. Du

---

refusé un à la fleur. Je regrette de n'avoir pu faire quelques expériences sur les propriétés des feuilles de cet arbuste singulier, mais je suis convaincu qu'elles doivent offrir une boisson aussi agréable que salutaire. Le rosier églantier odorant croît spontanément dans les terrains incultes sur les bords de l'Oise. (*Note de l'Editeur.*)

Tertre n'est pas moins heureux et moins juste dans ses descriptions botaniques. Ces deux voyageurs vous donnent tout d'un coup, avec des similitudes triviales, une idée précise d'un végétal étranger, que vous ne trouverez point dans les noms grecs de nos plus habiles botanistes. Cette manière de décrire la nature par des images et des sensations communes, est méprisée de nos savants; mais je la regarde comme la seule qui puisse faire des tableaux ressemblants, et comme le vrai caractère du génie. Quand on l'a, on peut peindre tous les objets naturels, et se passer de méthode; et quand on ne l'a pas, on ne fait que des phrases.

Disons maintenant quelque chose de la forme des végétaux; c'est ici que la langue de la botanique, et même celles des autres arts, sont fort stériles. La géométrie, qui s'en est particulièrement occupée, n'a guère calculé qu'une douzaine de courbes régulières, qui ne sont connues que d'un petit nombre de savants; et la nature en emploie dans les seules formes des fleurs une multitude infinie : nous en indiquerons bientôt quelques usages. Ce n'est pas que je veuille faire d'une étude pleine d'agrément, une science transcendante et digne seulement des Newton. Comme la nature a mis, je pense, ainsi que les couleurs, les saveurs et les parfums, tous les modèles de formes dans les feuilles, les fleurs et les fruits de tous les climats, soit dans les arbres, soit dans les herbes ou les mousses; on pourrait rapporter les formes végétales des autres parties du monde, à celles de notre pays qui nous sont le plus familières. Ces rapprochements seraient bien plus intelligibles que nos mots grecs composés, et manifesteraient de nouvelles relations dans les différentes classes du même règne. Ils ne seraient pas moins nécessaires pour exprimer les agrégations des fleurs sur leurs tiges, des tiges autour de la racine, et les groupes des jeunes plantes autour de la plante principale. Nous pouvons dire que les noms de la plupart de ces agrégations et dispositions végétales sont encore à trouver; les plus grands maîtres n'ayant pas été heureux à les caractériser, ou pour parler nettement, ne s'en étant pas occupés. Par exemple, lorsque Tournefort * parle, dans son Voyage du Levant, d'un héliotrope de l'île de Naxos, qu'il caractérise ainsi, *heliotropium humifusum, flore minimo, semine magno*, « l'héliotrope couché, à fleur très-petite et à grande semence; » il dit « qu'il a ses fleurs disposées en épi finissant en queue de scorpion. » Il y a deux fautes dans ces expressions; car les fleurs de cet héliotrope, semblables par leur agrégation aux fleurs de l'héliotrope de nos climats et de celui du Pérou, ne sont point disposées en épi, puisqu'elles sont rangées sur une tige horizontale et d'un seul côté, et qu'elles se recourbent en dessous comme la queue d'un lima-

* Tournefort, *Voyage au Levant*, tome II.

çon, et non en dessus comme la queue d'un scorpion. La même inexactitude d'image se retrouve dans la description qu'il nous donne de la *stachis cretica latifolia*, « la stachis de Crète, à larges feuilles : » « Ses fleurs, dit-il, sont disposées par anneaux. » On ne conçoit pas qu'il veuille faire entendre qu'elles sont disposées comme les divisions d'un roi d'échecs. C'est cependant sous cette forme que les représente le dessin d'Aubriet, son dessinateur. Je ne connais point en botanique d'expression qui rende ce caractère d'agrégations sphériques, par étages séparés de pleins et de vides, et qui se terminent en pyramide. Barbeu du Bourg, qui a beaucoup d'imagination, mais peu d'exactitude, appelle cette forme « verticillée, » je ne sais pas pourquoi. Si c'est du mot latin *vertex*, tête ou sommet, parce que ces fleurs, ainsi agrégées, forment plusieurs sommets, cette dénomination conviendrait mieux à plusieurs autres plantes, et n'exprime point d'ailleurs les vides, les pleins, et la diminution progressive des étages des fleurs de la stachis. Tournefort la fait venir du mot latin *verticillus*; « C'est, dit-il, un petit pois percé d'un trou où l'on engage le bas d'un fuseau à filer, afin de le faire tourner avec plus de facilité. » C'est aller chercher bien loin une similitude fort imparfaite avec un outil très-peu connu. Ceci soit dit toutefois sans manquer à l'estime que je porte à un homme comme Tournefort, qui nous a frayé les premiers chemins de la botanique, et qui avait de plus une profonde érudition. Mais on peut juger par cette négligence des grands maîtres, combien d'expressions vagues, inexactes et incohérentes, remplissent la nomenclature de la botanique, et jettent de l'obscurité dans ses descriptions.

Après tout, me dira-t-on, comment caractériser l'agrégation des fleurs des deux plantes dont nous venons de parler? C'est en les rapportant à des agrégations semblables à celles des plantes de nos climats. Il n'y a en cela aucune difficulté: ainsi, par exemple, on rapporterait l'assemblage des fleurs de l'héliotrope grec, à celui des fleurs de l'héliotrope français et péruvien; et celui des fleurs de la stachis de Crète, à celui des fleurs du marrube ou du pouliot. On y ajouterait ensuite les différences en couleur, odeur, saveur, qui en diversifient les espèces. On n'a pas besoin de composer des mots étrangers pour rendre des formes qui nous sont familières. Je défie même de rendre avec des paroles grecques ou latines, et avec les périphrases les plus savantes, la simple couleur d'une écorce d'arbre. Mais si vous me dites qu'elle ressemble à celle d'un chêne, j'en ai tout d'un coup la nuance.

Ces rapprochements de plantes ont encore ceci de très-utile, qu'ils nous offrent un ensemble de l'objet inconnu, sans lequel nous ne pouvons nous en former d'idée déterminée. C'est un des défauts de la botanique, de ne nous présenter les caractères des végétaux que successivement; elle ne les assemble pas, elle les décompose. Elle les rapporte bien à un ordre classique, mais point à un ordre individuel. C'est cependant le seul que la faiblesse de notre esprit nous permet de saisir. Nous aimons l'ordre, parce que nous sommes faibles et que la moindre confusion nous trouble; or, il n'y a point d'ordre plus facile à adopter que celui qui se rapproche d'un ordre qui nous est familier, et que la nature nous présente par-tout. Essayez de décrire un homme, trait par trait, membre par membre; quelque exact que vous soyez, vous ne m'en ferez jamais le portrait : mais si vous le rapportez à quelque personnage connu, si vous dites, par exemple, qu'il a la taille et l'encolure d'un Don Quichotte, un nez de saint Charles Borromée, etc., vous me le peindrez en quatre mots. C'est à l'ensemble d'un objet que les ignorants, c'est-à-dire, presque tous les hommes, s'attachent d'abord à le connaître.

Il serait donc essentiel d'avoir, en botanique, un alphabet de couleurs, de saveurs, d'odeurs, de formes et d'agrégations, tiré de nos plantes les plus communes. Ces caractères élémentaires nous serviraient à nous exprimer exactement dans toutes les parties de l'histoire naturelle, et à nous présenter des rapports curieux et nouveaux.

En attendant que des hommes plus savants que

nous veuillent s'en occuper, nous allons entrer en matière, malgré l'embarras du langage.

Lorsqu'on voit végéter une multitude de plantes, de formes différentes, sur le même sol, on est tenté de croire que celles du même climat naissent indifféremment par-tout. Mais il n'y a que celles qui viennent dans les lieux qui leur ont été particulièrement assignés par la nature, qui y acquièrent toute la perfection dont elles sont susceptibles. Il en est de même des animaux : on élève des chèvres dans des pays de marais, et des canards dans des montagnes, mais la chèvre ne parviendra jamais, en Hollande, à la beauté de celle que la nature couvre de soie dans les rochers d'Angora; ni le canard d'Angora n'aura jamais la taille et les couleurs de celui qui vit dans les canaux de la Hollande.

Si nous jetons un simple coup-d'œil sur les plantes, nous verrons qu'elles ont des relations avec les éléments qui les font croître; qu'elles en ont entre elles, lorsqu'elles se groupent les unes avec les autres; qu'elles en ont avec les animaux qui s'en nourrissent, et enfin avec l'homme qui est le centre de tous les ouvrages de la création. J'appelle ces relations, harmonies; et je les distingue en élémentaires, en végétales, en animales, et en humaines. J'établirai, par cette division, un peu d'ordre dans l'examen que nous en allons faire. On peut bien penser que je ne les parcourrai pas en détail : celles d'une seule espèce nous fourniraient des spéculations que nous n'épuiserions pas dans le cours de la vie; mais je m'arrêterai assez à leurs harmonies générales, pour nous convaincre qu'une intelligence infinie règne dans cette aimable partie de la création, comme dans le reste de l'univers. Nous ferons ainsi l'application des lois que nous avons établies précédemment; et nous en entreverrons une multitude d'autres également dignes de nos recherches et de notre admiration. Lecteur, ne soyez point étonné de leur nombre ni de leur étendue; pénétrez-vous bien de cette vérité : Dieu n'a rien fait en vain. Un savant, avec sa méthode, se trouve arrêté dans la nature à chaque pas; un ignorant, avec cette clef, peut en ouvrir toutes les portes.

HARMONIES ÉLÉMENTAIRES DES PLANTES.

Les plantes ont autant de parties principales, qu'il y a d'éléments avec lesquels elles entretiennent des relations. Elles en ont par les fleurs, avec le soleil qui féconde et mûrit leurs semences; par les feuilles, avec les eaux qui les arrosent; par les tiges, avec les vents qui les agitent; par les racines, avec le terrain qui les porte; et par les graines, avec les lieux où elles doivent naître. Ce n'est pas que ces parties principales n'aient encore des relations indirectes avec les autres éléments, mais il nous suffira de nous arrêter à celles qui sont immédiates.

HARMONIES ÉLÉMENTAIRES DES PLANTES AVEC LE SOLEIL, PAR LES FLEURS.

Quoique les botanistes aient fait de grandes et laborieuses recherches sur les plantes, ils ne se sont occupés d'aucun de ces rapports. Enchaînés par leurs systèmes, ils se sont attachés particulièrement à les considérer du côté des fleurs; et ils les ont rassemblées dans la même classe, quand ils leur ont trouvé ces ressemblances extérieures, sans chercher même quel pouvait être l'usage particulier des différentes parties de la floraison. A la vérité, ils ont reconnu celui des étamines, des anthères et des stigmates, pour la fécondation du fruit; mais, celui-là et quelques autres qui regardent l'organisation intérieure exceptés, ils ont négligé ou méconnu les rapports que la plante entière a avec le reste de la nature.

Cette division partielle les a fait tomber dans la plus étrange confusion; car, en regardant les fleurs comme les caractères principaux de la végétation, et en comprenant dans la même classe celles qui étaient semblables, ils ont réuni des plantes fort étrangères les unes aux autres, et ils en ont séparé, au contraire, qui étaient évidemment du même genre. Tel est, dans le premier cas, le chardon de bonnetier, appelé *dipsacus*, qu'ils rangent avec les scabieuses, à cause de la ressemblance de quelques parties de sa fleur, quoiqu'il présente, dans ses branches, ses feuilles, son odeur, sa semence, ses épines et le reste de ses qualités, un véritable chardon; et tel est, dans le second, le marronnier d'Inde, qu'ils ne comprennent pas dans la classe des châtaigniers, parce qu'il a des fleurs différentes. Classer les plantes par les fleurs, c'est-à-dire, par les parties de leur fécondation, c'est classer les animaux par celles de la génération.

Cependant, quoiqu'ils aient rapporté le caractère d'une plante à sa fleur, ils ont méconnu l'usage de sa partie la plus éclatante, qui est celui de la corolle. Ils appellent corolle, ce que nous appelons les feuilles d'une fleur, du mot latin *corolla*, parce que ces feuilles sont disposées en forme de petites couronnes dans un grand nombre d'espèces, et ils ont donné le nom de pétales aux divisions de cette couronne. A la vérité, quelques-uns l'ont reconnue propre à couvrir les parties de la fécondation avant le développement de la fleur; mais son calice y est bien plus propre, par son épaisseur, par ses barbes, et quelquefois par les épines dont il est revêtu. D'ailleurs, quand la corolle laisse les étamines à découvert, et qu'elle reste épanouie pendant des semaines entières, il faut bien qu'elle serve à quelque autre usage; car la nature ne fait rien en vain.

La corolle paraît être destinée à réverbérer les rayons du soleil sur les parties de la fécondation, et nous n'en douterons pas, si nous en considérons la couleur et la forme dans la plupart des fleurs. Nous avons remarqué, dans l'Étude précédente, que de toutes les couleurs, la blanche était la plus propre à réfléchir la chaleur : or, elle est en général celle que la nature donne aux fleurs qui éclosent dans des saisons et des lieux froids, comme nous le voyons dans les perce-neiges, les muguets, les hyacinthes, les narcisses, et l'anemona nemorosa, qui fleurissent au commencement du printemps. Il faut aussi ranger dans cette couleur celles qui ont des nuances légères de rose ou d'azur, comme plusieurs hyacinthes; ainsi que celles qui ont des teintes jaunes et éclatantes, comme les fleurs des pissenlits, des bassinets des prés, et des giroflées de murailles. Mais celles qui s'ouvrent dans des saisons et des lieux chauds, comme les nielles, les coquelicots et les bluets, qui croissent l'été dans les moissons, ont des couleurs fortes; telles que le pourpre, le gros rouge et le bleu, qui absorbent la chaleur, sans la réfléchir beaucoup. Je ne sache pas cependant qu'il y ait de fleur tout-à-fait noire; car alors ses pétales, sans réflexion, lui seraient inutiles. En général, de quelque couleur que soit une fleur, la partie inférieure de sa corolle, qui réfléchit les rayons du soleil, est d'une teinte beaucoup plus pâle que le reste. Elle y est même si remarquable, que les botanistes, qui regardent en général les couleurs, dans les fleurs, comme de simples accidents, la distinguent sous le nom « d'onglet » L'onglet est, par rapport à la fleur, ce que le ventre est par rapport aux animaux : sa nuance est presque toujours plus claire que celle du reste du pétale.

Les formes des fleurs ne sont pas moins propres que leurs couleurs à réfléchir la chaleur. Leurs corolles divisées en pétales, ne sont qu'un assemblage de miroirs dirigés vers un foyer. Elles en ont tantôt quatre qui sont plans, comme la fleur du chou dans les crucifères; ou un cercle entier, comme les marguerites dans les radiées; ou des portions sphériques, comme les roses; ou des sphères entières, comme les grelots du muguet; ou des cônes tronqués, comme la digitale, dont la corolle est faite comme un dé à coudre. La nature a mis au foyer de ces miroirs plans, sphériques, elliptiques, paraboliques, etc., les parties de la fécondation des plantes, comme elle a mis celles de la génération dans les animaux, aux endroits les plus chauds de leur corps. Ces courbes, que les géomètres n'ont pas encore examinées, sont dignes de leurs plus profondes recherches. Il est même bien étonnant qu'ils aient employé tant de savoir pour trouver des courbes imaginaires et souvent inutiles, et qu'ils n'aient pas cherché à étudier celles que la nature emploie avec tant de régularité et de variété dans une infinité d'objets. Quoi qu'il en soit, les botanistes s'en sont encore moins souciés. Ils comprennent celles des fleurs sous un petit nombre de classes, sans avoir aucun égard à leur usage, ni même le soupçonner. Ils ne font attention qu'à la division de leurs pétales, qui ne change souvent rien à la configuration de leurs courbes, et ils réunissent fréquemment sous le même nom, celles qui sont le plus opposées. C'est ainsi qu'ils comprennent, sous le nom de « monopétales », le sphéroïde du muguet et la trompette du convolvulus.

Nous observerons à ce sujet une chose très-remarquable, c'est que souvent, telle est la courbe que forme le limbe ou extrémité supérieure du pétale, telle est celle du plan du pétale même; de sorte que la nature nous présente la coupe de chaque fleur dans le contour de ses pétales, et nous donne à-la-fois son plan et son élévation. Ainsi, les roses et rosacées ont le limbe de leurs pétales en portion de cercle, comme la courbure de ces mêmes fleurs; les œillets et les bluets, qui ont leurs bords déchiquetés, ont les plans de leurs fleurs plissés comme des éventails, et forment une multitude de foyers. On peut, au défaut de quelque fleur naturelle, vérifier ces curieuses remarques sur les dessins des peintres qui ont dessiné le plus exactement les plantes, et qui sont en bien petit nombre. Tel est, entre autres, Aubriet, qui a dessiné celles du *Voyage au Levant* * de Tournefort, avec le goût d'un peintre, et la précision d'un botaniste. On y verra la confirmation de ce que je viens de dire. Par exemple, la *scorzonera græca saxatilis et maritima foliis variè laciniatis*, qui y est représentée, a ses pétales ou demi-fleurons équarris par le bout, et plans dans leur surface. La fleur de la *stachis cretica latifolia* qui est une monopétale en tuyau, a la partie supérieure de sa corolle ondée ainsi que son tuyau. La *campanula græca saxatilis jacobeæ foliis*, présente ces consonnances d'une manière encore plus frappante. Cette campanule, que Tournefort regarde comme la plus belle qu'il ait jamais vue, et qu'il sema au Jardin du Roi, où elle a réussi, est de forme pentagonale. Chacun de ses pans est formé de deux portions de cercle, dont les foyers se réunissent sans doute sur la même anthère; et le limbe de cette campanule est découpé en cinq parties, dont chacune est taillée en arcade gothique, comme chaque pan de la fleur. Ainsi, pour connaître tout d'un coup la courbure d'une fleur, il suffit d'examiner le bord de son pétale. Ceci est fort utile à observer, car il serait autrement fort difficile de déterminer les foyers des pétales : d'ailleurs, les fleurs perdent leurs courbures internes dans les herbiers. Je crois ces consonnances générales; cependant je ne voudrais pas assurer qu'elles fussent

---

* Tournefort, *Voyage au Levant*, tome I.

sans exception. La nature peut s'en écarter dans quelques espèces, pour des raisons qui me sont inconnues. Nous ne saurions trop le répéter, elle n'a de loi générale et constante que la convenance des êtres. Les relations que nous venons de rapporter entre la courbure des limbes et celle des pétales, paraissent d'ailleurs fondées sur cette loi universelle, puisqu'elles présentent des convenances si agréables à rapprocher.

Les pétales paraissent tellement destinés à réchauffer les parties de la fécondation, que la nature en a mis un cercle autour de la plupart des fleurs composées, qui sont elles-mêmes des agrégations de petits tuyaux en nombre infini, qui forment autant de fleurs particulières appelées fleurons. C'est ce qu'on peut remarquer dans les pétales qui environnent les disques des marguerites et des soleils. On les retrouve encore autour de la plupart des ombellifères : quoique chaque petite fleur qui les compose ait ses pétales particuliers, il y en a un cercle de plus grands qui entoure leur assemblage, ainsi qu'on peut le voir aux fleurs du daucus *.

* L'auteur donne ici, peut-être improprement, le nom de pétales, à la collerette des ombellifères et aux fleurons complets qui environnent le disque de la marguerite. Mais ce n'est que la pauvreté de la langue qu'il faut accuser du peu de justesse de cette expression qui, au reste, rend très-bien l'idée. (*Note de l'Éditeur.*)

La nature a encore d'autres moyens de multiplier les reflets de la chaleur dans les fleurs. Tantôt elle les place sur des tiges peu élevées, afin qu'elles soient échauffées par les réflexions de la terre; tantôt elle glace leur corolle d'un vernis brillant, comme dans les renoncules jaunes des prés, appelées bassinets. Quelquefois elle en soustrait la corolle, et fait sortir les parties de la fécondation des parois d'un épi, d'un cône ou d'une branche d'arbre. Les formes d'épi et de cône paraissent les plus propres à réverbérer sur elles l'action du soleil, et à assurer leur fructification; car elles leur présentent toujours quelque côté abrité du froid. Il est même très-remarquable que l'agrégation de fleurs en cône ou en épi est fort commune aux herbes et aux arbres du nord, et est fort rare dans ceux du midi. La plupart des graminées que j'ai vues dans les pays du midi, ne portent point leurs grains en épi, mais en panaches flottants, et divisés par une multitude de tiges particulières, comme le millet et le riz. Le maïs ou blé de Turquie y porte, à la vérité, un gros épi; mais cet épi est long-temps enfermé dans un sac; et quand il en sort, il pousse au-dessus de sa tête un long chevelu qui semble uniquement destiné à abriter ses fleurs du soleil. Enfin, ce qui confirme que les fleurs des plantes sont ordonnées à l'action de la chaleur suivant chaque pays, c'est que beaucoup de nos plantes d'Europe végètent fort bien aux îles Antilles, et n'y grènent jamais. Le P. Du Tertre y a observé * que les choux, le sainfoin, la luzerne, la sarriette, le basilic, l'ortie, le plantain, l'absinthe, la sauge, l'hépatique, l'amarante, et toutes nos espèces de graminées y croissaient à merveille, mais n'y donnaient jamais de graines. Ces observations prouvent que ce n'est ni l'air, ni la terre qui leur est contraire, mais le soleil qui agit trop vivement sur leurs fleurs; car la plupart de ces plantes les portent agrégées en épis qui augmentent beaucoup la répercussion des rayons solaires. Je crois cependant qu'on pourrait les naturaliser dans ces îles, ainsi que beaucoup d'autres végétaux de nos climats tempérés, en choisissant, dans les variétés de leurs espèces, celles dont les fleurs ont le moins de champ, et dont les couleurs sont les plus foncées, ou celles dont les panicules sont divergents.

Ce n'est pas que la nature n'ait encore d'autres ressources pour faire croître des plantes du même genre, dans des saisons et des climats différents. Elle en rend les fleurs susceptibles de réfléchir la chaleur à différents degrés de latitude, sans presque rien changer à leurs formes. Tantôt elle les place sur des tiges élevées, pour les soustraire à la réflexion du sol **. C'est ainsi qu'elle a mis, entre

* *Histoire naturelle des îles Antilles*, par le P. Du Tertre.
** On trouve dans la *Flore des Antilles*, de M. de Tussac, une observation qui appuie celle de l'auteur des *Etudes*. A la

les tropiques, la plupart des fleurs apparentes sur des arbres. J'y en ai vu bien peu dans les prairies, mais beaucoup dans les forêts. Dans ces pays, il faut lever les yeux en haut pour y voir des fleurs : dans le nôtre, il faut les baisser à terre. Elles sont chez nous sur des herbes et sur des arbrisseaux. Tantôt elle les fait éclore à l'ombre des feuilles; telles sont celles des palmiers et des jacquiers, qui croissent immédiatement au tronc de l'arbre. Telles sont aussi chez nous ces larges cloches blanches, appelées chemises de Notre-Dame, qui se plaisent à l'ombre des saules. Il y en a d'autres, comme les fleurs de quelques convolvulus, qui ne s'ouvrent que la nuit; d'autres viennent à terre et à découvert, comme les pensées; mais elles ont leurs pavillons sombres et veloutés. Il y en a qui reçoivent l'action du soleil quand il est bien élevé, comme la tulipe; mais la nature a pris les précautions de ne faire paraître cette large fleur qu'au printemps, de peindre ses pétales de couleurs for-

Jamaïque, l'ardeur continue du soleil, pendant plusieurs mois, donne au sol la dureté de la pierre, et le dépouille de tous ses végétaux. La nature vient alors au secours de ces tristes contrées; elle couvre cette terre desséchée d'arbres (le *brosimum alicastrum*), dont les feuilles se multiplient sous les feux du ciel. Ce sont des espèces de prairies qu'elle élève dans les airs, au moment où celles de la terre se sont flétries. C'est une récolte qu'elle prépare pour l'homme et pour les animaux, et peut-être que, sans cette prévoyance singulière, ce climat serait inhabitable une partie de l'année. (*Note de l'Éditeur.*)

tes, et de barbouiller de noir le fond de sa coupe [10]. D'autres sont disposées en girandoles, et ne reçoivent l'effet des rayons solaires que sous un rumb de vent. Telle est la girandole du lilas, qui, regardant par ses différentes faces le levant, le midi, le couchant et le nord, présente sur le même bouquet, des fleurs en bouton, entr'ouvertes, épanouies, et toutes les nuances ravissantes de la floraison.

Il y a des fleurs, comme les composées, qui, étant dans une situation horizontale, et tout-à-fait à découvert, voient, comme notre horizon, le soleil depuis son lever jusqu'à son coucher; telle est la fleur du pissenlit. Mais elle a un moyen bien particulier de s'abriter de la chaleur : elle se referme quand elle devient trop grande. On a observé qu'elle s'ouvre, en été, à cinq heures et demie du matin, et réunit ses pétales vers le centre à neuf heures. La fleur de la chicorée des jardins, qui est, au contraire, dans un plan vertical, s'ouvre à sept heures et se ferme à dix. C'était par une suite d'observations semblables, que le célèbre Linnæus avait formé une horloge botanique; car il avait trouvé des plantes qui ouvraient leurs fleurs à toutes les heures du jour et de la nuit. On cultive au Jardin du Roi une espèce d'aloës serpentin sans épines, dont la fleur, grande et belle, exhale une forte odeur de vanille dans le temps de son épanouissement, qui est fort court. Elle ne s'ouvre que vers le mois de juillet, sur les cinq heures du soir : on la voit alors entr'ouvrir peu-à-peu ses pétales, les étendre, s'épanouir et mourir. A dix heures du soir, elle est totalement flétrie, au grand étonnement des spectateurs qui y accourent en foule; mais on n'admire que ce qui est rare. La fleur de notre épine commune (qui n'est pas celle de l'aubépine) est encore plus extraordinaire; car elle fleurit si vite, qu'à peine a-t-on le temps d'observer son développement.

Toutes ces observations démontrent clairement les relations des corolles avec la chaleur. J'en ajouterai une dernière, qui prouve évidemment leur usage : c'est que le temps de leur existence est réglé sur la quantité de chaleur qu'elles doivent rassembler. Plus il fait chaud, moins elles ont de durée. Presque toutes tombent dès que la plante est fécondée.

Mais si la nature soustrait le plus grand nombre des fleurs à l'action trop violente du soleil, elle en destine d'autres à paraître dans tout l'éclat de ses rayons sans en être offensées. Elle a donné aux premières des réverbères rembrunis, ou qui se ferment suivant le besoin; elle donne aux autres des parasols. Telle est l'impériale, dont les fleurs en cloche renversée croissent à l'ombre d'un panache de feuilles. Le chrysanthemum peruvianum, ou, pour parler plus simplement, le tournesol, qui se tourne sans cesse vers le soleil, se couvre, comme le Pérou, d'où il est venu, de nuages de rosée qui rafraîchissent ses fleurs pendant la plus grande ardeur du jour. La fleur blanche du lychnis, qui vient l'été dans nos champs, et qui ressemble de loin à une croix de Malte, a une espèce d'étranglement ou de petite collerette placée à son centre, en sorte que ses grands pétales brillants renversés en dehors n'agissent point sur ses étamines. Le narcisse blanc a pareillement un petit entonnoir. Mais la nature n'a pas besoin de créer de nouvelles parties pour donner de nouveaux caractères à ses ouvrages. Elle les tire à-la-fois de l'être et du néant, et les rend positifs ou négatifs, à son gré. Elle a donné des courbes à la plupart des fleurs, pour réunir la chaleur à leur centre; elle emploie, quand elle veut, les mêmes courbes pour l'en écarter: elle en met les foyers en dehors. C'est ainsi que sont disposés les pétales du lis, qui sont autant de sections de parabole. Malgré la grandeur et la blancheur de sa coupe, plus il s'épanouit, plus il écarte de lui les feux du soleil; et pendant qu'au milieu de l'été, en plein midi, toutes les fleurs brûlées de ses ardeurs s'inclinent et penchent leurs têtes vers la terre, le lis, comme un roi, élève la sienne, et contemple face à face l'astre qui brille au haut des cieux.

Je vais rapporter, en peu de mots, les relations positives ou négatives des fleurs par rapport au soleil, aux cinq formes élémentaires que j'ai po-

18.

sées, dans l'Étude précédente, comme les principes de l'harmonie des corps. C'et bien moins un plan que je prescris aux botanistes, qu'une invitation d'entrer dans une carrière aussi riche en observations, et de corriger mes erreurs, en nous faisant part de leurs lumières.

Il y a donc des fleurs à réverbères perpendiculaires, coniques, sphériques, elliptiques, paraboliques ou plans. On peut rapporter à ces courbes celles de la plupart des fleurs. Il y a aussi des fleurs à parasol, mais celles-ci sont en plus grand nombre ; car les effets négatifs dans toute harmonie sont bien plus nombreux que les effets positifs. Par exemple, il n'y a qu'un seul moyen de venir à la vie ; et il y en a des milliers pour en sortir. Cependant nous opposerons à chaque relation positive des fleurs avec le soleil, une relation négative principale, afin qu'on puisse comparer leurs effets dans chaque latitude.

Les fleurs à réverbères perpendiculaires, sont celles qui naissent adossées à un cône, à des chatons allongés, ou à un épi : telles sont celles des cèdres, des mélèzes, des sapins, des bouleaux, des genévriers, de la plupart des graminées du nord, des végétaux des montagnes froides et élevées, comme les cyprès et les pins ; ou de ceux qui fleurissent chez nous dès la fin de l'hiver, comme les coudriers et les saules. Une partie des fleurs, dans cette position, est abritée du vent du nord, et reçoit la réflexion du soleil du côté du midi. Il est remarquable que tous les végétaux qui portent des cônes, des chatons ou des épis, les présentent à l'extrémité de leurs tiges, exposés à toute l'action du soleil. Il n'en est pas de même de ceux qui croissent entre les tropiques, dont la plupart, comme les palmiers, portent leurs fleurs divergentes, attachées à des grappes pendantes, et ombragées par leurs rameaux. Les graminées des pays chauds ont aussi, presque toutes, leurs épis divergents; tels sont les mils d'Afrique. L'épi solide du maïs d'Amérique est couronné par un chevelu qui abrite ses fleurs du soleil. On a représenté dans la planche voisine un épi de froment de l'Europe, et un épi de riz de l'Asie méridionale, afin qu'on les puisse comparer.

Les fleurs à réverbères coniques réfléchissent sur les parties de la floraison un cône entier de lumière. Son action est très-forte ; aussi il est remarquable que la nature n'a donné cette configuration de pétale qu'aux fleurs qui croissent à l'ombre des arbres, comme aux convolvulus qui grimpent autour de leurs troncs; et qu'elle a rendu cette fleur de peu de durée : car à peine elle subsiste un demi-jour; et quand sa fécondation est achevée, son limbe se replie en dedans, et se referme comme une bourse. La nature l'a cependant fait croître dans les pays méridionaux, mais elle l'y a teinte de violet et de bleu pour affaiblir son effet. De plus, cette fleur ne s'y ouvre guère que pendant la nuit. Je présume que c'est à ce caractère nocturne qu'on peut distinguer principalement les convolvulus des pays chauds, de ceux de nos climats, qui s'ouvrent pendant le jour. On a représenté dans la planche le convolvulus de jour ou de nos climats, ouvert, et celui de nuit ou des pays chauds, fermé; l'un avec un caractère positif avec la lumière, et l'autre avec un caractère négatif *.

Les fleurs qui participent le plus de cette forme conique, sont celles qui naissent à l'entrée du printemps, comme la fleur de l'arum, qui est faite en cornet, ou celles qui viennent dans les montagnes élevées, comme l'oreille-d'ours des Alpes : lorsque la nature l'emploie en été, c'est presque toujours avec des caractères négatifs, tels que dans les fleurs de la digitale qui sont inclinées et teintes en gros rouge ou en bleu.

Les fleurs à réverbères sphériques sont celles dont les pétales sont figurés en portions de sphère. On peut s'amuser, non sans plaisir, à considérer

* Par convolvulus de nuit, l'auteur entend les *quamoclittes*, dont on connaît une trentaine d'espèces étrangères à l'Europe. C'est au flambeau que M. Redouté a figuré l'espèce qui se trouve dans un de ses ouvrages. Plusieurs botanistes ont voulu séparer les quamoclittes des liserons et en faire un genre particulier, mais les caractères qui les distinguent n'ont pas paru suffisants pour adopter cette nouvelle division. (*Note de l'Éditeur.*)

que ces pétales à portion de sphère, ont à leurs foyers les anthères de la fleur portées sur des filets plus ou moins allongés pour cet effet. Il est encore digne de remarque que chaque pétale est assorti à son anthère particulière, ou quelquefois à deux ou même à trois; en sorte que le nombre des pétales dans une fleur divise presque toujours exactement celui des anthères. Pour les pétales, ils ne passent guère le nombre de cinq dans les fleurs en rose, comme si la nature avait voulu y exprimer le nombre des cinq termes de la progression élémentaire, dont cette belle forme est l'expression harmonique. Les fleurs à réverbères sphériques sont très-communes dans nos climats tempérés; elles ne renvoient pas toute la réflexion de leurs disques sur les anthères, comme le convolvulus, mais seulement la cinquième partie, parce que chacun de leurs pétales a son foyer particulier. La fleur en rose est répandue sur la plupart des arbres fruitiers, comme poiriers, pommiers, pêchers, pruniers, abricotiers, etc., et sur beaucoup d'arbrisseaux et d'herbes, comme les épines noire et blanche, les ronces, les fraisiers, les anémones, etc.; dont la plupart donnent à l'homme des fruits comestibles, et qui fleurisent au mois de mai. On peut aussi y rapporter les sphéroïdes, comme les muguets. Cette forme, qui est l'expression harmonique des cinq formes élémentaires, convenait très-bien à une température comme la nôtre, qui est elle-même moyenne proportionnelle entre celle de la zone glaciale et celle de la zone torride. Comme les réverbères sphériques rassemblent beaucoup de rayons à leurs foyers, leur action y est très-forte, mais aussi elle dure peu. On sait que rien ne passe plus vite que les roses. Les fleurs en rose sont rares entre les tropiques, sur-tout celles dont les pétales sont blancs. Elles n'y réussissent qu'à l'ombre des arbres. J'ai vu à l'Ile-de-France plusieurs habitants s'efforcer en vain d'y faire venir des fraises; mais l'un d'eux, qui demeurait, à la vérité, dans une partie élevée de l'île, trouva le moyen de s'en procurer en abondance, en les plantant sous des arbres, dans des terrains à demi défrichés. En récompense, la nature a multiplié dans les pays chauds les fleurs papilionacées ou légumineuses. La fleur légumineuse est entièrement opposée à la fleur en rose; elle a pour l'ordinaire cinq pétales arrondis, comme celle-ci : mais au lieu d'être disposés autour du centre de la fleur, pour y réverbérer les rayons du soleil, ils sont au contraire reployés autour des anthères, pour les mettre à l'abri. On y distingue un pavillon, deux ailes, et une carène partagée pour l'ordinaire en deux, qui recouvre les anthères et l'embryon du fruit. Ainsi, entre les tropiques, un grand nombre d'arbres, d'arbrisseaux, de lianes et d'herbes, ont des fleurs papilionacées. Tous nos pois et nos haricots y réussissent à merveille, et ces pays en produisent des variétés infinies. Il est même remarquable que les nôtres se plaisent dans les plages sablonneuses et chaudes, et donnent leurs fleurs au milieu de l'été. Je regarde donc les fleurs légumineuses, comme des fleurs à parasol. On peut aussi rapporter à ces mêmes effets négatifs du soleil, la forme des fleurs en gueule qui cachent leurs anthères, comme le mufle-de-veau qui se plaît sur les flancs des murailles.

Les fleurs à réverbères elliptiques, sont celles qui présentent des formes de coupes ovales, plus étroites du haut que du milieu. On sent que cette forme de coupe, dont les pétales perpendiculaires se rapprochent du sommet, abrite en partie le fond de la fleur, et que les courbes de ces mêmes pétales, qui ont plusieurs foyers, ne réunissent pas les rayons du soleil vers un seul centre : telle est la tulipe. Il est remarquable que cette forme de fleur allongée, est plus commune dans les pays chauds que la fleur en rose. La tulipe croît d'elle-même aux environs de Constantinople. On peut rapporter aussi à cette forme celle des liliacées, qui y sont aussi plus fréquentes qu'ailleurs. Cependant, quand la nature les emploie dans des pays encore plus méridionaux, ou dans le milieu de l'été, c'est presque toujours avec des caractères négatifs; ainsi elle a renversé les fleurs tulipées de l'impériale originaire de Perse, et les a ombragées d'un panache de feuilles. Ainsi elle renverse en dehors, dans nos climats, les pétales du lis; mais les espèces de lis blancs qui croissent entre les tropiques, ont de plus leurs pétales découpés en lanières *.

Les fleurs à miroirs paraboliques ou plans, sont celles qui renvoient les rayons du soleil parallèlement. La configuration des premières donne beaucoup d'éclat à la corolle de ces fleurs, qui jettent, pour ainsi dire, de leur sein un faisceau de lumière, car elles la rassemblent vers le fond de leur corolle, et non sur les anthères. C'est peut-être pour en affaiblir l'action, que la nature a terminé ces sortes de fleurs par une espèce de capuchon que les botanistes appellent éperon. C'est probablement dans ce tuyau que se rend le foyer de leur parabole, qui est peut-être situé, comme

* Cette position de l'impériale, des ancolies et des campanules, cache une autre prévoyance de la nature. Il est facile de deviner, au seul aspect d'une plante, si ses étamines sont plus longues que son pistil, ou si son pistil est plus long que ses étamines. Par exemple, toutes les fleurs qui sont droites sur leurs tiges, ont des étamines plus longues que le pistil, et le contraire arrive dans les fleurs renversées comme celles des campanules : mais cette position n'est pas indifférente, et c'est d'elle que dépend la fécondation des végétaux. Dans les fleurs qui sont droites, la poussière des étamines tombe naturellement sur le pistil placé au-dessous de leurs anthères, et cependant la nature, de crainte de manquer son but, les a encore douées de plusieurs mouvements, rapides, lents ou spontanés; c'est ainsi que les six étamines du *fritillaria persica*, celles du *butomus umbellatus*, du *zygophyllum fabago*,

dans plusieurs courbes de ce genre, au delà de son sommet. Ces sortes de fleurs sont fréquentes entre les tropiques; telle est la fleur de poincillade des Antilles, autrement appelée fleur de paon, à cause de sa beauté; telle est aussi la capucine du Pérou. On prétend même que l'espèce vivace est phosphorique la nuit. Les fleurs à miroirs plans produisent les mêmes effets, et la nature en a multiplié les modèles dans nos fleurs d'été, ou qui se plaisent dans les plages chaudes et sablonneuses, comme les radiées, telles que les fleurs du pissenlit; on les retrouve dans les fleurs de doronic, de laitue, de chicorée, dans les asters, dans les marguerites de nos prairies, etc..... Mais elle en a mis le premier patron sous la ligne, en Amérique, dans le large tournesol qui nous est venu du Brésil. Comme ce sont les fleurs dont les pétales ont

du *parnassia palustris*, s'approchent alternativement du pistil qu'elles couvrent de leur poussière.

Mais il est des fleurs dont les étamines peuvent à peine atteindre à la moitié du pistil; et le mouvement leur a été refusé, sans doute parce qu'il leur eût été inutile. C'est donc afin de favoriser la fécondation du végétal, que les fleurs de l'impériale, des ancolies, des campanules, etc., restent pendantes sur leurs tiges. Cette position qui leur donne tant de grâce est un bienfait, car la poussière des étamines ne peut plus tomber sans rencontrer le stigmate qui les dépasse. Mais ce qui achève de montrer le dessein secret de la nature, c'est qu'aussitôt que le mystère est accompli, le pédoncule qui soutient la corolle se redresse, la fleur se relève et reste droite sur sa tige. (*Note de l'Editeur.*)

le moins d'action, ce sont aussi celles qui durent le plus long-temps. Leurs attitudes sont variées à l'infini; celles qui sont horizontales, comme celles des pissenlits, se referment, dit-on, vers le milieu du jour; ce sont aussi celles qui sont le plus exposées à l'action du soleil, car elles reçoivent ses rayons depuis son lever jusqu'à son coucher. Il y en a d'autres qui, au lieu de clore leurs pétales, les renversent, ce qui produit à-peu-près le même effet; telle est la fleur de camomille. D'autres sont perpendiculaires à l'horizon, comme la fleur de chicorée. La couleur bleue dont elle est teinte, contribue encore à affaiblir les rayons du soleil, qui, dans cet aspect, agirait avec trop d'action sur elle. D'autres n'ont que quatre pétales horizontaux, comme les cruciées, dont les espèces sont fort communes dans les pays chauds. D'autres portent autour de leur disque, des fleurons qui l'ombragent; tel est le bluet des blés, qui est représenté dans la planche en opposition avec la marguerite. Celle-ci fleurit au commencement du printemps, et l'autre au milieu de l'été.

Nous avons parlé des formes générales des fleurs, mais nous ne finirions pas si nous voulions parler de leurs diverses agrégations. Je crois cependant qu'on peut les rapporter au plan même des fleurs. Ainsi les ombellifères se présentent au soleil sous les mêmes aspects que les fleurs radiées. Nous récapitulerons seulement ce que nous avons dit sur leurs miroirs. Le réverbère perpendiculaire de cône ou d'épi, rassemble sur les anthères des fleurs un arc de lumière de 90 degrés, depuis le zénith jusqu'à l'horizon. Il présente encore dans les inégalités de ses pans, des faces réfléchissantes. Le réverbère conique rassemble un cône de lumière de 60 degrés. Le réverbère sphérique réunit dans chacun de ses cinq pétales, un arc de lumière de 36 degrés du cours du soleil, en supposant cet astre à l'équateur. Le réverbère elliptique en rassemble moins, par la position perpendiculaire de ses pétales; et le réverbère parabolique, ainsi que celui à pans, renvoient les rayons du soleil divergents ou parallèles. La première forme paraît fort commune dans les fleurs des zones glaciales; la seconde, dans celles qui viennent à l'ombre; la troisième, dans les latitudes tempérées; la quatrième, dans les pays chauds; et la cinquième, dans la zone torride. Il semble aussi que la nature multiplie les divisions de leurs pétales, pour en affaiblir l'action. Les cônes et les épis n'ont point de pétales. Les convolvulus n'en ont qu'un; les fleurs en rose en ont cinq; les fleurs elliptiques, comme les tulipes et les liliacées, en ont six; les fleurs à réverbère plan, comme les radiées, en ont une multitude.

Les fleurs ont encore des parties ordonnées aux autres éléments. Il y en a qui sont garnies en dehors de poils pour les abriter du froid. D'autres sont formées pour éclore à la surface de l'eau ; telles sont les roses jaunes des nymphæa, qui flottent sur les lacs et qui se prêtent aux divers mouvements des vagues, sans en être mouillées, au moyen des tiges longues et souples auxquelles elles sont attachées. Celles de la vallisneria sont encore plus artistement disposées : elles croissent dans le Rhône, et elles y auraient été exposées à être inondées par les crues subites de ce fleuve, si la nature ne leur avait donné des tiges formées en tire-bouchon, qui s'allongent tout-à-coup de trois à quatre pieds *. Il y a d'autres fleurs coordonnées aux vents et aux pluies, comme celles des pois, qui ont des nacelles qui abritent les étamines et les embryons de leurs fruits [11]. De plus, elles ont de grands pavillons et sont posées sur des queues courbées et élastiques, comme un nerf ; de sorte que, quand le vent souffle sur un champ de pois, vous voyez toutes les fleurs tourner le dos au vent, comme autant de girouettes. Cette classe paraît fort répandue dans les lieux battus des vents. Dampier rapporte qu'il trouva les rivages déserts de la Nouvelle-Guinée, couverts de pois à fleurs rouges et bleues. Dans nos climats, la fougère qui couronne les sommets des collines, toujours battus des vents et des pluies, porte les siennes tournées vers la terre sur le dos de ses feuilles. Il y a même des espèces de plantes dont

* Voyez ci-après la note de la page 395.

la floraison est réglée sur l'irrégularité des vents. Telles sont celles dont les individus mâles et femelles naissent sur des tiges séparées. Jetées çà et là sur la terre, souvent à de grandes distances les unes des autres, les poussières des fleurs mâles ne pourraient féconder que bien peu de fleurs femelles, si, dans le temps de leur floraison, le vent ne soufflait de plusieurs côtés. Chose étrange ! il y a des générations constantes fondées sur l'inconstance des vents. Je présume de là, que dans les pays où les vents soufflent toujours du même côté, comme entre les tropiques, ce genre de floraison doit être rare; et si on l'y rencontre, il doit être précisément réglé sur la saison où ces vents réguliers varient.

On ne peut douter de ces relations admirables, quelque éloignées qu'elles paraissent, en observant l'attention avec laquelle la nature a préservé les fleurs, des chocs que les vents mêmes pouvaient leur faire éprouver sur leurs tiges. Elle les enveloppe, pour la plupart, d'une partie que les botanistes appellent calice. Plus la plante est rameuse, plus le calice de sa fleur est épais. Elle le garnit quelquefois de coussinets et de barbes, comme on le peut voir aux boutons de rose. C'est ainsi qu'une mère met des bourrelets à la tête de ses enfants lorsqu'ils sont petits, pour les garantir des accidents de quelque chute. La nature a si bien marqué son intention à cet égard, dans les fleurs des plantes rameuses, qu'elle a privé de ce fourreau celles qui croissent sur des tiges qui ne le sont pas, et où elles n'ont rien à craindre de l'agitation des vents. C'est ce qu'on peut remarquer aux fleurs du sceau-de-Salomon, du muguet, de l'hyacinthe, du narcisse, de la plupart des liliacées et des plantes qui portent leurs fleurs isolées sur des tiges perpendiculaires.

Les fleurs ont encore des relations très-curieuses avec les animaux et avec l'homme, par la diversité de leurs configurations et de leurs odeurs. Celle d'une espèce d'orchis représente des punaises et exhale la même puanteur. Celle d'une espèce d'arum ressemble à la chair pourrie, et elle en a l'infection à un tel point, que la mouche à viande y vient déposer ses œufs. Mais ces rapports, peu approfondis, sont étrangers à cet article; il suffit que j'aie démontré ici qu'elles en ont de bien marqués avec les éléments, et sur-tout avec le soleil. Quand les botanistes auront répandu sur cette partie toutes les lumières dont ils sont capables, en examinant leurs foyers, les élévations où elles se trouvent sur le sol, les abris ou les réflexions des corps qui les avoisinent, la variété de leurs couleurs, enfin, tous les moyens dont la nature compense les différences de leurs expositions, ils ne douteront point de ces harmonies élémentaires; ils reconnaîtront que la fleur, loin de présenter un caractère constant dans les plantes, en offre au

contraire un perpétuel de variété. C'est par elle
que la nature varie principalement les espèces
dans le même genre de plante, pour la rendre susceptible de fécondation sur différents sites. Voilà
pourquoi les fleurs du marronnier d'Inde, origi-
ginaire de l'Asie, ne sont point les mêmes que
celles du châtaignier de l'Europe; et que celles du
chardon de bonnetier, qui vient sur le bord des
rivières, sont différentes de celles des chardons
qui croissent dans les lieux élevés et arides.

Une observation fort extraordinaire achèvera
de confirmer tout ce que nous venons de dire :
c'est qu'une plante change quelquefois totalement
la forme de ses fleurs dans la génération qui la
reproduit. Ce phénomène étonna beaucoup le célèbre Linnæus, la première fois qu'on le lui fit
observer. Un de ses élèves lui apporta un jour une
plante parfaitement semblable à la linaire, à l'exception de la fleur : la couleur, la saveur, les feuilles, la tige, la racine, le calice, le péricarpe, la
semence, enfin l'odeur qui en est remarquable,
étaient exactement les mêmes, excepté que ses
fleurs étaient en entonnoir, tandis que la linaire
les porte en gueule. Linnæus crut d'abord que son
élève avait voulu éprouver sa science, en adap-
tant sur la tige de cette plante une fleur étrangère;
mais il s'assura que c'était une vraie linaire, dont
la nature avait totalement changé la fleur. On l'a-
vait trouvée parmi d'autres linaires, dans une île

à sept milles d'Upsal, près du rivage de la mer, sur un fond de sable et de gravier. Il éprouva lui-même qu'elle se reperpétuait, dans ce nouvel état, par ses semences. Il en trouva depuis en d'autres lieux; et, ce qu'il y a de plus extraordinaire, il y en avait parmi celles-là qui portaient sur le même pied, des fleurs en entonnoir et des fleurs en gueule. Il donna à ce nouveau végétal, le nom de *pélore*, du mot grec πέλωρ qui signifie prodige. Il observa depuis les mêmes variations dans d'autres espèces de plantes, entre autres, dans le chardon ériocéphale, dont les semences produisent, chaque année, dans le jardin d'Upsal, le chardon bourru des Pyrénées *. Ce fameux botaniste explique ces transformations comme les effets d'une génération métive, altérée par les poussières fécondantes de quelque autre fleur du voisinage. Cela peut être; cependant on peut opposer à son opinion, les fleurs de la pélore et de la linaire, qu'il a trouvées réunies sur le même individu. Si c'était la fécondation qui transformât cette plante, elle devrait donner des fleurs semblables dans l'individu entier. D'ailleurs, il a observé lui-même qu'il n'y avait aucune altération dans les autres parties de la pélore, ainsi que dans ses vertus; et il doit y en avoir comme dans sa fleur, si elle est produite par le mélange de quelque race étrangère. Enfin, elle

* *In Dissertatione Upsaliæ* 1744, mense decembri; page 59, note 6.

se reproduit en pélore par ses semences ; ce qui n'arrive à aucune espèce mulâtre dans les animaux. Cette stérilité dans les branches métives, est un effet de la sage constance de la nature, qui intercepte les générations divergentes, pour empêcher les espèces primordiales de se confondre et de disparaître à la longue. Au reste, je n'examine ni les causes ni les moyens qu'elle me cache, parce qu'ils sont au-dessus de ma portée. Je m'arrête aux fins qu'elle me montre ; je me confirme, par la variété des fleurs dans les mêmes espèces, et quelquefois dans le même individu, qu'elles servent tantôt de réverbères aux végétaux, pour rassembler, suivant leur position, les rayons du soleil sur les parties de leur fécondation, tantôt de parasol pour les mettre à couvert de leur chaleur. La nature agit envers elles, à-peu-près comme envers les animaux exposés aux mêmes variations de latitude. Elle dépouille, en Afrique, le mouton de sa laine, et lui donne un poil ras comme celui d'un cheval ; et au Nord, au contraire, elle couvre le cheval de la fourrure frisée du mouton. J'ai vu cette double métamorphose au cap de Bonne-Espérance et en Russie. J'ai vu à Pétersbourg, des chevaux normands et napolitains, dont le poil, naturellement court, était si long et si frisé, au milieu de l'hiver, qu'on les aurait crus couverts de laine comme les moutons. Ce n'est donc pas sans raison qu'est fondé ce vieux proverbe : « Dieu me-

« sure le vent à la brebis tondue; » et lorsque je vois sa main paternelle varier la fourrure des animaux suivant le froid, je puis bien croire qu'elle varie de même les miroirs des fleurs, suivant le soleil. Ainsi, on peut diviser les fleurs, par rapport au soleil, en deux classes : en fleurs à réverbères, et en fleurs à parasol.

S'il y a quelque caractère constant dans les plantes, il faut le chercher dans le fruit. C'est là que la nature a ordonné toutes les parties de la végétation, comme à l'objet principal. Ce mot de la Sagesse même, « Vous les connaîtrez à leurs » fruits, » appartient au moins autant aux plantes qu'aux hommes.

Nous examinerons donc les caractères généraux des plantes, par rapport aux lieux où leurs semences ont coutume de naître. Comme le règne animal est divisé en trois grandes classes, de quadrupèdes, de volatiles et d'aquatiques, qui se rapportent aux trois éléments du globe; nous diviserons de même le règne végétal en plantes aériennes ou de montagnes, en aquatiques ou de rivages, en terrestres ou de plaines. Mais comme cette dernière participe des deux autres, nous ne nous y arrêterons point; car, quoique je sois persuadé que chaque espèce, et même chaque variété, peut être rapportée à quelque site particulier de la terre, et y croître de la plus grande beauté, il suffit d'en dire ici autant qu'il en faut pour la prospérité d'un petit jardin. Quand nous aurons reconnu des caractères constants dans les deux extrémités du règne végétal, il sera aisé de rapporter aux classes intermédiaires ceux qui leur conviennent. Nous commencerons par les plantes de montagnes.

HARMONIES ÉLÉMENTAIRES DES PLANTES AVEC L'EAU ET L'AIR, PAR LEURS FEUILLES ET LEURS FRUITS.

Lorsque l'Auteur de la nature voulut couronner de végétaux jusqu'aux sommets des terres les plus escarpées, il ordonna d'abord les chaînes des montagnes aux bassins des mers qui devaient leur fournir des vapeurs, au cours des vents qui devaient les y porter, et aux divers aspects du soleil qui devaient les échauffer. Dès que ces harmonies furent établies entre les éléments, les nuages s'élevèrent de l'Océan, et se dispersèrent dans les parties les plus reculées des continents. Ils s'y répandirent sous mille formes diverses, en brouillards, en rosées, en pluies, en neiges et en frimas. Ils s'écoulèrent du haut des airs avec autant de variété; les uns, dans un air calme, comme les pluies de nos printemps, filèrent comme si on les eût versés par un crible; d'autres, chassés par des vents violents, furent lancés horizontalement sur les flancs des collines; d'autres tombèrent en torrents, comme ceux qui inondent, neuf mois de l'année, l'île de Gorgone, placée au milieu de la zone torride dans le golfe brûlant de Panama. Il y en eut qui s'entassèrent en montagnes de neige sur les sommets inaccessibles des Andes, pour rafraîchir, par leurs eaux, le continent de l'Amérique méridionale, et par leur atmosphère glaciale, la vaste mer du Sud. Enfin, de grands fleuves coulèrent sur des terres où il ne pleut jamais, et le Nil arrosa l'Égypte.

Dieu dit alors : * « Que la terre produise de » l'herbe verte qui porte de la graine, et des arbres » fruitiers qui portent du fruit, chacun selon son » espèce. » A la voix du Tout-Puissant, les végétaux parurent avec les organes propres à recueillir les bénédictions du ciel. L'orme s'éleva sur les montagnes qui bordent le Tanaïs, chargé de feuilles en forme de langues; le buis touffu sortit de la croupe des Alpes, et le câprier épineux des rochers de l'Afrique, avec leurs feuilles creusées en cuillers. Les pins des monts sablonneux de la Norwège recueillirent les vapeurs qui flottaient dans l'air, avec leurs folioles disposées en pinceaux; les verbascum étalèrent leurs larges feuilles sur les sables arides, et la fougère présenta, sur les collines, son feuillage en éventail aux vents pluvieux et horizontaux. Une multitude d'autres plantes, du sein des rochers, des cailloux et de la croûte même des marbres, reçurent les eaux des pluies

* *Genèse*, chap. 1, ⅴ 11.

dans des cornets, des sabots et des burettes. Depuis le cèdre du Liban jusqu'à la violette qui borde les bocages, il n'y en eut aucune qui ne tendît sa large coupe ou sa petite tasse, suivant ses besoins ou son poste.

Cette aptitude des feuilles des plantes des lieux élevés pour recevoir les eaux des pluies, est variée à l'infini; mais on en reconnaît le caractère dans la plupart, non-seulement à leurs formes concaves, mais encore à un petit canal creusé sur le pédicule qui les attache à leurs rameaux. Il ressemble en quelque sorte à celui que la nature a tracé sur la lèvre supérieure de l'homme, pour recevoir les humeurs qui tombent du cerveau. On peut l'observer sur-tout sur les feuilles des chardons, qui se plaisent dans les lieux secs et sablonneux. Celles-ci ont de plus des tendelets collatéraux, pour ne rien perdre des eaux qui tombent du ciel. Des plantes qui croissent dans les lieux fort chauds et fort arides, ont quelquefois leurs tiges ou leurs feuilles entières transformées en canal. Tels sont les aloès de l'île de Zocotora à l'entrée de la mer Rouge, ou les cierges épineux de la zone torride. L'aqueduc de l'aloès est horizontal, et celui du cierge est perpendiculaire.

Ce qui a empêché les botanistes de remarquer les rapports que les feuilles des plantes ont avec les eaux qui les arrosent, c'est qu'ils les voient par-tout à-peu-près de la même forme, dans les vallées comme sur les hauteurs; mais, quoique les plantes de montagnes présentent des feuillages de toutes sortes de configurations, on reconnaît aisément à leur agrégation en forme de pinceaux ou d'éventail, au froncement des feuilles, ou à d'autres marques équivalentes, qu'elles sont destinées à recevoir les eaux des pluies, mais principalement à l'aqueduc dont je parle. Cet aqueduc est tracé sur le pédicule des plus petits feuillages des plantes de montagnes; c'est par son moyen que la nature a rendu les formes mêmes des plantes aquatiques, susceptibles de végéter dans les lieux les plus arides. Par exemple, le jonc, qui n'est qu'un chalumeau rond et plein, qui croît sur le bord de l'eau, ne paraissait pas susceptible de ramasser aucune humidité dans l'air, quoiqu'il convînt très-bien aux lieux élevés par sa forme capillacée, qui, comme celle des graminées, ne donne point de prise au vent. En effet, si vous considérez les diverses espèces de joncs qui tapissent les montagnes dans plusieurs parties du monde, tels que celui appelé icho des hautes montagnes du Pérou, qui est le seul végétal qui y croisse en quelques endroits, et ceux qui viennent chez nous dans des sables arides ou sur des hauteurs, au premier coup-d'œil vous les croirez semblables à des joncs de marais; mais, avec un peu d'attention, vous remarquerez, non sans étonnement, qu'ils sont creusés en écope dans toute leur longueur. Ils sont, comme les autres joncs, convexes d'un côté, mais ils en diffèrent essentiellement en ce qu'ils sont tous concaves de l'autre. J'ai reconnu, à ce même caractère, le sparte, qui est un jonc des montagnes d'Espagne, dont on fait aujourd'hui, à Paris, des cordages pour les puits.

Beaucoup de feuilles, de plantes même dans les plaines, prennent en naissant cette forme d'écope ou de cuiller, comme celles de la violette et de la plupart des graminées. On voit, au printemps, les jeunes touffes de celles-ci se dresser vers le ciel, comme des griffes, pour en recevoir les eaux, surtout lorsqu'il commence à pleuvoir; mais la plupart des plantes de plaine perdent leur gouttière en se développant. Elle ne leur a été donnée que pour le temps nécessaire à leur accroissement. Elle n'est permanente que dans les plantes de montagnes. Elle est tracée, comme je l'ai dit, sur le pédicule des feuilles, et conduit l'eau des pluies, dans les arbres, de la feuille à la branche; la branche, par l'obliquité de sa position, la porte au tronc, d'où elle descend à la racine par une suite de dispositions conséquentes. Si on verse doucement de l'eau sur les feuilles d'un arbrisseau de montagne les plus éloignées de sa tige, on la verra couler par la route que je viens d'indiquer, sans qu'il en tombe une seule goutte à terre. J'ai eu la curiosité de mesurer, dans quelques plantes montagnardes, l'inclinaison que forment leurs branches avec leurs tiges, et j'ai trouvé dans une douzaine d'espèces différentes, comme dans les fougères, les thuya, etc., qu'elle formait un angle d'environ 30 degrés. Il est très-remarquable que ce degré d'incidence est le même que celui que forme, en terrain horizontal, le cours de beaucoup de rivières et de ruisseaux avec les fleuves où ils se jettent, comme on peut le vérifier sur les cartes de géographie. Ce degré d'incidence paraît le plus favorable à l'écoulement de plusieurs fluides qui se dirigent vers une seule ligne. La même sagesse a réglé le niveau des branches dans les arbres et le cours des ruisseaux dans les plaines.

Cette inclinaison éprouve quelques variétés dans quelques arbres de montagnes. Le cèdre du Liban, par exemple, pousse la partie inférieure de ses rameaux vers le ciel, et il en abaisse l'extrémité vers la terre. Ils ont l'attitude du commandement qui convient au roi des végétaux, celle d'un bras levé en l'air, dont la main serait inclinée. Au moyen de la première disposition, les eaux des pluies coulent vers son tronc ; et par la seconde, les neiges, dans la région desquelles il se plaît, glissent de dessus son feuillage. Ses cônes ont également deux ports différents ; car il les incline d'abord vers la terre, pour les abriter dans le temps de leur floraison ; mais quand ils sont fécondés, il les dresse vers le ciel. On peut vérifier ces observations sur un jeune et beau cèdre qui est au Jardin du Roi, et qui, quoique étranger, a conservé au milieu de notre climat, l'attitude d'un roi et le costume du Liban.

L'écorce de la plupart des arbres de montagnes est disposée également pour conduire les eaux des pluies, depuis les branches jusqu'aux racines. Celle des pins est en grosses côtes perpendiculaires; celle de l'orme est fendue et crevassée dans sa longueur; celle du cyprès est spongieuse comme de l'étoupe.

Les plantes de montagnes ou de lieux arides, ont encore un caractère qui leur est propre en général; c'est d'attirer l'eau qui nage dans l'air en vapeurs insensibles. La pariétaire, ainsi appelée *à pariete*, parce qu'elle croît sur les parois des murailles, a ses feuilles presque toujours humides. Cette attraction est commune à la plupart des arbres de montagnes. Les voyageurs rapportent unanimement qu'il y a dans les montagnes de l'Ile-de-Fer un arbre qui fournit, chaque jour, à cette île une quantité prodigieuse d'eau. Les insulaires l'appellent *garoé*, et les Espagnols *santo*, à cause de son utilité. Ils disent qu'il est toujours environné d'une nuée qui coule en abondance le long de ses feuilles, et remplit d'eau de grands réservoirs qu'on a construits au pied de cet arbre, qui suffisent à la provision de l'île. Cet effet est peut-être un peu exagéré, quoique rapporté par des hommes de différentes nations; mais je le crois vrai au fond. Je pense seulement que c'est la montagne qui attire de loin les vapeurs de l'atmosphère, et que l'arbre situé au foyer de son attraction, les rassemble autour de lui *.

Comme j'ai parlé plusieurs fois, dans cet ouvrage, de l'attraction des sommets de beaucoup de montagnes, le lecteur ne trouvera pas mauvais que je lui donne ici une idée de cette partie de l'architecture hydraulique de la nature. Entre un grand nombre d'exemples curieux que je pourrais en rapporter, et que j'ai rassemblés dans mes matériaux sur la géographie, en voici un que j'ai extrait, non d'un philosophe à systèmes, mais

* Les Espagnols ont écrit que cet arbre pouvait fournir, en une seule nuit, assez d'eau pour les besoins de huit mille personnes, et c'est avec raison que Bernardin de Saint-Pierre accuse ce récit d'exagération. Cet arbre immense a été renversé par un ouragan, et si les arbres de cette espèce qui existent encore dans l'île ne produisent pas le même effet, c'est qu'ils sont mal exposés, et que leur feuillage est moins vaste et moins touffu. Au reste, l'île de Waterhouse, dans les mers du Nord, offre un phénomène semblable. La partie supérieure de son plateau est couverte d'arbres, tandis que le penchant de la montagne ne produit que des arbrisseaux dont les tiges sont très-rapprochées. Ces arbrisseaux entretiennent la terre dans un état d'humidité très-favorable à la végétation; et Péron dit avoir vu couler sous leurs ombrages un grand nombre de filets d'eau douce, qui tombaient, goutte à goutte, de leurs feuilles. Ces espèces de sources végétales, que la nature a préparées dans des contrées désertes, pourraient suffire à tous les besoins de l'île, si elle était habitée. (*Note de l'Editeur.*)

d'un voyageur simple et naïf du siècle passé, qui raconte les choses telles qu'il les a vues, et sans en tirer aucune conséquence. C'est une description des sommets de l'île de Bourbon, située dans l'Océan indien, par le 21ᵉ degré de latitude sud. Elle a été faite d'après les écrits de M. de Villers, qui gouvernait alors cette île pour la Compagnie des Indes orientales ; elle est imprimée dans le Voyage que nos vaisseaux français firent, pour la première fois, dans l'Arabie Heureuse, qui fut vers l'an 1709, et qui a été mis au jour par M. de La Roque *.

« Entre ces plaines, dit M. de Villers, qui sont
» sur les montagnes (de Bourbon), la plus remar-
» quable, et dont personne n'a rien écrit, est celle
» qu'on a nommée la plaine des Cafres, à cause
» qu'une troupe de Cafres, esclaves des habitants
» de l'île, s'y étaient allés cacher, après avoir
» quitté leurs maîtres. Du bord de la mer on
» monte assez doucement pendant sept lieues,
» pour arriver à cette plaine par une seule route,
» le long de la rivière de Saint-Étienne : on peut
» même faire ce chemin à cheval. Le terrain est
» bon et uni jusqu'à une lieue et demie en deçà
» de la plaine, garni de beaux et grands arbres,
» dont les feuilles qui en tombent servent de nour-
» riture aux tortues que l'on y trouve en grand
» nombre. On peut estimer la hauteur de cette
» plaine à deux lieues au-dessus de l'horizon ; aussi

* Voyez page 201.

» paraît-elle d'en bas toute perdue dans les nues.
» Elle peut avoir quatre ou cinq lieues de circon-
» férence : le froid y est insupportable ; et un
» brouillard continuel, qui mouille autant que la
» pluie, empêche qu'on ne s'y voie de dix pas loin:
» comme il tombe la nuit, on y voit plus clair
» que pendant le jour; mais alors il y gèle terri-
» blement, et le matin avant le lever du soleil, on
» découvre la plaine toute glacée.

» Mais ce qui s'y voit de bien extraordinaire, ce
» sont certaines élévations de terre, taillées pres-
» que comme des colonnes rondes, et prodigieu-
» sement hautes; car elles n'en doivent guère aux
» tours de Notre-Dame de Paris. Elles sont plantées
» comme un jeu de quilles, et si semblables, qu'on
» se trompe facilement à les compter : on les ap-
» pelle des pitons. Si l'on veut s'arrêter auprès de
» quelqu'un de ces pitons pour se reposer, il ne
» faut pas que ceux qui ne s'y reposent pas, et qui
» veulent aller ailleurs, s'écartent seulement de
» deux cents pas : ils courraient risque de ne plus
» retrouver le lieu qu'ils auraient quitté; tant ces
» pitons sont en grand nombre, tous pareils, et
» tellement disposés de même manière, que les
» créoles, gens nés dans le pays, s'y trompent eux-
» mêmes. C'est pour cela que, pour éviter cet in-
» convénient, quand une troupe de voyageurs s'ar-
» rête au pied d'un de ces pitons, et que quelques
» personnes veulent s'écarter, on y laisse quelqu'un

» qui fait du feu ou de la fumée, qui sert à re-
» dresser et à ramener les autres; et si la brume
» était si épaisse, comme il arrive souvent, qu'elle
» empêchât de voir le feu ou la fumée, on se mu-
» nit de certains gros coquillages, dont on laisse un
» à celui qui reste auprès du piton : ceux qui veu-
» lent s'écarter emportent l'autre ; et, quand on
» veut revenir, on souffle avec violence dans cette
» coquille, comme dans une trompette, qui rend
» un son très-aigu, et s'entend de loin ; de manière
» que, se répondant les uns les autres, on ne se
» perd point, et on se retrouve facilement. Sans
» cette précaution, on y serait attrapé.

» Il y a beaucoup de trembles dans cette plaine,
» qui sont toujours verts : les autres arbres ont
» une mousse de plus d'une brasse de long, qui
» couvre leur tronc et leurs grosses branches. Ils
» sont secs, sans feuillages, et si moites d'eau,
» qu'on n'en peut faire de feu. Si, après bien de
» la peine, on en a allumé quelques branchages,
» ce n'est qu'un feu noir, sans flamme, avec une
» fumée rougeâtre, qui enfume la viande au lieu
» de la cuire. On a peine à trouver un lieu, dans
» cette plaine, pour y faire du feu, à moins que
» de chercher une élévation autour de ces pitons ;
» car la terre de la plaine est si humide, que l'eau
» en sort par-tout ; et l'on y est toujours dans la
» boue et mouillé jusqu'à mi-jambes. On y voit
» grand nombre d'oiseaux bleus, qui se nichent

» dans des herbes et dans des fougères aquatiques.
» Cette plaine était inconnue avant la fuite des
» Cafres : pour en descendre, il faut reprendre le
» chemin par où l'on y est monté, à moins qu'on
» ne veuille se risquer par un autre qui est trop
» rude et trop dangereux.

» On voit, de la plaine des Cafres, la montagne
» des Trois-Salases, ainsi nommée, à cause des
» trois pointes de ce rocher, le plus haut de l'île
» de Bourbon. Toutes ses rivières en sortent, et
» il est si escarpé de tous côtés, que l'on n'y
» peut monter.

» Il y a encore dans cette île une autre plaine
» appelée de Silaos, plus haute que celle des Ca-
» fres, et qui ne vaut pas mieux : on ne peut y
» monter que très-difficilement. »

Il faut excuser, dans la description naïve de
notre voyageur, quelques erreurs de physique,
telles que celle où il suppose à la plaine des Cafres
deux lieues d'élévation au-dessus de l'horizon. Le
baromètre et le thermomètre ne lui avaient pas
appris qu'il n'y a point de pareille élévation sur le
globe, et qu'à une lieue seulement de hauteur
perpendiculaire, le terme de la glace est constant.
Mais à la brume épaisse qui environne ces pitons,
à leur brouillard continuel qui mouille autant que
la pluie, et qui tombe pendant la nuit, on reconnaît évidemment qu'ils attirent à eux les vapeurs
que le soleil élève, pendant le jour, de dessus la

mer, et qui disparaissent pendant la nuit. C'est de là que se forme la nappe d'eau qui inonde la plaine des Cafres, et d'où sortent la plupart des ruisseaux et des rivières qui arrosent l'île. On y reconnaît également une attraction végétale dans cette espèce de trembles toujours verts, et dans ces arbres toujours moites dont on ne peut faire du feu. L'île de Bourbon est à-peu-près ronde, et s'élève de dessus la mer, comme la moitié d'une orange. C'est sur la partie la plus élevée de cet hémisphère que sont situées la plaine de Silaos et celle des Cafres, où la nature a placé ce labyrinthe de pitons, toujours environnés de brumes, plantés comme des quilles, et élevés comme des tours.

Si le temps et le lieu me le permettaient, je ferais voir qu'il y a une multitude de pitons semblables sur les chaînes des hautes montagnes, des Cordilières, du Taurus, etc., et au centre de la plupart des îles, sans qu'on puisse supposer, comme on le fait ordinairement, qu'ils soient des restes d'une terre primitive qui s'élevait à cette hauteur; car que seraient devenus, comme nous l'avons déjà dit, les débris de cette terre, dont les prétendus témoins s'élèvent de toutes parts sur la surface du globe ? Je ferais voir qu'ils y sont placés dans des agrégations et des lieux convenables aux besoins des terres dont ils sont en quelque sorte les châteaux d'eau, les uns en labyrinthe, comme ceux de l'île de Bourbon, quand ils sont sur le sommet d'un hémisphère, d'où ils doivent distribuer les eaux du ciel de tous côtés; les autres en peigne, quand ils sont placés sur la crête prolongée d'une chaîne de montagnes, comme sont les pics de la chaîne du Taurus, et des Cordilières; d'autres groupés deux à deux, trois à trois, suivant la configuration des terrains qu'ils arrosent. Il y en a de plusieurs formes et de différentes constructions; il y en a d'enduits de terre, comme ceux de la plaine des Cafres et quelques-uns des îles Antilles, et qui sont avec cela si escarpés, qu'ils sont inaccessibles : ces enduits de terre prouvent qu'ils ont à-la-fois des attractions fossiles et hydrauliques.

Il y en a d'autres qui sont de longues aiguilles de roc vif et tout nu; d'autres sont en forme de cône; d'autres, de table, comme celui de la montagne de la Table, au cap de Bonne-Espérance, où l'on voit fréquemment les nuages s'amasser et s'épandre en forme de nappe. D'autres ne sont point apparents, mais sont entièrement engagés dans le flanc des montagnes, ou dans le sein des plaines. On les reconnaît tous aux brouillards qu'ils attirent autour d'eux, et aux sources qui coulent dans leur voisinage. On peut assurer même qu'il n'y a pas de source dans le voisinage de laquelle il n'y ait quelque carrière de pierre hydro-attractive, et, pour l'ordinaire, métallique. J'attribue l'attraction de ces pitons aux corps vitreux et métalliques dont ils sont composés. Je suis persuadé qu'on pourrait imiter cette architecture de la nature, et former, au moyen de l'attraction de ces pierres, des fontaines dans les lieux les plus arides. En général, les corps vitreux et les pierres susceptibles de polissure, y sont fort propres; car nous voyons que, lorsque l'eau est répandue en grande quantité dans l'air, comme dans les temps de dégel, elle se porte et s'attache d'abord aux vitres et aux pierres polies de nos maisons.

J'ai vu fréquemment, au sommet des montagnes de l'Ile-de-France, des effets semblables à ceux des pitons de la plaine des Cafres de l'île de Bourbon. Les nuées s'y rassemblent sans cesse autour de leurs pitons, qui sont escarpés et pointus comme des pyramides. Il y a de ces pitons qui sont surmontés d'un rocher de forme cubique, qui les couronne comme un chapiteau. Tel est celui qu'on y appelle Pieter-booth, du nom d'un amiral hollandais; il est un des plus élevés de l'île.

Ces pitons sont formés d'un roc vif, vitrifiable et mélangé de cuivre : ce sont de véritables aiguilles électriques par leur forme et leur matière. Les nuages se détournent sensiblement de leur cours pour s'y réunir, et s'y accumulent quelquefois en si grande quantité qu'ils les font disparaître à la vue. De là, ils descendent jusqu'au fond des vallées, le long des lisières des forêts qui les attirent aussi, et où ils se résolvent en pluie, en formant fréquemment des arcs-en-ciel sur la verdure des arbres. Cette attraction végétale des forêts de cette île, est si bien d'accord avec l'attraction métallique des pitons de ses montagnes, qu'un champ situé en lieu découvert, dans leur voisinage, manque souvent de pluie, tandis qu'il pleut presque toute l'année dans les bois, qui n'en sont pas à une portée de fusil. C'est pour avoir détruit une partie des arbres qui couronnaient les hauteurs de cette île, qu'on a fait tarir la plupart des ruisseaux qui l'arrosaient : il n'en reste plus aujourd'hui que le canal desséché. Je rapporte à la même imprudence, la diminution sensible des rivières et des fleuves dans une grande partie de l'Europe, comme on peut le voir à leur ancien lit, qui est beaucoup plus large et plus profond que le volume d'eau qu'ils contiennent aujourd'hui. Je suis persuadé même que c'est à cette cause qu'il faut rapporter la sécheresse des provinces élevées de l'Asie, entre autres, de celles de la Perse, dont les montagnes ont été sans doute imprudemment dépouillées d'arbres par les premiers peuples qui les ont habitées. Je pense que si l'on plantait, en France, des arbres de montagnes sur les hauteurs et à la source de nos rivières, on leur rendrait leur ancien volume d'eau, et on ferait reparaître, dans nos campagnes, beaucoup de ruisseaux qui n'y coulent plus du tout. Ce n'est point dans les roseaux, ni au fond des vallées, que les naïades cachent leurs urnes éternelles, comme les représentent les peintres; mais au sommet des rochers couronnés de bocages et voisins des cieux.

Il n'y a pas un seul végétal dont la feuille ne soit disposée pour recevoir les eaux des pluies dans les montagnes, dont la graine ne soit formée de la manière la plus propre à s'y élever. Les semences de toutes les plantes de montagnes sont volatiles. En voyant leurs feuilles, on peut affirmer le caractère de leurs graines, et en voyant leurs graines celui de leurs feuilles, et en conclure le caractère élémentaire de la plante. J'entends ici par plantes de montagnes, toutes celles qui croissent dans des lieux sablonneux et secs, sur les tertres, dans les rochers, sur les bords escarpés des chemins, dans les murailles, enfin loin des eaux.

Les semences des chardons, des bluets, des pissenlits, des chicorées, etc., ont des volants, des aigrettes, des panaches et plusieurs autres moyens de s'élever, qui les portent à des distances prodigieuses. Celles des graminées qui vont aussi fort loin, ont des balles et des panicules. D'autres, comme celle de la giroflée jaune, sont taillées comme des écailles légères, et vont, au moindre vent, s'implanter dans la plus petite fente d'un mur. Les graines des plus grands arbres de montagnes ne sont pas moins volatiles. Celle de l'érable a deux ailerons membraneux, semblables aux ailes d'une mouche. Celle de l'orme est enchâssée au milieu d'une foliole ovale. Celles du cyprès sont presque imperceptibles. Celles du cèdre sont terminées par de larges et minces feuillets qui forment un cône par leur agrégation. Les graines sont au centre du cône; et dans le temps de leur maturité, les feuillets où elles sont attachées se détachent les uns des autres, comme les cartes d'un jeu, et chacun d'eux emporte au loin son pignon *. Les semences des plantes de montagnes qui paraissent trop lourdes pour voler, ont d'autres ressources. Les pois de la balsamine ont des cosses dont les ressorts les élancent fort loin. Il y a aux Indes un arbre dont je ne me rappelle plus le nom, qui lance de même les siennes avec un bruit semblable à un coup de mousquet **. Celles qui n'ont ni panaches, ni ailes, ni ressorts, et qui, par leur pesanteur, semblent condamnées à rester au pied du végétal qui les a produites, sont souvent celles qui vont le plus loin. Elles volent avec les ailes des oiseaux. C'est ainsi que se ressèment une multitude de baies et de fruits à noyaux. Leurs semences sont renfermées dans des croûtes pierreuses qui sont indigestibles. Les

* Voyez la planche VIII.

** Cet arbre, ou plutôt cet arbrisseau, est le sablier (*ura crepitans*. LIN.). Une plante de nos climats, l'*euphorbia lathyris*, offre un phénomène semblable; ses graines s'échappent avec bruit pendant les chaleurs du jour, et le mouvement qu'elles reçoivent les emporte très loin. L'*euphorbia lathyris*, comme l'*ura crepitans*, est de la famille des tithymaloïdes. (*Note de l'Editeur.*)

oiseaux les avalent, et vont les planter sur les corniches des tours, dans les fentes des rochers, sur les troncs des arbres, au delà des fleuves et même des mers. C'est par ce moyen qu'un oiseau des Moluques repeuple de muscadiers les îles désertes de cet archipel, malgré les efforts des Hollandais qui détruisent ces arbres dans tous les lieux où ils ne servent pas à leur commerce. Ce n'est pas ici le moment de parler des rapports des végétaux avec les animaux. Il suffit d'observer, en passant, que la plupart des oiseaux ressement le végétal qui les nourrit. On voit même chez nous des quadrupèdes transporter fort loin les graines des graminées; tels sont entre autres ceux qui ne ruminent pas, comme les chevaux, dont les fumiers gâtent les prairies, par cette raison, en y introduisant quantité d'herbes étangères, comme la bruyère et le petit genêt, dont ils ne digèrent pas les semences. Ils en ressement encore d'autres qui s'attachent à leurs poils, par le simple mouvement de leur queue. Il y a de petits quadrupèdes, comme les loirs, les hérissons et les marmottes, qui transportent dans les parties les plus élevées des montagnes, les glands, les faînes et les châtaignes.

Il est très-digne de remarque, que les semences volatiles sont en beaucoup plus grand nombre que les autres espèces; et en cela, on doit admirer les soins d'une Providence qui a tout prévu. Les lieux élevés pour lesquels elles sont destinées, étaient exposés à être bientôt dépouillés de leurs végétaux par la pente de leur sol, et par les pluies qui tendent sans cesse à les dégrader. Au moyen de la volatilité des graines, ils sont devenus les lieux de la terre les plus abondants en plantes : c'est sur les montagnes que sont les trésors des botanistes.

Nous ne saurions trop le répéter, les remèdes de la nature sont toujours supérieurs aux obstacles, et ses compensations au-dessus de ses dons. En effet, si vous en exceptez les inconvénients de la pente, une montagne présente aux plantes la plus grande variété d'expositions. Dans une plaine, elles ont le même soleil, la même humidité, le même terrain, le même vent ; mais si vous vous élevez dans une montagne, située dans notre latitude, seulement de vingt-cinq toises de hauteur perpendiculaire, vous changez de climat comme si vous aviez fait vingt-cinq lieues vers le nord ; en sorte qu'une montagne de douze cents toises perpendiculaires, nous présenterait une échelle de végétation aussi étendue que celle des douze cents lieues horizontales qu'il y a à-peu-près d'ici au pôle ; l'une et l'autre se termineraient à une glace perpétuelle. Chaque pas que l'on fait dans une montagne, en s'élevant ou en descendant, change notre latitude ; et si l'on en fait le tour, chaque pas change notre longitude. On y trouve des points où le soleil se lève à huit heures du matin ; d'autres, à dix heures ; d'autres, à midi. On y rencontre une variété infinie d'expositions, de froides au nord, de chaudes au midi, de pluvieuses à l'ouest, de sèches à l'est; sans compter les diverses réflexions de la chaleur, dans les sables, les rochers, les fonds de vallées et les lacs, qui les modifient de mille manières.

On doit encore observer, non sans admiration, que le temps de la maturité de la plupart des semences volatiles arrive vers le commencement de l'automne; et que par une suite de cette sagesse universelle qui fait agir de concert toutes les parties de la nature, c'est alors que soufflent les grands vents de la fin de septembre ou du commencement d'octobre, appelés vents de l'équinoxe. Ces vents soufflent dans toutes les parties des continents du sein des mers aux montagnes qui y sont coordonnées. Non-seulement ils y transportent les graines volatiles qui sont mûres alors, mais ils y joignent d'épais tourbillons de poussière, qu'ils enlèvent des terres desséchées par les ardeurs de l'été, et sur-tout des rivages de la mer, où le mouvement perpétuel des flots, qui s'y brisent et y roulent sans cesse des cailloux, réduit en poudre impalpable les corps les plus durs. Ces émanations de poussière sont si abondantes en différents lieux, que je pourrais citer plusieurs vaisseaux qui en ont été couverts à plus de six lieues de la terre, en traversant des golfes. Elles sont si incommodes dans les parties les plus élevées de l'Asie, que tous les voyageurs qui ont été à Pékin affirment qu'il est impossible de sortir dans les rues de cette ville, une partie de l'année, sans avoir un voile sur le visage. Il y a des pluies de poussière qui réparent les sommets des montagnes, comme il y a des pluies d'eau qui entretiennent leurs sources. Les unes et les autres viennent de la mer, et y retournent par le cours des fleuves qui y portent des tributs perpétuels d'eaux et de sables. Les vents maritimes réunissent leurs efforts vers l'équinoxe de septembre, transportent de la circonférence des continents, aux montagnes qui en sont les plus éloignées, les semences et les engrais qui s'en sont écoulés, et sement de prairies, de bosquets et de forêts, les flancs des précipices et les pics les plus élevés. Ainsi, les feuilles, les tiges, les graines, les oiseaux, les saisons, les mers et les vents, concourent d'une manière admirable à entretenir la végétation des montagnes.

Je viens de parler des rapports des plantes avec les montagnes; je suis fâché de ne pouvoir insérer ici les rapports que les montagnes mêmes ont avec les plantes, comme c'était mon intention. Tout ce que j'en puis dire, c'est que, bien loin que les montagnes soient des productions ou de la force centrifuge, ou du feu, ou des tremblements de terre, ou du cours des eaux, j'en connais au moins dix espèces différentes, dont chacune est configurée de la manière la plus propre à entretenir dans chaque latitude l'harmonie des éléments par rapport à la végétation. Chacune d'elles a de plus des végétaux et des quadrupèdes qui lui sont particuliers, et qu'on ne trouve point ailleurs; ce qui prouve évidemment qu'elles ne sont point l'ouvrage du hasard. Enfin, parmi ce grand nombre de montagnes qui couvrent la plus grande partie des cinq zones, et sur-tout de la zone torride et des zones glaciales, il n'y en a qu'une seule espèce, la moins considérable de toutes, qui présente au cours des eaux des angles saillants et rentrants en correspondance. Cependant elle n'est pas plus leur ouvrage, que le bassin des mers n'est lui-même un ouvrage de l'Océan. Mais cet intéressant sujet, d'une étendue trop considérable pour ce volume, appartient d'ailleurs à la géographie.

Passons maintenant aux harmonies des plantes aquatiques.

Celles-ci ont des dispositions tout-à-fait différentes dans leurs feuilles, dans le port de leurs branches, et sur-tout dans la configuration de leurs semences*. La nature, comme je l'ai dit,

---

* On doit regretter que l'auteur n'ait pas donné plus de détails aux divers phénomènes que présentent les plantes aquatiques. Combien d'observations neuves et piquantes lui auraient été inspirées par ce seul fait, que les formes des feuilles varient sur le même végétal, suivant le milieu où elles se développent. Dans le *ranunculus aquatilis*, et le *trapa natans*, par exemple, les feuilles qui s'épanouissent à l'air ont une lame pleine et composée de nervures saillantes, tandis que

n'emploie souvent, pour varier ses harmonies, que
des caractères positifs et négatifs. Elle a donné un
aqueduc au pédicule des feuilles des plantes montagnardes ; elle l'ôte à celles qui naissent sur le
bord des eaux, et elle en fait des plantes aquati-

celles qui restent plongées au fond de l'eau; ont des nervures
presque dépourvues de tissu cellulaire, et semblent découpées avec un scalpel. Quel charme n'aurait pas eu, sous la
plume de l'auteur des Études, la description de l'*hydrogeton
fenestralis* qui croît dans les eaux de Madagascar, et dont les
feuilles, percées à jour, offrent l'aspect d'un filet ou d'une den-
telle. Sans doute que la variété des couleurs de cette plante
qui reste cachée au fond des eaux, l'élégance de son port,
la singularité de ses formes, ont des relations admirables avec
des êtres qui nous sont inconnus. Mais un des phénomènes
dont Bernardin de Saint-Pierre aurait fait l'objet de ses recherches et de ses réflexions, est celui que présente le *fucus
gigantinus*. Péron l'observa dans les mers du Nord près de
la terre de Diémen, et ne mesura point, sans étonnement,
ses tiges qui ont plus de 300 pieds de longueur. Mais sa surprise dut augmenter, lorsqu'en cherchant à deviner les moyens
dont la nature s'était servie pour élever, au-dessus des eaux,
des tiges si immenses et si flexibles, il aperçut dans toute la
longueur du fucus, des feuilles gaufrées dont le pétiole por-
tait une vésicule pleine d'air. Ces petits ballons se multipliaient,
d'étage en étage, jusqu'à la surface de la mer, où ils retenaient
les feuilles du sommet de la plante par leur légèreté spécifi-
que. Mais ces dernières feuilles, destinées à vivre dans l'air,
n'étaient pas gaufrées comme celles de la tige; au contraire,
elles avaient jusqu'à douze pieds de longueur et se déroulaient
sur les flots qu'elles couvraient d'un immense tapis de verdure. (*Note de l'Editeur.*)

ques. Celles-ci, au lieu d'avoir leurs feuilles creusées en gouttière, les ont unies et lisses, comme les glaïeuls, qui les portent en lames de poignard; ou renflées dans le milieu, en lames d'épée, comme celles du roseau appelé typha, qui est cette espèce commune dont les Juifs mirent une tige entre les mains de Jésus-Christ. Celles des nymphæa sont planes et contournées en cœur. Quelques-unes de ces espèces affectent d'autres formes; mais leurs longues queues sont toujours sans canal. Celles des joncs sont rondes comme des chalumeaux. Il y a une grande variété de joncs sur les bords des marais, des ruisseaux et des fontaines. On en trouve de toutes les tailles; depuis ceux qui ont la finesse d'un cheveu, jusqu'à ceux qui croissent dans la rivière de Gènes, qui sont gros comme des cannes. Quelque différence qu'il y ait dans l'articulation de leurs brins et de leurs panicules, ils ont tous, dans leur plan, une forme arrondie ou elliptique. Vous ne trouverez que les espèces qui croissent dans les lieux arides, qui soient cannelées et creusées à leur surface. Quand la nature veut rendre les plantes aquatiques susceptibles de végéter sur les montagnes, elle donne des aqueducs à leurs feuilles; mais quand, au contraire, elle veut placer des plantes de montagne sur le bord des eaux, elle les leur ôte. L'aloès de rocher a ses feuilles creusées en écope, l'aloès d'eau les a pleines. Je connais une douzaine d'espèces de fougères de montagne, qui ont toutes une petite cannelure le long de leurs branches ; et la seule espèce de marais que je connaisse, en est privée. Le port de ses branches est aussi fort différent de celui des autres : les premières les dressent vers le ciel, et celle-ci les porte presque horizontalement.

Si les feuilles des plantes montagnardes sont agencées de la manière la plus propre à rassembler à leurs racines l'eau du ciel qu'elles n'ont pas à discrétion, celles des plantes aquatiques sont disposées souvent pour l'en écarter, parce qu'elles devaient naître au sein des eaux ou dans leur voisinage. Les feuilles des arbres de rivage, comme celles des bouleaux, des trembles et des peupliers, sont attachées à des queues longues et pendantes. Il y en a d'autres qui portent leurs feuilles disposées en tuiles, comme les marronniers d'Inde et les noyers. Celles des plantes qui croissent à l'ombre autour du tronc des arbres, et qui tirent, par leurs racines, l'humidité que l'arbre recueille par son feuillage, comme les haricots et les convolvulus, ont un port semblable. Mais celles qui viennent tout-à-fait à l'ombre des arbres, et qui n'ont presque point de racines, comme les champignons, ont des feuilles qui, loin de regarder le ciel, sont tournées vers la terre. La plupart sont faits, en dessus, en parasol épais, pour empêcher le soleil de dessécher le terrain où ils croissent, et ils sont divisés, en dessous, en feuillets minces, pour recevoir les vapeurs qui s'en exhalent, à-peu-près comme ceux de la roue horizontale d'une pompe à feu reçoivent les émanations de l'eau bouillante qui la font tourner. Ils ont encore plusieurs autres moyens de s'abreuver de ces exhalaisons. Il y en a des espèces nombreuses, qui sont doublées de tuyaux, d'autres sont rembourrées d'éponges. Il y en a dont le pédicule est creux en dedans, et qui, portant un chapiteau au-dessus, y rassemblent les émanations de leur sol, comme dans un alambic. Ainsi il n'y a pas une vapeur de perdue dans l'univers.

Ce que je viens de dire des formes renversées des champignons, de leurs feuillets, des tuyaux et des éponges dont ils sont doublés pour recevoir les vapeurs qui s'exhalent de la terre, confirme ce que j'ai avancé sur l'usage des feuilles des plantes de montagnes, creusées en gouttière, ou agencées en pinceaux ou en éventail, pour recevoir les eaux du ciel. Mais les plantes aquatiques, qui n'avaient pas besoin de ces récipients, parce qu'elles viennent dans l'eau, ont pour ainsi dire des feuilles répulsives. Je présenterai ici un objet de comparaison bien propre à convaincre de la vérité de ces principes : par exemple, le buis des montagnes, et le câprier des rochers, ont leurs feuilles creusées en cuilleron, la concavité tournée vers le ciel ; mais la canneberge de marais, ou *vaccinium oxycoccos*, qui en a pareillement de concaves, les porte renversées, la concavité tournée vers la terre. J'ai reconnu, à ce caractère négatif, pour une plante de marais, une plante rare du Jardin du Roi, que je voyais pour la première fois. C'est le *ledum palustre* qui croît dans les marais du pays de Labrador. Ses feuilles, faites comme de petites cuillers à café, sont toutes renversées; leur convexité regarde le ciel. La lentille d'eau de nos marais a, ainsi que le typha de nos rivières, le milieu de sa feuille renflé.

Les botanistes, en voyant des feuilles à-peu-près semblables dans les plaines, sur le bord des eaux, et au haut des montagnes, n'ont pas soupçonné qu'elles pussent servir à des usages si différents. Plusieurs d'entre eux ont sans doute de grandes lumières; mais elles leur deviennent inutiles, parce que leur méthode les force de marcher par un seul chemin, et que leur système ne leur indique qu'un seul genre d'observation. Voilà pourquoi leurs collections les plus nombreuses ne présentent souvent qu'une simple nomenclature. L'étude de la nature n'est qu'esprit et intelligence. Son ordre végétal est un livre immense dont les plantes forment les pensées, et les feuilles de ces mêmes plantes, les lettres. Il n'y a pas même un grand nombre de formes primitives dans les caractères de cet alphabet; mais de leurs divers assemblages, elle forme, ainsi que nous avec les nôtres, une infinité de pensées différentes. Ainsi qu'à nous, pour changer totalement le sens d'une expression, il ne lui faut souvent changer qu'un accent. Elle met des joncs, des roseaux, des arum à feuillage lisse et à pédicule plein, sur les bords des rivières; elle ajoute à la feuille un aqueduc, elle en fait des joncs, des roseaux et des arum de montagnes.

Il faut cependant bien se garder de généraliser ces moyens; autrement, ils ne tarderaient pas à nous faire méconnaître sa marche. Par exemple, plusieurs botanistes ayant soupçonné que les feuilles de quelques plantes pouvaient bien servir à recueillir l'eau des pluies, ont cru en apercevoir l'usage dans celles du dipsacus ou chardon de bonnetier. Il était aisé de s'y tromper, car elles sont opposées et réunies à leurs bases, en sorte que, quand il a plu, elles présentent des réservoirs qui contiennent bien chacun un demi-verre d'eau, et qui sont disposés par étage le long de sa tige. Mais ils devaient considérer, premièrement, que le dipsacus croît naturellement sur les bords des eaux, et que la nature ne donne point de réservoirs d'eau à une plante aquatique. Ce serait, comme dit le proverbe, porter de l'eau à la rivière. Secondement, ils pouvaient observer que les étages formés par les feuilles opposées du dipsacus, loin d'être des réservoirs, sont au contraire des dégorgeoirs qui écartent l'eau des pluies de ses racines, à neuf ou dix pouces de chaque côté par l'extrémité de ses feuilles. Elles ressemblent, à quelques égards, aux gouttières que nous mettons en saillie au-dessus de nos maisons, ou à celles qui sont formées par les cornes de nos chapeaux, qui servent à écarter de nous les eaux des pluies, et non pas à les rapprocher. D'ailleurs, l'eau qui reste dans les ailerons des feuilles du dipsacus, ne peut jamais descendre à la racine de la plante, puisqu'elle y est retenue comme dans le fond d'un vase. Elle ne serait pas même propre à l'arroser, car Pline prétend qu'elle est salée. La sarrasine, qui croît dans les marais tremblants et moussus du Canada, porte, à sa base, deux feuilles faites comme les moitiés d'un buccin scié dans sa longueur. Elles sont toutes deux concaves; mais elles ont, à leur extrémité la plus éloignée de la plante, une espèce de bec fait en dégorgeoir. L'eau qui reste dans les vases de ces plantes aquatiques, est peut-être destinée à abreuver les petits oiseaux qui se trouvent quelquefois bien embarrassés pour boire, dans les débordements des eaux. Il faut bien distinguer les caractères élémentaires des plantes, de leurs caractères relatifs. La nature oblige l'homme qui l'étudie, de ne pas s'en tenir aux apparences extérieures, et, pour former son intelligence, de remonter des moyens qu'elle emploie aux fins qu'elle se propose. Si quelques plantes aquatiques semblent offrir, dans leurs feuillages, quelques caractères de plantes de montagne, il y en a dans les montagnes qui semblent en présenter de pareils à celles des eaux; tel est, par exemple, le genêt. Il porte des feuilles si petites, et en si petit nombre, qu'elles paraissent insuffisantes pour recueillir les eaux nécessaires à son accroissement, d'autant plus qu'il naît dans les sols les plus arides. La nature l'a dédommagé d'une autre manière. Si ses feuilles sont petites, ses racines sont fort longues. Elles vont chercher la fraîcheur à une grande distance. J'en ai vu tirer de terre qui avaient plus de vingt pieds de longueur; encore fut-on obligé de les rompre sans en pouvoir trouver le bout. Cela n'empêche pas que ses feuilles rares aient le caractère montagnard; car elles sont concaves, se dirigent vers le ciel, et sont allongées comme les becs inférieurs des oiseaux.

La plupart des végétaux aquatiques rejettent l'eau loin d'eux, les uns par leur port; tels sont les bouleaux, dont les branches, loin de se dresser vers le ciel, se jettent en arcade. Autant en font le marronnier et le noyer, à moins que ces arbres n'aient altéré leur attitude naturelle en croissant sur des sols arides. Pour l'ordinaire, leur écorce est lisse comme aux bouleaux, ou écailleuse comme aux marronniers; mais elle n'est pas sillonnée en gouttière comme celle de l'orme ou du pin des montagnes. D'autres ont en eux une qualité répulsive; telles sont les feuilles des nymphæa et de plusieurs espèces de choux, où les gouttes d'eau se rassemblent comme des gouttes de vif-argent.

Il y en a même qu'on a bien de la peine à mouiller; telles sont les tiges de plusieurs espèces de capillaires. Le laurier porte sa qualité répulsive, jusqu'à écarter, dit-on, la foudre. Si cette qualité, fort vantée par les anciens, est bien constatée, il la doit sans doute à sa nature d'arbre fluviatile *. Cet arbre croît en abondance sur les rivages des fleuves de la Thessalie. Un voyageur, appelé le sieur de La Guilletière **, dit, dans une relation fort agréablement écrite, qu'il n'a vu nulle part d'aussi beaux lauriers que le long du fleuve Pénée. C'est peut-être ce qui a fait imaginer la métamorphose de Daphné, fille de ce fleuve, qu'Apollon changea en laurier. Cette propriété répulsive de quelques arbres, et de quelques plantes aquatiques, me fait présumer qu'on pourrait les employer autour des maisons pour en écarter les orages, d'une manière plus sûre et plus agréable que les conducteurs électriques, qui ne les dissipent qu'en les attirant dans leur voisinage. On pourrait encore s'en servir utilement pour dessécher les marais, comme on pourrait se servir des qualités attractives de plusieurs végétaux de montagnes, pour former des sources sur les hauteurs, et pour y rassembler les vapeurs qui nagent dans l'air.

* Il est bien reconnu aujourd'hui que le laurier n'écarte pas la foudre. (*Note de l'Editeur.*)

** Voyez le *Voyage de Lacédémone*, par le sieur de La Guilletière.

Peut-être n'y a-t-il de marais infects sur le globe, que dans les lieux où les hommes ont détruit les plantes dont les racines absorbaient les eaux de la terre, et dont les feuillages repoussaient celles du ciel.

Je ne veux pas dire, toutefois, que les feuilles des plantes aquatiques n'aient d'autres usages ; car qui est-ce qui connaît les vues innombrables de la nature? A qui la source de la sagesse a-t-elle été révélée, et qui est-ce qui a épuisé ses ruses? *Radix sapientiæ cui revelata est, et astutias illius quis agnovit**? En général, les feuilles des plantes aquatiques paraissent propres, par leur extrême mobilité, à renouveler l'air des lieux humides, et à produire par leurs mouvements les dessèchements dont nous venons de parler. Telles sont celles des roseaux, des peupliers, des trembles, des bouleaux, et même des saules, qui se remuent quelquefois sans qu'on s'aperçoive du moindre vent. Il est encore remarquable que la plupart de ces végétaux, entre autres les peupliers et les bouleaux, sentent fort bon, surtout au printemps, et que beaucoup de plantes aromatiques croissent sur le bord de l'eau, comme la menthe, la marjolaine, le souchet, le jonc odorant, l'iris, le calamus aromaticus; et aux Indes, les arbres à épices, tels que le cannellier, le muscadier et le giroflier. Leurs parfums doivent contribuer puis-

---

* *Ecclésiaste*, chap. 1, ⅴ 6.

samment à affaiblir le méphitisme naturel aux lieux marécageux et humides. Elles ont aussi bien des usages relatifs aux animaux, comme de donner des ombrages aux poissons, qui viennent y chercher des abris contre les ardeurs du soleil.

Mais voici ce que nous pouvons conclure, pour l'utilité de nos cultures, de ces diverses observations. C'est que lorsqu'on cultive des plantes dont le pédicule des feuilles ne porte point l'empreinte d'un canal, il faut leur donner beaucoup d'eau; car, alors, elles sont aquatiques de leur nature. La capucine, la menthe et la marjolaine, qui viennent sur les bords des ruisseaux, en consomment une quantité prodigieuse. Mais lorsque les plantes ont un canal, il faut leur en donner peu, parce que ce sont des plantes de montagnes. Plus ce canal est profond, moins il faut leur en donner. Tous les jardiniers savent que si on arrose fréquemment l'aloès, ou le cierge du Pérou, on le fait mourir.

Les graines des plantes aquatiques ont des formes qui ne sont pas moins assorties que celles de leurs feuilles, aux lieux où elles doivent naître: elles sont toutes construites de la manière la plus propre à voguer. Il y en a de façonnées en coquilles, d'autres en bateaux, en balses, en bacs, en pirogues simples, en doubles pirogues, semblables à celles de la mer du Sud. Je ne doute pas qu'en étudiant cette seule partie, on ne fît une multitude de découvertes très-curieuses sur l'art de traverser toutes sortes de courants; et je suis persuadé que les premiers hommes, qui observaient mieux que nous, ont pris leurs différentes manières de voguer d'après ces modèles de la nature, dont nous ne sommes, dans nos prétendues inventions, que de faibles imitateurs. Le pin aquatique ou maritime a ses pignons renfermés dans des espèces de petits sabots osseux, crénelés en dessous, et recouverts en dessus d'une pièce semblable à une écoutille. Le noyer, qui se plaît tant sur les rivages des fleuves, a son fruit entre deux esquifs posés l'un sur l'autre. Le coudrier, qui devient si touffu sur le bord des ruisseaux; l'olivier, qui aime tant les rivages de la mer, qu'il dégénère à mesure qu'il s'en éloigne, portent leur semence enclose dans des espèces de tonneaux susceptibles des plus longs trajets. La baie rouge de l'if qui se plaît dans les montagnes froides et humides, sur le bord des lacs, est creusée en grelot. Cette baie, en tombant de l'arbre, est entraînée d'abord, par sa chute, au fond de l'eau; mais elle revient aussitôt au-dessus, au moyen d'un trou que la nature a ménagé en forme de nombril au-dessus de sa graine. Il s'y loge une bulle d'air qui la ramène à la surface de l'eau, par un mécanisme plus ingénieux que celui de la cloche du plongeur, en ce que, dans celle-ci, le vide est en dessous, et dans la baie de l'if il est en dessus. Les formes des graines des herbes aquatiques sont encore plus curieuses; car par-tout la nature redouble d'industrie pour les petits et les faibles. Celle des joncs ressemble à des œufs d'écrevisse; celle du fenouil est un véritable canot en miniature, creusé en cale avec deux proues relevées. Il y en a d'autres encastrées dans des brins qui ressemblent à des pièces de bois flotté et vermoulu; telles sont celles du pavot cornu. Celles qui sont destinées à germer sur les bords des eaux qui n'ont point de courants, vont à la voile; telle est la semence d'une scabieuse de ce pays, qui croît sur les bords des marais. A la différence de celles des autres espèces de scabieuses, qui sont couronnées de poils crochus, pour s'accrocher à ceux des animaux qui les transplantent, celle-ci est surmontée d'une demi-vessie ouverte et posée à son sommet comme une gondole. Cette demi-vessie lui sert à-la-fois de voile et de véhicule. Ces moyens de natation, quoique très-variés, sont communs, dans tous les climats, aux graines des plantes aquatiques. L'amande de l'Amazone, appelée *totocque*, est renfermée dans deux coques tout-à-fait semblables à deux écailles d'huître. Un autre fruit du même rivage, rempli d'amandes, ressemble parfaitement, par la couleur et la forme, à un pot de terre avec son couvercle[*]. On l'appelle marmite de singe[**]. Il y en a d'autres façonnées en grosses

---

[*] Voyez les gravures de la plupart de ces graines, dans Jean de Laert, *Histoire des Indes Occidentales.*

[**] C'est le *lecythis ollaria* de Linné, qui croît au Brésil et à

bouteilles, comme les fruits du calebassier. D'autres graines sont enduites d'une cire qui les fait surnager; telles sont les baies de l'arbre de cire, ou piment royal des rivages de la Louisiane. La pomme si redoutée du mancenillier, qui croît sur les grèves maritimes des îles situées entre les tropiques, et les fruits du manglier qui y naît immédiatement dans l'eau salée, sont presque ligneux. Il y en a d'autres dont les coques sont semblables à des oursins de mer, sans pointes. Plusieurs sont accouplés, et voguent comme les doubles pirogues ou les balses de la mer du Sud. Tel est le double coco des îles Séchelles.

Si on examine les feuilles, les tiges, les attitudes et les semences des plantes aquatiques, on y remarquera toujours des caractères relatifs aux lieux où elles doivent naître, et concordants entre eux; en sorte que, si la graine a une forme nautique, ses feuilles sont sans aqueduc : tout comme dans les plantes de montagnes, si la graine est volatile, le pédicule de la feuille, ou la feuille entière, présente une gouttière. Je prendrai pour exemple des concordances nautiques des plantes, la capucine, qui est entre les mains de tout le monde. Cette plante, qui porte des fleurs si agréables, est un cresson des ruisseaux du Pérou. Il faut d'abord observer que les queues de ses feuilles sont sans

la Guiane. Le fruit de cette singulière plante a été figuré dans les illustrations de Lamarck, planche 476. (*Note de l'Editeur*.)

aquéduc, comme celles de toutes les plantes aquatiques; elles sont implantées au milieu des feuilles, qu'elles portent en forme de parapluie, pour écarter d'elles les eaux du ciel. Sa graine fraîche a précisément la forme d'un bateau. La partie supérieure en est relevée en talus, comme un pont pour l'écoulement des eaux; et on distingue parfaitement, dans la partie inférieure, une poupe et une proue, une carène et une quille *. Les sillons de la graine de capucine sont des caractères communs à la plupart des graines nautiques, ainsi que les formes triangulaires et celles de rein ou carénées. Ces sillons, sans doute, les empêchent de rouler en tous sens, les obligent de flotter suivant leur longueur, et leur donnent la direction la plus propre à prendre le fil de l'eau, et à passer par les plus petits détroits. Mais elles ont un caractère encore plus général : c'est qu'elles surnagent dans leur maturité, ce qui n'arrive pas aux graines destinées à naître dans les plaines, comme aux pois et aux lentilles, qui coulent à fond. Cependant, quelques espèces, comme les haricots, coulent d'abord au fond de l'eau, et surnagent quand elles en sont pénétrées. Il y en a d'autres, au contraire, qui flottent d'abord, et qui ensuite vont à fond. Telle est la fève d'Égypte, ou la semence de la colocasie, qui croît dans les eaux du Nil. On est obligé, pour semer celle-ci, de l'en-

* Voyez la planche ix.

foncer dans un petit morceau de terre : après quoi on la jette à l'eau. Sans cette précaution, il n'en resterait pas une sur les rivages où on veut la faire croître. La natabilité des semences aquatiques est, sans doute, proportionnée à la longueur des voyages qu'elles doivent faire, et à la différente pesanteur des eaux où elles doivent surnager. Il y en a qui flottent dans l'eau de mer, et qui coulent à fond dans l'eau douce, plus légère que l'eau de mer d'un trente-deuxième; tant les balances de la nature ont de précision! Je crois que les fruits du marronnier d'Inde, qui vient sur les bords des criques salées de l'Asie, sont dans ce cas. Enfin, je suis si convaincu de toutes les relations que la nature a établies entre ses ouvrages, que je ne doute pas que le temps où les semences des plantes aquatiques tombent, ne soit réglé, dans la plupart, sur celui où les fleuves où elles croissent se débordent.

C'est une spéculation bien digne de la philosophie, de se représenter ces flottes végétales voguant nuit et jour le long des ruisseaux, et abordant sans pilotes sur des plages inconnues. Il y en a qui, par les débordements des eaux, s'égarent quelquefois dans les campagnes. J'en ai vu accumulées les unes sur les autres, dans le lit des torrents, offrir autour de leurs cailloux, où elles avaient germé, des flots de verdure du plus beau vert de mer. On eût dit que Flore, poursuivie par quelque Fleuve, avait laissé tomber son panier dans l'urne de ce dieu. D'autres, plus heureuses, parties des sources de quelque fontaine, s'engagent dans le cours des grands fleuves, et viennent embellir leurs bords d'une verdure qui leur est étrangère. Il y en a qui traversent le vaste Océan, et, après de longues navigations, sont poussées par les tempêtes mêmes sur des plages qu'elles enrichissent. Tels sont les doubles cocos des îles Séchelles ou Mahé, que la mer porte régulièrement, chaque année, à quatre cents lieues de là, sur la côte Malabare. Les Indiens qui l'habitent, ont cru long-temps que ces présents de la mer étaient les fruits d'un palmier qui croissait sous ses flots. Ils leur ont donné le nom de cocos marins. Ils leur attribuaient des vertus merveilleuses; ils les estimaient autant que l'ambre gris, et ils y mettaient un prix si considérable, que plusieurs de ces fruits y ont été vendus jusqu'à mille écus la pièce. Mais les Français ayant découvert, il y a quelques années, l'île Mahé qui les produit, qui est située par le 5e degré de latitude sud ; en ont porté une si grande quantité aux Indes, qu'ils leur ont ôté à-la-fois leur prix et leur réputation; car les hommes, par tout pays, n'estiment que ce qui est rare et mystérieux.

Dans toutes les îles où l'œil du voyageur a pu voir les dispositions primordiales de la nature, il a trouvé leurs rivages couverts de végétaux, dont les fruits ont tous des caractères nautiques. Jacques

Cartier et Champlain représentent les grèves des lacs de l'Amérique septentrionale, ombragées de magnifiques noyers. Homère, qui a si bien étudié la nature dans un temps et dans des lieux où elle avait encore sa beauté virginale, met des oliviers sauvages sur les bords de l'île où Ulysse, flottant sur un radeau, est jeté par la tempête. Les marins qui ont fait les premières découvertes dans les mers des Indes orientales, y ont trouvé souvent des écueils plantés de cocotiers. La mer jette tant de semences de fenouil sur les rivages de Madère, qu'une de ses baies en a pris le nom de baie de Funchal ou de Fenouil. C'est par le cours de ces semences nautiques, trop peu observé par nos marins modernes, que les Sauvages découvrirent autrefois les îles qui étaient au vent des terres qu'ils habitaient. Ils soupçonnèrent un arbre au loin, en voyant son fruit échoué sur leurs rivages. Ce fut par de pareils indices que Christophe Colomb s'assura qu'il existait un autre monde ; mais les vents et les courants de l'ouest dans la mer du Sud, les avaient portés long-temps auparavant aux peuples de l'Asie, comme j'en pourrai dire quelque chose à la fin de cette Étude.

Il y a encore des végétaux amphibies ; la nature les a disposés de manière qu'une partie de leur feuillage se dresse vers le ciel, et l'autre forme l'arcade, et se penche vers la terre. Elle a aussi donné à leurs graines de pouvoir voler et nager à-la-fois.

Tel est le saule, dont la semence est enveloppée d'une bourre araigneuse, que les vents transportent au loin, et qui surnage dans l'eau, sans se mouiller, comme le duvet des canards. Cette bourre est composée de petites capsules en cul-de-lampe et à deux becs, remplies de semences surmontées d'aigrettes; de sorte que le vent transporte ces capsules en l'air, et les fait voguer aussi sur la surface de l'eau. Cette configuration était très-convenable aux véhicules des semences des plantes qui croissent sur le bord des eaux stagnantes et des lacs. Elle est la même dans les semences du peuplier; mais celles de l'aune, qui croît sur le bord des fleuves, n'ont point d'aigrettes, parce que les fleuves ont des courants qui les charient. Celles du sapin et du bouleau ont à-la-fois des caractères volatils et nautiques; car le sapin a son pignon attaché à une aile membraneuse, et le bouleau a sa graine accolée à deux ailes qui lui donnent l'apparence d'une petite coquille. Ces arbres croissent à-la-fois dans les montagnes hyémales, et sur les bords des lacs du nord; leurs semences avaient besoin, non-seulement de voguer sur des eaux stagnantes, mais d'être transportées en l'air sur les neiges au milieu desquelles ils se plaisent. Je ne doute pas qu'il n'y ait des espèces de ces arbres dont les semences sont tout-à-fait nautiques. Le tilleul porte les siennes dans un corps sphérique, semblable à un petit boulet : ce boulet est attaché à une longue queue, de l'extrémité de laquelle descend obliquement une foliole fort allongée, avec laquelle le vent l'emporte au loin en pirouettant. Quand il tombe dans l'eau, il y plonge de la longueur d'un pouce, et sert, en quelque sorte, de lest à sa queue et à la foliole qui y est attachée, qui, se trouvant dans une situation verticale, font alors la fonction d'un mât et d'une voile. Mais l'examen de tant de variétés curieuses nous mènerait trop loin.

Ce serait ici le lieu de parler des racines des végétaux; mais je connais peu ce qui se passe sous la terre. D'ailleurs, dans toutes les latitudes, sur les hauteurs comme sur le bord des eaux, on trouve à-peu-près les mêmes matières, des vases, des sables, des terres franches, des rochers, ce qui doit entraîner beaucoup plus de ressemblance dans les racines des plantes, qu'il n'y en a dans le reste de leur végétation. Je ne doute pas cependant que la nature n'ait établi, à ce sujet, des relations très-utiles à connaître, et qu'un cultivateur un peu exercé ne puisse, en voyant la racine d'un végétal, déterminer l'espèce de terroir qui lui est propre. Celles qui sont fort chevelues paraissent convenir aux sables. Le cocotier, qui est un très-grand arbre des rivages de la zone torride, vient dans des sables tout purs, qu'il entrelace d'une quantité si prodigieuse de chevelu, qu'il en forme autour de lui une masse solide. C'est sur cette base qu'il résiste aux plus violentes tempêtes, au milieu d'un terrain mouvant. Ce qu'il y a de remarquable à ce sujet, c'est qu'il ne réussit bien que dans le sable du bord de la mer, et qu'il languit ordinairement dans l'intérieur des terres. Les îles Maldives, qui ne sont, pour la plupart, que des écueils sablonneux, sont les lieux de l'Asie les plus renommés par l'abondance et la beauté de leurs cocotiers. Il y a d'autres végétaux de rivage, dont les racines tracent comme des cordes. Cette configuration les rend très-propres à en lier les terres et à les défendre contre les eaux. Tels sont, chez nous, les aunes, les roseaux, mais sur-tout une espèce de chiendent que j'ai vu entretenir avec grand soin, en Hollande, le long des digues. Les plantes bulbeuses paraissent se plaire pareillement dans les vases molles, où elles ne peuvent enfoncer par la rondeur de leurs bulbes. Mais l'orme étend ses racines sur les pentes des montagnes, où il se plaît; et le chêne y enfonce ses gros pivots pour en retenir les couches. D'autres plantes conservent sur les hauteurs, par leur feuillage rampant et leurs racines superficielles, les émanations de poussière que les vents y déposent. Telle est l'*anemöna nemorosa*. Si vous en trouvez un pied sur une colline, dans un bois qui ne soit pas trop fréquenté, vous pouvez être sûr qu'elle se répand comme un réseau dans toute l'étendue de ce bois.

Il y a des arbres dont les troncs et les racines

sont admirablement contrastés avec des obstacles qui nous paraissent accidentels, mais que la nature a prévus. Par exemple, le cyprès de la Louisiane croît le pied dans l'eau, principalement sur les bords du Méchassipi, dont il borde magnifiquement les vastes rivages. Il s'y élève à une hauteur qui surpasse celle de presque tous les arbres de l'Europe *. La nature a donné au tronc de ce grand arbre jusqu'à trente pieds de circonférence, afin qu'il fût en état de résister aux glaces des lacs du nord qui se déchargent dans ce fleuve, et aux trains de bois prodigieux qui y sont entraînés, et qui en ont tellement obstrué la plupart des embouchures, qu'on ne peut y naviguer avec des vaisseaux d'un port un peu considérable. Et pour qu'on ne puisse douter qu'elle n'ait destiné l'épaisseur de son tronc à résister au choc des corps flottants, c'est qu'à six pieds de hauteur, elle en diminue tout-à-coup la proportion d'un tiers, comme étant superflue à cette élévation; et pour la garantir d'une autre manière plus avantageuse, elle fait sortir de la racine de l'arbre, à quatre ou cinq pieds de distance tout autour, plusieurs gros chicots qui ont depuis un pied de hauteur jusqu'à quatre : ce ne sont point des rejetons, car leur tête est lisse, et ne porte ni feuilles, ni branches; ce sont de véritables brise-glaces. Le tupelo, au-

* Voyez le P. Charlevoix, *Histoire de la Nouvelle-France*, tome IV.

tre grand arbre de la Caroline, qui croît aussi sur le bord de l'eau, mais dans des criques, a à-peu-près les mêmes proportions dans sa base, à l'exception des brise-glaces ou estacades. Les graines de ces arbres sont cannelées, comme j'ai dit qu'étaient en général les graines aquatiques; et celle du cyprès de la Louisiane diffère considérablement, par sa forme nautique, de celle du cyprès des montagnes d'Europe, qui est volatile. Ces observations sont d'autant plus dignes de foi, que le P. Charlevoix, qui les rapporte en partie, n'en tire aucune conséquence, quoiqu'il fût bien capable d'en interpréter l'usage.

On doit sentir combien il est important de lier l'étude des plantes avec celles des autres ouvrages de la nature. On peut connaître par leurs fleurs, l'exposition du soleil qui leur convient; par leurs feuilles, la quantité d'eau qui leur est nécessaire; par leurs racines, le sol qui leur est propre; et par leurs fruits, les lieux où elles doivent naître, et de nouveaux rapports avec les animaux qui s'en nourrissent. J'entends par fruits, ainsi que les botanistes, toute espèce de semence.

Le fruit est le caractère principal de la plante. On en peut juger d'abord par les soins que la nature prend pour le former et pour le conserver. Il est le dernier terme de ses productions. Si vous examinez dans un végétal les enveloppes qui renferment ses feuilles, ses fleurs et ses fruits, vous trouverez une progression merveilleuse de soins et de précautions. Les simples bourgeons à feuilles sont aisés à reconnaître à la simplicité de leurs étuis : il y a même des plantes qui n'en ont pas, comme les pousses des graminées qui sortent immédiatement de terre, et n'ont besoin d'aucune protection étrangère. Mais les bourgeons qui contiennent des fleurs ont des gaînes rembourrées de duvet, comme ceux du pommier ; ou enduites de glu à l'extérieur, comme ceux des marronniers d'Inde ; ou sont renfermés dans des sachets, comme les fleurs du narcisse ; ou garantis de manière qu'ils sont très-reconnaissables, même avant leur développement. Vous voyez ensuite que l'appareil de la fleur est entièrement destiné à la fécondation du fruit ; et quand celui-ci est une fois formé, la nature redouble de précautions au dedans et au dehors pour sa conservation. Elle lui donne un placenta ; elle l'enveloppe de pellicules, de coques, de pulpes, de gousses, de capsules, de brou, de cuirs, et quelquefois d'épines ; une mère n'a pas plus d'attentions pour le berceau de son enfant. Ensuite, afin qu'il aille chercher à s'établir dans le monde, elle le couronne d'aigrettes, ou l'enferme dans une coquille : elle lui donne des ailes pour s'envoler, ou un bateau pour voguer.

Il y a quelque chose encore de plus marqué en faveur du fruit ; c'est que la nature varie souvent les feuilles, les fleurs, les tiges et les racines d'une plante; mais le fruit reste constamment le même, sinon quant à sa forme, du moins quant à sa substance essentielle. Je suis persuadé que quand il lui a plu de créer un fruit, elle a voulu qu'il pût se reproduire sur les montagnes, dans les plaines, au milieu des rochers, dans les sables, sur les bords des eaux, et sous différentes latitudes; et pour l'y rendre propre, elle a varié les arrosoirs, les miroirs, les ados, les supports, l'attitude et la fourrure du végétal, suivant le soleil, les pluies, les vents et le territoire. Je crois que c'est à cette intention qu'il faut attribuer la variété prodigieuse d'espèces dans chaque genre, et le degré de beauté où chacune d'elles parvient, quand elle est dans son site naturel. Ainsi, quand elle a formé la châtaigne pour venir dans les montagnes pierreuses du midi de l'Europe, et y suppléer au froment qui n'y réussit guère, elle l'a placée sur un arbre qui y devient magnifique par ses convenances. J'ai mangé des fruits des châtaigniers de l'île de Corse: ils sont gros comme de petits œufs de poule, et excellents. J'ai lu dans un voyageur moderne, la description d'un châtaignier qui a crû en Sicile, sur une croupe du mont Etna; il a un feuillage si étendu, que cent cavaliers peuvent se reposer à l'aise sous son ombre. On l'appelle, pour cette raison, *centum cavallo*. Le P. Kircher assure avoir vu sur la même montagne, dans un lieu appelé *Trecastagne*, trois châtaigniers si prodigieusement gros, que lorsqu'on les eut abattus, on pouvait mettre un troupeau entier à l'abri sous leur écorce. Les bergers s'en servaient la nuit, dans le mauvais temps, au lieu d'étable. La nature a donné à ce grand végétal de recueillir, sur les montagnes escarpées, les eaux de l'atmosphère, avec ses feuilles en forme de langues, et de pénétrer de ses fortes racines jusque dans le lit des sources, malgré l'épaisseur des laves et des rochers. Il lui a plu ensuite de faire croître son fruit avec de l'amertume, pour l'usage de quelque animal, sur les bords des criques salées et des bras de mer de l'Asie. Elle a donné à l'arbre qui le porte, des feuilles disposées en tuiles, une écorce écailleuse, des fleurs différentes de celles du châtaignier, mais convenables, sans doute, aux exhalaisons humides et aux aspects du soleil auxquels il est exposé. Elle en a fait le marronnier d'Inde. Il vient dans son pays natal bien plus beau qu'en Europe. Celui de l'Asie est le marronnier maritime, et le châtaignier de l'Europe est le marronnier de montagnes. Peut-être, par une autre combinaison, a-t-elle placé ce fruit sur le hêtre de nos collines, dont la faîne est évidemment une espèce de châtaigne. Enfin, par une de ces attentions maternelles, qui la portent à suspendre sur des herbes même les productions des arbres, et à servir les mêmes mets jusque sur les plus petites tables, elle l'a, peut-être, mis dans le grain du blé noir, qui, par sa couleur et sa forme triangulaire, ressemble à la semence du hêtre, appelé en latin *fagus*, d'où est venu à ce blé le nom de *fagopyrum*. Ce qu'il y a de certain, c'est qu'indépendamment de la substance farineuse, on trouve dans le blé noir, la faîne du hêtre et la châtaigne, des propriétés semblables, telles que celle de calmer les ardeurs d'urine *.

La nature a voulu pareillement faire croître le gland dans une multitude d'expositions. Pline en comptait de son temps treize espèces différentes en Europe, dont une qui est bonne à manger, est celle du chêne vert. C'est de celui-là que parlent les poètes, quand ils vantent l'âge d'or, parce que son fruit servait alors de nourriture à l'homme. Il est remarquable qu'il n'y a pas un seul genre de végétal qui ne donne, dans quelques-unes de ses espèces, une substance propre à sa nourriture. Le gland du chêne vert est, dans les fruits des chênes, la portion qui nous est réservée. Il a plu ensuite à la nature d'en distribuer sur les différents sols de l'Amérique, pour les besoins de ses autres créatures. Elle a conservé le fruit, et a varié les autres parties du végétal. Elle en a mis avec des feuilles de saule, sur le chêne-saule qui y vient sur les bords de l'eau**. Elle en a suspendu, avec des feuilles petites et pendantes à des queues

---

* Voyez Chomel, *Traité des Plantes usuelles*.

** Voyez-en les figures dans le P. Charlevoix, *Histoire de la Nouvelle-France*, tome IV.

souples, comme celles des trembles, sur le chêne d'eau qui y croît dans les marais. Mais lorsqu'elle en a voulu placer dans des terrains secs et arides, elle y a joint des feuilles de dix pouces de largeur, propres à recueillir les eaux des pluies ; telles sont celles de celui qu'on y appelle le chêne noir. Il faut encore observer que le lieu où une espèce de plante donne le plus beau fruit, détermine son genre principal. Ainsi, quoique le chêne ait des espèces répandues par-tout, on doit le regarder comme du genre des arbres de montagnes ; car celui qui croît sur les montagnes de l'Amérique, et qu'on y appelle chêne à feuilles de châtaignier, donne les plus gros glands, et est un des plus grands arbres de cette partie du monde; tandis que le chêne d'eau et le chêne-saule s'élèvent peu, et donnent des glands fort petits.

Le fruit, comme on le voit, est le caractère constant de la plante : c'est aussi à lui que la nature attache les principales relations du règne animal au règne végétal. Elle a voulu qu'un animal des montagnes retrouvât le fruit dont il vit, dans les plaines, sur les sables, dans les rochers, quand il est obligé de s'expatrier, et sur-tout aux bords des fleuves, quand il y descend pour s'y désaltérer. Je ne connais pas une seule plante de montagne qui n'ait quelques-unes de ses espèces répandues, avec les variétés convenables, dans tous les sites, mais principalement sur le bord des eaux. Le pin des montagnes a ses pignons garnis d'ailerons, et celui qui est aquatique a les siens renfermés dans un esquif. Les semences du chardon, qui croît sur des terres arides, ont des aigrettes pour s'y transporter : celles du chardon de bonnetier, qui vient sur le bord de l'eau, n'en ont point, parce qu'elles n'en avaient pas besoin pour flotter. Leurs fleurs varient par des raisons semblables, et quoique les botanistes en aient fait des genres tout-à-fait différents, le chardonneret sait bien reconnaître celui-ci pour un véritable chardon. Il s'y repose quand il vient se rafraîchir sur quelque rivage. Il oublie, en voyant sa plante favorite, les dunes sablonneuses où il est né, et il embellit de son chant et de son plumage les bords de nos ruisseaux.

Il me semble impossible de connaître les plantes, si on n'étudie leur géographie et leurs éphémérides; sans cette double lumière, qui se reflète mutuellement, leurs formes nous seront toujours étrangères. Cependant la plupart des botanistes n'y ont aucun égard; ils ne remarquent en les recueillant, ni la saison, ni le lieu, ni l'exposition où elles croissent. Ils font attention à toutes leurs parties intrinsèques, et sur-tout à leurs fleurs; et après cet examen mécanique, ils les enferment dans leur herbier, et croient bien les connaître, sur-tout s'ils leur ont donné quelque nom grec. Ils ressemblent à un certain hussard qui, ayant trouvé une inscription latine en lettres de bronze, sur un monument antique, les détacha l'une après l'autre, et les mit toutes ensemble dans un panier, qu'il envoya à un antiquaire de ses amis, en le priant de lui mander ce que cela signifiait. Ils ne nous font pas plus connaître la nature, qu'un grammairien ne nous ferait connaître le génie de Sophocle, en nous donnant un simple catalogue de ses tragédies, de la division de leurs actes et de leurs scènes, et du nombre de vers qui les composent. Ainsi font ceux qui recueillent les plantes, sans marquer leurs relations entre elles et avec les éléments; ils en conservent la lettre, et ils en suppriment le sens. Ce n'est pas ainsi qu'ont herborisé les Tournefort, les Vaillant, les Linnæus. Si ces savants hommes n'ont tiré aucune conséquence de ces relations, ils ont préparé au moins des pierres d'attente à la science à venir.

Quoique les observations que je viens de présenter sur les harmonies élémentaires des plantes soient en petit nombre, j'ose dire qu'elles sont très-importantes aux progrès de l'agriculture. Il ne s'agit pas de déterminer géométriquement les genres de fleurs dont les miroirs sont les plus propres à réfléchir les rayons du soleil dans chaque point de latitude; la gloire d'en calculer les courbes est réservée aux futurs Newtons. La nature nous a servis d'avance, dans les lieux où on lui a laissé la liberté de rétablir ses plans. Nous pouvons faire prospérer les nôtres de la manière la plus avantageuse, en les accordant avec les siens. Pour connaître les plantes les plus propres à réussir dans un terrain, il n'y a qu'à faire attention aux plantes sauvages qui y viennent d'elles-mêmes, et qui s'y distinguent par leur force et leur multitude : on leur substituera alors des plantes domestiques du même genre de fleurs et de feuilles. Là où croissent des plantes à ombelle, il faut mettre, à leur place, celles des nôtres qui ont le plus d'analogie avec elles par les feuilles, les fleurs, les racines et les graines ; telles que les daucus : l'artichaut y remplacera utilement le fastueux chardon ; le prunier domestique, greffé sur un prunier sauvage, dans le lieu même où celui-ci a poussé, deviendra très-vigoureux. Je suis persuadé que par ces rapprochements naturels, on peut tirer de l'utilité des sables et des rochers les plus arides ; car il n'y a pas un seul genre de plantes sauvages qui n'ait une espèce comestible.

Mais il ne suffisait pas à la nature d'avoir mis tant d'harmonies entre les plantes et les sites où elles devaient naître, si elle n'avait encore pourvu au moyen de les rétablir, lorsqu'elles sont détruites par les cultures intolérantes de l'homme. Pour peu qu'on laisse un terrain inculte, on le voit bientôt couvert de végétaux. Ils y croissent en si grand nombre et si vigoureusement, qu'il n'y a point de laboureur qui puisse en faire venir la même quantité sur le terrain dont il prend le plus grand soin. Cependant ces pousses si vigoureuses et si rapides, qui s'emparent souvent de nos chantiers de pierres, de nos murailles de maçonnerie et de nos cours pavées de grès, ne sont souvent que des cultures provisionnelles. La nature, qui marche toujours d'harmonie en harmonie, jusqu'à ce qu'elle ait atteint le point de perfection qu'elle se propose, ensemence d'abord de graminées et d'herbes de différentes espèces tous les sols abandonnés, en attendant qu'elle puisse y élever des végétaux d'un plus grand ordre. Dans les lieux agrestes où nous voyons des pelouses, nos descendants verront peut-être des forêts. Nous jetterons, à notre ordinaire, un coup-d'œil superficiel sur les moyens très-ingénieux dont elle se sert pour préparer ces progressions végétales. Nous entreverrons dès à présent, non-seulement les relations élémentaires des plantes, mais celles qui règnent entre leurs diverses classes, et qui s'étendent jusqu'aux animaux. Les végétaux les plus méprisables aux yeux de l'homme, sont souvent les plus nécessaires dans l'ordre de la création.

Les principaux moyens que la nature emploie pour faire croître des plantes de toute espèce, sont les plantes épineuses. Il est très-remarquable que ces sortes de plantes sont les premières qui paraissent dans les terres en friche ou dans les forêts abattues. Elles sont très-propres, en effet, à favoriser des végétations étrangères, parce que leurs feuilles, profondément découpées comme celles des chardons et des vipérines, ou leurs sarments courbés en arc comme ceux de la ronce, ou leurs branches horizontales et entrelacées comme celles de l'épine noire, ou leurs rameaux hérissés d'épines et dégarnis de feuilles comme celles du jand ou jonc marin, laissent autour d'elles beaucoup d'intervalles, à travers lesquels les autres végétaux peuvent s'élever et être protégés contre la dent de la plupart des quadrupèdes. Les pépinières des arbres se trouvent souvent dans leur sein. Rien n'est si commun dans les taillis, que de voir un jeune chêne sortir d'une nappe de ronces qui tapisse la terre, autour de lui, de ses grappes de fleurs épineuses; ou un jeune pin s'élever du milieu d'une touffe jaune de joncs marins. Quand ces arbres ont pris une fois de l'accroissement, ils étouffent, par leurs ombrages, les plantes épineuses, qui ne subsistent plus que sur la lisière des bois, où elles ont un air suffisant pour végéter. Mais dans cette situation, ce sont encore elles qui les étendent, d'année en année, dans les campagnes. Ainsi les plantes épineuses sont les premiers berceaux des forêts; et les fléaux de l'agriculture de l'homme, sont les boucliers de celle de la nature.

Cependant l'homme a imité, à cet égard, les procédés de la nature; car s'il veut protéger, dans ses jardins quelque semence qui lève, il ne manque pas de la couvrir de quelque rameau d'épine. Il me paraît probable qu'il n'y a point de lande qui, avec le temps, ne devînt forêt, si ses riverains n'y menaient paître des moutons qui y mangent les jeunes pousses des arbres, à mesure qu'elles sortent de leurs buissons. Ainsi, à mon avis, les croupes des hautes montagnes de l'Espagne, de la Perse, et de plusieurs autres parties du monde, sont dégarnies d'arbres, parce qu'on y mène, pendant l'été, de nombreux troupeaux qui en parcourent les différentes chaînes. Je suis persuadé que ces montagnes étaient couvertes, dans les premiers temps du monde, de forêts qui ont été dévastées par leurs premiers habitants; et qu'elles y renaîtraient, aujourd'hui que ces lieux sont déserts, si on n'y menait pas des troupeaux. Il est très-remarquable que ces lieux élevés sont ensemencés de plantes épineuses, comme nos landes. Don Garcias de Figueroa, ambassadeur d'Espagne auprès de Schah-Abbas, roi de Perse, rapporte, dans la relation de son voyage, que les hautes montagnes de la Perse qu'il traversa, et où les Turcomans errent sans cesse en faisant paître leurs troupeaux, étaient couvertes d'une espèce d'arbrisseau épineux, qui y croît dans les lieux les plus arides. Ces mêmes arbrisseaux servaient de retraite à quantité de perdrix. Sur quoi nous observerons que la nature emploie particulièrement les oiseaux, pour semer les plantes épineuses dans les lieux les plus escarpés. Ils ont coutume de s'y retirer la nuit, et ils y déposent, avec leurs fientes, les semences pierreuses des mûres de ronce, des baies de l'églantier, de l'épine-vinette, et de la plupart des arbrisseaux épineux, qui, par des relations non moins admirables, sont indigestibles dans leur estomac. Les oiseaux ont encore des harmonies particulières avec ces végétaux, comme nous le verrons en son lieu. Non-seulement ils y trouvent des nourritures abondantes et des abris, mais des bourres pour tapisser leurs nids, comme dans les chardons et dans l'arbre à coton de l'Amérique; en sorte que si plusieurs d'entre eux cherchent leur sûreté dans l'élévation des grands arbres, d'autres la trouvent dans les arbrisseaux épineux. Il n'y a pas de buisson qui n'ait son oiseau particulier.

Indépendamment des plantes propres à chaque site, et qui y sont sédentaires, il y en a qui voyagent et qui ne font que parcourir la terre. Ces pérégrinations se conçoivent aisément, si l'on suppose, comme c'est la vérité, que plusieurs d'entre elles ne donnent leurs semences que quand certains vents réguliers soufflent, ou à certaines révolutions des courants de l'Océan. Quoi qu'il en soit, je pense qu'il faut mettre de ce nombre plusieurs plantes connues des anciens, et que nous ne trouvons plus aujourd'hui. Tel est, entre autres, le fameux lazerpitium des Romains, qui achetaient son jus, appelé lazer, au poids de l'argent. Cette plante, suivant Pline, croissait aux environs de la ville de Corène, en Afrique; mais elle était si rare de son temps, qu'on n'y en voyait plus. Il dit qu'on en trouva encore une sous le règne de Néron, et qu'elle fut envoyée à ce prince comme une grande rareté. Nos botanistes modernes croient que le lazerpitium est la même plante que le silphium de nos jardins; mais il est évident qu'ils se trompent, d'après les descriptions que les anciens, entre autres Pline et Dioscoride, nous en ont laissées. Pour moi, je ne doute pas que le lazerpitium ne soit du nombre des végétaux destinés à parcourir la terre d'orient en occident, et d'occident en orient. Il est peut-être à présent sur le rivage occidental de l'Afrique, où les vents d'est auront porté ses semences; peut-être aussi, par les révolutions du vent d'ouest, sera-t-il revenu au même lieu où il était du temps d'Auguste, ou qu'il aura été porté dans les campagnes de l'Éthiopie, chez les peuples qui n'en connaissent pas les propriétés prétendues admirables. Pline cite encore plusieurs autres végétaux qui nous sont également inconnus aujourd'hui. Nous observerons que ces apparitions végétales ont été contemporaines de plusieurs espèces d'oiseaux voyageurs, qui ont pareillement disparu. On sait qu'il y a plusieurs classes d'oiseaux et de poissons qui ne font que parcourir la terre et les mers; les uns, dans une certaine révolution de jours, les autres, au bout d'une certaine période d'années. Plusieurs plantes peuvent être soumises aux mêmes destins. Cette loi s'étend même jusque dans les cieux, où il nous apparaît, de temps en temps, quelque astre nouveau. La nature, ce me semble, a disposé ses ouvrages de manière qu'elle a toujours en réserve quelque nouveauté pour tenir l'homme en haleine. Elle a établi, dans la durée de l'existence des différents êtres de chaque règne, des concerts d'un moment, d'une heure, d'un jour, d'une lune, d'une année; de la vie d'un homme, de la durée d'un cèdre, et peut-être de celle d'un globe : mais celui-là n'est sans doute connu que de l'Être suprême.

Je ne doute pas cependant que la plupart des plantes voyageuses n'aient un centre principal, tel qu'un rocher escarpé ou une île au milieu de la mer, d'où elles se répandent dans tout le reste du monde. Ceci me mène à tirer un grand argument pour la nouveauté de notre globe; c'est que, s'il était un peu ancien, toutes les combinaisons de l'ensemencement des plantes seraient faites dans toutes ses parties. Ainsi, par exemple, il n'y aurait pas une île et un rivage inhabité de la mer des Indes, qui ne fût planté de cocotiers et semé de cocos, que la mer y charrie, tous les ans, et qu'elle répand alternativement sur leurs grèves, au moyen de la variété de ses moussons et de ses courants. Or, il est constant que les rayons de ces

Pl. III. Fleurs Perpendiculaires.

J. G. Prêtre del.   Pierron Sculp.
1. Epi de Bled. 2. Epi de Riz.

Tom. 2. pag. 276 et suivantes.

arbres, dont les principaux foyers sont aux îles Maldives, ne sont pas encore répandus par toutes les îles de l'Océan indien. Le philosophe François Leguat, et ses infortunés compagnons, qui furent, en 1690, les premiers habitants de la petite île Rodrigue, située à cent lieues à l'est de l'Ile-de-France, n'y trouvèrent point de cocotiers. Mais précisément pendant le séjour qu'ils y firent, la mer jeta sur la côte plusieurs cocos germés: comme si la Providence avait voulu les engager, par ce présent utile et agréable, à rester dans cette île et à la cultiver. François Leguat, qui ignorait les relations que les semences ont avec l'élément où elles doivent naître, fut fort étonné de ce que ces fruits, qui pesaient cinq à six livres, eussent pu faire un trajet de soixante ou quatre-vingts lieues sans être corrompus. Il présumait, avec raison, qu'ils venaient de l'île Saint-Brande, située au nord-est de Rodrigue. Ces deux îles, désertes depuis la création du monde, ne s'étaient pas encore communiqué tous leurs végétaux, quoique situées dans un courant de mer qui va alternativement, dans le cours d'une année, six mois vers l'une et six mois vers l'autre.

Quoi qu'il en soit, ils plantèrent ces cocos, qui, dans l'espace d'un an et demi, poussèrent des tiges de quatre pieds de hauteur. Un bienfait si marqué du Ciel, ne fut pas capable de les retenir dans cette île heureuse. Un désir inconsidéré de se procurer des femmes, les força de l'abandonner, malgré les représentations de Leguat, et les précipita dans une longue suite d'infortunes, auxquelles la plupart ne purent survivre. Pour moi, je ne doute pas que, s'ils eussent eu dans la Providence la confiance qu'ils lui devaient, elle n'eût fait parvenir des femmes dans leur île déserte, comme elle y avait envoyé des cocos.

Pour revenir aux voyages des végétaux, toutes les combinaisons et les versatilités de leurs semailles se seraient faites dans les îles situées entre les mêmes parallèles et dans les mêmes moussons, si le monde était éternel. Les doubles cocos, dont les pépinières sont aux îles Séchelles, se seraient répandus et auraient eu le temps de germer sur la côte Malabare, où la mer en jette de temps en temps. Les Indiens auraient planté, sur leurs rivages, ces fruits, auxquels ils attribuaient des vertus merveilleuses, et dont le palmier leur était tellement inconnu, qu'il n'y a pas douze ans, ils les croyaient originaires du fond de la mer, et les appelaient, pour cette raison, cocos marins. Il y a de même une multitude d'autres fruits, entre les tropiques, dont les souches primordiales sont aux Moluques, aux Philippines, dans les îles de la mer du Sud, et qui sont entièrement inconnus sur les côtes des deux continents, et même dans les îles de leur voisinage, qui certainement y seraient devenus les objets de la culture de leurs habitants, si la mer avait eu le temps d'en multiplier les projections sur leurs rivages.

Je ne pousserai pas cette réflexion plus loin; mais il est évident qu'elle prouve la nouveauté du monde. S'il était éternel et sans Providence, ses végétaux auraient subi, il y a long-temps, toutes les combinaisons du hasard qui les rassemble. On trouverait leurs diverses espèces dans tous les sites où elles peuvent naître. Je tire, de cette observation, une autre conséquence; c'est que l'Auteur de la nature a voulu lier les hommes par une communication réciproque de bienfaits, dont il s'en faut bien que la chaîne ait encore été parcourue. Quel est, par exemple, le bienfaiteur de l'humanité, qui transportera, chez les Ostiaks et les Samorèdes, au détroit de Waigats, l'arbre de Winter, du détroit de Magellan, dont l'écorce réunit la saveur du girofle, du poivre et de la cannelle? Et quel est celui qui portera au détroit de Magellan, l'arbre aux pois, de la Sibérie, pour les besoins des pauvres Patagons? Quelle riche collection peut faire la Russie, non-seulement des arbres qui croissent dans les parties septentrionales et australes de l'Amérique, mais de ceux qui couronnent, dans toutes les parties du monde, les hautes montagnes à glace, dont les croupes élevées ont des températures approchantes de celle de ses plaines! Pourquoi ne voit-elle pas croître, dans ses forêts, les pins de la Virginie et les cèdres du Liban? Les rivages déserts de l'Irtis pourraient, chaque année, se couvrir de la même folle-avoine qui nourrit tant de peuples sur les bords des rivières du Canada. Non-seulement elle pourrait rassembler dans ses campagnes les arbres et les plantes des latitudes froides, mais un grand nombre de végétaux annuels qui croissent, pendant le cours d'un été, dans les latitudes chaudes et tempérées. J'ai éprouvé, par mon expérience, que la chaleur de l'été est aussi forte à Pétersbourg que sous la ligne. Il y a de plus, dans le nord, des parties de la terre, qui ont des configurations propres à y donner des abris contre les vents septentrionaux, et à multiplier la chaleur du soleil. Si le midi a des montagnes à glace, le nord a des vallées à réverbère. J'ai vu un de ces petits vallons, près de Pétersbourg, au fond duquel coule un ruisseau qui ne gèle pas, même au cœur de l'hiver. Les roches de granit dont la Finlande est hérissée, et qui couvrent, suivant le rapport des voyageurs, la plupart des terres de la Suède, des rivages de la mer Glaciale, et tout le Spitzberg, suffisent pour produire les mêmes températures en beaucoup d'endroits, et pour y affaiblir considérablement la rigueur du froid. J'ai vu, en Finlande, près de Wibourg, au delà du soixante-unième degré de latitude, des cerisiers en plein vent, quoique ces arbres soient originaires du quarante-deuxième degré, c'est-à-dire du royaume de Pont, d'où Lucullus les apporta à Rome, après la défaite de Mithridate. Les paysans de cette province, y cultivent le tabac, qui est bien plus méridional, puisqu'il est originaire du Brésil. A la vérité, c'est une plante annuelle, et qui n'y acquiert pas un grand parfum; car ils sont obligés de l'exposer à la chaleur de leur poêles, pour achever de la mûrir. Mais les rochers dont la Finlande est couverte, présenteraient sans doute à des yeux attentifs, des réverbères qui pourraient lui donner un degré de maturité suffisant. J'y ai trouvé moi-même, près de la ville de Frédéricsham, sur un fumier à l'abri d'une roche, une touffe d'avoine très-haute, qui jetait, d'une seule racine, trente-sept épis chargés de grains mûrs, sans compter une multitude d'autres petits rejetons. Je la cueillis dans le dessein de la faire présenter à sa majesté impériale Catherine II, par mon général M. du Bosquet, sous les ordres duquel et avec qui je faisais la visite des places de cette province : c'était aussi son intention; mais nos domestiques russes, négligents comme sont tous les esclaves, la laissèrent perdre. Il en fut bien fâché, ainsi que moi : je pense qu'une aussi belle touffe de grains, produite dans une province qu'on regarde, à Pétersbourg, comme frappée de stérilité, à cause des roches dont elle est couverte, qui lui ont fait donner, par les anciens géographes, le surnom de *Lapidosa*, eût été aussi agréable à sa majesté, que le gros bloc de granit qu'elle en a fait tirer depuis, pour en faire, à Pétersbourg, la base de la statue de Pierre-le-Grand.

J'ai vu, en Pologne, quelques particuliers, cultiver, avec le plus grand succès, des vignes et des abricotiers. M. de La Roche, agent du prince de Moldavie, me mena, à Varsovie, dans un petit jardin des faubourgs, qui rapportait à son cultivateur cent pistoles de revenu, quoiqu'il n'y eût pas une trentaine de ces arbres; ils étaient tout-à-fait inconnus dans ce pays, il y a cent cinquante ans. Les premiers y furent apportés par un Français, valet-de-chambre d'une reine de Pologne : cet homme les cultivait en cachette, et faisait présent de leurs fruits aux grands du pays, comme s'il les eût reçus de France par les courriers de la cour. Les grands ne manquaient pas de les lui payer magnifiquement; et cette espèce de commerce est devenue pour lui le principe d'une fortune si considérable, que ses arrière-petits-enfants sont aujourd'hui les plus riches banquiers de ce pays.

Ce que je dis ici de la possibilité d'enrichir de végétaux utiles la Russie et la Pologne, est non-seulement dans l'intention de reconnaître, de mon mieux, le bon accueil que j'ai reçu des grands et du gouvernement de ces pays, lorsque j'y étais étranger; mais parce que ces indications tournent également à l'amélioration de la France, dont le climat est plus tempéré. Nous avons des montagnes à glace, qui peuvent porter tous les végétaux du nord, et des vallées à réverbère, qui peuvent produire la plupart de ceux du midi. Il ne faudrait pas, à notre manière, rendre ces sortes de cultures générales dans un canton entier, mais les établir dans quelque petit abri ou détour de vallon. L'influence de ces positions ne s'étend pas fort loin. C'est ainsi que le fameux vignoble de Constance, au cap de Bonne-Espérance, ne réussit que sur une petite portion de terrain, située au bas d'une colline; et que les vignobles qui sont autour et aux environs, ne produisent pas, à beaucoup près, des raisins muscats de la même qualité, quoique plantés des mêmes espèces de vignes. C'est ce que j'ai éprouvé moi-même. Il faudrait chercher, en France, ces sortes d'abris, dans des lieux où il y a des pierres blanches, dont la couleur est la plus propre à réverbérer les rayons du soleil. Je crois même que la marne doit à sa couleur blanche une partie de la chaleur qu'elle communique aux terres où on la jette; car elle y réfléchit les rayons du soleil avec tant d'activité, qu'elle y brûle les premières pousses de beaucoup d'herbes. Voilà, selon moi, la raison pour laquelle la marne, qui a d'ailleurs en elle-même des principes de fécondation, fait mourir la plupart des herbes qui ont coutume de croître à l'ombre des blés, et dont les premières feuilles sont plus tendres que celles des blés, qui sont, en général, les plus robustes des graminées. Il faudrait encore chercher ces abris dans le voisinage de la mer et sous l'influence de ses vents, qui sont tellement nécessaires à la végétation de beaucoup de plantes, que plusieurs d'entre elles refusent de croître dans l'intérieur des terres. Tel est entre autres l'olivier, que l'on n'a jamais pu faire venir dans l'intérieur de l'Asie et de l'Amérique, quoique la latitude lui soit d'ailleurs favorable. J'ai remarqué même qu'il ne donne pas de fruit dans les îles et sur les rivages où il est à l'abri des vents de mer. J'attribue à cette cause la stérilité de ceux qu'on a plantés à l'Ile-de-France, sur son rivage occidental, qui est abrité des vents d'est par une chaîne de montagnes. Pour le cocotier, il ne réussit point entre les tropiques, s'il n'a, pour ainsi dire, sa racine dans l'eau de mer. C'est, je crois, faute de ces considérations géographiques et de quelques autres encore, qu'on a manqué quantité de cultures en France et dans nos colonies.

Quoi qu'il en soit, on pourrait trouver dans le royaume une montagne à glace qui aurait peut-être une vallée à réverbère à son pied. Ce serait une recherche très-agréable à faire : on en pourrait tirer un grand parti; on en ferait pour le roi un jardin qui donnerait à notre prince le spectacle de la végétation d'une multitude de climats, sur une ligne qui n'aurait pas quinze cents toises d'élévation. Il pourrait y braver les ardeurs de la canicule à l'ombre des cèdres, sur le bord moussu d'un ruisseau de neige; et peut-être les rigueurs de l'hiver, au fond d'un vallon tourné au midi, sous des palmiers et au milieu d'un champ de cannes à sucre. On y naturaliserait les animaux qui sont les compatriotes de ces végétaux. Il entendrait bramer le renne de Laponie, de la même vallée où il verrait les paons de Java faire leurs nids. Ce paysage réunirait autour de lui une partie des tributs de la création, et lui donnerait une image du paradis terrestre, qui était situé, je pense, dans une position semblable. En vérité, je souhaiterais que nos rois étendissent leurs sublimes jouissances aussi loin que l'étude de la nature a porté ses recherches sous leur florissant empire.

Il me reste maintenant à examiner les harmonies que les plantes forment entre elles. Ce sont ces harmonies qui donnent des charmes aux sites ensemencés par la nature. Nous allons nous en occuper dans la section suivante.

HARMONIES VÉGÉTALES DES PLANTES.

Nous allons appliquer aux plantes les principes généraux que nous avons posés dans l'Étude précédente, en examinant successivement les harmonies de leurs couleurs et de leurs formes.

La verdure des plantes, qui flatte si agréablement notre vue, est une harmonie de deux couleurs opposées dans leur génération élémentaire, du jaune, qui est la couleur de la terre, et du bleu, qui est la couleur du ciel. Si la nature avait coloré les plantes de jaune, elles se confondraient avec le sol ; si elle les avait teintes en bleu, elles se confondraient avec le ciel et les eaux. Dans le premier cas, tout paraîtrait terre ; dans le second, tout paraîtrait mer : mais leur verdure leur donne des contrastes très-doux avec les fonds de ce grand tableau, et des consonnances fort agréables avec la couleur fauve de la terre et avec l'azur des cieux.

Cette couleur a encore cet avantage, qu'elle s'accorde d'une manière admirable avec toutes les autres ; ce qui vient de ce qu'elle est l'harmonie de deux couleurs extrêmes. Les peintres qui ont du goût, tendent d'étoffes vertes les murs de leurs cabinets de peintures afin que les tableaux, de quelques couleurs qu'ils soient, s'y détachent sans dureté, et s'y harmonient sans confusion [1].

La nature, non contente de cette première teinte générale, a employé, en l'étendant sur le fond de sa scène, ce que les peintres appellent des passages ; elle a affecté une nuance particulière de vert bleuâtre, que nous appelons vert de mer ; aux plantes qui croissent dans le voisinage des eaux et des cieux. C'est cette nuance qui colore, en général, celles des rivages, comme les roseaux, les saules, les peupliers ; et celles des lieux élevés, comme les chardons, les cyprès et les pins, et qui fait accorder l'azur des rivières avec la verdure des prairies, et celui du ciel avec celle des hauteurs.

Ainsi, au moyen de cette nuance légère et fuyarde, la nature répand des harmonies délicieuses sur les limites des eaux et sur les profils des paysages; et elle produit encore à l'œil une autre magie : c'est qu'elle donne plus de profondeur aux vallées, et plus d'élévation aux montagnes.

Ce qu'il y a encore de merveilleux en ceci, c'est que, quoiqu'elle n'emploie qu'une seule couleur pour en revêtir tant de plantes, elle en tire une quantité de teintes si prodigieuse, que chacune de ces plantes a la sienne, qui lui est particulière, et qui la détache assez de sa voisine pour l'en distinguer; et chacune de ces teintes varie, chaque jour, depuis le commencement du printemps, où elles se montrent la plupart d'une verdure sanglante, jusqu'aux derniers jours de l'automne, où elles paraissent de différents jaunes.

La nature, après avoir ainsi mis d'accord le fond de son tableau par une couleur générale, en a détaché en particulier chaque végétal par des contrastes. Ceux qui devaient croître immédiatement sur la terre, sur des grèves ou sur de sombres rochers, sont entièrement verts, feuilles et tiges, comme la plupart des roseaux, des graminées, des mousses, des cierges et des aloès; mais ceux qui devaient sortir du milieu des herbes, ont des tiges de couleurs rembrunies, comme sont les troncs de la plupart des arbres et des arbrisseaux. Le sureau, par exemple, qui vient au milieu des gazons, à ses tiges d'un gris cendré; mais l'hyèble, qui lui ressemble d'ailleurs en tout, et qui naît immédiatement sur la terre, a les siennes toutes vertes. L'armoise, qui croît le long des haies, a ses tiges rougeâtres, par lesquelles elle se distingue aisément des arbrisseaux voisins. Il y a même, dans chaque genre de plantes, des espèces qui, par leurs couleurs éclatantes, semblent être faites pour terminer les limites de leur classe. Telle est, dans les cormiers, une espèce appelée cormier du Canada, dont les branches sont d'un rouge de corail. Il y a, parmi les saules, des osiers qui ont leurs scions jaunes comme l'or; mais il n'y a pas une seule plante qui ne se détache entièrement du fond qui l'environne, par ses fleurs et par ses fruits. On ne saurait supposer que tant de variétés soient des résultats mécaniques de la couleur qui avoisine les corps; par exemple, que le vert bleuâtre de la plupart des végétaux de montagnes soit un effet de l'azur des cieux. Il est digne de remarque, que la couleur bleue ne se trouve point, du moins que je sache, dans les fleurs ou dans les fruits des arbres élevés, car alors ils se seraient confondus avec le ciel; mais elle est fort commune à terre, dans les fleurs des herbes, telles que les bluets, les scabieuses, les violettes, les hépatiques, les ris, etc... Au contraire, la couleur de terre est fort commune dans les fruits des arbres élevés, tels que ceux des châtaigniers, des noyers, des cocotiers, des pins. On doit entrevoir par-là que le point de vue de ce magnifique tableau a été pris des yeux de l'homme.

La nature, après avoir distingué la couleur harmonique de chaque végétal, par la couleur contrastante de ses fleurs et de ses fruits, a suivi les mêmes lois dans les formes qu'elle leur a données. La plus belle des formes, comme nous l'avons vu, est la forme sphérique; et le contraste le plus agréable qu'elle puisse former, est lorsqu'elle se trouve opposée à la forme rayonnante. Vous trouverez fréquemment cette forme et son contraste dans l'agrégation des fleurs appelées radiées, comme la marguerite, qui a un cercle de petits pétales blancs divergents qui environnent son disque jaune : on le retrouve, avec d'autres combinaisons, dans les bluets, les asters, et une multitude d'autres espèces. Quand les parties rayonnantes de la fleur sont en dehors, les parties sphériques sont en dedans, comme dans les espèces que je viens de nommer; mais quand les premières sont en dedans, les parties sphériques sont en dehors : c'est ce qu'on peut remarquer dans celles dont les étamines sont fort allongées, et les pétales en portions sphériques, telles que les fleurs d'aubépine et de pommier, et la plupart des rosacées et des liliacées. Quelquefois le contraste de la fleur est aux parties environnantes de la plante. La rose est une de celles où il est le plus fortement prononcé : son disque est formé de belles portions sphériques, son calice hérissé de barbes, et sa tige d'épines.

Lorsque la forme sphérique se trouve placée dans une fleur, entre la forme rayonnante et la parabolique, alors il y a une génération élémentaire complète, dont l'effet est toujours très-agréable; c'est aussi celui que produisent la plupart des fleurs que nous venons de nommer, par les profils de leurs calices, qui terminent leurs tiges élancées. Les bouquetières en connaissent tellement le mérite, qu'elles vendent une simple rose sur son rameau beaucoup plus cher qu'un gros bouquet des mêmes fleurs, sur-tout quand il y a quelques boutons qui présentent les progressions charmantes de la floraison. Mais la nature est si vaste, et mon incapacité si grande, que je m'en tiendrai à jeter un coup-d'œil sur le contraste qui vient de la simple opposition des formes : il est si universel, que la nature l'a donné aux plantes qui ne l'avaient pas en elles-mêmes, en les opposant à d'autres qui avaient une configuration toute différente.

Les espèces opposées en formes sont presque toujours ensemble. Lorsqu'on rencontre un vieux saule sur le bord d'une rivière qui n'est pas dégradée, on y voit souvent un grand convolvulus en couvrir le feuillage rayonnant, de ses feuilles en cœur, et de ses fleurs en cloches blanches, au défaut des fleurs apparentes que la nature a refusées à cet arbre. Diverses espèces de liserons produisent les mêmes harmonies sur diverses espèces de hautes graminées.

Ces plantes, appelées grimpantes, sont répandues dans tout le règne végétal, et réparties, je pense, à chaque espèce verticale. Elles ont bien des moyens différents de s'y accrocher, qui mériteraient seuls un traité particulier *. Il y en a qui tournent en spirale autour des troncs des arbres des forêts, comme les chèvre-feuilles; d'autres, comme les pois, ont des mains à trois et à cinq doigts, dont ils saisissent les arbrisseaux : il est très-remarquable que ces mains ne leur viennent que lorsqu'ils sont parvenus à la hauteur où ils commencent à en avoir besoin pour s'appuyer **;

* Il en est même une espèce à qui la terre est inutile, et qui, jetée dans les airs, y croît, et s'y multiplie avec rapidité. Les Chinois en forment des dômes de verdure qui couvrent leurs maisons, et la nature environne des guirlandes de cette plante les troncs desséchés des arbres. Ce végétal singulier a reçu le nom de *vanille*, fleur des airs (*epidendrum flos aeris*, LIN.). On a vu une de ces plantes à Paris, chez l'abbé Nollin, directeur des pépinières du faubourg du Roule. Elle avait été apportée de la Chine dans un panier, où elle fleurissait chaque année, sans le secours d'un atôme de terre. Le panier est encore dans la galerie des ustensiles qui servent aux cours de culture du Muséum d'Histoire naturelle. (*Note de l'Editeur.*)

** Les végétaux n'ont point été créés avec les vrilles, les crochets, les épines dont parle l'auteur, et qui ne sont que des organes imparfaits; mais la nature renouvelle sans cesse pour eux le phénomène d'une création particulière, et qu'elle apd'autres s'attachent, comme la grenadille, avec des tire-bouchons; d'autres forment un simple crochet de la queue de leur feuille, comme la capucine : l'œillet en fait autant avec l'extrémité de la sienne. On soutient ces deux belles fleurs, dans nos jardins, avec des baguettes; mais ce serait un problème digne des recherches des fleuristes, de trouver quelles sont les plantes, si je puis dire auxiliaires, auxquelles celles-ci étaient destinées à se joindre dans les lieux d'où elles tirent leur ori-

propre aux besoins de chaque plante : c'est comme une prévoyance continue qu'elle exerce, comme un travail éternel qu'elle s'est réservé, pour nous montrer son pouvoir et son intelligence. Ainsi un organe avorté, et qui n'est plus apte à remplir ses fonctions primitives, devient, par le fait même de cet avortement, propre à remplir d'autres fonctions indispensables à la vie du végétal. Tel est l'avortement des fleurs de la vigne, qui change leurs pédoncules en vrilles propres à soutenir cet arbuste; tel est encore l'avortement de certaines branches, qui se transforment en épines pour servir de défenses à la plante. On a également observé que l'avortement du calice des *composées*, forme de cet organe une aigrette, qui était indispensable pour la dispersion des graines. Mais l'exemple le plus remarquable de ce genre est celui que présentent les fleurs doubles. Ici l'avortement des anthères permet aux filets de se développer, et les change en véritables pétales; c'est à ces métamorphoses constantes que nous devons les plus belles fleurs de nos jardins. La théorie des avortements pourrait devenir féconde en découvertes. M. Decandolle est le premier qui ait fixé l'attention des botanistes sur cette partie encore très-peu connue de la science. (*Note de l'Editeur.*)

gine : on formerait par leur réunion des groupes charmants.

Je suis persuadé qu'il n'y a pas un végétal qui n'ait son opposé dans quelques parties de la terre : leur harmonie mutuelle est la cause du plaisir secret que nous éprouvons dans les lieux agrestes où la nature a la liberté de les rassembler. Le sapin s'élève, dans les forêts du nord, comme une haute pyramide, d'un vert sombre et d'un port immobile. On trouve presque toujours dans son voisinage le bouleau, qui croît à sa hauteur, de la forme d'une pyramide renversée, d'une verdure gaie, et dont le feuillage mobile joue sans cesse au gré des vents. Le trèfle aux feuilles rondes aime à croître au milieu de l'herbe fine, et à la parer de ses bouquets de fleurs. Je crois même que la nature n'a découpé profondément les feuilles de beaucoup de végétaux, que pour faciliter ces sortes d'alliances, et ménager des passages aux graminées, dont la verdure et la finesse des tiges forment avec elles une infinité de contrastes. On en voit assez d'exemples dans les champs incultes, où les touffes d'herbe percent à travers les larges plantes des chardons et des vipérines. C'est aussi afin que les graminées, qui sont les plus utiles de tous les végétaux, pussent recevoir une portion des pluies du ciel à travers les larges feuillages de ces enfants privilégiés de la nature, qui étoufferaient tout ce qui les environne, sans leurs profondes découpures. La nature ne fait rien pour le simple plaisir, qu'elle n'y joigne quelque raison d'utilité ; celle-ci me paraît d'autant plus marquée, que les découpures des feuilles sont beaucoup plus communes et plus grandes dans les plantes et les sous-arbrisseaux qui s'élèvent peu de terre, que dans les arbres.

Les harmonies qui résultent des contrastes se retrouvent jusque dans les eaux. Le roseau, sur le bord des fleuves, dresse en l'air ses feuilles rayonnantes et sa quenouille rembrunie, tandis que le nymphæa étend à ses pieds ses larges feuilles en cœur et ses roses dorées ; l'un présente sur les eaux une palissade, et l'autre un plancher de verdure. On retrouve des oppositions semblables jusque dans les plus affreux climats. Martens de Hambourg, qui nous a donné une fort bonne relation du Spitzberg, dit que, lorsque les matelots du vaisseau dans lequel il naviguait sur ses côtes, tiraient leur ancre du fond de la mer, ils amenaient presque toujours avec elle une feuille d'algue fort large, de six pieds de long, et attachée à une queue de pareille longueur ; cette feuille était lisse, de couleur brune, tachetée de noir, rayée de deux raies blanches, et faite en forme de langue : il l'appelle plante de roche. Mais ce qu'il y a de singulier, c'est qu'elle était ordinairement accompagnée d'une plante chevelue, de six pieds de long, semblable à la queue d'un cheval, et formée de poils si fins, qu'on pouvait, dit-il, l'appeler soie de roche. Il trouva sur ces tristes rivages, où l'empire de Flore est si désolé, le cochléaria et l'oseille, qui croissaient ensemble. La feuille du premier est arrondie en forme de cuiller, et celle de l'autre allongée en fer de flèche. Un médecin habile, appelé Bartholin *, a observé que les vertus de leurs sels sont aussi opposées que leurs configurations; ceux du premier sont alcalis, ceux de l'autre sont acides; et de leur réunion il résulte ce que les médecins appellent sel neutre (qu'ils devraient plutôt appeler sel harmonique), le plus puissant remède qu'on puisse employer contre le scorbut, qui attaque ordinairement les hommes dans ces terribles climats. Pour moi, je soupçonne que les qualités des plantes sont harmoniques comme leurs formes; et que toutes les fois que nous en rencontrons de groupées agréablement et constamment, il doit résulter de la réunion de leurs qualités, pour la nourriture, pour la santé, ou pour le plaisir, une harmonie aussi agréable que celle qui naît du contraste de leurs figures. C'est une présomption que je pourrais appuyer de l'instinct des animaux qui, en broutant les herbes, varient le choix de leurs aliments; mais cette considération me ferait sortir de mon sujet.

Je ne finirais pas si j'entrais dans quelque détail sur les harmonies de tant de plantes que nous

* Voyez Chomel, *Histoire des Plantes usuelles.*

méprisons, parce qu'elles sont faibles ou communes. Si nous les supposions, par la pensée, de la grandeur de nos arbres, la majesté des palmiers disparaîtrait devant la magnificence de leurs attitudes et de leurs proportions. Il y en a, telles que les vipérines, qui s'élèvent comme de superbes candélabres, en formant un vide autour de leur centre, et en portant vers le ciel leurs bras épineux, chargés dans toute leur longueur de girandoles de fleurs violettes. Le verbascum, au contraire, étend autour de lui ses larges feuilles drapées, et pousse de son centre une longue quenouille de fleurs jaunes, aussi douces à la poitrine qu'au toucher. Les violettes au bleu foncé contrastent, au printemps, avec les primevères aux coupes d'or et aux lèvres écarlates. Sur des angles rembrunis de rocher, à l'ombre des vieux hêtres, des champignons blancs et ronds comme des dames d'ivoire, s'élèvent au milieu des lits de mousse du plus beau vert.

Les champignons seuls présentent une multitude de consonnances et de contrastes inconnus. Cette classe est d'abord la plus variée de toutes celles des végétaux de nos climats. Sébastien Vaillant en compte cent quatre espèces dans les environs de Paris, sans compter les fongoïdes, qui en fournissent au moins une douzaine d'autres. La nature les a dispersés dans la plupart des lieux ombragés, où ils forment souvent les contrastes les plus extraordinaires. Il y en a qui ne viennent que sur les rochers nus, où ils présentent une forêt de petits filaments, dont chacun est surmonté de son chapiteau. Il y en a qui croissent sur les matières les plus abjectes, avec les formes les plus graves : tel est celui qui vient sur le crottin de cheval, et qui ressemble à un chapeau romain, dont il porte le nom. D'autres ont des convenances d'agrément : tel est celui qui croît au pied de l'aune, sous la forme d'un pétoncle. Quelle est la nymphe qui a placé un coquillage au pied de l'arbre des fleuves ? Cette nombreuse tribu paraît avoir sa destinée attachée à celle des arbres, qui ont chacun leur champignon qui leur est affecté, et qu'on trouve rarement ailleurs : tels sont ceux qui ne croissent que sur les racines des pruniers et des pins. Le ciel a beau verser des pluies abondantes, les champignons, à couvert sous leurs parapluies, n'en reçoivent pas une goutte. Ils tirent toute leur vie de la terre, et du grand végétal auquel ils ont lié leur fortune : semblables à ces petits Savoyards qui sont placés, comme des bornes, aux portes des hôtels, ils établissent leur subsistance sur la surabondance d'autrui ; ils naissent à l'ombre des puissances des forêts, et vivent du superflu de leurs magnifiques banquets.

D'autres végétaux présentent des oppositions de la force à la faiblesse dans un autre genre, et des convenances de protection plus distinguée.

Ceux-là, comme de grands seigneurs, laissent leurs faibles amis à leurs pieds : ceux-ci les portent dans leurs bras et sur leurs têtes. Ils reçoivent souvent la récompense de leur noble hospitalité. Les lianes qui, dans les îles Antilles, s'attachent aux arbres des forêts, les défendent de la fureur des ouragans. Le chêne des Gaules s'est vu plus d'une fois l'objet de la vénération des peuples, pour avoir porté le gui dans ses rameaux. Le lierre, ami des monumens et des tombeaux, le lierre, dont on couronnait jadis les grands poètes qui donnent l'immortalité, couvre quelquefois de son feuillage les troncs des plus grands arbres. Il est une des fortes preuves des compensations végétales de la nature; car je ne me rappelle pas en avoir jamais vu sur les troncs des pins, des sapins, ou des arbres dont le feuillage dure toute l'année. Il ne revêt que ceux que l'hiver dépouille. Symbole d'une amitié généreuse, il ne s'attache qu'aux malheureux; et lorsque la mort même a frappé son protecteur, il le rend encore l'honneur des forêts où il ne vit plus : il le fait renaître en le décorant de guirlandes de fleurs, et de festons d'une verdure éternelle.

La plupart des plantes qui croissent à l'ombre, ont les couleurs les plus apparentes ; ainsi les mousses font briller leur vert d'émeraude sur les flancs sombres des rochers. Dans les forêts, les champignons et les agarics se distinguent, par leurs couleurs, des racines des arbres sur lesquels ils croissent. Le lierre se détache de leurs écorces grises par son vert lustré ; le gui fait apparaître ses rameaux d'un vert jaune, et ses fruits semblables à des perles, dans l'épaisseur de leurs feuillages ; le convolvulus aquatique fait éclater ses grandes cloches blanches sur le tronc du saule ; la vigne vierge tapisse de verdure les anciennes tours ; et, dans l'automne, son feuillage d'or et de pourpre semble fixer sur leurs flancs rembrunis les riches couleurs du soleil couchant. D'autres plantes, entièrement cachées, se découvrent par leurs parfums. C'est de cette manière que l'obscure violette appelle la main des amants au sein des buissons épineux. Ainsi se vérifie de toutes parts cette grande loi des contrastes, qui gouverne le monde : aucune agrégation n'est dans les plantes l'effet du hasard.

La nature a établi dans les nombreuses tribus du règne végétal une multitude d'habitudes, dont la fin nous est inconnue. Il y a des plantes, par exemple, dont les sexes sont sur des individus différents, comme parmi les animaux ; il y en a d'autres qu'on trouve toujours réunies en plusieurs touffes, comme si elles aimaient à vivre en société * ; d'autres, au contraire, se rencontrent

* M. de Humbolt a donné quelque développement à cette idée, au commencement de sa *Géographie des Plantes*. (*Note de l'Editeur.*)

presque toujours seules. Je présume que plusieurs de ces rapports sont liés avec les mœurs des oiseaux, qui vivent de leurs fruits, et qui les ressèment. Souvent les herbes représentent, dans les prairies, le port des arbres des forêts; il y en a qui, par leurs feuillages et leurs proportions, ressemblent au pin, au sapin et au chêne : je crois même que chaque arbre a une consonnance dans les herbes. C'est par cette magie que de petits espaces nous offrent l'étendue d'un grand terrain. Si vous êtes sous un bosquet de chênes, et que vous aperceviez sur un tertre voisin des touffes de germandrées, dont le feuillage leur ressemble en petit, vous éprouverez les effets d'une perspective. Ces dégradations de proportions s'étendent même des arbres jusqu'aux mousses, et sont les causes, en partie, du plaisir que nous éprouvons dans les lieux agrestes, quand la nature a eu le loisir d'y disposer ses plans. L'effet de ces illusions végétales y est si certain, que si on les fait défricher, le terrain, dépouillé de ses végétaux naturels, paraît beaucoup plus petit qu'auparavant.

La nature emploie encore des dégradations de verdure qui, étant plus légère au sommet des arbres qu'à leur base, les fait paraître plus élevés qu'ils ne le sont. Elle affecte encore la forme pyramidale à plusieurs arbres de montagnes, afin d'augmenter à la vue l'élévation de leur site; c'est ce qu'on peut reconnaître dans les mélèzes, les sapins, les cyprès, et dans plusieurs plantes qui croissent sur les hauteurs. Quelquefois elle réunit dans le même lieu les effets des saisons ou des climats les plus opposés. Elle tapisse, dans les pays chauds, des flancs entiers de montagnes, de cette plante qu'on appelle glaciale, parce qu'elle semble toute couverte de glaçons : on croirait, au milieu de l'été, que Borée y a soufflé tous les frimas du Nord. D'un autre côté, on trouve en Russie des mousses au milieu de l'hiver, qui, par la couleur rousse et enfumée de leurs fleurs, paraissent avoir été incendiées. Dans nos climats pluvieux, elle couronne les sommets des coteaux de genêts et de romarins, et le haut des vieilles tours, de giroflées jaunes : au milieu du jour le plus sombre, on croit y voir luire les rayons du soleil. Dans un autre lieu, elle produit les effets du vent au milieu du plus grand calme. Il ne faut, en Amérique, qu'un oiseau qui vienne se poser sur une touffe de sensitives, pour en faire mouvoir toute la lisière, qui s'étend quelquefois à un demi-quart de lieue. Le voyageur européen s'arrête, et s'étonne de voir l'air tranquille et l'herbe en mouvement. Quelquefois moi-même j'ai pris, dans nos bois, le murmure des peupliers et des trembles, pour celui des ruisseaux : plus d'une fois, assis sous leurs ombrages au bord des prairies, dont les vents faisaient ondoyer les herbes, ce double frémissement a fait passer dans mon sang la fraîcheur imaginaire des eaux. Souvent la nature emploie les vapeurs de l'air, pour donner plus d'étendue à nos paysages. Elle les répand au fond des vallées, et les arrête aux coudes des fleuves, en laissant entrevoir par intervalles leurs longs canaux éclairés du soleil. Elle en multiplie ainsi les plans et en prolonge l'étendue. Quelquefois elle enlève ce voile magique du fond des vallées, et le roulant sur les montagnes voisines où elle le teint de vermillon et d'azur, elle confond la circonférence de la terre avec la voûte des cieux. C'est ainsi qu'elle emploie les nuages aussi légers que les illusions de la vie, à nous élever vers le ciel; qu'elle répand au milieu de ses mystères les sensations ineffables de l'infini, et qu'elle ôte à nos sens la vue de ses ouvrages, pour en donner à notre âme un plus profond sentiment.

HARMONIES ANIMALES DES PLANTES.

La nature, après avoir établi sur un sol formé de débris, insensible et mort, des végétaux doués des principes de la vie, de l'accroissement et de la génération, a ordonné à ceux-ci des êtres qui avaient, avec ces mêmes facultés, la puissance de se mouvoir, des convenances pour les habiter, des passions pour s'en nourrir, et un instinct pour en faire le choix : ce sont les animaux. Je ne parlerai ici que des relations les plus communes qu'ils ont avec les plantes; mais si je m'occupais de celles que leurs tribus innombrables ont avec les éléments, entre elles-mêmes, et avec l'homme, quelle que soit mon ignorance, j'ouvrirais une multitude de scènes encore plus dignes d'admiration.

La nature, dans un ordre tout nouveau, n'a point changé ses lois; elle a établi les mêmes harmonies et les mêmes contrastes, des animaux aux plantes, que des plantes aux éléments. Il paraîtrait naturel à notre faible raison, et conséquent aux grands principes de nos sciences, qui donnent tant de puissance aux analogies et aux causes physiques, que tant d'êtres sensibles qui naissent au milieu de la verdure, en fussent à la longue affectés. Les impressions de leurs parents, jointes à celles de leur enfance, qui servent à expliquer tant de choses dans le genre humain, se fortifiant en eux, de générations en générations, par de nouvelles teintes, on devrait voir, à la longue, des bœufs et des moutons verts comme le pré qui les nourrit. Nous avons observé, dans l'Étude précédente, que comme les végétaux étaient détachés de la terre par leur couleur verte, les animaux qui vivent sur la verdure s'en distinguent à leur tour par des couleurs rembrunies, et que ceux qui vivent sur les écorces sombres des arbres, ou sur d'autres fonds obscurs, sont revêtus de couleurs brillantes, et quelquefois vertes.

Nous remarquerons à ce sujet, que plusieurs

espèces d'oiseaux, qui vivent aux Indes, dans les feuillages des arbres, comme la plupart des perroquets, beaucoup de colibris, et même des tourterelles, sont du plus beau vert; mais indépendamment des taches et des marbrures blanches, bleues ou rouges, qui distinguent leurs différentes tribus, et qui les font apercevoir de loin dans les arbres, la verdure brillante de leur plumage les détache très-avantageusement de la verdure sombre et rembrunie de ces forêts méridionales. Nous avons vu que la nature employait ce moyen général, pour affaiblir les reflets de la chaleur; mais pour ne pas confondre les objets de son tableau, si elle a rembruni le fond de la scène, elle a rendu les habits des acteurs plus éclatants.

Il paraît qu'elle a réparti les espèces d'animaux les plus agréablement colorés, aux espèces de végétaux dont les fleurs sont le moins apparentes, comme une compensation. Il y a bien moins de fleurs brillantes entre les tropiques, que dans les zones tempérées; et en récompense, les insectes, les oiseaux, et même des quadrupèdes, comme plusieurs espèces de singes et de lézards, y ont les couleurs les plus vives. Lorsqu'ils se posent sur les végétaux qui leur sont propres, ils y forment les plus beaux contrastes et les harmonies les plus aimables. Je me suis quelquefois arrêté, aux Iles, à considérer de petits lézards qui vivent sur les écorces des arbres, où ils prennent des mouches.

Ils sont du plus beau vert pomme, et ils ont sur le dos des espèces de caractères du rouge le plus vif, qui ressemblent à des lettres arabes. Lorsqu'un cocotier en avait plusieurs dispersés le long de sa tige, il n'y avait point d'obélisque égyptien, de porphyre, avec ses hiéroglyphes, qui me parût aussi mystérieux et aussi magnifique [13]. J'y ai vu aussi des volées de petits oiseaux, appelés cardinaux, parce qu'ils sont tout rouges, se reposer sur des buissons dont la verdure était noircie par le soleil, et les faire paraître comme des girandoles de lampions. Le P. Du Tertre dit qu'il n'y a point, aux Antilles, de spectacle plus brillant que de voir des compagnies d'aras s'abattre au sommet d'un palmiste. Le bleu, le rouge et le jaune de leur plumage, couvrent les rameaux de l'arbre sans fleurs, du plus superbe émail. On voit des harmonies à-peu-près semblables dans nos climats. Le chardonneret, à tête rouge et aux ailes bordées de jaune, paraît de loin sur un buisson, comme la fleur du chardon où il est né. Quelquefois on prend des bergeronnettes couleur d'ardoise, qui se reposent aux extrémités des feuilles d'un roseau, pour des fleurs d'iris.

Il serait fort curieux de rassembler un grand nombre de ces oppositions et de ces analogies. Elles nous mèneraient à trouver la plante qui convient le mieux à chaque animal. Les naturalistes ne se sont point occupés de ces convenances; ceux qui ont écrit l'histoire des oiseaux, les ont classés par les pieds, les becs et les narines. Quelquefois ils parlent des saisons où ils paraissent, mais presque jamais des arbres où ils vivent. Il n'y a que ceux qui, faisant des collections de papillons, sont souvent obligés de les chercher dans l'état de nymphe ou de chenille, qui ont quelquefois distingué ces insectes par les noms des végétaux où ils les ont trouvés. Telles sont les chenilles du tithymale, du pin, de l'orme, etc., qu'ils ont reconnues pour être particulières à ces végétaux. Mais il n'y a point d'animal qu'on ne puisse rapporter à une plante qui lui est propre.

Nous avons divisé les plantes en aériennes, en aquatiques, en terrestres, comme les animaux le sont eux-mêmes, et nous avons trouvé dans les deux classes extrêmes des concordances constantes avec leurs éléments. On peut encore les diviser en deux classes, en arbres et en herbes; comme les animaux le sont aussi en quadrupèdes et en volatiles. La nature ne rapproche pas les deux règnes en consonnances, c'est-à-dire, en attachant les grands animaux aux grands végétaux; mais elle les réunit par des contrastes, en faisant accorder la classe des arbres avec celle des petits animaux, et celle des herbes avec les grands quadrupèdes; et par ces oppositions, elle donne des convenances de protection aux faibles, et de commodité aux puissants.

Cette loi est si générale, que j'ai remarqué que par tout pays où les espèces de graminées sont peu variées, celles des quadrupèdes qui y vivent sont peu nombreuses, et que là où les espèces d'arbres sont multipliées, celles des volatiles le sont pareillement. C'est ce dont on peut s'assurer par les herbiers de plusieurs endroits de l'Amérique, entre autres par ceux de la Guiane et du Brésil, qui présentent peu de variété dans les graminées, et qui en offrent un grand nombre dans les arbres. On sait que ces pays ont en effet peu de quadrupèdes naturels, et qu'ils sont au contraire peuplés d'une infinité d'oiseaux et d'insectes.

Si nous jetons un coup-d'œil sur les rapports des graminées aux quadrupèdes, nous trouverons que, malgré leur contraste apparent, il y a entre eux une multitude de convenances réelles. Le peu d'élévation des graminées les met à la portée des mâchoires des quadrupèdes, dont la tête est dans une situation horizontale, et souvent inclinée vers la terre. Leurs gerbes déliées semblent faites pour être saisies par des lèvres larges et charnues; leurs tendres tiges, facilement tranchées par des dents incisives; leurs semences farineuses, aisément broyées par des dents molaires. D'ailleurs, leurs touffes épaisses et élastiques sans être ligneuses, présentent de molles litières à des corps pesants.

Si au contraire nous examinons les convenances qu'il y a entre les arbres et les oiseaux, nous verrons que les branches des arbres sont facilement embrassées par les pieds à quatre doigts de la plupart des volatiles, que la nature a disposés de façon qu'il y en a trois en avant et un en arrière, afin qu'ils pussent les saisir comme avec des mains. De plus, les oiseaux trouvent, dans les divers étages des feuilles, des abris contre la pluie, le soleil et le froid, à quoi contribuent encore les épaisseurs des troncs. Les trous qui se forment sur ceux-ci, et les mousses qui y croissent, leur donnent des logements pour faire leurs nids, et des matelas pour les tapisser. Les semences rondes ou allongées des arbres, sont proportionnées à la forme de leurs becs. Ceux qui portent des fruits charnus, logent des oiseaux qui ont les becs pointus ou courbés comme des pioches. Dans les îles des pays situés entre les tropiques, et le long des grands fleuves de l'Amérique, la plupart des arbres maritimes et fluviatiles, entre autres, plusieurs espèces de palmiers, portent des fruits revêtus de coques très-dures, afin qu'ils puissent flotter sur les eaux qui les ressèment au loin; mais leur enveloppe ne les met pas à couvert des oiseaux. Les diverses tribus des perroquets qui les habitent, et dont je crois qu'il y a une espèce répartie à chaque espèce de palmier, trouvent bien le moyen d'ouvrir leur graine avec des becs crochus, qui percent comme des alênes et qui pincent comme des tenailles.

La nature a encore ordonné des animaux d'un troisième ordre, qui trouvent dans l'écorce ou dans la fleur d'une plante, autant de commodités qu'un quadrupède en a dans une prairie, ou un oiseau dans un arbre entier ; ce sont les insectes. Quelques naturalistes les ont divisés en six grandes tribus, qu'ils ont caractérisées, suivant leur coutume, quoique assez inutilement, par des noms grecs. Ils les classent en insectes coléoptères ou à étuis, comme les scarabées, tels que nos hannetons ; en hémiptères ou à demi-étuis, comme les gallinsectes, tels que le kermès ; en tétraptères ou à quatre ailes farineuses, comme les papillons ; en tétraptères qui ont quatre ailes nues, comme les abeilles ; en diptères ou à deux ailes nues, comme les mouches communes ; et en aptères ou sans ailes, comme les araignées. Mais ces six classes ont une multitude de divisions et de subdivisions qui réunissent les espèces d'insectes de formes et d'instincts les plus disparates, et qui en séparent beaucoup d'autres qui ont d'ailleurs entre elles beaucoup d'analogie.

Quoi qu'il en soit, cet ordre d'animaux paraît particulièrement affecté aux arbres. Pline observe que les fourmis sont très-friandes des graines du cyprès. Il dit qu'elles attaquent les cônes qui les renferment, quand ils s'entr'ouvrent dans leur maturité, sans y en laisser une seule ; et il regarde comme un miracle de la nature, qu'un si petit animal détruise la semence d'un des plus grands arbres du monde. Je crois qu'on ne pourra jamais établir dans les diverses tribus d'insectes, un véritable ordre, et dans leur étude, l'utilité et l'agrément dont elle est susceptible, qu'en les rapportant aux diverses parties des végétaux. Ainsi on rapporterait aux nectaires des fleurs, les papillons et les mouches qui ont des trompes, pour en recueillir les sucs : à leurs étamines, les mouches qui, comme les abeilles, ont des cuillers creusées dans leurs cuisses garnies de poils, pour en serrer les poussières, et quatre ailes pour emporter leur butin : aux feuilles des plantes, les mouches communes et les gallinsectes, qui ont des pieux pointus et creux, pour y faire des incisions et en boire les liqueurs : aux graines, les scarabées, comme les charançons, qui devaient s'y enfoncer pour vivre de leur farine, et qui ont leurs ailes renfermées dans des étuis pour ne pas les gâter, et des râpes pour y faire des ouvertures : aux tiges, les vers qui sont tout nus, parce qu'ils n'avaient pas besoin d'être vêtus dans la substance du bois qui les abrite de toutes parts; mais ils ont des tarières avec lesquelles ils viennent quelquefois à bout de détruire des forêts : enfin, aux débris de toute espèce, les fourmis qui ont des pinces et l'instinct de se réunir en corps pour dépecer et emporter tout ce qui leur convient. La desserte de cette grande table végétale est entraînée par les pluies aux rivières, et de là à la mer, où elle présente un nouvel ordre de relations avec les poissons. Il est digne de remarque, que les plus puissants appâts qu'on puisse leur présenter sont tirés du règne végétal, et particulièrement des graines ou des substances des plantes qui ont les caractères aquatiques que nous avons indiqués, telles que la coque du Levant, le souchet de Smyrne, le suc de tithymale, le nard celtique, le cumin, l'anis, l'ortie, la marjolaine, la racine d'aristoloche et la graine de chènevis. Ainsi, les relations de ces plantes avec les poissons, confirment ce que nous avons dit de celles de leurs graines avec les eaux.

Ce serait en rapportant les diverses tribus d'insectes aux diverses parties des plantes, que nous verrions les raisons qui ont déterminé la nature à donner à ces petits animaux des figures si extraordinaires. Nous connaîtrions les usages de leurs outils, dont la plupart nous sont inconnus, et nous aurions de nouveaux sujets d'admirer l'intelligence divine et de perfectionner la nôtre. D'un autre côté, cette lumière répandrait le plus grand jour sur beaucoup de parties des plantes dont les botanistes ignorent l'utilité, parce qu'elles n'ont de convenances qu'avec les animaux. Je suis persuadé qu'il n'y a pas un végétal qui n'ait au moins un individu de chacune des six classes générales d'insectes reconnues par les naturalistes. Comme la nature a divisé chaque genre de plantes en diverses espèces, pour les rendre capables de croître dans différents sités, elle a divisé de même chaque genre d'insectes en diverses espèces, pour les rendre propres à habiter différentes espèces de plantes. Elle a peint pour cette raison, et numéroté de mille manières diverses, mais invariables, les divisions presque infinies de la même branche. Par exemple, on trouve constamment sur l'orme le beau papillon appelé brocatelle d'or, à cause de sa riche couleur. Celui qu'on nomme les quatre *omicron*, et qui vit je ne sais où, produit toujours des descendants qui portent cette lettre grecque, imprimée quatre fois sur leurs ailes. Il y a une espèce d'abeille à cinq crochets, qui ne vit que sur les fleurs radiées; sans ces crochets, elle ne pourrait se cramponner sur les miroirs plans de ces fleurs, et se charger de leurs étamines aussi aisément que l'abeille commune, qui travaille, pour l'ordinaire, au fond de celles dont la corolle est profonde.

Ce n'est pas que je pense qu'une plante nourrisse dans ses diverses variétés toutes les branches collatérales d'une famille d'insectes. Je crois que chaque genre, parmi ceux-ci, s'étend beaucoup plus loin que le genre de plantes qui lui sert principalement de base. En cela, la nature manifeste une autre de ses lois, par laquelle elle a rendu ce qu'il y a de meilleur, le plus commun. Comme l'animal est d'une nature supérieure au végétal, les espèces du premier sont plus multipliées et plus répandues que celles du second. Par exemple, il n'y a pas seize cents espèces de plantes dans les environs de Paris *, et on y compte près de six mille espèces de mouche. Je présume donc que les diverses tribus de plantes se croisent avec celles des animaux, ce qui rend leurs espèces susceptibles de différentes harmonies. On en peut juger par la variété des goûts, dans les oiseaux de la même famille. La fauvette à tête noire niche dans les lierres ; la fauvette à tête rousse des murailles, dans le voisinage des chènevières ; la fauvette brune, sur les arbres des grands chemins où elle compose son nid de crins de cheval. On en compte de douze espèces dans nos climats, qui ont chacune leur département. Nos diverses sortes d'alouettes sont aussi réparties à différents sites, aux bois, aux prés, aux bruyères, aux terres labourées et aux rivages de la mer.

Il y a des observations bien intéressantes à faire sur les durées des végétaux, qui sont inégales, quoique soumises aux influences des mêmes éléments. Le chêne sert de monument aux nations, et le nostoc, qui croît à ses pieds, ne vit qu'un jour. Tout ce que j'en peux dire en général, c'est que le temps de leur dépérissement n'est point réglé sur celui de leur accroissement, ni celui de

* Les cryptogames ne sont pas compris dans ce nombre. (*Note de l'Editeur.*)

leur fécondité proportionné à leur faiblesse, aux climats ou aux saisons, comme on l'a prétendu. Pline * cite des yeuses, des planes et des cyprès qui existaient de son temps, et qui étaient plus anciens que Rome, c'est-à-dire, qui avaient plus de sept cents ans. Il dit qu'on voyait encore auprès de Troie, autour du tombeau d'Ilus, des chênes qui y étaient du temps que Troie prit le nom d'Ilium, ce qui fait une antiquité bien plus reculée. J'ai vu en Basse-Normandie, dans le cimetière d'une église de village, un vieux if planté du temps de Guillaume-le-Conquérant; il est encore chargé de verdure, quoique son tronc caverneux et tout percé à jour, ressemble aux douves d'un vieux tonneau. Il y a des buissons même qui semblent immortels; on trouve en plusieurs endroits du royaume, des aubépines, que la dévotion des peuples a consacrées par des images de la bonne Vierge, qui durent depuis plusieurs siècles, comme on peut le vérifier par les titres des chapelles qu'on a bâties auprès. Mais, en général, la nature a proportionné la durée de la fécondité des plantes aux besoins des animaux. Beaucoup de plantes périssent aussitôt qu'elles ont donné leurs graines, qu'elles abandonnent aux vents; il y en a, telles que les champignons, qui ne vivent que quelques jours, comme les espèces de mouches qui s'en nourrissent. D'autres conservent leur semence tout

* *Histoire naturelle*, liv. xvi, chap. xliv.

l'hiver, pour l'usage des oiseaux; tels sont la plupart des buissons. La fécondité des plantes n'est pas proportionnée à leur petitesse, mais à la fécondité de l'espèce animale qui doit s'en nourrir : le panic, le petit mil, et quelques autres graminées si utiles aux bêtes et aux hommes, produisent incomparablement plus de grains que beaucoup de plantes plus grandes et plus petites qu'elles. Il y a beaucoup d'herbes qui ne se reperpétuent par leurs semences qu'une fois dans un an; mais le mouron se renouvelle par les siennes jusqu'à sept à huit fois, sans être interrompu même par l'hiver. Il donne des grains mûrs, six semaines après qu'il a été semé. La capsule qui les renferme, se renverse alors vers la terre et s'entr'ouvre, pour les laisser emporter aux vents et aux pluies qui les ressèment par-tout. Cette plante assure, toute l'année, la subsistance des petits oiseaux dans nos climats. Ainsi, la Providence est d'autant plus grande, que sa créature est plus faible.

D'autres plantes ont des relations d'autant plus touchantes avec les animaux que les climats et les saisons semblent exercer plus de rigueur envers ceux-ci. Si ces convenances étaient approfondies, elles expliqueraient toutes les variétés de la végétation dans chaque latitude et dans chaque saison. Pourquoi, par exemple, la plupart des arbres du nord perdent-ils leurs feuilles en hiver, et pourquoi ceux du midi les conservent-ils toute l'année?

pourquoi, malgré le froid des hivers du nord, les sapins y restent-ils couverts de verdure? Il est difficile d'en trouver la cause; mais il est aisé d'en reconnaître la fin. Si les bouleaux et les mélèzes du nord laissent tomber leurs feuilles à l'entrée de l'hiver, c'est pour donner des litières aux bêtes des forêts; et si le sapin pyramidal y conserve les siennes, c'est pour leur ménager des abris au milieu des neiges. Cet arbre offre alors aux oiseaux les mousses qui sont suspendues à ses branches, et ses cônes remplis de pignons mûrs. Souvent dans son voisinage, des bocages de sorbiers font briller, pour eux, leurs grappes de baies écarlates. Dans les hivers de nos climats, plusieurs arbrisseaux toujours verts, comme le lierre, l'alaterne, et d'autres qui restent chargés de baies noires ou rouges qui tranchent avec les neiges, comme les troënes, les épines et les églantiers, présentent aux volatiles des habitations et des aliments. Dans les pays de la zone torride, la terre est tapissée de lianes fraîches, et ombragée d'arbres au large feuillage, sous lesquels les animaux trouvent de la fraîcheur. Les arbres mêmes de ces climats semblent craindre d'exposer leurs fruits aux brûlantes ardeurs du soleil; au lieu de les dresser en cônes, ou d'en couvrir la circonférence de leur tête, ils les cachent souvent sous un feuillage épais, et les portent attachés à leur tronc ou à la naissance de leurs branches; tels sont les jacquiers, les palmiers de toutes les espèces, les papayers et une multitude d'autres. Si leurs fruits n'invitent pas au dehors les animaux par des couleurs apparentes, ils les appellent par des bruits. Les lourds cocos, en tombant de la hauteur de l'arbre qui les porte, font retentir au loin la terre. Les siliques noires du caneficier, lorsqu'elles sont mûres et que le vent les agite, font en se choquant, le bruit du tictac d'un moulin. Quand le fruit grisâtre du genipa des Antilles tombe dans sa maturité, il pète à terre comme un coup de pistolet.* A ce signal, sans doute, plus d'un convive vient chercher sa réfection. Ce fruit semble particulièrement destiné aux crabes de terre, qui en sont très-friands, et qui s'engraissent, en très-peu de temps, par cette nourriture. Il leur aurait été fort inutile de l'apercevoir dans l'arbre où ils ne peuvent grimper; mais ils sont avertis du moment où il est bon à manger, par le bruit de sa chute. D'autres fruits, comme les jacqs et les mangues, frappent l'odorat des animaux à une si grande distance, qu'on les sent de plus d'un quart de lieue, quand on est au-dessous du vent. Je crois que cette propriété d'être fort odorants, est commune aussi à ceux de nos fruits qui se cachent sous leur feuillage, tels que les abricots. Il y a d'autres végétaux qui ne se manifestent, pour ainsi dire, aux animaux que pendant la nuit. Le jalap

* Voyez le P. Du Tertre, *Histoire des Antilles.*

du Pérou, ou belle-de-nuit, n'ouvre ses fleurs très-parfumées que dans l'obscurité. La fleur de capucine, qui est du même pays, jette dans les ténèbres une lumière phosphorique, observée, dans l'espèce vivace, par la fille du célèbre Linnæus. Les propriétés de ces plantes donnent une heureuse idée de ces beaux climats, où les nuits sont assez calmes et assez éclairées pour ouvrir un nouvel ordre de société entre les animaux. Il y a même des insectes qui n'ont besoin d'aucun phare qui les guide dans leurs courses nocturnes. Ils portent avec eux leur lanterne; telles sont les mouches lumineuses. Elles se répandent quelquefois dans des bosquets d'orangers, de papayers et d'autres arbres fruitiers, au milieu de la nuit la plus sombre. Elles lancent à-la-fois, par plusieurs battements d'ailes réitérés, une douzaine de jets d'un feu qui éclaire les feuilles et les fruits des arbres où elles se reposent, d'une lumière dorée et bleuâtre * : puis cessant tout-à-coup leurs mouvements, elles les replongent dans l'obscurité. Elles recommencent alternativement ce jeu pendant toute la nuit. Quelquefois il s'en détache des essaims tout brillants de lumière, qui s'élèvent en l'air, comme les gerbes d'un feu d'artifice.

Si on étudiait les rapports que les plantes ont avec les animaux, on y reconnaîtrait l'usage de beaucoup de parties, que l'on regarde souvent

* Voyez le P. Du Tertre, *Histoire des Antilles*.

comme des productions du caprice et du désordre de la nature. Ces rapports sont si étendus, qu'on peut dire qu'il n'y a pas un duvet de plante, un entrelacement de buisson, une cavité, une couleur de feuille, une épine qui n'ait son utilité. On remarque sur-tout ces harmonies admirables avec les logements et les nids des animaux. S'il y a dans les pays chauds des plantes chargées de duvet, c'est qu'il y a des teignes toutes nues qui en tondent les poils, et qui s'en font des habits. On trouve, sur les bords de l'Amazone, une espèce de roseau de vingt-cinq à trente pieds de hauteur, dont le sommet est terminé par une grosse boule de terre. Cette boule est l'ouvrage des fourmis, qui s'y retirent dans le temps des pluies et des inondations périodiques de ce fleuve : elles montent et descendent par la cavité de ce roseau, et elles vivent des débris qui surnagent alors autour d'elles à la surface des eaux. Je présume que c'est pour offrir de semblables retraites à plusieurs petits insectes, que la nature a creusé les tiges de la plupart des plantes de nos rivages *. La vallisneria [14],

* Toutes ces observations sur la vallisneria sont tirées d'un *Voyage en France, en Italie et aux îles de l'Archipel*, fait par un Anglais en 1750. Mais elles renferment plusieurs erreurs : d'abord, ces fleurs n'ont pas reçu des tiges en spirales pour se préserver des crues subites des fleuves. Il y a dans ce phénomène quelque chose de plus singulier et de plus admirable. La vallisneria est une plante *dioïque* : les fleurs femelles croissent séparément sur de longs pédoncules roulés en tire-

qui croît dans les eaux du Rhône, et qui porte sa fleur sur une tige en spirale, qu'elle allonge à proportion de la rapidité des crues subites de ce fleuve, a des trous percés à la base de ses feuilles, dont l'usage est bien plus extraordinaire. Si on déracine cette plante, et qu'on la mette dans un grand vase plein d'eau, on aperçoit à la base de ses feuilles des masses d'une gelée bleuâtre, qui s'allonge insensiblement en pyramides d'un beau rouge. Bientôt ces pyramides se sillonnent de cannelures, qui se détachent du sommet, se renversent tout autour, et présentent, par leur épanouissement, de très-jolies fleurs formées de rayons pourpres, jaunes et bleus. Peu-à-peu, chacune de ces fleurs sort de la cavité où elle est contenue en partie, et s'écarte à quelque distance

bourre, et qui ne s'allongent qu'à l'époque de la fécondation. C'est alors qu'elles s'élèvent à la superficie de l'eau. Cependant les fleurs mâles, attachées à des pédoncules très-courts, n'ont pas la faculté de se mouvoir, et c'est justement à cette époque que, par une seconde prévoyance, leur tige se brise avec effort, et que, dégagé des liens qui les retenaient loin des fleurs femelles, elle viennent les couvrir de leur poussière vivifiante. Bientôt après, les fleurs à spirales, devenues fécondes, resserrent les anneaux de leurs tiges, et ramenées peu-à-peu au fond des eaux, elles y reprennent leur première place, et y déposent leurs postérités. Cette plante, qui sera toujours un sujet d'étonnement pour les naturalistes, croît dans les fleuves d'Italie et du midi de la France. Les voyageurs l'ont également retrouvée dans l'Amérique septentrionale et à la Nouvelle Hollande. (*Note de l'Editeur.*)

de la plante, en y restant cependant attachée par un filet. On voit alors chacun des rayons dont ces fleurs sont composées, se mouvoir d'un mouvement particulier, qui communique un mouvement circulaire à l'eau, et précipite au centre de chacune d'elles tous les petits corps qui nagent aux environs. Si on trouble, par quelque secousse, ces développements merveilleux, sur-le-champ chaque filet se retire, tous les rayons se ferment, et toutes les pyramides rentrent dans leurs cavités; car ces prétendues fleurs sont des polypes.

Il y a dans certaines plantes des parties qu'on regarde comme les caractères d'une nature agreste, qui sont, comme tout le reste de ses ouvrages, des preuves de la sagesse et de la providence de son Auteur; telles sont les épines. Leurs formes sont variées à l'infini, sur-tout dans les pays chauds. Il y en a de faites en scies, en hameçons, en aiguilles, en fer de hallebardes, et en chausse-trapes. Il y en a de rondes comme des alênes, de triangulaires comme des carrelets, et d'aplaties comme des lancettes. Il n'y a pas moins de variété dans leurs agrégations. Les unes sont rangées sur les feuilles par pelotons, comme celles de la raquette; d'autres par rubans, comme celles des cierges. Il y en a qui sont invisibles, comme celles de l'arbrisseau des îles Antilles appelé bois de capitaine. Les feuilles de ce redoutable végétal paraissent en dessus nettes et luisantes; mais elles sont couvertes en dessous d'épines très-fines, qui y sont tellement couchées, que pour peu qu'on y porte la main, elles entrent dans les doigts. Il y a d'autres épines qui ne sont posées que sur les tiges des plantes, d'autres sont sur leurs branches. On n'en trouve guère, dans nos climats, que sur des buissons et sur quelques herbes; mais elles sont répandues, aux Indes, sur beaucoup d'espèces d'arbres. Leurs formes et leurs dispositions très-variées, ont des relations, dont la plupart nous sont inconnues, avec les défenses des oiseaux qui y vivent. Il était nécessaire que beaucoup d'arbres de ces pays portassent des épines; parce qu'il y a beaucoup de quadrupèdes qui y grimpent pour manger les œufs et les petits des oiseaux; tels que les singes, les civettes, les tigres, les chats sauvages, les piloris, les opossums, les rats palmistes, et même les rats communs. L'acacia [15] de l'Asie offre aux oiseaux des retraites qui sont impénétrables à leurs ennemis. Il ne porte point d'épines sur son tronc et dans ses branches; mais à dix ou douze pieds de hauteur, précisément à l'endroit où les branches de l'arbre se divisent, il y a une ceinture de plusieurs rangs de larges épines de dix à douze pouces de longueur, et hérissées à-peu-près comme des fers de hallebardes. Le collet de l'arbre en est environné, de manière qu'aucun quadrupède n'y peut monter. L'acacia de l'Amérique, appelé improprement faux acacia, a les siennes figurées en crochets et parsemées dans ses rameaux, sans doute par quelque rapport inconnu d'opposition avec l'espèce de quadrupède qui fait la guerre à l'oiseau qui l'habite. Il y a aux îles Antilles des arbres qui n'ont point d'épines, mais qui sont bien plus ingénieusement protégés que s'ils en avaient. Une plante qui est connue dans ces pays sous le nom de chardon épineux, qui est une espèce de cierge rampant, attache ses racines semblables à des filaments, au tronc d'un de ces arbres, et elle court à terre tout autour, bien loin de là, en croisant ses branches l'une sur l'autre, et en formant une enceinte dont aucun quadrupède n'ose approcher. Elle porte d'ailleurs un fruit très-agréable à manger. En voyant un arbre dont le feuillage est innocent, rempli d'oiseaux qui y font leurs nids, entouré à sa racine d'un de ces chardons épineux, on dirait d'une de ces villes de commerce sans défense, où tout paraît accessible, mais qui est protégée aux environs par une citadelle qui l'entoure de ses longs retranchements. Ainsi l'arbre est d'un côté, et son épine de l'autre.

Les quadrupèdes qui vivent des œufs des oiseaux seraient fort embarrassés, si quelquefois la nature ne faisait croître, au haut de ces mêmes arbres, un végétal d'une forme très-extraordinaire, qui leur en ouvre l'accès. Il est en tout l'opposé du chardon épineux. C'est une racine de deux pieds de long, grosse comme la jambe, picotée comme si on l'eût piquée avec un poinçon, et liée à une branche de l'arbre par une multitude de filaments, à-peu-près comme le chardon épineux est attaché au bas de son tronc. Elle en tire, comme lui, sa nourriture, et jette dix à douze grandes feuilles en cœur, de trois pieds de long et de deux pieds de large, semblables aux feuilles de nymphæa. Le P. Du Tertre l'appelle fausse racine de Chine. Ce qu'il y a encore de plus étrange, c'est que du haut de l'arbre où elle est placée, elle jette à plomb des cordes très-fortes, grosses comme des tuyaux de plume dans toute leur longueur, qui viennent s'enraciner à terre. La plante ne sent rien, et ses cordes sentent l'ail. Sans doute, quand un singe ou tel autre animal grimpant aperçoit ce large étendard de verdure, l'arbre a beau être entouré d'épines à son pied, ce signal lui annonce qu'il a des correspondances dans la place : l'odeur des cordons qui descendent jusqu'à terre, lui indique son échelle, même pendant la nuit; et pendant que les oiseaux dorment tranquillement sur leurs nids, en se fiant à leurs fortifications, l'ennemi s'empare de la ville par les faubourgs.

Dans ces pays, les épines des arbres défendent jusqu'aux insectes. Les abeilles y font du miel dans de vieux troncs d'arbres épineux creusés par le temps. Il est bien remarquable que la nature, qui a donné cette ressource aux abeilles de l'Amérique, leur a refusé des aiguillons, comme si ceux des arbres suffisaient à leur défense. Je crois que c'est par cette raison, à laquelle on n'a pas fait attention, qu'on n'a jamais pu élever aux îles Antilles des mouches à miel du pays. Sans doute elles refusaient d'habiter les ruches domestiques, parce qu'elles ne s'y croyaient pas en sûreté; mais elles s'y seraient peut-être déterminées, si on avait garni d'épines les ruches qu'on leur a présentées.

Si la nature emploie les épines pour défendre jusqu'aux mouches des insultes des quadrupèdes, elle se sert quelquefois des mêmes moyens pour délivrer les quadrupèdes de la persécution des mouches communes. A la vérité, elle a donné à ceux qui y sont le plus exposés, des crinières et des queues garnies de longs crins pour les écarter; mais la multiplication de ces insectes est si rapide dans les saisons et les pays chauds et humides, qu'elle pourrait devenir funeste à tous les animaux. Une des barrières végétales que la nature leur oppose, est la dionæa muscipula. Cette plante porte sur une même branche des folioles opposées, enduites d'une liqueur sucrée semblable à la manne, et hérissées de pointes très-aiguës. Lorsqu'une mouche se pose sur une de ces folioles, elles se rapprochent sur-le-champ comme les mâchoires d'un piége à loup, et la mouche se trouve embrochée de toutes parts. Il y a une autre dionæa qui prend ces insectes avec sa fleur. Quand une mouche en veut sucer les nectaires, la corolle, qui est tubulée, se ferme au collet, la saisit par la trompe, et la fait mourir ainsi. Elle croît au Jardin du Roi. Nous observerons que sa fleur en godet est blanche et rayée de rouge, et que ces deux couleurs attirent par-tout les mouches, qui sont très-avides de lait et de sang.

Il y a des plantes aquatiques qui portent des épines propres à prendre des poissons. On voit au Jardin du Roi une plante de l'Amérique, appelée martinia, dont la fleur a une odeur très-agréable, et qui, par la forme de ses feuilles arrondies, le lissé de leurs queues et de ses tiges, a tous les caractères aquatiques dont nous avons parlé. Elle a encore ceci de particulier, qu'elle transpire si fortement, qu'elle paraît au toucher comme si elle était mouillée. Je ne doute donc pas que cette plante ne croisse en Amérique sur le bord des eaux. Mais la gousse qui enveloppe ses graines, a un caractère nautique fort extraordinaire. Elle ressemble à un poisson à demi desséché, blanc et noir, avec une longue nageoire sur le dos. La queue de ce poisson est fort allongée, et finit en pointe très-aiguë, courbée en hameçon. Cette queue se partage ordinairement en deux, et présente ainsi deux hameçons. La configuration de ce poisson végétal est tout-à-fait semblable en grandeur et en forme à l'hameçon dont on se sert sur mer pour prendre des dorades, et à la tête duquel on figure en linge un poisson volant, excepté que l'hameçon à dorade n'a qu'un crochet, et que la gousse de la martinia en a deux; ce qui doit rendre son effet plus sûr. Cette gousse renferme plusieurs graines noires, ridées, et semblables à des crottes de mouton aplaties.

Comme j'ai peu de livres de botanique, j'ignorais d'où la martinia était originaire; mais, ayant consulté dernièrement l'ouvrage de Linnæus, j'ai trouvé qu'elle venait de la Vera-Cruz. Ce fameux naturaliste ne trouve à cette gousse que l'apparence d'une tête de bécasse; mais, s'il avait vu des hameçons à dorade, il n'eût pas balancé à y reconnaître cette ressemblance, d'autant que le bout de ce prétendu bec se recourbe en deux crochets qui piquent comme des épingles, et sont, ainsi que toute la gousse, et la queue qui la tient à la tige, d'une matière ligneuse et cornée, très-difficile à rompre. Jean de Laet * dit que le terrain de la Vera-Cruz est au niveau de la mer, et que son port, appelé Saint-Jean de Hulloa, est formé d'une petite île qui est au ras de l'eau; en sorte, dit-il, que quand la marée est fort grosse, elle en est toute couverte. Ces inondations sont fort communes dans le fond du golfe du Mexique, comme on peut le voir dans la relation que Dampier nous a donnée de la baie de Campêche, qui est dans le voisinage. Je présume de là que la martinia, qui croît sur les rivages inondés de la Vera-Cruz, a

* *Histoire des Indes occidentales*, livre v, chapitre xviii.

quelques relations qui nous sont inconnues avec les poissons de la mer ; d'autant que les semences de plusieurs arbres et plantes de ces contrées, rapportées par Jean de Laet, ont des formes nautiques très curieuses *.

Il n'est pas besoin d'aller chercher dans les plantes étrangères des relations végétales avec les animaux. La ronce, qui donne dans nos champs des abris à tant de petits oiseaux, a ses épines formées en crochets; de sorte que non-seulement elle empêche les troupeaux de troubler les asiles des oiseaux, mais elle leur accroche bien souvent quelques flocons de laine ou de poil, propres à garnir des nids, en représailles de leurs hostilités, et comme une indemnité de leurs dommages. Pline prétend que c'est à cette occasion qu'est née la haine de la linotte et de l'âne. Ce quadrupède, dont le palais est à l'épreuve des épines, broute souvent le buisson où la linotte fait son nid. Elle est si effrayée de sa voix, qu'elle en jette, dit-il, ses œufs à bas; et, quand ses petits sont nouvellement éclos, ils en meurent de peur. Mais elle lui fait la guerre à son tour, en se jetant sur les égratignures que lui font les épines, et en becquetant sa chair jusqu'aux os. Ce doit être un spectacle curieux de voir le combat de ce petit et mélodieux oiseau, contre ce

* Voyez la figure de la martinia, tirée d'après nature, planche IX, page 328.

lourd et bruyant animal, d'ailleurs sans malice.

Si on connaissait les relations animales des plantes, nous aurions sur les instincts des bêtes bien des lumières que nous n'avons pas. Nous saurions l'origine de leurs amitiés et de leurs inimitiés, du moins quant à celles qui se forment dans la société; car pour celles qui sont innées, je ne crois pas que la cause en soit jamais révélée à aucun homme. Celles-là sont d'un autre ordre et d'un autre monde. Comment tant d'animaux sont-ils entrés dans la vie avec des haines sans offense, des industries sans apprentissage, et des instincts plus sûrs que l'expérience? Comment la puissance électrique a-t-elle été donnée à la torpille, l'invisibilité au caméléon, et la lumière même des astres à une mouche? Qui a appris à la punaise aquatique à glisser sur les eaux, et à une autre espèce de punaise à y nager sur le dos; l'une et l'autre pour attraper la proie qui voltige à leur surface? L'araignée d'eau est encore plus ingénieuse. Elle environne une bulle d'air avec des fils, se met au milieu, et se plonge au fond des ruisseaux, où sa bulle paraît comme un globule de vif-argent. Là, elle se promène à l'ombre des nymphæa, sans rien craindre d'aucun ennemi. Si, dans cette espèce, deux individus de sexe différent viennent à se rencontrer, et se conviennent, les deux globules rapprochés n'en font plus qu'un, et les deux insectes sont dans la même atmosphère. Les Romains qui construisaient, sur les rivages de Baies, des salons sous les flots de la mer, pour jouir de la fraîcheur et du murmure des eaux dans la chaleur de l'été, étaient moins adroits et moins voluptueux. Si un homme réunissait en lui ces facultés merveilleuses qui sont le partage des insectes, il passerait parmi ses semblables pour un dieu.

Il nous importe au moins de connaître les insectes qui détruisent ceux qui nous sont nuisibles. Nous pouvons profiter de leurs guerres pour vivre en repos. L'araignée attrape les mouches avec des filets; le formicaléo surprend les fourmis dans un entonnoir de sable; l'ichneumon à quatre ailes prend les papillons au vol. Il y a une autre espèce d'ichneumon, si petite et si rusée, qu'elle pond un œuf dans l'anus du puceron. L'homme peut multiplier à son gré les familles d'insectes qui lui sont utiles, et parvenir à diminuer le nombre de celles qui font tant de ravages dans ses cultures. Les petits oiseaux de nos bosquets lui offrent, pour ce service, des secours encore plus étendus et plus agréables. Ils ont tous l'instinct de vivre dans son voisinage et dans celui de ses troupeaux. Souvent une seule de leurs espèces suffirait pour écarter de ceux-ci les insectes qui les désolent en été. Il y a, dans le nord, un taon, appelé kourma par les Lapons, *œstrus rangiferinus* par les savants, qui tourmente les rennes domestiques au point de les faire fuir dans les montagnes, et quelquefois de les faire mourir, en déposant ses œufs dans leur peau. On a fait, à l'ordinaire, à ce sujet beaucoup de dissertations, sans y apporter de remède. Je suis persuadé qu'il doit y avoir en Laponie des oiseaux qui délivreraient les rennes de cet insecte dangereux, si les Lapons ne les effrayaient par le bruit de leurs fusils. Ces armes des nations civilisées ont rendu toutes les campagnes barbares. Les oiseaux destinés à embellir l'habitation de l'homme, s'en éloignent, ou ne s'en approchent qu'avec méfiance. On devrait défendre au moins de tirer autour des paisibles troupeaux. Quand les oiseaux ne sont pas effrayés par les chasseurs, ils se livrent à leurs instincts. J'ai vu souvent à l'Ile-de-France une espèce de sansonnet, appelé martin, qu'on y a apporté des Indes, se percher familièrement sur le dos et sur les cornes des bœufs pour les nettoyer. C'est à cet oiseau que cette île est redevable aujourd'hui de la destruction des sauterelles, qui y faisaient autrefois tant de ravages. Dans celles de nos campagnes d'Europe où l'homme exerce encore quelque hospitalité envers les oiseaux innocents, il voit la cigogne bâtir son nid sur le faîte de sa maison ; l'hirondelle voltiger dans ses appartements ; et la bergeronnette sur le bord des fleuves, tourner autour de ses brebis pour les défendre des moucherons.

Le fondement de toutes ces connaissances porte sur l'étude des plantes. Chacune d'elles est le foyer de la vie des animaux, dont les espèces viennent y aboutir, comme les rayons d'un cercle à leur centre.

Dès que le soleil, parvenu au signe du Bélier, a donné le signal du printemps à notre hémisphère, le vent pluvieux et chaud du sud part de l'Afrique, soulève les mers, fait déborder les fleuves qui engraissent de leur limon les champs voisins, et renverse, dans les forêts, les vieux arbres, les troncs desséchés, et tout ce qui présente quelque obstacle à la végétation future. Il fond les neiges qui couvrent nos campagnes, et s'avançant jusque sous le pôle, il brise et dissout les masses énormes de glace que l'hiver y avait accumulées. Quand cette révolution, connue par toute la terre sous le nom du coup de vent de l'équinoxe, est arrivée au mois de mars, le soleil tourne nuit et jour autour de notre pôle, sans qu'il y ait un seul point dans tout l'hémisphère septentrional, qui échappe à sa chaleur. A chaque parallèle qu'il décrit dans les cieux, une ceinture de plantes nouvelles éclôt autour du globe. Chacune d'elles paraît successivement au poste et au jour qui lui sont assignés ; elle reçoit à-la-fois la lumière dans ses fleurs et la rosée du ciel dans son feuillage. A mesure qu'elle prend de l'accroissement, les diverses tribus d'insectes qu'elle nourrit se développent aussi. C'est à cette époque que chaque espèce d'oiseau se rend à l'espèce de plante qui lui est connue, pour y faire son nid et y nourrir ses petits, de la proie animale qu'elle lui présente, au défaut des semences qu'elle n'a pas encore produites. On voit bientôt accourir les oiseaux voyageurs, qui viennent en prendre aussi leur part. D'abord l'hirondelle vient en préserver nos maisons, en bâtissant son nid à l'entour. Les cailles quittent l'Afrique, et rasant les flots de la Méditerranée, elles se répandent par troupes innombrables dans les vastes prairies de l'Ukraine. Les francolins remontent au nord jusque dans la Laponie. Les canards, les oies sauvages, les cygnes argentés, formant dans les airs de longs triangles, s'avancent jusque dans les îles voisines du pôle. La cigogne, jadis adorée dans l'Égypte qu'elle abandonne, traverse l'Europe, et s'arrête çà et là jusque dans les villes, sur les toits de l'Allemagne hospitalière. Tous ces oiseaux nourrissent leurs petits, des insectes et des reptiles que les herbes nouvelles font éclore. C'est alors que les poissons quittent en foule les abîmes septentrionaux de l'Océan, attirés aux embouchures des fleuves, par des nuées d'insectes qui sont entraînés dans leurs eaux, ou qui éclosent le long de leurs rivages. Ils remontent en flotte contre leurs cours, et s'avancent en bondissant jusqu'à leurs sources; d'autres, comme les nord-capers, se laissent entraîner au courant général de l'Océan atlantique, et apparaissent comme des carènes de vaisseaux, sur les côtes du Brésil et sur celles de la Guinée. Les quadrupèdes mêmes entreprennent alors de longs voyages. Les uns vont du midi au nord avec le soleil, d'autres d'orient en occident. Il y en a qui côtoient les âpres chaînes des montagnes; d'autres suivent le cours des fleuves qui n'ont jamais été navigués; de longues colonnes de bœufs pâturent en Amérique le long des bords du Méchassipi, qu'ils font retentir de leurs mugissements. Des escadrons nombreux de chevaux traversent les fleuves et les déserts de la Tartarie; et des brebis sauvages errent en bêlant au milieu de ces vastes solitudes. Ces troupeaux n'ont ni pâtres ni bergers qui les guident dans les déserts, au son des chalumeaux; mais le développement des herbes qui leur sont connues, détermine les moments de leurs départs et les termes de leurs courses. C'est alors que chaque animal habite son site naturel, et se repose à l'ombre du végétal de ses pères: c'est alors que les chaînes de l'harmonie se resserrent, et que tout étant animé par des consonnances ou par des contrastes, les airs, les eaux, les forêts et les rochers, semblent avoir des voix, des passions et des murmures.

Mais ce vaste concert ne peut être saisi que par des intelligences célestes. Il suffit à l'homme, pour étudier la nature avec fruit, de se borner à l'étude d'un seul végétal. Il faudrait, pour cet effet, choisir un arbre antique dans quelque lieu solitaire. On jugerait aisément, aux caractères que j'ai indiqués, s'il est dans son site naturel, mais encore mieux à sa beauté et aux accessoires dont la nature l'accompagne toujours, quand la main de l'homme n'en dérange point les opérations. On observerait d'abord ses relations élémentaires et les caractères frappants qui distinguent les espèces du même genre, dont les unes naissent aux sources des fleuves, et les autres à leurs embouchures. On examinerait ensuite ses convolvulus, ses mousses, ses guis, ses scolopendres, les champignons de ses racines, et jusqu'aux graminées qui croissent sous son ombre. On apercevrait dans chacun de ces végétaux de nouveaux rapports élémentaires, convenables aux lieux qu'ils occupent, et à l'arbre qui les porte ou qui les abrite. On donnerait ensuite son attention à toutes les espèces d'animaux qui viennent y habiter, et on serait convaincu que, depuis le limaçon jusqu'à l'écureuil, il n'y en a pas un qui n'ait des rapports déterminés et caractéristiques, avec les dépendances de sa végétation. Si cet arbre se trouvait au milieu d'une forêt bien ancienne elle-même, il est probable qu'il aurait dans son voisinage l'arbre que la nature fait contraster avec lui dans le même site; comme, par exemple, le bouleau avec le sapin. Il est encore probable que les végétaux accessoires et les animaux de celui-ci, contrasteraient pareillement avec ceux du premier. Ces deux sphères d'observations s'éclaireraient mutuellement, et répandraient le plus grand jour sur les mœurs des animaux qui les fréquentent. On aurait alors un chapitre entier de cette immense et sublime histoire de la nature, dont nous ne connaissons pas encore l'alphabet.

Je suis sûr que sans fatigue, et presque sans peine, on ferait les découvertes les plus curieuses ; quand on n'en étudierait qu'un seul, on y trouverait une foule d'harmonies ravissantes. Pour jouir de quelques tableaux imparfaits en ce genre, il faut avoir recours aux voyageurs. Nos ornithologistes, enchaînés par leurs méthodes, ne songent qu'à grossir leur catalogue, et ne connaissent, dans les oiseaux, que les pattes et le bec. Ce n'est point dans les nids qu'ils les observent, mais à la chasse et dans leur gibecière. Ils regardent même les couleurs de leurs plumes comme des accidents. Cependant ce n'est pas au hasard que la nature a peint, sur les rivages du Brésil, d'un beau rouge incarnat, et qu'elle a bordé de noir l'extrémité des ailes de l'ouara, espèce de corlieu qui habite le feuillage glauque des palétuviers qui naissent au sein des flots, et qui ne portent point de fleurs apparentes. Le savia, autre oiseau du même climat, a le ventre jaune et le reste du plumage gris. Il est de la grosseur d'un moineau, et il se perche sur les poivriers dont les fleurs sont sans éclat, mais dont il mange les graines, qu'il ressème partout. A ces convenances il faut joindre celles du site, qui tire lui-même tant de beauté du végétal qui l'ombrage. Ces harmonies sont rapportées par le P. François d'Abbeville. Suivant l'*Histoire des Voyages* de l'abbé Prévost, il y a sur les bords du Sénégal un arbre fluviatile, dont les feuilles sont épineuses et les branches pendantes en arcades. Il est habité par des oiseaux appelés kurbalos ou pêcheurs, de la taille d'un moineau, et variés de plusieurs sortes de couleurs. Leur bec est fort long, et armé de petites dents comme une scie. Ils font leurs nids de la grosseur d'une poire. Ils les composent de terre, de plumes, de pailles, de mousse, et les attachent à un long fil, à l'extrémité des branches qui donnent sur la rivière, afin de se mettre à l'abri des serpents et des singes qui trouvent quelquefois les moyens d'y grimper. Il n'y a personne qui ne prenne ces nids, à quelque distance, pour les fruits de l'arbre. Il y a de ces arbres qui en ont jusqu'à mille. On voit ces kurbalos voltiger sans cesse sur l'eau et rentrer dans leurs nids, avec un mouvement qui éblouit les yeux. Suivant le P. Charlevoix, il croît en Virginie, sur les bords des lacs, un smilax à feuilles de laurier, qui pousse de sa racine plusieurs tiges dont les branches embrassent tous les arbres qui l'environnent, et montent à plus de seize pieds de hauteur. Elles forment en été une ombre impénétrable, et en hiver une retraite tempérée pour les oiseaux. Ses fleurs sont peu apparentes, et ses fruits viennent en grappes rondes, chargées de grains noirs. Ce smilax a pour habitant principal un geai fort beau. Cet oiseau porte sur sa tête une longue crête noire, qu'il dresse quand il veut. Son dos est d'un pourpre sombre. Ses ailes sont noires en dedans, bleues en dehors, et blanches aux extrémités, avec des raies noires à travers chaque plume. Sa queue est bleue, et marquée des mêmes raies que ses ailes; et son cri n'est pas désagréable. Il y a des oiseaux qui ne logent pas sur leur plante favorite, mais vis-à-vis. Tel est le colibri, qui se niche souvent, aux îles Antilles, sur un fétu de la couverture d'une case, pour vivre sous la protection de l'homme. Dans nos climats, le rossignol place son nid à couvert dans un buisson, en choisissant de préférence les lieux où il y a des échos, et en observant de l'exposer au soleil du matin. Ces précautions prises, il se place aux environs, contre le tronc d'un arbre; et là, confondu avec la couleur de son écorce, et sans mouvement, il devient invisible. Mais bientôt il anime de son divin ramage l'asile obscur qu'il s'est choisi, et il efface par l'éclat de son chant celui de tous les plumages.

Mais quelques charmes que puissent répandre les animaux et les plantes sur les sites qui leur sont assignés par la nature, je ne trouve point qu'un paysage ait toute sa beauté, si je n'y vois au moins une petite cabane. L'habitation de l'homme donne, à chaque espèce de végétal, un nouveau degré d'intérêt ou de majesté. Il ne faut souvent qu'un arbre pour caractériser, dans un pays, les besoins d'un peuple et les soins de la Providence. J'aime à voir la famille d'un Arabe sous le dattier du désert, et le bateau d'un insulaire des Maldives, chargé de cocos, sous les cocotiers de leurs grèves sablonneuses. La hutte d'un pauvre nègre sans industrie, me plaît sous un calebassier qui porte toutes les pièces de son ménage. Nos hôtels fastueux ne sont, à la ville, que des maisons bourgeoises ; à la campagne, ce sont des châteaux, des palais, des temples. Les longues avenues qui les annoncent, se confondent avec celles qui font communiquer les empires. Ce n'est pas, à la vérité, ce que je trouve de plus intéressant dans nos paysages. Je leur ai préféré souvent la vue d'une petite cabane de pêcheur, bâtie sur le bord d'une rivière. Je me suis reposé quelquefois avec délices, à l'ombre des saules et des peupliers où étaient suspendues des nasses faites de leurs propres rameaux.

Nous allons, à notre ordinaire, jeter un coup-d'œil rapide sur les harmonies des plantes avec l'homme ; et afin de mettre au moins un peu d'ordre dans une matière aussi abondante, nous diviserons encore ces harmonies, par rapport à l'homme même, en élémentaires, en végétales, en animales, et en humaines proprement dites, ou alimentaires.

HARMONIES HUMAINES DES PLANTES.

DES HARMONIES ÉLÉMENTAIRES DES PLANTES, PAR RAPPORT A L'HOMME.

Si nous considérons l'ordre végétal par les simples rapports de force et de grandeur, nous le trouverons divisé assez généralement en trois grandes classes, en herbes, en arbrisseaux et en arbres. Nous remarquerons premièrement, que les herbes sont d'une substance pliante et molle. Si elles eussent été ligneuses et dures, comme les jeunes branches des arbres, auxquelles il paraît qu'elles devraient naturellement ressembler, puisqu'elles croissent sur le même sol, la plus grande partie de la terre eût été inaccessible au marcher de l'homme, jusqu'à ce que le fer ou le feu y eût frayé des chemins. Ce n'est donc pas par hasard que tant de graminées, de mousses et d'herbes, sont d'une substance molle et souple, ni faute de nourriture ou de moyens de se développer; car il y a de ces herbes qui s'élèvent fort haut, telles que le bananier des Indes, et plusieurs férulacées de nos climats, qui s'élèvent à la hauteur d'un petit arbre.

D'un autre côté, il y a des arbrisseaux ligneux qui ne viennent pas plus grands que des herbes ; mais ils croissent, pour l'ordinaire, aux lieux âpres et escarpés, et ils donnent aux hommes la facilité

d'y grimper, en poussant jusque dans les fentes
des rochers. Mais comme il y a des rochers qui
n'ont point de fentes, et qui sont à pic comme des
murailles, il y a des plantes rampantes qui prennent racine à leurs bases, et qui, s'attachant à
leurs flancs, s'élèvent avec eux à des hauteurs qui
surpassent celle des plus grands arbres : tels sont
les lierres, les vignes-vierges, et un grand nombre
de lianes qui tapissent les rochers des pays méridionaux. Si ces sortes de végétations couvraient
la terre, il serait impossible d'y marcher. Il est
très-remarquable que lorsqu'on a découvert des
îles inhabitées, on en a trouvé qui étaient remplies
de forêts, comme l'île de Madère; d'autres où il
n'y avait que des herbes et des joncs, comme les
îles Malouines, à l'entrée du détroit de Magellan;
d'autres simplement revêtues de mousses, comme
plusieurs îlots qui sont sur les côtes du Spitzberg;
d'autres en grand nombre, où ces différents végétaux étaient mêlés : mais je ne sache pas qu'on en
ait trouvé une seule où il n'y eût que des buissons
et des lianes. La nature n'a placé ces classes que
dans les lieux difficiles à escalader, afin d'en faciliter l'accès aux hommes. On peut dire qu'il n'y a
point d'escarpement qui ne puisse être franchi par
leur secours. Il ne s'en fallut rien que, par leur
moyen, les anciens Gaulois ne s'emparassent du
Capitole.

Quant aux arbres, quoiqu'ils soient remplis

d'une force végétative qui les élève à de grandes hauteurs, la plupart ne poussent leurs premières branches qu'à une certaine distance de la terre. En sorte que, quoiqu'ils forment, à une certaine élévation, des entrelacements impénétrables au soleil, qu'ils étendent fort loin d'eux, ils laissent cependant autour de leurs pieds des avenues suffisantes pour les aborder, et pour parcourir aisément les forêts.

Voilà donc les dispositions générales des végétaux sur la terre, par rapport au besoin que l'homme avait de la parcourir; les herbes servent de matelas à ses pieds; les buissons, d'échelles à ses mains; et les arbres, de parasols à sa tête. La nature, après avoir établi entre eux ces proportions, les a distribués dans tous les sites, en leur donnant, abstraction faite de leurs rapports particuliers avec les éléments et avec les animaux, les qualités les plus propres à subvenir aux besoins de l'homme, et à compenser, en sa faveur, les inconvénients du climat. Quoique cette manière d'étudier ses ouvrages soit méprisée aujourd'hui de la plupart des naturalistes, c'est à celle-là cependant que nous nous arrêterons. Nous venons de considérer les plantes par la taille, à la manière des jardiniers; nous allons encore les examiner comme les bûcherons, les chasseurs, les charpentiers, les pêcheurs, les bergers, les matelots, et même les bouquetières. Peu nous importe d'être savants, pourvu que nous ne cessions pas d'être hommes.

C'est dans les pays du nord, et sur le sommet des montagnes froides, que croissent les pins, les sapins, les cèdres, et la plupart des arbres résineux, qui abritent l'homme des neiges par l'épaisseur de leurs feuillages, et qui lui fournissent, pendant l'hiver, des flambeaux et l'entretien de ses foyers. Il est très-remarquable que les feuilles de ces arbres toujours verts, sont filiformes, et très-capables par cette configuration, qui a encore l'avantage de réverbérer la chaleur comme les poils des animaux, de résister à la violence des vents, qui règnent ordinairement sur les lieux élevés. Les naturalistes de Suède ont observé que les pins les plus gras se trouvent aux lieux les plus secs et les plus sablonneux de la Norwège. Les mélèzes, qui se plaisent également dans les montagnes froides, ont des troncs fort résineux. Mathiole, dans son utile Commentaire sur Dioscoride, dit qu'il n'y a point de matière plus propre que le charbon de ces arbres, à fondre promptement les mines de fer, dans le voisinage desquelles ils se plaisent. Ils sont de plus chargés de mousses, dont quelques espèces s'enflamment à la moindre étincelle. Il raconte qu'étant une nuit obligé de coucher dans les hautes montagnes du détroit de Trente, où il herborisait, il y trouva quantité de mélèzes ou larix, tout barbus, dit-il, et tout blancs

27.

de mousses. Les bergers du lieu, voulant lui procurer quelque amusement, mirent le feu aux mousses de quelques-uns de ces arbres, qui s'embrasèrent aussitôt avec la rapidité de la poudre à canon. Il semblait, au milieu de l'obscurité de la nuit, que la flamme et les étincelles montassent jusqu'au ciel. Elles répandaient, en brûlant, une fort bonne odeur. Il remarque encore que le meilleur agaric croît sur les mélèzes, et que les arquebusiers de son temps s'en servaient à conserver le feu et à faire des mèches. Ainsi la nature, en couronnant les sommets des montagnes froides et ferrugineuses, de ces grandes torches végétales, en a mis les allumettes dans leurs branches, l'amadou à leurs pieds, et le briquet à leurs racines.

Au midi, au contraire, les arbres présentent, dans leurs feuillages, des éventails, des parapluies et des parasols. Le latanier porte chacune de ses feuilles plissée, comme un éventail, attachée à une longue queue, et semblable, dans son développement parfait, à un soleil rayonnant de verdure. On peut voir deux de ces arbres au Jardin du Roi. Celle du bananier ressemble à une longue et large ceinture, ce qui lui a fait donner sans doute le nom de figuier d'Adam. La grandeur des feuilles de plusieurs espèces d'arbres, augmente à mesure qu'on s'approche de la ligne. Celle du cocotier à fruit double, des îles Séchelles, a douze ou quinze pieds de long, et sept ou huit de large. Elle suffit pour couvrir une nombreuse famille. Il y a aussi une de ces feuilles au Cabinet du Roi. Celle du talipot de l'île de Ceylan, a, à-peu-près, la même grandeur. L'intéressant et infortuné Robert Knok, qui a donné la meilleure relation de cette île, que je connaisse, dit qu'une de ces feuilles peut couvrir quinze ou vingt personnes. Quand elle est sèche, ajoute-t-il, elle est à-la-fois forte et maniable, en sorte qu'on peut l'étendre et la resserrer à son gré, étant naturellement plissée comme un éventail. Dans cet état, elle n'est pas plus grosse que le bras, et extraordinairement légère. Les habitants la coupent par triangles, quoiqu'elle soit naturellement ronde, et chacun d'eux en porte un morceau sur sa tête; tenant de la main le bout le plus pointu en avant, pour s'ouvrir un passage à travers les buissons. Les soldats se servent de cette feuille pour faire leurs tentes. Ils la regardent, avec raison, comme un des plus grands bienfaits de la Providence, dans un pays brûlé du soleil, et inondé de pluies la moitié de l'année. La nature a fait, dans ces climats, des parasols pour des villages entiers; car le figuier qu'on appelle aux Indes figuier des Banians, et dont on voit le dessin dans Tavernier et dans plusieurs autres voyageurs, croît sur le sable même brûlant du rivage de la mer, en jetant de l'extrémité de ses branches une multitude de jets qui s'inclinent vers la terre, y prennent racine, et forment, autour du tronc principal, quantité d'arcades couvertes d'un ombrage impénétrable.

Dans nos climats tempérés, nous éprouvons une bienveillance semblable de la part de la nature. C'est dans la saison chaude et sèche qu'elle nous donne quantité de fruits pleins d'un jus rafraîchissant, tels que les cerises, les pêches, les melons; et à l'entrée de l'hiver, ceux qui échauffent par leurs huiles, tels que les amandes et les noix. Quelques naturalistes même ont regardé les coques ligneuses de ces fruits, comme des préservatifs de leurs semences contre le froid de la mauvaise saison; mais ce sont, comme nous l'avons vu, des moyens de surnager et de voguer. La nature en emploie d'autres que nous ne connaissons pas, pour préserver les substances des fruits, des impressions de l'air. Par exemple, elle fait durer, pendant tout l'hiver, plusieurs espèces de pommes et de poires, qui n'ont d'autres enveloppes que des pellicules si minces, qu'on ne peut en déterminer les épaisseurs.

La nature a mis d'autres végétaux aux lieux humides et arides, dont les qualités sont inexplicables par les lois de notre physique, mais qui sont admirablement d'accord avec les besoins de l'homme qui les habite. C'est le long des eaux que croissent les plantes et les arbres les plus secs, les plus légers, et par conséquent les plus propres à les traverser. Tels sont les roseaux qui sont creux, et les joncs remplis d'une moelle inflammable. Il ne faut qu'une botte médiocre de jonc, pour porter sur l'eau un homme fort pesant. C'est sur les bords des lacs du nord, que croissent ces vastes bouleaux dont il ne faut que l'écorce d'un seul arbre pour faire un grand canot. Cette écorce est semblable à un cuir par sa souplesse, et si incorruptible à l'humidité, que j'en ai vu tirer, en Russie, de dessous les terres dont on couvre les magasins à poudre, qui étaient parfaitement saines, quoiqu'on les y eût mises du temps de Pierre-le-Grand. Suivant le témoignage de Pline et de Plutarque, on trouva à Rome, quatre cents ans après la mort de Numa, les livres que ce grand roi avait fait mettre avec lui dans son tombeau. Son corps était totalement détruit; mais ses livres, qui traitaient de la philosophie et de la religion, étaient si bien conservés, que le préteur Petilius en prit lecture par ordre du sénat. Sur le rapport qu'il en fit, il fut décidé qu'on les brûlerait. Ils étaient écrits sur des écorces de bouleau. Ces écorces se lèvent en dix ou douze feuillets blanc et minces comme du papier, et en tenaient lieu aux anciens. La nature présente à l'homme d'autres trajectiles sur d'autres rivages. Elle a mis sur les bords des fleuves de l'Inde, le bambou, grand roseau qui s'y élève quelquefois à soixante pieds de hauteur, et qui y croît de la grosseur de la cuisse. L'intervalle compris entre deux de ses nœuds suffit pour soutenir un homme sur l'eau. Un Indien s'y met à califourchon, et traverse ainsi les rivières, en nageant avec les pieds. Le Hollandais Jean-Hugues Linschoten, voyageur digne de foi, assure que les crocodiles ne touchent jamais aux gens qui passent ainsi les rivières, quoiqu'ils attaquent souvent les canots et les chaloupes même des Européens. Il attribue la retenue de cet animal vorace, à une antipathie qu'il a contre ce roseau. François Pyrard, autre voyageur qui a fort bien observé la nature, dit qu'il croît sur les rivages des îles Maldives, un arbre appelé Candou, d'un bois si léger, qu'il sert de liége aux pêcheurs *. Je crois avoir eu en ma possession une souche d'arbre de la même espèce. Elle était dépouillée de son écorce, toute blanche, de la grosseur du bras, de six pieds de longueur, et si légère que je la levais avec deux doigts, avec la plus grande facilité. C'est dans les mêmes îles et sur les mêmes sables, que s'élève le cocotier, qui y vient plus beau que dans aucun autre lieu du monde. Ainsi, l'arbre le plus utile aux marins croît sur le bord des mers les plus naviguées. Tout le monde sait qu'on y bâtit un vaisseau de son bois, qu'on en fait les voiles avec ses feuilles, le mât avec son tronc, les cordages avec l'étoupe appelée caire qui entoure son fruit, et qu'on le charge ensuite avec ses cocos. Il est encore remarquable que le coco renferme, avant

* Voyez Pyrard, *Voyage aux îles Maldives*, page 38.

sa maturité parfaite, une liqueur qui est un excellent antiscorbutique. N'est-ce donc pas une merveille de la nature, que ce fruit vienne plein de lait, dans des sables arides et sur les bords de l'eau salée? Ce n'est même que sur les bords de la mer, que l'arbre qui le porte parvient dans toute sa beauté; car on en voit peu dans l'intérieur des terres. La nature a placé un palmier de la même famille, mais d'une autre espèce, au sommet des montagnes des mêmes climats : c'est le palmiste. La tige de cet arbre a quelquefois plus de cent pieds de hauteur : elle est parfaitement droite : elle porte à son sommet, pour unique feuillage, un bouquet de palmes, du milieu duquel sort un long rouleau de feuilles plissées, semblable au fût d'une lance. Ce rouleau renferme, dans une espèce de fourreau coriace, les feuilles naissantes, qui sont très-bonnes à manger avant leur développement. Le tronc du palmiste n'a de bois qu'à la circonférence; mais il est si dur, qu'il fait rebrousser le tranchant des meilleures haches. Il se fend d'un bout à l'autre avec la plus grande facilité, et il est rempli, au dedans, d'une substance spongieuse qu'on enlève aisément. Quand il est ainsi préparé, il sert à faire, pour la conduite des eaux souvent dévoyées par les rochers qui sont au sommet des montagnes, des tuyaux qui sont incorruptibles à l'humidité. Ainsi les palmiers donnent aux habitants de ces pays de quoi faire des aqueducs à la source des rivières, et des vaisseaux à leur embouchure. D'autres espèces d'arbres leur rendent ailleurs les mêmes services. C'est sur les rivages des îles Antilles que croît l'acajou, qu'on y appelle improprement cèdre, à cause de son incorruptibilité. Il y vient si gros, que, d'un seul de ses tronçons, on fait des pirogues qui portent jusqu'à quarante hommes *. Cet arbre a une autre qualité qui, au jugement des meilleurs observateurs, aurait dû le rendre précieux à notre marine; c'est qu'il est le seul de ces rivages, que les vers marins n'attaquent jamais, quoiqu'ils soient si redoutables à toutes les espèces de bois qui flottent dans ces mers, qu'ils dévorent, en peu de temps, les escadres, et que pour les en préserver, on est obligé, depuis quelques années, de doubler leurs carènes de cuivre. Mais ce bel arbre a trouvé des ennemis plus redoutables que les vers, dans les habitants européens de ces îles, qui en ont presque totalement détruit l'espèce.

La manière dont la Providence a pourvu à la soif de l'homme, dans les lieux arides, n'est pas moins digne d'admiration. Elle a mis dans les sables brûlants de l'Afrique une plante dont la feuille, contournée en burette, est toujours remplie d'un grand verre d'eau fraîche; le goulot de cette burette est fermé par l'extrémité même de la feuille,

* Voyez les PP. Labat et Du Tertre.

en sorte que l'eau ne peut pas s'en évaporer [*]. Elle a planté, sur quelques terres arides du même pays, un grand arbre, appelé par les nègres *boa*, dont le tronc, monstrueusement gros, est naturellement creusé comme une citerne. Dans la saison des pluies, il se remplit d'eau qu'il conserve fraîche dans les plus grandes chaleurs, au moyen du feuillage touffu qui en couronne le sommet. Enfin elle a placé sur les rochers arides des îles Antilles, des fontaines végétales. On y trouve communément une liane, appelée liane à eau, si remplie de sève, que, si on en coupe une simple branche, il en coule sur-le-champ autant d'eau qu'un homme en pourrait boire d'un trait : elle est très-limpide et très-pure. Dans les lagunes de la baie de Campêche, les voyageurs trouvent un autre secours : ces lagunes, au niveau de la mer, sont presque entièrement inondées dans la saison pluvieuse, et elles sont si arides dans la saison sèche, qu'il est arrivé à plusieurs chasseurs, qui s'étaient égarés dans les forêts dont elles sont couvertes, d'y mourir de soif. Le célèbre voyageur Dampier rapporte qu'il a échappé plusieurs fois à ce malheur par le secours d'une végétation fort extraordinaire, qu'on lui avait fait remarquer sur le tronc d'une espèce de pin qui y est très-commun : elle ressemble à un paquet de feuilles placées l'une sur l'autre par

---

[*] C'est sans doute le *nepenthes distillatoria*. Lin. (*Note de l'Editeur.*)

étages; et à cause de sa forme, et de l'arbre où elle croît, il l'appelle pomme de pin. Cette pomme est pleine d'eau; en sorte qu'en la perçant à sa base avec un couteau, il en coule aussitôt une bonne pinte d'une eau très-claire et très-saine. Le P. Du Tertre raconte qu'il a trouvé plusieurs fois un pareil rafraîchissement dans les feuilles, tournées en cornet, d'une espèce de balisier qui croît sur les plages sablonneuses de la Guadeloupe. J'ai ouï dire à plusieurs de nos chasseurs, que rien n'était plus propre à désaltérer que les feuilles du gui qui croît dans nos arbres *.

Telles sont en partie les précautions dont la Providence a compensé, en faveur de l'homme, les inconvénients de chaque climat, en opposant aux qualités des éléments, des qualités contraires dans les végétaux. Je ne les suivrai pas plus loin, car je les crois inépuisables. Je suis persuadé que chaque latitude et chaque saison ont les leurs qui

---

* Les plantes qui fournissent de l'eau sont très-communes, sur-tout dans les déserts et dans les pays chauds. La nature semble les y avoir répandues avec profusion, pour servir au besoin de l'homme et des animaux. Leurs sucs rafraîchissants se forment sous les rayons du soleil, ils s'y conservent même contre toutes les lois de la physique, qui veut que les fluides s'évaporent par l'action de la chaleur. Ainsi, c'est au milieu des déserts brûlants de l'Amérique que s'élèvent les mélocactus, dont les écorces hérissées de piquants cachent une source d'eau limpide et acidulée. Ainsi Thunberg rapporte que les Hottentots étanchent leur soif en suçant la tige humide de

DE LA NATURE.

leur sont affectées, et que chaque parallèle les varie dans chaque degré de longitude.

HARMONIES VÉGÉTALES DES PLANTES AVEC L'HOMME.

Si maintenant nous examinions les relations végétales des plantes avec l'homme, nous les trouverions en nombre infini ; elles sont les sources perpétuelles de nos arts, de nos fabriques, de notre commerce et de nos délices ; mais, à notre ordinaire, nous ne ferons que parcourir quelques-uns de leurs rapports naturels et directs, auxquels l'homme n'a rien mis du sien.

A commencer par leurs parfums, l'homme me paraît le seul être sensible qui en soit affecté. A la vérité, les animaux, et sur-tout les mouches et les papillons, ont des plantes qui leur sont propres, et qui les attirent ou les rebutent par leurs émanations ; mais ces affections semblent liées avec leurs besoins. L'homme seul est sensible aux parfums et à l'éclat des fleurs, indépendamment de

l'*albuca major*. L'Éthiopie offre encore une multitude d'arbres dont les fruits sont comme autant de coupes pleines d'une liqueur parfumée : tels sont les *gelingues*, et le *delebes* que les missionnaires n'ont pu décrire sans bénir la Providence. Enfin on trouve à Madagascar le *ravinal* ou arbre du voyageur (*ravelana madagascariensis*), ainsi nommé de la propriété singulière qu'il a de fournir une grande quantité de très-bonne eau douce, lorsqu'on le perce à la base de ses feuilles. (*Note de l'Editeur.*)

tout appétit animal. Le chien même, qui prend, par la domesticité, une si forte teinture des mœurs et des goûts de l'homme, paraît insensible à cette jouissance-là. L'impression que font les fleurs sur nous, semble liée avec quelque affection morale; car il y en a qui nous égaient et d'autres qui nous attristent, sans que nous en puissions apporter d'autres raisons que celles que j'ai essayé d'établir en examinant quelques lois générales de la nature. Au lieu de les distinguer en jaunes, en rouges, en bleues, en violettes, on pourrait les diviser en gaies, en sérieuses, en mélancoliques : leur caractère est si expressif, que les amants, dans l'Orient, emploient leurs nuances pour exprimer les divers degrés de leur passion. La nature s'en sert souvent, par rapport à nous, dans la même intention. Quand elle veut nous éloigner d'un lieu marécageux et malsain, elle y met des plantes vénéneuses, qui ont des couleurs meurtries et des odeurs rebutantes. Il y a une espèce d'arum qui croit dans les marais du détroit de Magellan, dont la fleur présente l'aspect d'un ulcère, et exhale une odeur si forte de chair pourrie, que la mouche à viande vient y déposer ses œufs. Mais le nombre des plantes fétides n'est pas fort étendu. Les campagnes sont tapissées de fleurs qui, pour la plupart, ont des couleurs et des odeurs fort agréables. Je voudrais que le temps me permît de dire quelque chose de la simple agrégation des fleurs; ce sujet est si vaste et si riche, que je ne balance pas d'assurer qu'il y a de quoi occuper le plus fameux botaniste de l'Europe toute sa vie, en lui découvrant chaque jour quelque chose de nouveau, et sans l'écarter de sa maison de plus d'une lieue. Tout l'art avec lequel les joailliers assemblent leurs pierreries, disparaît auprès de celui avec lequel la nature assortit les fleurs. Je montrais à J.-J. Rousseau des fleurs de différents trèfles, que j'avais cueillies en me promenant avec lui; il y en avait de disposées en couronnes, en demi-couronnes, en épis, en gerbes, avec des couleurs variées à l'infini. Quand elles étaient sur leurs tiges, elles avaient encore d'autres agrégations avec des plantes qui leur étaient souvent opposées en couleurs et en formes. Je lui demandai si les botanistes s'occupaient de ces harmonies : il me dit que non; mais qu'il avait conseillé à un jeune dessinateur de Lyon d'apprendre la botanique, pour y étudier les formes et les assemblages des fleurs, et que, par ce moyen, il était devenu un des plus fameux dessinateurs d'étoffes de l'Europe. Je lui citai à ce sujet un trait de Pline, qui lui fit beaucoup de plaisir: c'est à l'occasion d'un peintre de Sicyone, appelé Pausias, qui apprit, par cette étude, à peindre au moins aussi bien les fleurs que celui de Lyon savait les dessiner : à la vérité, il eut encore un maître aussi habile que la nature, ou plutôt qui n'en diffère pas; ce fut l'Amour. Je vais rapporter ce

trait dans la simplicité du langage du vieux traducteur de Pline, afin de ne lui rien ôter de sa naïveté*. « En sa jeunesse, il fit la cour à une bou-
» quetière de sa ville, qui avait nom Glycera, la-
» quelle était fort gentille, et avait dix mille in-
» ventions à digérer les fleurs des bouquets et des
» chapeaux ; de sorte que Pausias, contrefaisant le
» naturel des chapeaux et bouquets de sa maî-
» tresse, vint à se rendre parfait en cet art : fina-
» lement, il la peignit assise, et faisant un chapeau
» de fleurs ; et tient-on ce tableau pour une des
» principales pièces que jamais il ait faites : il l'ap-
» pela Stephano Plocos, pource que Glycera n'a-
» vait autre moyen de se soulager en sa pauvreté,
» qu'à vendre des chapeaux et bouquets. Et certes,
» on dit que L. Lucullus donna à Denys Athénien
» deux talents de la simple copie de ce tableau. »
Cette anecdote a plu singulièrement à Pline, car il l'a répétée dans un autre endroit ** : « Ceux du
» Péloponèse, dit-il, furent les premiers qui com-
» passèrent les couleurs et senteurs des fleurs qu'on
» mettait aux chapeaux. Toutefois cela vint de l'in-
» vention de Pausias, peintre, et d'une bouque-
» tière nommée Glycera, à qui ce peintre faisait
» fort la cour, jusqu'à contrefaire au vif les cha-
» peaux et bouquets qu'elle faisait. Mais cette bou-
» quetière changeait en tant de sortes l'ordonnance

* *Histoire naturelle de Pline*, liv. xxxv, chap. xi.
** *Histoire naturelle de Pline*, liv. xxi, chap. ii.

» de ses chapeaux, pour mieux faire rêver son
» peintre; que c'était grand plaisir de voir com-
» battre l'ouvrage naturel de Glycera, contre le
» savoir du peintre Pausias. »

L'antique nature en sait encore plus que la jeune Glycère. Comme nous ne pouvons la suivre dans sa variété infinie, nous ferons au moins une observation sur sa régularité : c'est qu'il n'y a aucune fleur odorante qui ne croisse aux pieds de l'homme, ou au moins à la portée de sa main. Toutes celles de cette espèce sont placées sur des herbes ou sur des arbrisseaux, comme l'héliotrope, l'œillet, la giroflée, la violette, la rose, le lilas. Il n'en croît point de semblables sur les arbres élevés de nos forêts; et si quelques fleurs brillantes viennent sur quelques grands arbres des pays étrangers, comme le tulipier et le marronnier d'Inde, elles ne sentent point bon. A la vérité, quelques grands arbres des Indes, comme les arbres à épices, sont entièrement parfumés, mais leurs fleurs sont peu apparentes, et ne participent pas de l'odeur de leurs feuilles. Les fleurs du cannellier sentent les excréments humains : c'est ce que j'ai éprouvé moi-même, si toutefois les arbres qu'on m'a montrés à l'Ile-de-France, dans une habitation appartenante à M. Magon, étaient de véritables cannelliers. La belle et odorante fleur du magnolia croît dans la partie inférieure de l'arbre. D'ailleurs, le laurier qui la porte est, ainsi que les arbres à épices, un arbre peu élevé.

Je puis me tromper dans quelques-unes de mes observations; mais quand elles sont multipliées sur le même objet, et attestées par des hommes dignes de foi, et sans esprit de système, j'en puis tirer des conséquences générales, qui ne doivent pas être indifférentes au bonheur du genre humain, en lui montrant des intentions constantes de bienveillance dans l'Auteur de la nature. Les variétés de leurs convenances se prêtent des lumières mutuelles; les moyens sont différents, mais la fin est toujours la même. La même bonté qui a placé le fruit qui devait nourrir l'homme à la portée de sa main, y a dû mettre aussi son bouquet. Nous remarquerons ici que nos arbres fruitiers sont faciles à escalader, et diffèrent en cela de la plupart de ceux des forêts. De plus, tous ceux qui donnent des fruits mous dans leur maturité, et qui auraient été exposés à se briser par leur chute, comme les figuiers, les mûriers, les pruniers, les pêchers, les abricotiers, les présentent à peu de distance de terre : ceux, au contraire, qui produisent des fruits durs, et qui n'ont rien à risquer dans leur chute, les portent fort élevés, comme les noyers, les châtaigniers et les cocotiers.

Il n'y a pas moins de convenance dans les formes et les grosseurs des fruits. Il y en a beaucoup qui sont taillés pour la bouche de l'homme, comme les cerises et les prunes; d'autres pour sa main, comme les poires et les pommes; d'autres beaucoup plus gros, comme les melons, sont divisés par côtes, et semblent destinés à être mangés en famille : il y en a même aux Indes, comme le jacq, et chez nous la citrouille, qu'on pourrait partager avec ses voisins. La nature paraît avoir suivi les mêmes proportions dans les diverses grosseurs des fruits destinés à nourrir l'homme, que dans la grandeur des feuilles qui devaient lui donner de l'ombre dans les pays chauds; car elle y en a taillé pour abriter une seule personne, une famille entière, et tous les habitants du même hameau.

Je m'arrêterai peu aux autres rapports que les plantes ont avec l'habitation de l'homme par leur grandeur et leur attitude, quoiqu'il y ait à ce sujet des choses très-curieuses à dire. Il en est peu qui ne puissent embellir son champ, son toit ou son mur. J'observerai seulement que le voisinage de l'homme est utile à plusieurs plantes. Un missionnaire anonyme rapporte que les Indiens sont persuadés que les cocotiers au pied desquels il y a des maisons, deviennent beaucoup plus beaux que ceux où il n'y en a pas, comme si ces arbres utiles se réjouissaient du voisinage des hommes.

Un autre missionnaire, carme déchaussé, appelé le P. Philippe, dit positivement que, lorsque le cocotier est planté auprès des maisons ou des cabanes, il devient plus fécond par la fumée, par les cendres et par l'habitation de l'homme, et qu'il apporte doublement du fruit; que c'est par cette raison que les lieux plantés de palmes, aux Indes, sont remplis de maisons et de logettes; que les maîtres de ces lieux donnent, au commencement, quelques écus à ceux qui veulent les habiter, et qu'ils sont obligés de leur accorder leur part des fruits, lorsqu'on les cueille : à quoi il ajoute, que quoique leurs fruits, qui sont très-gros et très-durs, tombent souvent des arbres dans leur maturité, ou par les rats qui les rongent, ou par la violence des vents, on n'a jamais ouï dire que personne de ceux qui habitent dessous en aient été blessés. C'est ce qui ne me paraît pas moins extraordinaire *.

Je pourrais étendre les influences de l'homme à plusieurs de nos arbres fruitiers, sur-tout au pommier et à la vigne. Je n'ai point vu de plus beaux pommiers dans le pays de Caux, que ceux qui croissent autour des maisons des paysans. Il est vrai que les soins du maître peuvent y contribuer. Je me suis arrêté quelquefois dans les rues de Paris à considérer avec plaisir de petites vignes, dont les racines sont dans le sable et sous le pavé, tapisser de leurs grappes toute la façade d'un corps-de-garde. Une d'entre elles, il y a, je crois, six ou sept ans, donna deux fois du fruit dans

* Voyez le *Voyage d'Orient*, du R. P. Philippe, carme déchaussé, liv. vii, chap. v, sect. iv.

la même année, ainsi que l'ont rapporté les papiers publics.

HARMONIES ANIMALES DES PLANTES AVEC L'HOMME.

Mais il ne suffisait pas à la nature d'avoir donné à l'homme des berceaux et des tapis chargés de fruits, si elle ne lui eût fourni, dans l'ordre végétal même, des moyens de défense contre les déprédations des bêtes sauvages. Il aurait eu beau veiller, pendant le jour, à la garde de ses biens, ils auraient été au pillage pendant la nuit. Elle lui a donné des arbrisseaux épineux pour les enclore. Plus on avance vers le midi, plus on trouve de variétés dans leurs espèces. Mais, au contraire, on ne voit point, ou du moins on voit bien peu de ces arbrisseaux épineux dans le nord, où ils paraissaient inutiles; car il n'y a point de vergers. Il semble qu'il y en ait aux Indes pour toutes sortes de sites. Quoique je n'aie été, pour ainsi dire, que sur la lisière de ce pays, j'y en ai vu un grand nombre, dont l'étude offrirait bien des remarques curieuses à un naturaliste. J'en ai remarqué un, entre autres, dans un jardin de l'Ile-de-France, qui m'a paru propre à faire des enclos impénétrables aux plus petits quadrupèdes. Il vient de la forme d'un pieu, gros comme le bras, tout droit, sans branches, et portant pour unique verdure un petit bouquet de feuilles à son sommet. Son écorce est hérissée d'épines très-fortes et très-aiguës. Il s'élève à sept ou huit pieds de hauteur, et croît aussi gros en haut qu'en bas. Plusieurs de ces arbrisseaux plantés de suite les uns auprès des autres, formeraient une vraie palissade, qui n'aurait pas le moindre intervalle. Les raquettes et les cierges, si communs sous la zone torride, ont des épines si perçantes, qu'en marchant dessus, elles traversent les semelles des souliers. Il n'y a ni tigres, ni lions, ni éléphants qui osent en approcher. Il y a une autre sorte d'épine dans l'île de Ceylan, dont on se sert pour se défendre des hommes mêmes, qui franchissent toutes sortes de barrières. Robert Knok, que j'ai déjà cité, dit que les avenues du royaume de Candy, dans l'île de Ceylan, ne sont fermées qu'avec des fagots de ces épines, dont les habitans bouchent les passages de leurs montagnes.

L'homme trouve, dans les végétaux, non-seulement des protections contre les bêtes féroces, mais contre les reptiles et les insectes. Le P. Du Tertre raconte qu'il trouva un jour, dans l'île de la Guadeloupe, au pied d'un arbre, une plante rampante, dont les tiges étaient figurées comme des serpents. Mais il fut bien autrement surpris quand il aperçut sept ou huit couleuvres qui étaient mortes autour d'elle. Il l'indiqua à un chirurgien qui fit, par son moyen, des cures merveilleuses, en l'employant contre les morsures de ces dangereux reptiles. Elle est fort répandue dans les autres îles Antilles, où elle est connue sous le nom de bois de couleuvre. On la retrouve encore aux Indes orientales. Jean-Hugues Linschoten lui attribue la même figure et les mêmes propriétés. Nous avons, dans nos climats, des végétaux qui ont des convenances et des oppositions fort étranges avec les reptiles. Pline dit que les serpents aiment beaucoup le genévrier et le fenouil; mais qu'on n'en trouve point sous la fougère, le trèfle, le frêne et la rhue, et que la bétoine les fait mourir. D'autres plantes, comme nous l'avons dit, détruisent les mouches, telles que les dionées. Thévenot assure qu'aux Indes, les palefreniers garantissent leurs chevaux des mouches, en les frottant, tous les matins, avec des fleurs de citrouille. L'herbe aux puces, qui a des graines noires et luisantes, semblables à des puces, chasse ces insectes d'une maison, selon Dioscoride. La vipérine, qui a ses semences faites comme des têtes de vipères, fait mourir ces reptiles. Il est probable que c'est à des configurations semblables que les premiers hommes auront reconnu les relations et les oppositions des plantes avec les animaux. Je pense que chaque genre d'insecte a son végétal destructeur que nous ne connaissons pas. En général, toutes les vermines fuient les parfums.

La nature nous a encore donné, dans les plantes, les premiers patrons des filets pour la chasse et pour la pêche. Il croît, dans quelques landes de la Chine, une espèce de rotin, si entrelacé et si fort, qu'il s'y prend des cerfs tout en vie. J'ai vu moi-même, sur les sables du bord de la mer, à l'Ile-de-France, une sorte de liane, appelée fausse patate, qui couvre des arpents entiers, comme un grand filet de pêcheur. Elle est si propre aux mêmes usages, que les nègres s'en servent pour pêcher du poisson. Ils en font, avec les tiges et les feuilles, de longs cordons qu'ils jettent à la mer ; et, après en avoir formé une chaîne qui renferme sur l'eau une grande enceinte, ils la tirent, par les deux extrémités, au rivage. Ils ne manquent guère d'y amener quelque poisson [*] ; car les poissons s'effraient non-seulement d'un filet qui les enveloppe, mais de tout corps inconnu qui fait de l'ombre à la surface de l'eau. C'est avec une industrie aussi simple et à-peu-près semblable, que les habitants des Maldives font des pêches prodigieuses, en n'employant, pour amener les poissons dans leurs réservoirs, qu'une corde qui flotte sur l'eau avec des bâtons.

HARMONIES HUMAINES OU ÉLÉMENTAIRES DES PLANTES.

Il n'y a pas une seule plante sur la terre qui n'ait quelques rapports avec les besoins de l'homme, et qui ne serve quelque part à son vêtement,

[*] Voyez François Pyrard, *Voyage aux Maldives.*

à son toit, à ses plaisirs, à ses remèdes, ou au moins à son foyer. Celles qui sont chez nous les plus inutiles, sont quelquefois très-estimées ailleurs. Les Égyptiens ont fait souvent des vœux pour l'heureuse récolte des orties, dont la graine leur donne de l'huile, et la tige leur fournit des fils dont ils font de bonne toile. Mais ces rapports généraux étant innombrables, je m'en tiendrai à quelques observations particulières sur les plantes qui servent au premier des besoins de l'homme, je veux dire à sa nourriture.

Nous remarquerons d'abord que le blé, qui sert à la subsistance générale du genre humain, n'est pas produit par des végétaux d'une grande taille, mais par de simples graminées. Le principal soutien de la vie humaine est porté par des herbes, et exposé à la merci des moindres vents. Il y a apparence que, si nous avions été chargés de la sûreté de nos récoltes, nous n'eussions pas manqué de les placer sur de grands arbres; mais en cela, comme dans tout le reste, il faut admirer la prévoyance divine et nous méfier de la nôtre. Si nos moissons étaient portées par les forêts, lorsque celles-ci sont détruites par la guerre, ou incendiées par notre imprudence, ou renversées par les vents, ou ravagées par les inondations, il faudrait des siècles pour les voir renaître dans un pays. De plus, les fruits des arbres sont bien plus sujets à couler que les semences des graminées.

Les graminées, comme nous l'avons observé, portent leurs fleurs en épi, surmontées souvent de petites barbes, qui ne défendent pas leurs semences des oiseaux, comme le disait Cicéron, mais qui sont comme autant de petits toits qui les mettent à l'abri des eaux du ciel. Les gouttes de pluie ne peuvent pas les noyer, comme les fleurs radiées, en disques, en roses et en ombelles, dont les formes toutefois sont propres à certains lieux et à certaines saisons; mais celles des graminées conviennent à toute exposition.

Lorsqu'elles sont portées par des panaches flottants et tombants, comme celles de la plupart des graminées des pays chauds, elles sont abritées de la chaleur du soleil; et lorsqu'elles sont rassemblées en épis, comme celles de la plupart des graminées des pays froids, elles réfléchissent ses rayons au moins par un côté. De plus, par la souplesse de leurs tiges, fortifiées de nœuds de distance en distance, et par leurs feuilles filiformes et capillacées, elles échappent à la violence des vents. Leur faiblesse leur est plus utile, que la force ne l'est aux grands arbres. Semblables aux petites fortunes, elles sont ressemées et multipliées par les mêmes tempêtes qui dévastent les grandes forêts. Elles résistent encore aux sécheresses par la longueur de leurs racines, qui vont chercher bien loin l'humidité sous la terre; et quoiqu'elles n'aient que des feuilles étroites, elles en portent en si grand nombre, qu'elles couvrent de leurs plants multipliés la surface de la terre. A la moindre pluie, vous les voyez toutes se dresser en l'air par leurs extrémités, comme si c'étaient autant de griffes. Elles résistent aux incendies mêmes qui font périr tant d'arbres dans les forêts. J'ai vu des pays où l'on met chaque année le feu aux herbes, dans le temps de la sécheresse, se recouvrir, dès qu'il pleut, de la plus belle verdure. Quoique ce feu soit si actif, qu'il fait périr souvent les arbres qui se trouvent dans son voisinage, les racines des herbes n'en sont point offensées. Elles ont de plus la faculté de se reproduire de trois manières, par des rejetons qui poussent à leur pied, par des traînasses qu'elles étendent au loin, et par des graines très-volatiles ou indigestibles, que les vents et les animaux dispersent de tous côtés. La plupart des arbres, au contraire, ne se régénèrent naturellement que par leurs semences. Ajoutez aux avantages généraux des graminées, une variété étonnante de caractères dans leurs floraisons et leurs attitudes, qui les rend plus propres que les végétaux de toute autre classe, à croître dans toutes sortes de sites.

C'est dans cette famille, si j'ose dire, cosmopolite, que la nature a placé le principal aliment de l'homme; car les blés, dont tant de peuples subsistent, ne sont que des espèces de graminées. Il n'y a point de terre où il ne puisse croître quelque espèce de blé. Homère, qui avait si bien étudié la nature, caractérise souvent chaque pays par le végétal qui lui est propre. Il vante une île pour ses raisins, une autre pour ses oliviers, une autre pour ses lauriers, une autre pour ses palmiers; mais il ne donne qu'à la terre l'épithète générale de *Zeidora*, ou porte-blé. En effet, la nature en a formé pour croître dans tous les sites, depuis la ligne jusqu'aux bords de la mer Glaciale. Il y en a pour les lieux humides des pays chauds, comme le riz de l'Asie, qui vient en abondance dans les vases du Gange. Il y en a pour les lieux marécageux des pays froids, comme une espèce de folle-avoine qui croît naturellement sur les bords des fleuves de l'Amérique septentrionale, et dont plusieurs nations sauvages font, chaque année, d'abondantes récoltes [*]. D'autres blés réussissent à merveille sur les terres chaudes et sèches, comme le millet et le panic, en Afrique, et le maïs au Brésil. Dans nos climats, le froment se plaît dans les terres fortes; le seigle, dans les sables; le sarrasin, sur les coteaux pluvieux; l'avoine, dans les plaines humides; l'orge, dans les rochers. L'orge réussit jusque dans le fond du Nord. J'en ai vu, par le 61ᵉ degré de latitude nord, dans les roches de la Finlande, des récoltes aussi belles qu'en aient jamais produit les champs de la Palestine.

[*] Voyez le P. Hennepin, récollet; Champlain, et les autres voyageurs de l'Amérique septentrionale.

Le blé suffit à tous les besoins de l'homme. Avec sa paille, il peut se loger, se couvrir, se chauffer, et nourrir ses brebis, sa vache et son cheval; avec son grain, il fait des aliments et des boissons de toutes sortes de saveurs. Les peuples du Nord en brassent de la bière, et en tirent des eaux-de-vie plus fortes que celle du vin; telles sont celles de Dantzick. Les Chinois * font avec le riz un vin aussi agréable que le meilleur vin d'Espagne. Les Brésiliens préparent avec le maïs leur ouicou. Enfin, avec l'avoine torréfiée, on peut faire des crêmes qui ont le parfum de la vanille. Si nous joignons à ces qualités celles des autres plantes domestiques, dont la plupart croissent aussi par toute la terre, nous y trouverons les saveurs du girofle, du poivre, des épiceries; et, sans sortir de nos jardins, nous rassemblerons les jouissances dispersées dans le reste des végétaux.

Nous pouvons reconnaître dans l'orge et dans l'avoine les caractères élémentaires dont j'ai parlé, qui varient les espèces de plantes du même genre, suivant les sites où elles doivent naître. L'orge, destinée aux lieux secs, a des feuilles larges et ouvertes à leur base, qui conduisent les eaux des pluies à sa racine. Les longues barbes qui surmontent les balles qui enveloppent ses grains, sont hérissées de dentelures propres à les accrocher aux poils des animaux, et à les ressemer dans les

* *Voyage à la Chine*, par Isbrand-Ides.

lieux élevés et arides. L'avoine, au contraire, destinée aux lieux humides, a des feuilles étroites, arrêtées autour de sa tige, pour intercepter les eaux des pluies. Ses balles renflées, semblables à deux longues demi-vessies, et peu adhérentes aux grains, les rendent propres à surnager et à traverser les eaux par le secours du vent. Mais voici quelque chose de plus admirable, qui confirmera ce que nous avons dit sur les usages des diverses parties des plantes par rapport aux éléments, et qui étend les vues de la nature au delà même de leurs fruits, que nous avons regardés comme leurs caractères déterminants; c'est que l'orge, dans les années pluvieuses, dégénère en avoine, et l'avoine, dans les années sèches, se change en orge. Cette observation, rapportée par Pline, Galien, et Mathiole, commentateur de Dioscoride*, a été confirmée par les expériences de plusieurs naturalistes modernes. A la vérité, Mathiole prétend que cette transformation de l'orge ne se fait pas en avoine proprement dite, qu'il appelle Bromos, mais en une plante qui lui ressemble au premier coup-d'œil, et qu'il appelle Ægilops, ou coquiole. Cette transformation, constatée par les expériences réitérées des laboureurs de son pays, et par celle que le père de Galien fit expressément pour s'en convaincre, suffit, avec celle des fleurs de la linaire, et des feuilles de plusieurs végétaux, pour nous

* Voyez Mathiole, sur *Dioscoride*, liv. IV, page 432.

prouver que les rapports élémentaires des plantes ne sont que les rapports secondaires, et que les rapports animaux ou humains sont les principaux *. Ainsi la nature a placé le caractère d'une plante, non-seulement dans la forme du fruit, mais dans la substance de ce même fruit.

Je présume de là, qu'ayant fait, en général, de la substance farineuse, la base de la vie humaine, elle l'a répandue dans tous les sites, sur diverses espèces de graminées; qu'ensuite, voulant y ajouter des modifications relatives à quelques humeurs de notre tempérament, ou à quelque influence de la saison ou du climat, elle en a fait d'autres com-

* L'orge ne dégénère pas en avoine, et l'avoine ne se change pas en orge; mais la culture peut modifier les formes de ces graminées, au point de les rendre presque méconnaissables. Pour se faire une idée de la puissance de l'homme sur les productions végétales, il suffit de comparer les espèces de plantes qui croissent spontanément dans les champs, avec les mêmes espèces cultivées dans les jardins. Par exemple, n'est-ce pas du petit œillet des chartreux, qui tapisse les rochers sauvages, qu'est sortie la tige primitive des magnifiques œillets de nos fleuristes? La rose, appelée vulgairement aux *cent feuilles*, ne doit-elle pas également son origine à l'humble églantier (*rosa canina*. Lin.)? Les cinq pétales de cette fleur des buissons se sont multipliés, et la culture a fini par donner à la rose ses nombreux pétales, ses couleurs éclatantes, et jusqu'à ses parfums. Il ne faut donc pas s'étonner si les anciens ont pu croire à des transformations de végétaux, lorsque nous en opérons nous-mêmes de si extraordinaires. Quant aux modifications que les céréales doivent éprouver par la culture, Buffon

binaisons, qu'elle a placées dans les plantes légumineuses, comme les pois et les fèves, que les Romains comprenaient au rang des blés; qu'enfin, elle en a formé d'une autre sorte, qu'elle a mises dans les fruits des arbres, comme les châtaignes, ou dans les racines, comme les patates et les pommes de terre. Ces convenances de substance avec chaque climat sont si certaines, que, par tout pays, le fruit qui y est le plus commun est le meilleur et le plus sain. Je présume encore qu'elle a suivi le même plan par rapport aux plantes médicinales, et qu'ayant répandu, sur plusieurs familles de végétaux, des vertus relatives à notre

---

a très-bien remarqué que le blé, tel qu'il est, n'est point un don de la nature, mais le grand, l'utile fruit des recherches et des travaux de l'homme. « Nulle part, sur la terre, dit-il, on » n'a trouvé du blé sauvage, et c'est évidemment une herbe » perfectionnée par nos soins. » Malgré cette assertion, on peut croire que tantôt cette plante est perfectionnée par la culture, et que tantôt elle reprend sa forme primitive, lorsqu'elle est abandonnée. Bruce dit avoir vu, près des sources du Nil, l'avoine dans son état naturel : sa hauteur était de plus du double de la nôtre, mais il n'en donne pas la description complète. Quant à moi, je suis convaincu que toute la vigueur de la plante était dans sa tige, et que l'épi et les grains étaient beaucoup moins fournis que ceux de l'avoine cultivée. Telle est l'espèce *d'avoine folle* qu'on trouve au bord des chemins, et dont les grains n'ont aucune substance. C'est sans doute de ces différentes modifications que Pline, Galien et Mathiole ont voulu parler; et c'est au moins à ces faits que s'arrête la vérité. (*Note de l'Editeur.*)

sang, à nos nerfs, à nos humeurs, elle les a modifiées dans chaque pays, suivant les maladies que le climat y engendre, et les a mises en opposition avec les caractères particuliers de ces mêmes maladies. C'est, ce me semble, pour avoir négligé ces observations, qu'il s'est élevé tant de doutes et de disputes sur les vertus des plantes. Tel simple qui remédie à un mal dans un pays, l'augmente quelquefois dans un autre. Le quinquina, qui est l'écorce d'une espèce de manglier d'eau douce du Mexique, guérit les fièvres de l'Amérique, d'une espèce particulière aux lieux humides et chauds, et échoue souvent contre celles de l'Europe. Chaque remède est modifié dans chaque lieu, comme chaque mal. Je ne pousserai pas plus loin cette réflexion, qui me ferait sortir de mon sujet; mais si les médecins y faisaient l'attention qu'elle mérite, ils étudieraient mieux les plantes de leur pays, et ils ne leur préféreraient pas, comme ils font la plupart, celles des pays étrangers, qu'ils sont obligés de modifier de mille manières, pour leur donner, au hasard, des convenances avec les maladies locales. Ce qu'il y a de certain, c'est que, quand la nature a déterminé une certaine saveur dans quelque végétal, elle la répète par toute la terre, avec des modifications qui n'empêchent pas cependant de reconnaître sa vertu principale. Ainsi, ayant mis le cochléaria, ce puissant antiscorbutique, jusque sur les rivages brumeux du

Spitzberg, elle en a répété la saveur et les qualités dans le cresson de nos ruisseaux, dans le cresson alénois de nos jardins, dans la capucine, qui est un cresson des rivières du Pérou, enfin dans les graines mêmes du papayer, qui vient aux lieux humides, dans les îles Antilles. On retrouve pareillement la saveur, l'odeur et les qualités de notre ail, dans des bois, des écorces et des mousses de l'Amérique [16].

Ces considérations me persuadent que les caractères élémentaires des plantes, et leur entière configuration, ne sont que des moyens secondaires, et que leur caractère principal tient aux besoins de l'homme. Ainsi, pour établir, dans les plantes, un ordre simple et agréable, au lieu de parcourir successivement leurs harmonies élémentaires, végétales, animales et humaines; il faudrait renverser cet ordre, sans toutefois l'altérer, et partir d'abord des plantes qui présentent à l'homme ses premiers besoins, passer de là aux usages qu'en tirent les animaux, et s'arrêter aux sites qui en déterminent les variétés.

Cette marche est d'autant plus aisée à suivre, que le premier point du départ est fixé par l'odorat et le goût. Les témoignages de ces deux sens ne sont pas à mépriser; car ils nous servent à décider les qualités intimes des plantes, bien mieux que les décompositions de la chimie. Ils peuvent s'étendre à tout le règne végétal; d'autant qu'il n'y a pas un seul genre de plante, différencié en ombelle, en rose, en papilionacée, etc., qui n'offre à l'homme un aliment dans quelque partie du globe. Le souchet d'Éthiopie porte, à sa racine, des bulbes qui ont le goût d'amandes. Celui qu'on appelle en Italie Trasi, en produit qui ont la saveur des châtaignes*. Nous avons trouvé, en Amérique, la pomme de terre dans la classe des solanum, qui sont des poisons. C'est un jasmin de l'Arabie qui nous donne le café. L'églantier ne produit chez nous que des baies pour les oiseaux; mais celui de la terre d'Iesso, qui y croît entre les rochers et les coquillages des bords de la mer, porte des calices si gros et si nourrissants, qu'ils servent d'aliment, une partie de l'année, aux habitants de ces rivages**. Les fougères de nos coteaux sont stériles; cependant, dans l'Amérique septentrionale, il en croît une espèce appelée Filix baccifera, qui est chargée de baies fort bonnes à manger***. L'arbre même des îles Moluques, appelé Libbi par les habitants, et Palmier-sagou par les voyageurs, n'est qu'une fougère, au jugement des botanistes. Cette fougère renferme dans son tronc le sagou, substance plus légère et plus délicate que le riz. Enfin il y a jusqu'à certaines espèces de fucus, que les

* Voyez le *Catalogue du Jardin des Plantes de Bologne*, par Hyacinthe Ambrosino.
** Voyez la *Collection des Voyages* de Thévenot.
*** Voyez le P. Charlevoix, *Histoire de la Nouvelle-France*.

Chinois mangent avec délices, entre autres ceux qui composent les nids d'une espèce d'hirondelle*.

En disposant donc dans cet ordre les plantes qui portent la subsistance principale de l'homme, comme les graminées, on aurait d'abord, pour notre pays, le froment des terres fortes; le seigle des sables, l'orge des rochers, l'avoine des lieux humides, le blé sarrasin des collines pluvieuses; et pour les autres climats et expositions, le panic, le mil, le millet, le maïs, la folle-avoine du Canada, le riz de l'Asie, dont quelques espèces viennent dans les lieux secs, etc......

Il serait encore utile de déterminer, sur la terre, des lieux auxquels on pourrait rapporter l'origine de chaque plante comestible. Ce que j'ai à dire à ce sujet n'est qu'une conjecture, mais elle me paraît bien vraisemblable. Je pense donc que la nature a mis dans des îles les espèces des plantes

---

*Cette hirondelle est la salangane (*hilundo esculenta*. LATH.). Les auteurs diffèrent d'opinions sur la matière dont le nid de la salangane est composé. Les uns prétendent que c'est une écume de mer; les autres croient y reconnaître le suc d'un arbre appelé *calambouc* ou le frai d'une espèce de poisson, et cette dernière opinion nous semble la plus probable. C'était au moins celle de M. Poivre, qui avait vu les mers qui s'étendent depuis Java jusqu'à la Cochinchine, couvertes de *rogue* ou frai de poisson, dont il constata l'identité avec la matière du nid des salanganes. Selon Macartney, on trouve ces nids dans de profondes cavernes qui sont au pied des montagnes de l'île de Java. (*Note de l'Éditeur.*)

les plus belles et les plus convenables aux besoins de l'homme. Premièrement, les îles sont plus favorables aux développements élémentaires des plantes, que l'intérieur des continents; car il n'y en a point qui ne jouisse des influences de tous les éléments, ayant autour d'elle les vents et la mer, et souvent, dans son intérieur, des plaines, des sables, des lacs, des rochers et des montagnes. Une île est un petit monde en abrégé. Secondement, leur température particulière est si variée, qu'on en trouve dans tous les points principaux de longitude et de latitude, quoiqu'il y en ait un nombre considérable qui nous soient encore inconnues, entre autres dans la mer du Sud. Enfin, l'expérience prouve qu'il n'y a pas un seul arbre fruitier, en Europe, qui ne devienne plus beau dans quelqu'une des îles qui sont sur ses côtes, que dans le continent. J'ai parlé de la beauté des châtaigniers de la Corse et de la Sicile; mais Pline, qui nous a conservé l'origine des arbres fruitiers qui étaient de son temps en Italie, nous apprend que la plupart avaient été apportés des îles de l'Archipel. Le noyer venait de la Sardaigne; la vigne, le figuier, l'olivier, et beaucoup d'autres arbres fruitiers, étaient originaires des autres îles de la Méditerranée. Il observe même que l'olivier, ainsi que plusieurs autres plantes, ne réussit que dans le voisinage de la mer. Tous les voyageurs modernes confirment ces observations. Tavernier, qui avait traversé tant de fois l'Asie, dit qu'on ne voit plus d'oliviers au delà d'Alep. Un anonyme anglais, que j'ai déjà cité avec éloge, assure que nulle part, dans le continent, on ne trouve des figuiers, des vignes, des mûriers, ainsi que plusieurs autres arbres fruitiers, qui soient comparables en grandeur et en production à ceux de l'Archipel, malgré la négligence de ses infortunés cultivateurs. Je pourrais y joindre beaucoup d'autres végétaux, qui ne viennent que dans ces îles, et qui fournissent au commerce de l'Europe des gommes, des mannes et des teintures. Le pommier, si commun en France, n'y donne, nulle part, des fruits aussi beaux et d'espèces aussi variées que sur les rivages de la Normandie, sous l'haleine des vents maritimes de l'ouest. Je ne doute pas que le fruit qui fut le prix de la beauté, n'ait aussi, comme Vénus, quelque île favorite.

Si nous portons nos remarques jusque dans la zone torride, nous verrons que ce n'est ni de l'Asie, ni de l'Afrique que se tirent le girofle, la muscade, la cannelle, le poivre de la meilleure qualité, le benjoin, le sandal, le sagou, etc.; mais des îles Moluques, ou de celles qui sont dans leurs mers. Le cocotier ne vient dans toute sa beauté, qu'aux îles Maldives. Il y a même, dans les archipels de ces mers, quantité d'arbres fruitiers décrits par Dampier, qui ne sont pas encore transplantés dans l'ancien continent, tels que l'arbre à grappes,

Le double coco ne se trouve qu'aux îles Séchelles. Les îles nouvellement découvertes de la mer du Sud, telles que celle de Taïti, nous ont présenté des arbres inconnus; comme le fruit à pain, et le mûrier, dont l'écorce sert à faire des étoffes. On en peut dire autant des productions végétales des îles de l'Amérique, par rapport à leur continent.

Je pourrais étendre ces observations jusqu'aux oiseaux et aux quadrupèdes même, qui sont plus beaux et d'espèces plus variées dans les îles, que par-tout ailleurs. Les éléphants les plus estimés en Asie, sont ceux de l'île de Ceylan. Les Indiens leur croient quelque chose de divin; qui plus est, ils prétendent que les autres éléphants reconnaissent cette supériorité. Ce qu'il y a de certain, c'est qu'ils sont beaucoup plus chers en Asie que tous les autres. Enfin, les voyageurs les plus dignes de foi, et qui ont le mieux observé, comme l'Anglais Dampier, le P. Du Tertre et quelques autres, disent qu'il n'y a pas un récif dans les mers comprises entre les tropiques, qui ne soit distingué par quelque sorte d'oiseau, de crabe, de tortue, ou de poisson, qui ne se trouve nulle part ailleurs, ni d'espèces si variées, ni en si grande abondance. Je présume que la nature a ainsi distribué ses principaux bienfaits dans les îles, pour inviter les hommes à y passer, et à parcourir la terre. Ce ne sont que des conjectures; mais il est rare qu'elles nous trompent, quand on les fonde sur l'intelligence et la bonté de son Auteur.

On pourrait donc rapporter la plus belle espèce de blé, qui est le froment, à la Sicile, où l'on prétend en effet qu'il fut trouvé pour la première fois. La fable a immortalisé cette découverte en y plaçant les amours de Cérès, ainsi que la naissance de Bacchus dans l'île de Naxos, à cause de la beauté de ses vignes. Ce qu'il y a de certain, c'est que le blé n'est indigène qu'en Sicile, si toutefois il s'y reperpétue encore de lui-même, comme l'assuraient les anciens. Après avoir déterminé de la même manière les autres convenances humaines des graminées avec différents sites de la terre, on chercherait les graminées qui ont des rapports marqués avec nos animaux domestiques, comme le bœuf, le cheval, la brebis, le chien. On les caractériserait par les noms de ces animaux. Nous aurions des *gramen bovinum, equinum, ovinum, caninum*. On distinguerait ensuite les espèces de chacun de ces genres, par les noms des différents lieux où ces animaux les retrouvent, sur les bords des fleuves, dans les rochers, sur les sables, dans les montagnes; de sorte qu'en y ajoutant les épithètes, *fluviatile, saxatile, arenosum, montanum*, on suppléerait avec deux mots à toutes les longues phrases de notre botanique. On répartirait de même les autres graminées aux divers quadrupèdes de nos forêts, comme aux cerfs, aux lièvres, aux sangliers, etc. Ces premières déterminations demanderaient quelques expériences à faire sur les goûts des animaux, mais elles seraient fort instructives et très-amusantes. Elles ne seraient pas cruelles, comme la plupart de celles de notre physique moderne, qui les écorche vifs, les empoisonne ou les étouffe, pour connaître leur naturel. Elles ne s'occuperaient que de leurs appétits, et non de leurs convulsions. Au reste, il y a déjà beaucoup de ces plantes préférées, qui sont connues de nos bergers. Un d'eux m'a montré, aux environs de Paris, une graminée qui engraisse plus les brebis en quinze jours, que les autres espèces ne pourraient le faire en deux mois. Aussi, dès qu'elles l'aperçoivent, elles y courent avec la plus grande avidité. J'en ai été témoin. Je ne veux pas dire toutefois que chaque espèce d'animal borne son appétit à une seule espèce de mets. Il suffit seulement, pour établir l'ordre que je propose, que chacune d'elles donne, dans chaque genre de plante, la préférence à une espèce; et c'est ce que l'expérience confirme.

La grande classe des graminées étant ainsi distribuée aux hommes et aux animaux, les autres plantes présenteraient encore plus de facilité dans leurs répartitions, parce qu'elles sont bien moins nombreuses. Dans les quinze cent cinquante espèces de plantes reconnues par Sébastien Vaillant, aux environs de Paris, il y a plus de cent familles, parmi lesquelles celle des graminées comprend, pour sa part, quatre-vingt-cinq espèces, sans compter vingt-six variétés, et nos différentes sortes de blés. Elle est la plus nombreuse après celle des champignons qui en a cent dix, et celle des mousses qui en a quatre-vingt-six. Ainsi, au lieu des classes systématiques de notre botanique, qui n'expliquent point les usages de la plupart des parties végétales, qui confondent souvent les plantes les plus disparates, et qui séparent celles qui sont du même genre, nous aurions un ordre simple, facile, agréable et d'une étendue infinie, qui passant de l'homme aux animaux, aux végétaux et aux éléments, nous montrerait les plantes qui servent à notre usage et à ceux des êtres sensibles, rendrait à chacune d'elles ses relations élémentaires, à chaque site de la terre sa beauté végétale, et remplirait le cœur humain d'admiration et de reconnaissance. Ce plan paraît d'autant plus conforme à celui de la nature, qu'il est entièrement compris dans la bénédiction que son Auteur donna à nos premiers parents, lorsqu'il leur dit[*] : « Je » vous ai donné toutes les herbes qui portent leurs » graines sur la terre, et tous les arbres qui ren- » ferment en eux-mêmes leurs semences, chacun » SELON SON ESPÈCE, afin qu'ils vous servent de » nourriture; et à tous les animaux de la terre, à » tous les oiseaux du ciel, à tout ce qui se remue

[*] *Genèse*, chap. 1, ⅴ 29 et 30.

» sur la terre, et qui est vivant et animé, afin qu'ils
» aient de quoi se nourrir. »

Cette bénédiction ne s'est pas bornée pour l'homme à quelque espèce primordiale dans chaque genre. Elle s'est étendue à tout le règne végétal, qui se convertit pour lui en aliments, par le moyen des animaux domestiques. Linnæus leur a présenté les huit à neuf cents plantes que produit la Suède, et il a remarqué que la vache en mange deux cent quatre-vingt-six; la chèvre, quatre cent cinquante-huit; la brebis, quatre cent dix-sept; le cheval, deux cent soixante-dix-huit; le porc, cent sept. Le premier animal n'en refuse que cent quatre-vingt-quatre, le second quatre-vingt-douze, le troisième cent douze, le quatrième deux cent sept, le cinquième cent quatre-vingt-dix. Il ne comprend dans ces énumérations que les plantes que ces animaux mangent avec avidité, et celles qu'ils rejettent avec obstination. Les autres leur sont indifférentes; ils en mangent au besoin, et même avec plaisir lorsqu'elles sont tendres. Il n'y en a aucune de perdue. Celles qui sont rebutées des uns font les délices des autres. Les plus âcres, et même les plus vénéneuses, servent à en engraisser quelques-uns. La chèvre broute les renoncules des prés qui sont si poivrées, le tithymale et la ciguë. Le porc dévore la prêle et la jusquiame. Il n'a point admis à ces épreuves l'âne, qui ne vit point en Suède, ni le renne qui l'y remplace si avantageusement dans les parties du nord, ni les autres animaux domestiques, comme le canard, l'oie, la poule, le pigeon, le chat et le chien. Tous ces animaux réunis, semblent destinés à tourner à notre profit tout ce qui végète, par leurs appétits universels; et sur-tout par cet instinct inexplicable de domesticité qui les attache à nous, sans qu'on ait pu en rendre susceptibles, ni le cerf qui est si timide, ni même les petits oiseaux qui cherchent à vivre sous notre protection, tels que l'hirondelle, qui fait son nid dans nos maisons. La nature n'a donné l'instinct de sociabilité humaine qu'à ceux dont les services pouvaient être utiles à l'homme en tout temps, et elle les a configurés d'une manière admirable pour les différents sites du règne végétal. Je ne parle pas du chameau des Arabes, qui peut rester plusieurs jours sans boire, en traversant les sables brûlants du Zara; ni du renne des Lapons, dont le pied très-fendu peut s'appuyer et courir sur la surface des neiges; ni du rhinocéros des Siamois et des Péguans, qui, avec les plis de sa peau qu'il gonfle à volonté, peut se dégager des terrains marécageux du Syriam; ni de l'éléphant d'Asie, dont le pied divisé en cinq ergots, est si sûr dans les montagnes escarpées de la zone torride; ni du lama du Pérou, qui gravit avec ses pied ergotés les âpres rochers des Cordilières. Chaque site extraordinaire nourrit pour l'homme un serviteur commode. Mais sans sortir de nos hameaux, le cheval solipède paît dans les plaines, la vache pesante au fond des vallées, la brebis légère sur la croupe des collines, la chèvre grimpante sur les flancs des rochers; le porc, armé d'un groin, fouille les racines des marais; l'oie et le canard mangent des herbes fluviatiles; la poule ramasse tout ce qui se perd dans les champs; l'abeille aux quatre ailes butine les poussières des fleurs; et le pigeon rapide va glaner les semences qui se perdent dans les rochers inaccessibles. Tous ces animaux, après avoir occupé pendant le jour les différents sites de la végétation, reviennent le soir à l'habitation de l'homme, avec des bêlements, des murmures et des cris de joie, en lui rapportant les doux tributs des plantes changées, par une métamorphose inconcevable, en miel, en lait, en beurre, en œufs et en crême.

J'aime à me représenter ces premiers temps du monde, où les hommes voyageaient sur la terre avec leurs troupeaux, en mettant à contribution tout le règne végétal. Le soleil les invitait à s'avancer jusqu'aux extrémités du nord, avec le printemps qui le devance, et à en revenir avec l'automne qui le suit. Son cours annuel dans les cieux, semble réglé sur les pas de l'homme sur la terre. Pendant que cet astre s'avance du tropique du Capricorne à celui du Cancer, un voyageur parti de la zone torride, à pied, peut arriver sur les bords de la mer Glaciale, et revenir ensuite dans la zone tempérée, lorsque le soleil retourne sur ses pas, en faisant tout au plus quatre à cinq lieues par jour, sans éprouver dans sa route, ni les chaleurs de l'été, ni les frimas de l'hiver. C'est en se réglant sur le cours annuel du soleil, que voyagent encore quelques hordes tartares. Quel spectacle dut offrir la terre à ses premiers habitants, lorsque tout y était à sa place, et qu'elle n'avait point encore été dégradée par les travaux imprudents ou par les fureurs de l'homme! Je suppose qu'ils partirent de l'Inde, le berceau du genre humain, pour s'avancer au nord. Ils traversèrent d'abord les hautes montagnes de Bember, toujours couvertes de neige, qui entourent, comme un rempart, l'heureuse contrée de Cachemire, et qui la séparent du royaume brûlant de Lahor *. Elles se présentèrent à eux comme d'immenses amphithéâtres de verdure, qui portaient, du côté du midi, tous les végétaux de l'Inde, et du côté du nord, tous ceux de l'Europe. Ils descendirent dans le vaste bassin qu'elles renferment, et ils y virent une partie des arbres fruitiers qui devaient enrichir un jour nos vergers. Les abricotiers de la Médie et les pêchers de la Perse, bordaient, de leurs rameaux fleuris, les lacs et les ruisseaux d'eau vive qui l'arrosent. En sortant des vallées toujours vertes de Cachemire, ils pénétrèrent bientôt dans les forêts de l'Europe, et se reposèrent sous les feuil-

_____
* Voyez Bernier, *Description du Mogol.*

lages des grands hêtres et des ormes touffus, qui n'avaient ombragé que les amours des oiseaux, et qu'aucun poëte n'avait encore chantés. Ils traversèrent les vastes prairies qu'arrose l'Irtis, semblables à des mers de verdure, et diversifiées çà et là de longs tapis de lis jaunes, de lisières de ginseng, et de touffes de rhubarbe au large feuillage : en suivant ses bords, ils s'enfoncèrent dans les forêts du nord, sous les majestueux rameaux des sapins, et sous les ombrages mobiles des bouleaux. Que de riantes vallées s'ouvrirent à eux le long des fleuves, et les invitèrent à s'écarter de leur route, en leur promettant encore de plus doux objets ! Que de coteaux émaillés de fleurs inconnues, et couronnés d'arbres antiques et vénérables, les engagèrent à ne pas aller plus loin ! Parvenus sur les bords de la mer Glaciale, un nouvel ordre de choses s'offrit à eux. Il n'y avait plus de nuit ; le soleil tournait autour de l'horizon, et des brumes éparses dans les airs répétaient, sur différents plans, sa lumière en arcs-en-ciel de pourpre, et en éblouissantes parélies. Mais, si la magnificence était redoublée dans les cieux, la désolation était sur la terre. L'Océan était hérissé de glaces flottantes, qui apparaissaient à l'horizon comme des tours et comme des cités en ruine ; et on ne voyait sur le continent, pour bocages, que quelques arbrisseaux déformés par les vents, et pour prairies, que des rochers couverts de mousses. Sans doute périrent là les troupeaux qui les avaient accompagnés; mais la nature y avait encore pourvu aux besoins des hommes. Ces rivages étaient formés de lits épais de charbon de terre *. Les mers fourmillaient de poissons, et les lacs d'oiseaux. Il fallait, parmi les animaux, des aides et des domestiques : le renne parut au milieu des mousses : il offrit à ces familles errantes les services du cheval dans sa légèreté, la toison de la brebis dans sa fourrure; et en leur montrant, comme la vache, ses quatre mamelles avec un seul nourrisson, il sembla leur dire qu'il était destiné, comme elle, à partager son lait avec des mères surchargées d'enfants.

Mais la partie de la terre qui attira les premiers regards des hommes, dut être l'Orient. Le lieu de l'horizon où se lève le soleil, fixa sans doute toute leur attention, dans un temps où chacun de nos systèmes n'avait encore déterminé leurs opinions. En voyant l'astre de la lumière se lever, chaque jour, du même côté, ils durent se persuader qu'il avait là une demeure fixe, et qu'il en avait une autre aux lieux où il allait se coucher. Ces imaginations, confirmées par le témoignage de leurs yeux, furent sans doute naturelles à des hommes sans expérience, qui avaient tenté d'élever une tour jusqu'au ciel, et qui, au milieu même des siècles éclairés, crurent comme un point de

* *Voyage en Sibérie*, du professeur Gmelin.

religion, que le soleil était traîné dans un char par des chevaux, et qu'il allait se reposer tous les soirs dans les bras de Téthys. Je présume qu'ils se déterminèrent plutôt à le chercher du côté de l'orient que de l'occident, dans la persuasion qu'ils abrégeraient beaucoup leur chemin en allant au-devant de lui. Ce fut, je pense, cette opinion qui laissa long-temps l'occident désert, sous les mêmes latitudes où l'orient fut peuplé, et qui entassa d'abord les hommes vers la partie orientale de notre continent, où s'est formé le premier et le plus nombreux empire du monde, qui est celui de la Chine. Ce qui me confirme encore que les premiers hommes qui s'avancèrent vers l'orient étaient occupés de cette recherche, et se hâtaient d'arriver à leur but, c'est qu'étant partis de l'Inde, le berceau du genre humain, comme les fondateurs des autres nations, ils ne peuplèrent point, comme ceux-ci, la terre de proche en proche, ainsi que la Perse, la Grèce, l'Italie et les Gaules l'ont été successivement du côté de l'occident; mais laissant désertes les vastes et fertiles contrées de Siam, de la Cochinchine et du Tonquin, qui sont encore aujourd'hui à demi-barbares et inhabitées, ils ne s'arrêtèrent qu'à l'Océan oriental, et ils donnèrent aux îles qu'ils apercevaient au loin, et où ils n'eurent pas de long-temps l'industrie d'aborder, le nom de Gepuen, dont nous avons fait le nom de Japon, et qui signifie, en chinois, naissance du soleil.

Le père Kircher* assure que lorsque les premiers jésuites mathématiciens arrivèrent à la Chine, et y réformèrent le calendrier, les Chinois croyaient que le soleil et la lune n'étaient pas plus grands qu'on les voyait; qu'ils entraient, en se couchant, dans un antre profond, d'où ils ressortaient le matin à leur lever; et que la terre, enfin, était une superficie plane et unie. Ces idées, nées du premier témoignage des sens, ont été communes à tous les hommes. Tacite, qui a écrit l'histoire avec tant de jugement, n'a pas dédaigné, dans celle de la Germanie, de rapporter les traditions des peuples occidentaux, qui affirmaient que vers le nord-ouest était le lieu où se couchait le soleil, et qu'on entendait le bruit qu'il faisait quand il se plongeait dans les flots.

Ce fut donc du côté de l'orient que l'astre de la lumière attira d'abord la curiosité des hommes. Il y eut aussi des peuples qui se dirigèrent vers ce point de la terre, en partant de la pointe la plus méridionale de l'Inde. Ceux-ci s'avancèrent le long de la presqu'île de Malaca; et, familiarisés avec la mer qu'ils côtoyaient, ils prirent le parti de profiter des commodités réunies que les deux éléments présentent aux voyageurs, en naviguant d'île en île. Ils parcoururent ainsi ce grand baudrier d'îles, que la nature a jeté dans la zone torride, comme un pont entremêlé de canaux pour

---

* Voyez *la Chine illustrée*, chap. IX.

faciliter la communication des deux mondes. Quand ils étaient contrariés par les tempêtes ou par les vents, ils tiraient leurs barques sur quelque rivage, semaient des grains sur la terre, les récoltaient, et attendaient, pour se rembarquer, des temps ou des saisons plus favorables. C'est ainsi que voyageaient les premiers navigateurs, et que les Phéniciens, envoyés par Nécus, roi d'Égypte, firent le tour de l'Afrique en trois ans, en partant de la mer Rouge, et revenant par la Méditerranée, suivant le récit qu'en fait Hérodote *. Lorsque les premiers navigateurs n'apercevaient plus d'îles à l'horizon, ils faisaient attention aux semences que la mer jetait sur le rivage de celles où ils étaient, et au vol des oiseaux qui s'en éloignaient : sur la foi de ces indices, ils se mettaient en route vers des terres qu'ils ne voyaient pas. Ils découvrirent ainsi le vaste archipel des Moluques, les îles de Guam, de Quiros, de la Société, et sans doute, beaucoup d'autres qui nous sont encore inconnues. Il n'y en avait point qui ne les invitât à y aborder par quelque commodité particulière. Les unes, couchées sur les flots comme des Néréides, versaient de leurs urnes des ruisseaux d'eaux douces dans la mer : c'est ainsi que celle de Juan-Fernandez, avec ses rochers et ses cascades, se présenta à l'amiral Anson, dans la mer du Sud. D'autres, au contraire, dans la même mer, ayant leurs centres

* Voyez *Hérodote*, liv. IV.

30.

abaissés, et leurs bords, relevés et couronnés de cocotiers, offraient à leurs pirogues des bassins toujours tranquilles, remplis d'une infinité de poissons et d'oiseaux de marine ; telle est celle appelée Wœsterland ou pays d'eau, découverte par le Hollandais Schouten. D'autres, le matin, leur apparaissaient au sein des flots azurés, toutes brillantes de la lumière du soleil, comme celle du même archipel, qui s'appelle l'Aurore. D'autres s'annonçaient, au milieu de la nuit, par les feux d'un volcan, comme un phare au sein des eaux, ou par les émanations odorantes de leurs parfums. Il n'y en avait point dont les bois, les collines et les pelouses ne nourrissent quelque animal familier et doux par sa nature, mais qui ne devient sauvage que par l'expérience cruelle qu'il acquiert des hommes. Ils virent voler autour d'eux, en débarquant sur leurs grèves, des oiseaux de paradis aux plumes de soie; des pigeons bleus, des cacatoès tout blancs, des loris tout rouges. Chaque île nouvelle leur offrait de nouveaux présents; des crabes, des poissons, des coquillages, des huîtres à perles, des écrevisses, des tortues; de l'ambre gris; mais les plus agréables étaient sans doute les végétaux. Sumatra leur montra, sur ses rivages, les poivriers; Banda, la muscade; Amboine, le girofle; Céram, le palmier-sagou; Florès, le benjoin et le sandal; la Nouvelle-Guinée, des bocages de cocotiers; Taïti, le fruit à pain. Chaque île s'élevait au milieu de la mer, comme un vase qui supportait un végétal précieux. Lorsqu'ils découvraient un arbre chargé de fruits inconnus, ils en cueillaient des rameaux, et allaient au-devant de leurs compagnons, en jetant des cris de joie, et leur montrant ce nouveau bienfait de la nature. C'est de ces premiers voyages et de ces anciennes coutumes, que se répandit chez tous les peuples, l'usage de consulter le vol des oiseaux avant de se mettre en route, et d'aller au-devant des étrangers, un rameau d'arbre à la main, en signe de paix et de réjouissance, à la vue d'un présent du ciel. Ces coutumes existent encore chez les insulaires de la mer du Sud, et chez les peuples libres de l'Amérique. Mais ce ne furent pas les seuls arbres fruitiers qui fixèrent l'attention des premiers hommes. Si quelque acte héroïque, ou quelque perte irréparable avait excité leur admiration ou leurs regrets, l'arbre voisin en fut ennobli. Ils le préférèrent, avec ces fruits de la vertu ou de l'amour, à ceux qui portaient des aliments ou des parfums. Ainsi, dans les îles de la Grèce et de l'Italie, le laurier devint le symbole des triomphes, et le cyprès celui d'une douleur éternelle. Le chêne donna d'illustres couronnes aux citoyens, et de simples graminées décorèrent le front de ceux qui avaient sauvé la patrie. Ô Romains! peuple digne de l'empire du monde, pour avoir ouvert à tous vos sujets la carrière du bonheur public, et pour avoir choisi dans l'herbe la plus commune les marques de la gloire la plus éclatante, afin qu'on pût trouver, par toute la terre, de quoi couronner la vertu!

Ce fut par de semblables attraits que, d'île en île, les peuples de l'Asie parvinrent dans le Nouveau-Monde, où ils abordèrent sur les côtes du Pérou. Ils y portèrent les noms d'enfants de ce soleil qu'ils cherchaient. Cette brillante chimère les conduisit jusqu'au travers de l'Amérique. Elle ne se dissipa que sur les bords de l'Océan atlantique; mais elle se répandit dans tout le continent, où la plupart des chefs des nations portent encore les titres d'enfants du soleil.[17]

Le genre humain, au milieu de tant de biens, est resté misérable. Il n'y a point de genres d'animaux qui ne vivent dans l'abondance et la liberté, la plupart sans travail, tous en paix avec leur espèce, tous s'unissant à leur choix, et jouissant du bonheur de se reperpétuer par leurs familles; et plus de la moitié des hommes est forcée au célibat. L'autre moitié maudit les nœuds qui l'ont assortie. La plupart redoutent une postérité, dans la crainte de ne la pouvoir nourrir. La plupart, pour subsister, sont asservis à de pénibles travaux, et réduits à être les esclaves de leurs semblables. Des peuples entiers sont exposés à la famine : d'autres, sans territoires, sont entassés les uns sur les autres, tandis que la plus grande partie du globe est déserte. Il y a beaucoup de terres qui n'ont jamais été cultivées; mais il n'y en a point de connue des Européens, qui n'ait été souillée du sang des hommes. Les solitudes mêmes de la mer engloutissent, dans leurs abîmes, des vaisseaux chargés d'hommes, coulés à fond par d'autres hommes. Dans les villes, en apparence si florissantes par leurs arts et leurs monuments, l'orgueil et la ruse, la superstition et l'impiété, la violence et la perfidie, sont sans cesse aux prises, et remplissent de chagrins leurs malheureux habitants. Plus la société y est policée, plus les maux y sont multipliés et cruels. Les hommes n'y seraient-ils donc industrieux que parce qu'ils y sont misérables? Comment l'empire de la terre a-t-il été donné au seul animal qui n'avait pas l'empire de ses passions? Comment l'homme faible et passager a-t-il à-la-fois des passions féroces et généreuses, viles et immortelles? Comment, étant né sans instinct, a-t-il pu acquérir tant de connaissances? Il a imité tous les arts de la nature, excepté celui d'être heureux. Toutes les traditions du genre humain ont conservé l'origine de ces étranges contradictions; mais la religion seule nous en explique la cause. Elle nous apprend que l'homme est d'un autre ordre que le reste des animaux; que sa raison, égarée, a offensé l'Auteur de l'univers; que, par une juste punition, il a été abandonné à ses propres lumières; qu'il ne peut former sa raison qu'en étudiant la raison universelle dans les ouvrages de la nature, et dans les espérances que donne la vertu; que ce n'est que par ces moyens qu'il peut s'élever au-dessus des animaux, au-dessous desquels il est tombé, et revenir pas à pas dans les sentiers de la montagne céleste, d'où il a été précipité.

Heureux aujourd'hui celui qui, au lieu de parcourir le monde, vit loin des hommes! Heureux celui qui ne connait rien au-delà de son horizon, et pour qui le village voisin même est une terre étrangère! Il n'a point laissé son cœur à des objets aimés qu'il ne reverra plus, ni sa réputation à la discrétion des méchants. Il croit que l'innocence habite dans les hameaux, l'honneur dans les palais, et la vertu dans les temples. Il met sa gloire et sa religion à rendre heureux ce qui l'environne. S'il ne voit, dans ses jardins, ni les fruits de l'Asie, ni les ombrages de l'Amérique, il cultive les plantes qui font la joie de sa femme et de ses enfants. Il n'a pas besoin des monuments de l'architecture, pour ennoblir son paysage. Un arbre à l'ombre duquel un homme vertueux s'est reposé, lui donne de sublimes ressouvenirs; le peuplier, dans les forêts, lui rappelle les combats d'Hercule; et les feuillages des chênes, les couronnes du Capitole.

FIN DU TOME SECOND.

NOTES DE L'AUTEUR.

¹ PAGE 12.

Je laisse maintenant le lecteur réfléchir sur la disparition totale de ces astres. L'antiquité avait observé sept étoiles dans les Pléiades. On n'en voit plus que six aujourd'hui. La septième disparut au siége de Troie. Ovide dit qu'elle fut si touchée du sort de cette malheureuse ville, que de douleur elle mit la main sur son visage. Je trouve dans le livre de Job, un verset curieux, qui semble présager cette disparition, chap. XXXVIII, ⅴ 31. *Numquid conjungere valebis micantes stellas Pleiadas, aut gyrum Arcturi poteris dissipare ?* «Pourrez-vous joindre » ensemble les étoiles brillantes des Pléiades, et détourner » l'Ourse de son cours ? » C'est ainsi que le traduit M. Le Maistre de Sacy. Cependant, si j'ose dire ma pensée après ce savant homme, je donnerai un autre sens à la fin de ce passage. *Gyrum Arcturi dissipare*, veut dire, selon moi, dissiper l'attraction du pôle arctique. Je répéterai ici ce que j'ai déjà observé, que le livre de Job est rempli des connoissances les plus profondes de la nature.

² PAGE 81.

C'est l'harmonie qui rend tout sensible, comme c'est la monotonie qui fait tout disparaître. Non-seulement les couleurs sont des consonnances harmoniques de la lumière; mais il n'y a point de corps coloré, dont la nature ne relève la teinte par le contraste des deux couleurs extrêmes génératives, qui sont le blanc et le noir. Tout corps se détache par la lumière et l'ombre, dont la première tire sur le blanc, et la seconde sur le noir. Ainsi, chaque corps porte avec lui une harmonie complète.

Ceci n'est pas arrivé au hasard. Si nous étions éclairés, par exemple, par un air lumineux, nous n'apercevrions point la forme des corps; car leurs contours, leurs profils et leurs cavités seraient couverts d'une lumière uniforme, qui en ferait disparaître les parties saillantes et rentrantes. C'est donc par une providence bien convenable à la faiblesse de notre vue, que l'Auteur de la nature a fait partir la lumière d'un seul point du ciel; et c'est par une intelligence aussi admirable, qu'il a donné un mouvement de progression au soleil, qui est la source de cette lumière, afin qu'elle formât, avec les ombres, des harmonies variées à chaque instant. Il a aussi modifié cette lumière sur les objets terrestres, de manière qu'elle éclaire immédiatement et médiatement, par réfraction et par réflexion, et qu'elle étend ses nuances, et les harmonies avec celles de l'ombre, d'une manière ineffable.

J.-J. Rousseau me disait un jour : « Les peintres donnent l'apparence d'un corps en relief à une surface unie; je voudrais bien leur voir donner celle d'une surface unie à un corps en relief. » Je ne lui répondis rien pour lors; mais ayant pensé depuis à la solution de ce problème d'optique, je ne l'ai pas trouvé impossible. Il n'y aurait, ce me semble, qu'à détruire un des extrêmes harmoniques qui rendent les corps saillants. Par exemple, pour aplanir un bas-relief, il faudrait qu'ils peignissent ses cavités de blanc, ou ses parties saillantes de noir. Ainsi, comme ils emploient l'harmonie du clair-obscur pour faire apparaître un corps sur une surface plane, ils pourraient se servir de la monotonie d'une seule teinte pour faire disparaître ceux qui sont en relief. Dans le premier cas, ils font voir un corps sans qu'on puisse le toucher; dans le second, ils feraient toucher un corps sans qu'on pût le voir. Cette magie-ci serait bien aussi surprenante que l'autre.

3 PAGE. 114.

Chaque organe est lui-même en opposition avec l'élément pour lequel il est destiné, en sorte que de leur opposition mutuelle naît une harmonie qui constitue le plaisir qu'éprouve cet organe. Ceci est très-remarquable, et confirme les principes que nous avons posés. Ainsi l'organe de la vue, ordonné principalement pour le soleil, est un corps qui lui est opposé, en ce qu'il est presque entièrement aqueux. Le soleil lance des rayons lumineux; l'œil, au contraire, est entouré de cils rembrunis qui l'ombragent. L'œil est encore voilé de paupières, qu'il ouvre et baisse à son gré; et il oppose de plus à la blancheur de la lumière une tunique toute noire, appelée l'uvée, qui tapisse l'extrémité du nerf optique.

Les autres parties du corps présentent de même des oppositions à l'action des éléments pour lesquels elles sont ordonnées. Ainsi, les pieds des animaux qui gravissent dans les rochers ont des molettes, comme ceux des tigres et des lions. Les animaux qui habitent les climats froids sont revêtus de fourrures chaudes, etc. Au reste, il ne faut pas compter trouver toujours ces contraires de la même espèce dans chaque animal. La nature a une infinité de moyens différents pour produire les mêmes effets, suivant les besoins de chaque individu.

4 PAGE 116.

Cet homme était de Franche-Comté. Je ne l'ai vu qu'une fois, et j'ai oublié son nom et celui du régiment où il a servi; mais je n'ai pas perdu la mémoire de sa vertu, qui m'a été confirmée de bonne part. Lorsque son malheur l'eut forcé d'entrer aux Invalides, il se rappela qu'étant sergent, il avait engagé par surprise, dans un village, à l'instigation de son capitaine, le fils unique d'une pauvre veuve, lequel fut tué, trois mois après, dans une bataille. Cet homme, au ressouvenir de cette injustice, prit la résolution de s'abstenir de vin. Il vendait celui qu'on lui donnait à l'Hôtel des Invalides, et il en envoyait, tous les six mois, l'argent à la mère qu'il avait privée de son fils.

5 PAGE 168.

Cette loi des constrastes est, à mon gré, une source délicieuse d'observations et de découvertes. Les femmes, je le répète, toujours plus près que nous de la nature, en font un usage perpétuel dans les couleurs, dont elles assortissent leur parure, sans que jamais aucun naturaliste, que je sache, ait observé que la nature l'employait elle-même dans l'harmonie de tous ses ouvrages. On peut s'en convaincre sans sortir de sa maison. Par exemple, quoiqu'il y ait parmi les chiens une variété singulière de couleurs, jamais on n'en a vu de verts, de rouges ou de bleus; mais ils sont, pour l'ordinaire, de deux teintes opposées, l'une claire et l'autre rembrunie, afin que, quelque part qu'ils soient dans la maison, ils puissent être aperçus. Mais quoique les couleurs de ces animaux soient prises, ainsi que celles de la plupart des quadrupèdes, dans les deux termes extrêmes de la progression des couleurs, c'est-à-dire le noir et le blanc, je ne me rappelle pas avoir vu des chiens tout-à-fait blancs ou tout-à-fait noirs. Les blancs ont toujours quelques mouchetures sur la peau, ne fût-ce que le bout de leur museau qui est noir. Ceux qui sont noirs ou bruns ont des jabots blancs ou des taches couleur de feu, en sorte que, quelque part qu'ils soient, on les aperçoit aisément. J'ai remarqué encore en eux cet instinct, sur-tout dans les chiens de couleur rembrunie; c'est qu'ils vont se coucher par-tout où ils voient une étoffe blanche, préférablement à celles de toutes les autres couleurs. C'est ce qu'éprouvent souvent les dames; car s'il y a un petit chien de couleur sombre dans un appartement, il ne manque guère d'aller se reposer à leurs pieds et sur leurs jupes. L'instinct qui porte le chien à chercher le repos sur les étoffes blanches, vient du sentiment qu'il a lui-même du contraste que cherchent les puces dont il est souvent tourmenté. Les puces se jettent, par-tout où elles sont, sur les couleurs blanches. Si vous entrez dans un lieu où il y en ait beaucoup, avec des bas blancs, ils en seront bientôt couverts. Elles se jettent même sur une simple feuille de papier blanc. Voilà pourquoi les chiens blancs en sont bien plus incommodés que les autres. J'ai observé aussi que partout où il y a des chiens de cette couleur, les noirs et les bruns leur font fête, et les préfèrent aux autres pour jouer avec eux, sans doute pour se délivrer des puces à leurs dépens. Ceci soit dit cependant, sans vouloir rendre leur amitié suspecte de trahison. Sans l'instinct de ces petits insectes, noirs, légers et nocturnes, pour la couleur blanche, il serait impossible de les apercevoir et de les attraper. La mouche commune, de couleur sombre, se porte de même sur tout ce qui est blanc et brillant. Voilà pourquoi elle ternit toutes les glaces et dorures des appartemens. La mouche à viande aime, au contraire, à se poser sur les couleurs livides des viandes qui se gâtent. Son corselet bleu l'y fait aisément remarquer. Si on étend ces contrastes plus loin, on trouvera que non-seulement tous les insectes sanguivores ont l'instinct d'opposer leurs couleurs à celles des sites où ils vivent, mais même tous les animaux carnassiers; tandis que, comme nous l'avons vu, tous les animaux faibles, doux et innocens, ont des moyens et des instincts de consonnances avec les fonds qu'ils habitent: ainsi l'a voulu la nature, afin que les premiers pussent être aperçus de leurs ennemis, et que les seconds pussent leur échapper.

On peut tirer de ces lois naturelles une foule de conséquences utiles et agréables pour la propreté et la commodité de nos appartements. Par exemple, pour détruire aisément les insectes qui troublent notre sommeil, et qui sont si communs à Paris, il faut que les alcôves, les tentures et les bois de lits soient de couleurs blanches ou tendres; alors on les y apercevra aisément. Quant à la commodité, on sent qu'il est nécessaire de faire contraster les couleurs de nos meubles pour les distinguer les uns des autres avec facilité. Il m'arrive souvent, par exemple, de ne savoir ce que devient ma tabatière, parce qu'elle est noire comme la table où je la pose. Si la nature n'avait pas eu plus d'intelligence que moi, la plupart de ses ouvrages disparaîtraient à notre vue. Il est bien étonnant que les philosophes, qui ont fait de si curieuses recherches sur la nature des couleurs, n'aient point parlé de leurs contrastes, sans lesquels nous ne distinguerions rien; ou plutôt leur oubli n'est point surprenant : l'homme poursuit, sans cesse, l'illusion qui lui échappe, et néglige l'utile vérité qui repose à ses pieds.

Les harmonies des couleurs ont encore de grandes influences sur les passions : mais je n'ai rien à dire, à cet égard, dans un pays où les femmes les emploient avec tant d'empire; c'est aux femmes que je dois la première idée que j'ai eue d'étudier les éléments des lois par lesquelles la nature elle-même cherche à nous plaire.

6 PAGE 177.

Des écrivains célèbres ont avancé que les nègres trouvaient leur couleur plus belle que celle des blancs, mais ils se sont trompés. J'ai interrogé à ce sujet des noirs que j'avais à mon service à l'Ile-de-France, qui me parlaient avec assez de liberté pour me dire leur sentiment, sur-tout sur une matière aussi indifférente à des esclaves, que la beauté des blancs. Je leur ai demandé quelquefois laquelle ils aimaient le mieux d'une femme blanche ou d'une femme noire : ils n'ont jamais hésité à donner la préférence à la première. J'ai vu même un nègre, qui avait été déchiré de coups de fouet dans une habitation, se réjouir de ce que les cicatrices de ses plaies blanchissaient, parce qu'il espérait, par ce moyen, cesser d'être nègre. Le misérable se serait fait écorcher pour devenir blanc. Cette préférence, dira-t-on, est, dans ce cas, l'effet de la supériorité qu'ils trouvent aux Européens. Mais la tyrannie de leurs maîtres devrait leur en faire détester la couleur. D'ailleurs, les noirs et les négresses de nos colonies témoignent les mêmes goûts que nos paysans pour les étoffes qui ont des couleurs vives et tranchées. Leur suprême luxe est de s'entourer la tête d'un mouchoir rouge. La nature n'a point donné à la rose de l'Afrique d'autre teinte qu'à celle de l'Europe.

Si le jugement des esclaves noirs est suspect sur ce point, on peut s'en rapporter à celui des souverains de leur pays, qui n'ont point d'intérêt à dissimuler leur goût. Ils se reconnaissent à ce sujet, comme en d'autres, plus mal partagés que les Européens. Des rois d'Afrique se sont adressés plusieurs fois aux chefs des comptoirs anglais, hollandais et français, pour avoir des femmes blanches, leur promettant en récompense des priviléges considérables. Lamb, facteur anglais d'Ardra, prisonnier du roi de Dahomé, mandait, en 1724, au gouverneur du fort anglais de Juida, que, s'il pouvait envoyer à ce prince quelque femme blanche, ou seulement mulâtre, elle acquerrait le plus grand pouvoir sur son esprit *. Un autre roi d'une autre partie de la côte d'Afrique, promit un jour à un missionnaire capucin qui lui prêchait l'Évangile, de renvoyer son sérail, et de se faire chrétien, s'il voulait lui faire avoir une femme blanche. Le zélé missionnaire se rendit sur-le-champ dans l'établissement portugais le plus voisin, et s'étant informé dans ce lieu s'il y avait quelque demoiselle pauvre et vertueuse, on lui indiqua la nièce d'un gentilhomme fort pauvre, qui vivait dans la plus grande retraite. Il l'attendit un dimanche matin à la porte de l'église, lorsqu'elle sortait de la messe avec son oncle; et, s'adressant à celui-ci devant tout le peuple, il le somma, au nom de Dieu et pour le bien de la religion, de donner sa nièce en mariage au roi nègre. Le gentilhomme et sa nièce y ayant consenti, le prince noir épousa

* *Histoire générale des Voyages*, par l'abbé Prévost, liv. VIII, p. 96.

celle-ci, après avoir renvoyé toutes ses femmes, et s'être fait baptiser*. Les voyageurs les plus éclairés rapportent plusieurs de ces traits de préférence dans les souverains noirs de l'Afrique et de l'Asie méridionale. Thomas Rhoe, ambassadeur d'Angleterre auprès du mogol Sélim Schah, raconte que ce puissant monarque faisait beaucoup d'accueil aux jésuites portugais, missionnaires à sa cour, dans l'intention d'avoir quelques femmes de leur pays dans son sérail. Il les combla d'abord de priviléges, les logea dans le voisinage de son palais, et les admit à sa familiarité; mais, comme il pressentit que ces pères étaient bien éloignés de servir ses passions, il mit en usage une ruse fort adroite pour les y obliger. Il leur témoigna du penchant pour embrasser le christianisme; et, feignant qu'il n'était retenu que par des raisons de politique, il ordonna à deux de ses neveux d'assister assidûment aux catéchismes des missionnaires. Quand ils furent suffisamment instruits, il leur enjoignit de se faire baptiser; après quoi il leur dit : « Maintenant vous ne pouvez plus épouser de femmes païennes » et de ce pays, puisque vous êtes chrétiens; c'est aux pères » qui vous ont baptisés à vous marier. Dites-leur qu'ils vous » fassent venir pour femmes des demoiselles portugaises. » Ces jeunes gens ne manquèrent pas d'en faire les demandes aux pères jésuites; qui, se doutant bien que le Mogol ne voulait voir ses neveux mariés avec des demoiselles portugaises que pour avoir des femmes blanches dans son sérail, refusèrent de se mêler de cette négociation. Ce refus leur attira une infinité de persécutions de la part de Sélim-Schah, qui commença par faire renoncer ses neveux au christianisme**.

La couleur noire de la peau est un bienfait du ciel envers les peuples méridionaux, parce qu'elle éteint les reflets du soleil brûlant sous lequel ils vivent. Mais ces peuples n'en trouvent pas moins les femmes blanches plus belles que les noires,

* *Histoire de l'Éthiopie*, par Labat.
** *Mémoires de Thomas Rhoe*, collection de Thévenot.

par la même raison qui leur fait trouver le jour plus beau que la nuit, parce que les harmonies des couleurs et des lumières se font sentir dans le teint des blanches; au lieu qu'elles disparaissent presque entièrement dans celui des noires, qui ne peuvent entrer avec elles en comparaison de beauté, que par les formes et la taille.

Les proportions de la figure humaine, après avoir été prises, comme nous venons de le voir, des plus belles formes de la nature, sont devenues, à leur tour, des modèles de beauté pour l'homme. Qu'on y fasse attention, et l'on verra que les formes qui nous plaisent davantage dans les arts, comme celles des vases antiques, et les rapports de la hauteur et de la largeur, dans les monuments, ont été tirés de la figure humaine. On sait que la colonne ionique, avec son chapiteau et ses cannelures, fut imité d'après la taille, la coiffure et la robe des filles grecques.

7 PAGE 237.

Ainsi, la couleur blanche augmente l'effet des rayons du soleil, et la noire l'affaiblit. Les habitants de Malte blanchissent l'intérieur de leurs appartements, afin, disent-ils, qu'on puisse apercevoir les scorpions qui y sont assez communs. En cela ils font deux fautes, à mon avis: la première, de se méprendre de couleur; car les scorpions qui y sont gris, paraîtraient encore mieux sur un fond sombre; la seconde, plus importante, c'est d'y augmenter tellement la réverbération de la lumière, que la vue en est sensiblement affectée. C'est à cette cause que j'attribue les maux d'yeux qui sont très-communs dans cette île. Nos bourgeois mettent, en été, des chapeaux blancs, à la campagne, et ils se plaignent de maux de tête. Tous ces accidents arrivent, faute d'étudier la nature. A l'Ile-de-France, ils emploient, pour lambris, du bois du pays, qui devient tout noir avec le temps; mais cette teinte est trop triste. Il semble que la nature ait prévu, à cet égard, les services que l'homme devait tirer de l'intérieur des arbres : leur bois est brun dans la plupart de ceux des pays chauds; et blanc, dans ceux des pays du nord, comme les sapins et les bouleaux.

8 PAGE 239.

En réfléchissant sur ces compensations qui sont très-nombreuses, et, entre autres, sur celle de la lumière du soleil qui rembrunit les corps pour en affaiblir les reflets, j'ai pensé que le feu devait pareillement produire la matière la plus propre à diminuer sa propre activité. C'est, en effet, ce que j'ai éprouvé plusieurs fois, en jetant sur la flamme de mon foyer un peu de cendre. Je suis parvenu, par ce moyen, à l'amortir tout-à-coup presque sans fumée. Je me rappelle à ce sujet avoir vu un jour, dans un port de mer, le feu prendre dans une grande chaudière pleine de goudron, qu'on faisait chauffer pour espalmer des vaisseaux. Des gens sans expérience y jetèrent d'abord de l'eau; mais la matière bouillante et boursoufflée se répandit aussitôt en torrents de feu au-dessus des bords de la chaudière. Je croyais qu'il n'en resterait pas une cuillerée au fond, lorsqu'un vieux matelot accourut, et l'éteignit sur-le-champ, en y jetant quelques pelletées de cendre. Je crois donc qu'en unissant ce moyen avec celui de l'eau, on en pourrait tirer un grand secours dans les incendies; car la cendre, non-seulement amortirait la flamme, sans exciter ces fumées affreuses qui s'en élèvent lorsque les pompes commencent à y jouer, mais lorsqu'elle serait une fois mouillée, elle retarderait l'évaporation de l'eau, qui est presque subite quand le feu a fait de grands progrès. Je serais charmé que cette observation méritât l'attention de ceux qui peuvent lui donner, par leur expérience et leurs lumières, toute l'utilité dont elle est susceptible.

9 PAGE 256.

Le P. Du Tertre n'est pas moins heureux dans ses descriptions des animaux, que dans ses descriptions botaniques. Voici comme il commence celle du crabe de terre. « Tout le » corps de cet animal semble n'être composé que de deux » mains tronquées par le milieu, et rejointes ensemble ; car » des deux côtés, vous y voyez les quatre doigts, et les deux » mordants qui servent comme de pouces. » *Hist. des Ant.*, tome VI, chap. III, sect. I.

10 PAGE 273.

La tulipe, par sa couleur, est, en Perse, l'emblême des parfaits amants. Chardin dit que, quand un jeune homme présente, en Perse, une tulipe à sa maîtresse, il veut lui donner à entendre que, comme cette fleur, il a le visage en feu et le cœur en charbon. Il n'y a point d'ouvrage de la nature qui ne fasse naître dans l'homme quelque affection morale. La société nous en ôte à la longue le sentiment, mais on le retrouve chez les peuples qui vivent encore près de la nature. Plusieurs alphabets ont été imaginés à la Chine, dans les premiers temps, d'après les ailes des oiseaux, les poissons, les coquillages et les fleurs; on en peut voir les caractères très-curieux dans *la Chine illustrée* du P. Kircher. C'est par une suite de ces mœurs naturelles, que les Orientaux emploient tant de similitudes et de comparaisons dans leurs langages. Quoique notre éloquence métaphysique n'en fasse pas grand cas, elles ne laissent pas de produire de grands effets. J.-J. Rousseau a parlé de celui que fit sur Darius l'ambassadeur des Scythes, qui lui présenta, sans lui rien dire, un oiseau, une grenouille, une souris et cinq flèches. Hérodote rapporte que le même Darius fit dire aux Grecs de l'Ionie, qui en ravageaient les côtes, que s'ils ne cessaient leurs brigandages, il les traiterait comme des pins. Les Grecs, qui commençaient à devenir de beaux esprits, et à perdre de vue la nature, ne savaient ce que cela signifiait. Enfin, ils apprirent que Darius leur donnait à entendre qu'il les exterminerait entièrement, parce que, quand les pins sont une fois coupés, ils ne repoussent plus.

11 PAGE 286.

Je suis persuadé que le port de la plupart des fleurs est coordonné aux pluies, et que c'est pour cette raison que plusieurs d'entre elles ont des formes de mufles ou de nacelles qui abritent les parties de la fécondation. J'ai remarqué que plusieurs espèces de fleurs, entre autres, les pavots, les anémones et la plupart des fleurs en rose, ont, si j'ose dire, l'instinct de se refermer quand l'air est humide, et que les pluies font avorter plus de fruits que les gelées. Cette observation est essentielle pour les jardiniers, qui font souvent couler les fleurs des fraisiers en les arrosant. Il me semble qu'il vaudrait mieux arroser les plantes en fleur par rigole, à la manière des Indiens, que par aspersion.

12 PAGE 362.

Sans doute, quand ils mettent sur un fond vert des tableaux de plantes ou de paysage, ces tableaux s'en détachent mal. Il y a, à mon gré, une teinte plus favorable pour le fond d'un salon de peinture; c'est le gris. Cette teinte, formée du blanc et du noir, qui sont les extrêmes de la chaîne des couleurs, s'harmonie avec toutes les autres, sans exception. La nature l'emploie souvent dans les cieux et dans les horizons, au moyen des vapeurs et des nuages, qui sont généralement de cette couleur.

13 PAGE 381.

Ils m'ont servi quelquefois à expliquer le sens moral des hiéroglyphes, gravés sur les obélisques de l'Égypte à la gloire de ses rois conquérants. En voyant leurs caractères tracés à droite et à gauche, avec des têtes, des becs et des pattes, ils me rappelaient les petits preneurs de mouches de mes palmiers.

14 PAGE 395.

Voyez sur la vallisneria le Voyage anonyme d'un Anglais, fait en 1750, en France, en Italie et aux îles de l'Archipel, quatre petits vol., tom. I. Il est rempli d'observations judicieuses en tout genre. Voyez aussi, sur le genipa et les divers fruits, plantes et animaux des pays méridionaux, le naïf P. Du Tertre, le patriote P. Charlevoix, l'historien Jean de Laet, et tous les voyageurs qui ont écrit sur la nature, sans esprit de système, avec les seules lumières de la raison.

15 PAGE 398.

On peut voir un acacia de l'Asie dans ce beau jardin situé près de la grille de Chaillot, qui appartenait autrefois au vertueux chevalier de Gensin. Quant au nom de faux acacia donné à l'acacia de l'Amérique, j'observerai que la nature ne fait rien de faux. Elle a varié toutes ses productions dans chaque pays, pour leur donner des relations convenables avec les éléments et les animaux ; et quand nous n'y trouvons pas les caractères que nous leur avons assignés, ce ne sont pas ses ouvrages qu'il faut accuser de fausseté, ce sont nos systèmes.

16 PAGE 450.

J'observerai ici que l'ail, dont l'odeur est si redoutée de nos petites-maîtresses, est, peut-être, le remède le plus puissant qu'il y ait contre les vapeurs et les maux de nerfs auxquelles elles sont si sujettes. J'en ai vu plusieurs expériences. Pline assure même qu'il guérit l'épilepsie. Il est encore antiputride ; et toute plante qui a son odeur, a les mêmes vertus. Il est très-remarquable que les plantes à odeur d'ail croissent communément dans les lieux marécageux, comme un remède présenté par la nature contre les émanations putrides qui s'en exhalent. Tel est, entre autres, le scordium. Galien rapporte que l'on reconnut sa vertu antiputride, en ce que, après un combat, les corps morts qui gisaient sur des plantes de scordium, se trouvèrent bien moins corrompus que ceux qui en étaient loin, et que ces corps étaient principalement restés frais et sains du côté où ils touchaient à ces plantes. Mais l'épreuve que le baron de Busbec en fit sur des corps vivants, est encore plus frappante. Ce grand homme, revenant de Constantinople, à son premier voyage, un Turc de sa suite fut attaqué de la peste, et en mourut. Ses camarades se partagèrent ses dépouilles, malgré les représentations du médecin de Busbec, qui leur prédit que la peste ne tarderait pas à se communiquer à eux. En effet, quelques jours après ils en éprouvèrent les symptômes.

Mais laissons le savant et vertueux ambassadeur rendre compte lui-même des suites de cet événement. « Le jour sui-
» vant de notre départ d'Andrinople, dit-il, ils allèrent tous
» le trouver d'un air triste et abattu, se plaignant d'un grand
» mal de tête, et lui demandant des remèdes. Ils sentirent bien
» que c'étaient là les premiers symptômes de la peste. Pour
» lors, mon médecin leur fit une sévère réprimande, et leur
» dit qu'il s'étonnait qu'ils vinssent chercher des remèdes
» contre un mal dont il les avait prévenus, et qu'ils avaient
» cherché avec empressement. Ce n'était pas cependant qu'il
» ne voulût bien les soigner. Il était au contraire très-inquiet
» de savoir comment il ferait pour les secourir. En effet, où
» prendre des remèdes dans une route où les choses les plus
» communes souvent manquent? La Providence devint notre
» seul espoir; elle nous secourut effectivement. Voici comment.

» J'étais accoutumé, aussitôt que nous étions arrivés dans
» les endroits de notre route, d'aller me promener aux en-
» virons, et de chercher ce qu'il y avait de curieux; ce jour-
» là je fus assez heureux pour aller sur les bords d'un pré.
» J'aperçus dedans une plante qui m'était inconnue; je pris
» de sa feuille, je la sentis : elle avait l'odeur de l'ail. Aussitôt
» je la donnai à mon médecin, lui demandant s'il la connais-

» sait. Après l'avoir examinée avec attention, il me répondit
» que c'était du scordium. Il leva les mains au ciel, et rendit
» grâces à Dieu du remède si à propos qu'il nous envoyait.
» Il en ramassa à l'instant une grande quantité, qu'il alla mettre
» dans un chaudron et qu'il fit bien bouillir. De là, il avertit
» nos pestiférés de prendre courage; et, sans perdre un mo-
» ment, il leur fit boire la décoction de cette plante, dans la-
» quelle il mit un peu de terre de Lemnos; ensuite il les fit bien
» chauffer et les envoya coucher, leur ordonnant de ne dor-
» mir qu'après qu'ils auraient bien sué, ce qu'ils observèrent
» exactement. Dès le lendemain, ils se sentirent très-soulagés.
» On leur donna ensuite une seconde potion de cette même
» drogue, qui finit enfin de les guérir. C'est ainsi que, par la
» grâce de Dieu, nous échappâmes à la mort, qui nous sem-
» blait très-proche. » (*Lettres du baron de Busbec*, tom. I,
pages 197 et 198.)

17 PAGE 470.

Je ne veux pas dire cependant que l'Amérique n'a été peu-
plée que par les îles de la mer du Sud. Je crois qu'elle l'a été
encore par le nord de l'Asie et de l'Europe. La nature présente toujours aux hommes différents moyens pour la même
fin. Mais la principale population du Nouveau-Monde s'est
faite par les îles de la mer du Sud. C'est ce que je pourrais
prouver par une multitude de monuments qui en subsistent
encore, et aux principaux desquels je m'arrêterai : par le culte
du soleil établi aux Indes, dans les îles de la mer du Sud et
au Pérou, ainsi que le titre de soleils ou d'enfants du soleil,
pris par plusieurs familles de ces contrées; par les traditions
des Caraïbes répandus dans les Antilles et dans le Brésil, qui
se disaient originaires du Pérou; par l'établissement même de
cette monarchie du Pérou, ainsi que de celle du Mexique, situées sur la côte occidentale de l'Amérique, qui regarde les
îles de la mer du Sud, et par le nombre de leurs nations qui

étaient beaucoup plus considérables et plus policées que celles qui habitaient les côtes orientales, ce qui suppose aux premières une plus grande ancienneté; par l'étendue prodigieuse de la langue taïtienne, dont les différents dialectes sont répandus dans la plupart des îles de la mer du Sud, et dont quantité de mots se retrouvent dans la langue du Pérou, comme l'a prouvé dernièrement un savant, et dans celle même des Malais en Asie, ainsi que j'en ai reconnu moi-même quelques-uns, entre autres celui de *maté*, qui signifie tuer; par des usages communs et particuliers aux peuples de la presqu'île de Malaca, des îles de l'Asie, de celles de la mer du Sud et du Brésil, qui ne sont point inspirés par la nature, tels que celui de faire des boissons fermentées et enivrantes en mâchant des herbes et des racines; par des canaux du commerce de l'antiquité qui coulaient par cette voie, tels que celui de l'or qui était fort commun en Arabie et aux Indes du temps des Romains, quoiqu'il y en ait fort peu de mines en Asie; mais sur-tout par le commerce des émeraudes, qui a dû prendre cette route dans l'antiquité, pour parvenir dans l'ancien continent, où on n'en trouve aucune mine. Voici ce que dit à ce sujet Tavernier, qui est fort croyable lorsqu'il parle du commerce de l'Asie, et sur-tout de celui des pierreries. « C'est une ancienne erreur, dit-il, que bien des gens ont, de
» croire que l'émeraude se trouve originairement dans l'O-
» rient. La plupart des joailliers, d'abord qu'ils voient une
» émeraude de couleur haute, ont coutume de dire que c'est
» une émeraude orientale. Mais ils se trompent; je suis assuré
» que jamais l'Orient n'en a produit ni dans la terre ferme, ni
» dans ses îles. J'en ai fait une exacte perquisition dans tous
» mes voyages. » Il avait fait six voyages par terre, dans les grandes Indes. Il en faut conclure que les émeraudes, si estimées des anciens, leur venaient de l'Amérique, par les îles de la mer du Sud, par celles de l'Asie, par les grandes Indes, la mer Rouge, et enfin par l'Égypte d'où ils les tiraient.

On peut objecter la difficulté de naviguer contre les vents réguliers de l'est, pour aller d'Asie en Amérique sous la zone torride ; mais je répéterai à ce sujet, que les vents réguliers n'y soufflent point de l'est, mais du nord-est et du sud-est, et dépendent d'autant plus des deux pôles, qu'on approche plus de la ligne. Cette direction oblique du vent suffisait à des peuples qui naviguaient d'île en île, et qui avaient imaginé les bateaux les moins propres à dériver, tels que les doubles pros des îles de Guam; dont la forme semble s'être conservée dans les doubles balses de la côte du Pérou. Schouten trouva un de ces doubles pros naviguant, à plus de six cents lieues de l'île de Guam, du côté de l'Amérique. De plus, il paraît que la mer du Sud a aussi des moussons, qui n'ont pas encore été observées. Voici ce que dit sur l'inconstance de ces vents, un voyageur anglais anonyme, qui a fait le tour du monde dans un vaisseau où étaient MM. Banks et Solander, en 1768, 1769, 1770 et 1771, page 83. « Les habitants d'O-
» tahiti commercent avec ceux des îles voisines qui sont à l'est
» de cette île, et que nous avions découvertes sur notre pas-
» sage. Pendant trois mois de l'année, les vents qui soufflent
» constamment *de la partie de l'ouest*, leur sont très-favo-
» rables pour cette navigation. » L'amiral Anson trouva aussi, dans ces parages, des vents d'ouest qui le contrarièrent. Le capitaine Cook a confirmé cette observation dans son troisième voyage.

Quelques philosophes expliquent les correspondances qui se rencontrent entre les peuples des îles et ceux des continents, en supposant que les îles sont des terres submergées, dont il n'est resté que les sommets avec quelques habitants. Mais nous en avons dit assez dans cet ouvrage, pour faire voir que les îles maritimes ne sont point des débris du continent, et qu'elles ont des montagnes, des pics, des lacs, des collines proportionnés à leur étendue, et dirigés aux vents réguliers qui soufflent sur leurs mers. Elles ont des végétaux qui leur sont propres, et qui ne viennent nulle part ailleurs de la même beauté. De plus, si ces îles avaient fait autrefois partie de notre continent, on y trouverait ceux de nos quadrupèdes qui se rencontrent dans tous les climats. Il n'y avait point de rats ni de souris en Amérique et dans les Antilles, avant l'arrivée des Européens, suivant le témoignage de l'historien espagnol Herrera et du P. Du Tertre. On y eût trouvé encore le bœuf, l'âne, le chameau, le cheval, et il n'y avait aucun de ces animaux; mais bien des poules, des canards, des chiens et des porcs, ainsi que chez les insulaires de la mer du Sud, qui n'avaient eux-mêmes aucun autre de nos animaux domestiques. Il est aisé de voir que les premiers animaux, comme le cheval et la vache, étant d'une taille et d'un poids trop considérables, n'ont pu, malgré leur utilité, passer dans les petites pirogues des premiers navigateurs, qui, d'un autre côté, se sont bien gardés de transporter avec eux des souris et des rats. Enfin, revenons aux lois générales de la nature. Si toutes les îles de la mer du Sud formaient autrefois un continent, il n'y avait donc point de mer dans l'espace qu'elles occupent. Or, il est certain que si on ôtait aujourd'hui autour d'elles, l'Océan qui les environne, et le vent régulier qui y souffle, on les frapperait de stérilité. Les îles de la mer du Sud forment, entre l'Asie et l'Amérique, un véritable pont de communication, dont nous ne connaissons que quelques arches, et dont il ne serait pas difficile de découvrir le reste par les autres concordances du globe. Mais je bornerai ici mes conjectures à ce sujet. J'en ai dit assez pour prouver que la même main qui a couvert la terre de plantes et d'animaux pour le service de l'homme, n'a pas négligé les diverses parties de son habitation.

FIN DES NOTES DU TOME SECOND.

TABLE

DU TOME SECOND.

Pages.

ÉTUDE IX. Objections contre les méthodes de notre raison, et les principes de nos sciences........ 1

ÉTUDE X. De quelques lois générales de la nature, et premièrement des lois physiques............ 55
    De la convenance..................... 56
    De l'ordre......................... 60
    De l'harmonie....................... 65
        Des couleurs..................... 70
        Des formes...................... 86
        Des mouvements.................. 92
    Des consonnances..................... 108
    De la progression..................... 131
    Des contrastes....................... 137
    De la figure humaine................... 170
    Des concerts........................ 196
    De quelques autres lois de la nature, peu connues.. 212

ÉTUDE XI. Application de quelques lois générales de la nature aux plantes..................... 246
    Harmonies élémentaires des plantes.......... 262
        Harmonies élémentaires des plantes avec le soleil, par les fleurs..................... 263
        Harmonies élémentaires des plantes avec l'eau et l'air, par leurs feuilles et leurs fruits....... 293
    Harmonies végétales des plantes............ 361

Harmonies animales des plantes............ 378
Harmonies humaines des plantes............ 416
   Des harmonies élémentaires des plantes par rapport à l'homme......................... *ibid.*
   Harmonies végétales des plantes avec l'homme.. 429
   Harmonies animales des plantes avec l'homme.. 437
   Harmonies humaines ou alimentaires des plantes. 440

Notes de l'Auteur........................... 473

FIN DE LA TABLE DU TOME SECOND.